Redução da Duração do Trabalho

Aspectos sociais, jurídicos, econômicos e possibilidades de empregabilidade sob perspectivas contemporâneas

MAGNO LUIZ BARBOSA

Doutor em Direito das Relações Sociais pela Pontifícia Universidade Católica de São Paulo (PUC/SP), mestre em Direito das Relações Econômico-Empresariais pela Universidade de Franca (Unifran) (2005), especialista em Direito Civil (1999) e Direito Processual Civil (1998), pela Universidade Federal de Uberlândia (UFU), graduado em Direito no ano de 1997, sócio do Escritório Barbosa e Araújo Advogados Associados, professor adjunto de Direito do Trabalho e Direito Processual do Trabalho da Universidade Federal de Uberlândia (UFU).

Redução da Duração do Trabalho

Aspectos sociais, jurídicos, econômicos e possibilidades de empregabilidade sob perspectivas contemporâneas

LTr®

EDITORA LTDA.

Rua Jaguaribe, 571
CEP 01224-001
São Paulo, SP – Brasil
Fone (11) 2167-1101
www.ltr.com.br

Produção Gráfica e Editoração Eletrônica: LINOTEC
Projeto de Capa: FABIO GIGLIO
Impressão: COMETA

LTr 5051.8
Maio, 2014

Dados Internacionais de Catalogação na Publicação (CIP)
(Câmara Brasileira do Livro, SP, Brasil)

Barbosa, Magno Luiz
Redução da duração do trabalho : aspectos sociais, jurídicos, econômicos e possibilidades de empregabilidade sob perspectivas contemporâneas / Magno Luiz Barbosa. - São Paulo : LTr, 2014.

Bibliografia.
ISBN 978-85-361-2915-0

1. Contrato de trabalho 2. Direito do trabalho 3. Duração do trabalho - Brasil 4. Jornada de trabalho - Redução - Brasil I. Título.

14-01589 CDU-34:331(81)

Índice para catálogo sistemático:

1. Brasil : Redução da jornada de trabalho : Direito do trabalho 34:331(81)

Dedico a minha mãe, Izaura, a minha esposa, Irella, e as minhas filhas, Maria Júlia e Luíza, que representam a base de sustentação, que torna possível a realização dos meus sonhos, o presente, que me mantém firme na luta diária, e o futuro, que me inspira a continuar construindo.

Agradecimentos

Graças ao bom Deus que nos presenteou com o dom da vida, podemos realizar sonhos e tornar melhor a nossa passagem pela terra, porém, inúmeras pessoas são também indispensáveis direta ou indiretamente para a realização desses sonhos, por isso, manifesto gratidão a todas elas, e de forma particular:

Ao grande amigo de todas as horas, Eversio Donizete de Oliveira, um dos grandes responsáveis pela realização deste doutorado, pelo apoio incondicional em todas as fases dessa labuta.

À querida amiga Flávia Lívia, que desde a nossa graduação sempre me apoiou na busca do conhecimento.

Aos estimados amigos Cristiano Gomes de Brito, Danilo de Assis Faria e Robson Luiz de França, que, cada um a seu estilo, contribuíram sobremaneira no debate acadêmico e foram de grande importância para a realização do trabalho.

À grande amiga Simone Prudêncio, que também foi de suma importância para realização deste sonho.

À minha sogra Carmem Irene que sempre me colocou em suas orações.

À querida Professora Dra. Carla Teresa Martins Romar, que pacientemente foi norteando os caminhos para a conclusão deste trabalho.

Sumário

Apresentação

Sempre que nos debruçamos empenhados em escrever algo que envolve o direito do trabalho, logo vem em mente se o assunto é relevante, interessante e principalmente se irá contribuir de alguma forma para uma discussão social salutar capaz de alcançar soluções ou pelo menos propostas de melhorias acerca do tema.

O tema duração do trabalho e a eterna discussão sobre a sua redução são extremamente instigantes e contemporâneos, pois dizem respeito a questões relacionadas à dignidade do trabalhador, envolvendo o direito ao lazer, ao convívio social, à saúde física e mental, bem como o próprio direito ao trabalho.

Por outro lado, o assunto vai de encontro a interesses do empregador, principalmente no que tange à sua lucratividade, tendo em vista que a redução da duração do trabalho pode significar necessidade de aumento no número de empregados e culminar em aumento de custos relacionados à seleção e recrutamento, treinamento, despesas com equipamentos de proteção individual (EPI) em determinadas atividades, despesas relacionadas a convênio médico, seguro de acidente de trabalho, vale transporte e outros benefícios que oneram o empregador.

Portanto, trata-se de um assunto extremamente instigante e complexo, visto que afeta interesses ambíguos de empregados e empregadores, gerando polêmicas quanto à sua real efetividade nas relações laborais.

Esta obra vai demonstrar em alguns momentos vantagens e desvantagens trazidas pelo avanço tecnológico e as formas de trabalho que se desenvolveram em virtude desta nova realidade, que muitas vezes coloca o empregado conectado ao seu trabalho em extensas jornadas, o que fez surgir a discussão sobre um novo direito, o “Direito à desconexão”.

Portanto, é uma obra que trata de um assunto que apesar de ter nascido junto com o direito do trabalho, continua sendo extremamente atual e envolvente, que ainda merece muita atenção, principalmente em um Estado Democrático de Direito que prima em fazer valer as garantias e direitos fundamentais do empregado.

Magno Luiz Barbosa

Prefácio

O tema relativo à limitação das horas de trabalho confunde-se com a própria história do Direito do Trabalho, tendo em vista que a fixação de uma duração máxima de jornada mostrou-se essencial no combate à condição de exploração desmedida a que os trabalhadores foram submetidos como consequência da Revolução Industrial, o que levou à normatização da questão, encontrando-se as leis sobre limitação da jornada de trabalho entre as primeiras normas de proteção do trabalhador.

A partir da Revolução Industrial a evolução das horas de trabalho seguiu uma tendência decrescente, tendência que prosseguiu durante grande parte do século XX em todo o mundo industrializado. A partir de uma base compreendida entre 2.500 e 3.000 horas por trabalhador por ano no início do século XX, a média das horas de trabalho foi sendo reduzida nos países industrializados. No final do século XX a média de horas de trabalho anuais era inferior a 2.000 por trabalhador em praticamente todos os países desenvolvidos, e em muitos desses países (por exemplo, os chamados "Países Baixos") se registrava uma média anual de horas substancialmente menor, girando em torno de 1.500 por ano.

Contemporaneamente um dos desafios mais importantes nesse campo é a necessidade de limitar as horas de trabalho excessivas e garantir que sejam concedidos ao trabalhador períodos adequados de descanso e recuperação, incluindo descanso semanal e férias anuais remuneradas, com a finalidade de proteger a saúde e a segurança dos trabalhadores.

Estas preocupações foram sendo consolidadas ao longo dos anos em uma série de normas internacionais relacionadas com o tempo de trabalho. Fatores como o processo de globalização e a intensa concorrência geradas pelo desenvolvimento das tecnologias da informação e da comunicação, bem como novas tendências de demanda por parte dos consumidores de bens e serviços em uma "economia 24 horas", impactaram os métodos e a organização do trabalho.

O resultado final foi uma crescente diversificação e individualização das horas trabalhadas, sendo possível detectar com frequência conflitos entre as necessidades das empresas e as dos trabalhadores em relação a esse tema.

O cansaço é um conceito fundamental quando se medem os efeitos das oras de trabalho, podendo adotar várias formas, por exemplo, sonolência e fadiga mental, física ou muscular. Se não houver possibilidade de recuperar-se em condições de segurança, o cansaço se traduz em uma diminuição potencial de rendimento, o que pode levar, de outro lado a resultados negativos em matéria de segurança.

Existem dois fatores cuja combinação determina os efeitos dos horários de trabalho: o número de horas que se trabalha durante o dia (horas diárias) e o número de horas acumuladas ao longo da semana (horas semanais). As jornadas diárias prolongadas em geral estão relacionadas como os efeitos agudos do cansaço, por exemplo, sonolência e falta de atenção, situações que aumentam os riscos de erro e de acidente, enquanto que os horários semanais prolongados em geral vêm acompanhados de efeitos agudos ou crônicos, tais como problemas de saúde, um constante conflito entre o trabalho e a vida pessoal do trabalhador, etc.

Além da importância da limitação da jornada de trabalho como fator de proteção à saúde e à integridade física do trabalhador, os ajustes do tempo de trabalho constituem uma importante estratégia para limitar ou evitar a perda de empregos e para ajudar as empresas a conservarem sua força de trabalho em momentos de recessão econômica. Entre outras formas de dar efetividade a esse objetivo, o trabalho compartilhado é um instrumento bastante idôneo para ajustar as horas de trabalho às mudanças decorrentes das modificações na produtividade. O trabalho compartilhado consiste em uma redução do tempo de trabalho que tem por objetivo dividir o volume de trabalho entre um número igual (ou similar) de trabalhadores, para evitar dispensas. Por outro lado, pode caracterizar-se como uma medida destinada a criar novos empregos.

Considerando todos esses aspectos, e em consonância com modernas tendências verificadas em diversos países, o autor, de forma bastante detalhada e profunda, analisa as questões relativas à jornada de trabalho e propõe a **redução da duração do trabalho**, abordando os aspectos sociais, jurídicos, econômicos e possibilidades de empregabilidade sob perspectivas contemporâneas.

O livro do Professor e Doutor *Magno Luiz Barbosa* trata de tema atual e de relevância inegável, revelando-se como uma obra completa sobre o tema, trazendo inclusive uma extensa bibliografia para orientar o leitor, e que tem a vantagem de ter sido escrito por quem, além de um pesquisador cuidadoso, exerce a advocacia de forma bastante intensa, tendo larga experiência nas questões afetas às relações trabalhistas.

Tive a honra de ser orientadora da tese de Doutorado do autor, apresentada perante a Pontifícia Universidade Católica do São Paulo, e que deu origem à presente obra.

Em todos estes anos em que tenho me dedicado à carreira docente no Programa de Pós Graduação *stricto sensu* da PUC-SP venho mantendo contato com diversos alunos e, felizmente, alguns deles, como *Magno Luiz Barbosa*, se interessam em pesquisar, em discutir e aprofundar seus conhecimentos sobre temas tão relevantes do Direito do Trabalho.

Recomendo a presente obra, ressaltando a essencialidade da mesma para todos aqueles que pretendem conhecer e se aprofundar nas discussões contemporâneas sobre o tão antigo tema da limitação da jornada de trabalho, buscando encontrar um posicionamento sobre a questão da redução da jornada de trabalho.

Professora Doutora Carla Teresa Martins Romar
Professora Doutora de Direito do Trabalho da PUC-SP
Chefe do Departamento de Direito Civil, Processual Civil e do
Trabalho da Faculdade de Direito da PUC-SP

A hierarquia de valores, o sentido profundo do próprio trabalho exigem que o capital esteja em função do trabalho e não o trabalho em função do capital (João Paulo II, *Laborem Exercens*)

Introdução

O tema duração do trabalho e a eterna discussão sobre a sua redução são extremamente instigantes e contemporâneos, pois dizem respeito a questões relacionadas à dignidade do trabalhador, envolvendo o direito ao lazer, ao convívio social, à saúde física e mental, bem como o próprio direito ao trabalho.

Por outro lado, o assunto vai de encontro a interesses do empregador, principalmente no que tange à sua lucratividade, tendo em vista que a redução da duração do trabalho pode significar necessidade de aumento no número de empregados e culminar em aumento de custos relacionados à seleção e recrutamento, treinamento, despesas com equipamentos de proteção individual (EPI) em determinadas atividades, despesas relacionadas a convênio médico, seguro de acidente de trabalho, vale-transporte e outros benefícios que oneram o empregador.

Portanto, trata-se de um assunto extremamente instigante e complexo, visto que afeta interesses ambíguos de empregados e empregadores, gerando polêmicas quanto à sua real efetividade nas relações laborais.

A duração do trabalho talvez seja um dos assuntos mais recorrentes na seara trabalhista. Desde o início da industrialização, marcada pela Revolução Industrial em meados do século XVIII, percebe-se que a redução da duração de trabalho sempre esteve entre as principais reivindicações dos trabalhadores.

Apesar de o assunto duração do trabalho ter sido bastante explorado em artigos e livros, obras extremamente relevantes, como a de Arnaldo Süssekind, *Duração do trabalho e repousos remunerados*, publicada em 1950, e a de Elson G. Gottschalk, de 1951, intitulada *A duração do trabalho*, ambas publicadas pela Editora Freitas Bastos, assim como a obra de Odonel Urbano Gonçales, em conjunto com o Ministro do Tribunal Superior do Trabalho, Pedro Paulo Teixeira Manus, intitulada *Duração do trabalho*, publicada em 1996 pela Editora LTr, o presente trabalho se justifica por fazer uma abordagem direcionada às perspectivas contemporâneas da duração do trabalho e, principalmente, de sua redução nos dias atuais.

Hodiernamente, verifica-se uma nova forma de excessiva exploração do trabalho humano, principalmente em razão do avanço tecnológico, além do *exército de reserva* de trabalhadores, que contribui sobremaneira para o vilipêndio dos seus direitos.

Pretende-se, portanto, trazer novos argumentos sobre a redução da duração do trabalho diante do capitalismo contemporâneo, que tem levado a classe trabalhadora a dedicar um tempo ao trabalho tão extenuante quanto o que fora experimentado no período pós-Revolução Industrial.

Em 2011, o planeta Terra registrou a marca de sete bilhões de habitantes, com previsão de oito bilhões para os próximos 14 anos, segundo a ONU.

Diante desses números e tendo em vista que a expectativa de vida vem aumentando paulatinamente em grande parte dos países capitalistas, um dos problemas do mundo contemporâneo recai na empregabilidade da população economicamente ativa, que aumenta a cada ano.

A paz econômica e social depende sobremaneira de uma população empregada, gozando de direitos sociais e previdenciários, em condições de viver com dignidade, bem como de gerar riquezas para o Estado, que, por sua vez, deve reverter em benefícios para os seus cidadãos.

Destarte, o objetivo central do presente estudo é delinear o quanto a duração do trabalho pode influenciar em fatores econômicos, sociais, jurídicos e de empregabilidade na sociedade contemporânea, apresentando propostas para a sua possível solução.

Os objetivos específicos coexistem ao se analisarem a possibilidade do efetivo aumento do emprego formal com a redução da duração do trabalho; países que adotam duração do trabalho inferior a oito horas diárias; medidas a serem tomadas, como o *banco de horas* e as horas suplementares, em caso de redução da duração do trabalho no Brasil; a efetividade ou não do trabalhador, com relação a horas livres resultantes da redução da duração do trabalho; as soluções que podem contribuir para a efetivação da redução da duração do trabalho e aumentar os postos formais de trabalho, a flexibilização trabalhista e seus impactos na duração do trabalho e a importância do direito negociado sobre o legislado, em relação ao tema em voga.

De acordo com os objetivos do presente trabalho, o tema visa a uma abordagem contemporânea do assunto – a redução da duração do trabalho. Diante disso, a originalidade se identifica por meio da integração de um estudo histórico com uma análise atual, que se apoia em dados concretos para se alcançar uma conclusão original e concisa.

Na atual conjuntura em que se encontra a sociedade capitalista, a relevância do tema em apreço se mostra sob a perspectiva de questões a serem analisadas, relacionadas à dinâmica de possíveis avanços em relação ao direito negociado sobre o legislado, com vistas a uma duração do trabalho mais digna e efetiva para o trabalhador.

Em virtude da importância do tema, este trabalho se limita a analisar o contexto histórico da duração do trabalho e, a partir daí, desenvolver um estudo sobre os seus aspectos sociais, econômicos e jurídicos, bem como abordar as adaptações legislativas e jurisprudenciais utilizadas no direito laboral hodierno, como o trabalho em escalas de 12 x 36, o trabalho em tempo parcial (*part time*), o trabalho em domicílio e o teletrabalho, a terceirização, chegando a conclusões sobre o possível aumento da empregabilidade em virtude da redução da duração do trabalho e ao estudo do direito negociado sobre o legislado.

Diante disso, este trabalho será organizado em Introdução, Capítulo I, *Duração do Trabalho*: aspectos históricos, que analisa não só breves considerações sobre o tempo e o trabalho no contexto histórico, a construção dos limites para duração do trabalho, as influências do Manifesto Comunista e da Igreja Católica na construção dos limites de duração do trabalho, a evolução da construção dos limites da duração do trabalho no mundo e no Brasil, como, também, os tempos de trabalho e não trabalho na sociedade capitalista contemporânea.

No Capítulo II, *Duração do Trabalho*: juridicidade e peculiaridades do tema, abordam-se a visão da OIT e a duração do trabalho em âmbito mundial, o ordenamento jurídico brasileiro, a compensação semanal de horários, a garantia constitucional do direito ao trabalho, as atividades com duração de trabalho diferenciada, ilimitada e intermitente, duração do trabalho e horas extraordinárias, a supressão das horas extras, quando habituais, as horas extraordinárias sem acordo de prorrogação e o *banco de horas*.

No Capítulo III, *Redução da Duração do Trabalho* – análise sociodemográfica e reflexos na saúde do trabalhador, são analisados os aspectos sociais decorrentes da redução da duração do trabalho, o trabalho análogo ao escravo e a redução da duração do trabalho, a duração do trabalho e seus impactos, de acordo com a densidade demográfica, os acidentes do trabalho e o adoecimento do trabalhador no mundo pós-moderno e sua relação com a duração do trabalho e a redução da duração do trabalho, como mecanismo de efetivação do princípio da dignidade da pessoa humana.

O Capítulo IV, *Adaptações Contemporâneas, Perspectivas e Conjeturas sobre Empregabilidade com a Redução da Duração do Trabalho*, versa sobre a flexibilização laboral e seus reflexos na duração do trabalho no Brasil, o trabalho em tempo parcial, o trabalho em escalas de 12 x 36, o trabalho em domicílio e o teletrabalho, o trabalho informal e a prestação de serviços, em detrimento do emprego formal, terceirização e a duração do trabalho; países que adotam duração do trabalho inferior a oito horas diárias, duração do trabalho e negociação coletiva – direito negociado em face do direito legislado, projetos de lei em tramitação para a redução da duração do trabalho e as Propostas de Emenda Constitucional, 231, de 1995 e 75, de 2003, fechando com as conjeturas sobre empregabilidade, em virtude da redução da duração do trabalho.

Na Conclusão são apresentadas propostas para que efetivamente ocorra a redução da duração do trabalho, com consequências práticas, que possam melhorar a qualidade de vida do trabalhador, bem como a empregabilidade que, inegavelmente, é um problema social.

Capítulo I

Duração do Trabalho: Aspectos Históricos[1]

1. BREVES CONSIDERAÇÕES SOBRE O TEMPO E O TRABALHO NO CONTEXTO HISTÓRICO

Para analisar o tema redução da duração do trabalho, há que se ponderar que a vida do homem na Terra tem relação essencial com o tempo, devendo ser observadas as especificidades de cada período.

Quando se trata de tempo, a pergunta que há muito intriga os estudiosos é o que é mesmo o tempo? Ao longo da história humana, essa dúvida surge nos campos da religião, da física, da matemática, da filosofia e em tantas outras áreas.

Entretanto, sem entrar na seara Divina, na abordagem filosófica de Santo Agostinho ou nos estudos de Isaac Newton e Albert Einstein, e sabendo o quão difícil é encontrar uma definição absoluta e definitiva de tempo, o que se deve observar é a importância do tempo na vida do ser humano, principalmente pelo fato de que o tempo está incorporado ao ser finito do homem.

Em consequência disso, ou seja, da finitude do homem, é certo que a cultura ocidental no mundo capitalista pós-moderno leva o homem a se preocupar com a utilização do tempo, que deve contemplar os momentos dedicados ao trabalho, ao estudo, ao lazer e à vida social, que engloba comunidade, família, política e religião.

(1) O contexto histórico abordado no presente capítulo quando carente de citações bibliográficas se justifica ao passo de que seu desenvolvimento ocorreu pela leitura das obras: DELGADO, Mauricio Godinho. *Curso de direito do trabalho*. 10. ed. São Paulo: LTr, 2011. GOTTSCHALK, Elson G. *A duração do trabalho*. Rio de Janeiro: Freitas Bastos, 1951; HOBSBAWM, Eric J. *Os trabalhadores*. Estudos sobre a história do operariado. São Paulo: Paz e Terra, 2000; MARTINS, Sergio Pinto. *Direito do trabalho*. 27. ed. São Paulo: Atlas. 2011; NASCIMENTO, Amauri Mascaro. *Curso de direito do trabalho*. 24. ed. São Paulo: Saraiva, 2009; SÜSSEKIND, Arnaldo. *Duração do trabalho e repousos remunerados*. Rio de Janeiro: Freitas Bastos, 1950. SÜSSEKIND, Arnaldo *et al*. *Instituições de direito do trabalho*. 19. ed. São Paulo: LTr, 2000; ZIMMERMANN NETO, Carlos F. *Direito do Trabalho*. 2. ed. São Paulo: Saraiva, 2006.

No contexto trabalhista, a questão do tempo é essencial, pois o tempo dedicado ao trabalho diz respeito à grande parte da vida do ser humano, tornando, assim, imprescindivel delinear, ainda que de forma sucinta, o próprio trabalho, para, a partir disso, fazer uma abordagem efetiva do tempo de trabalho e suas consequências para o indivíduo.

O trabalho humano pode ser dividido em fases, iniciadas a partir das sociedades tribais e exercido pela coletividade de forma solidária, visando ao bem comum.

Posteriormente, tem-se o modelo de produção asiático, representado pela organização do trabalho em países, como China e Índia, que, embora considerados um modelo de trabalho, privilegiando a coletividade nos moldes das sociedades tribais, já se percebia, nesse segundo modo, a existência de uma minoria se beneficiando do trabalho coletivo.

As próximas fases do trabalho são as que merecem maior ênfase, a escravidão, a servidão e, posteriormente, a fase do trabalho assalariado, utilizado no modo capitalista de produção.

O trabalho escravo é, indubitavelmente, a forma mais degradante de exploração do trabalho humano, visto que nega ao indivíduo o direito básico de observância a sua dignidade. Em alguns momentos da história, tem-se notícia do quanto a mão de obra escrava foi utilizada para servir à classe dominante, como no caso do Império Romano, que chegou a ter mais escravos que cidadãos romanos livres. A escravidão em Roma ocorria nas mais variadas atividades, como dos pastores, músicos, filósofos e gladiadores.

Nesse contexto, é interessante observar a lição de Süssekind (2000), narrando que Aristóteles afirmava que "para conseguir cultura, era necessário ser rico e ocioso e que isso não seria possível sem a escravidão"[(2)].

No Brasil, desde o seu descobrimento, foi utilizado pelos portugueses o trabalho escravo, inicialmente com os índios e, posteriormente, os negros, trazidos do continente africano.

O trabalho escravo se resume na coisificação da pessoa humana, ou seja, em tratar o indivíduo sem lhe dar qualquer possibilidade de crescimento pessoal ou profissional, não respeitando as suas limitações físicas, psicológicas, tampouco o tempo destinado ao trabalho.

Outra forma de exploração do trabalho que não respeitava a dignidade da pessoa humana, inclusive no que diz respeito ao tempo destinado ao trabalho, é a servidão, que estudiosos do Direito do Trabalho, como Süssekind (2000), tratam como uma forma de escravidão disfarçada, visto que "foi um tipo muito generalizado de trabalho em que o indivíduo, sem ter a condição jurídica do escravo, na realidade não dispunha de sua liberdade"[(3)].

---

(2) SÜSSEKIND, Arnaldo *et al. Instituições de direito do trabalho*. 19. ed. São Paulo: LTr, 2000. p. 28, v. 1.

(3) *Id., ibid.*

A sociedade feudal tinha como uma de suas características, o modelo servil de trabalho. Nesse contexto, o trabalhador estava preso à terra que, consequentemente, tinha um dono. Era comum o senhor feudal vender a propriedade e os servos como acessórios, que, em regra, não podiam recorrer a juízes contra o dono da terra.

Conforme lição de Süssekind (2000), a "servidão começou a desaparecer no final da Idade Média. As grandes perturbações, ora decorrentes das epidemias, ora das Cruzadas, davam ensejo não só à fuga de servos como à alforria"(4). Apontamentos históricos demonstram que o fim da servidão ocorreu paulatinamente na Europa e a sua erradicação somente próximo do século XX, na Rússia.

Paralelamente à servidão, começam a surgir as Corporações de Ofícios, com a alteração no sistema econômico, quando aparecem os grupos profissionais, encabeçados pelos artesãos, tendo como líder a figura do *mestre*. Segundo Süssekind (2000), na Espanha do século XIV, "As Cortes de Valladolid (1351) fixaram a jornada de sol a sol com períodos de descanso para alimentação e asseguravam a liberdade de qualquer pessoa ensinar o ofício"(5).

A estrutura de trabalho nas Corporações de Ofícios contava com a figura do *mestre*, detentor do negócio e de técnicas, materiais e ferramentas; os *companheiros* ou *jornaleiros*, que, na acepção da palavra, eram aqueles que prestavam serviços com remuneração pelo dia trabalhado e os *aprendizes*, jovens admitidos para aprender o ofício em troca de alimentação e moradia.

Os *aprendizes* começavam a trabalhar a partir de 12 ou 14 anos, sob o comando do *mestre*. Os jovens trabalhadores estavam ali para aprender o ofício, porém, lhes era imposto um severo sistema de trabalho e, também, possível imposição de castigos corporais, por parte do *mestre*.

Os pais dos *aprendizes* pagavam elevadas taxas aos mestres a fim de que ensinassem o ofício a seus filhos, tendo em vista que, se o *aprendiz* conseguisse aprender, passaria ao grau de *jornaleiro*. Os *jornaleiros* ou *companheiros* eram trabalhadores com qualificação, que dispunham de liberdade pessoal, além de receber salário do *mestre*.

Para que o *companheiro* passasse a *mestre*, tinha que ser aprovado no exame de *obra mestra*, um exame pago, cuja prova era muito difícil, tendo em vista que não havia interesse dos *mestres* em terem novos *mestres* em seus ofícios.

A duração desse trabalho era extensa, alcançando até 18 horas no verão, somente terminando com o pôr do sol, já que a escuridão poderia comprometer a qualidade do trabalho. As corporações garantiam também proteção, em caso de doença, e a possibilidade, ainda que remota, de um dia se tornarem *mestres*.

---

(4) SÜSSEKIND, Arnaldo *et al. Instituições de direito do trabalho*. 19. ed. São Paulo: LTr, 2000. p. 30, v. 1.

(5) *Id.*, p. 31.

Entretanto, pela pouca liberdade assegurada, principalmente aos *aprendizes*, esta também era considerada uma forma mais branda de escravização do trabalhador.

A grande Revolução Industrial começou a partir de 1760, na Inglaterra, no setor da indústria têxtil; o trabalho que nas corporações de ofício era realizado por artífices passa a ser um trabalho repetitivo, desqualificado e prolongado. Esse pioneirismo inglês, invenções de máquinas e consequente passagem da manufatura para a maquinofatura, desencadeia uma extrema mudança nos métodos de trabalho e nas relações entre patrões e trabalhadores.

Essa situação teve como resultado a formação de um sistema de antagonismo entre a classe operária, detentora apenas da força de trabalho e a burguesia, detentora do capital; de um lado, buscava-se uma remuneração justa pelo trabalho e, de outro, procurava-se pagar o menor valor possível, sem qualquer preocupação com as condições de trabalho da classe proletária.

A força de trabalho era a única mercadoria que o trabalhador possuía para vender e garantir sua subsistência. Portanto, esse trabalho cria um valor, a ser vendido para a burguesia por um salário, que, por sua vez, será calculado de modo que haja um tempo excedente de trabalho, em comparação ao valor pago pela burguesia, o que Karl Marx chamaria de mais-valia.

A Revolução Industrial foi determinante para definir questões políticas e sociais, visto que os detentores do capital passariam a exercer forte influência sobre o Estado na elaboração, ou não, de leis visando a seus interesses.

Algumas consequências imediatas da Revolução Industrial foram nefastas para os trabalhadores; por exemplo, o excesso de mão de obra, que, além de gerar alto índice de desemprego, fazia com que o trabalhador se desvalorizasse ainda mais, impactando principalmente em baixíssimos salários. Também a duração do trabalho era levada além do máximo suportado pelo ser humano, o que acarretava inúmeros acidentes do trabalho, resultando na morte de trabalhadores, inclusive.

Além da exploração em todos os sentidos do trabalho do homem, essa nova era resultou ainda na exploração exagerada do trabalho da mulher e do menor, uma vez que sequer eram observadas as peculiaridades básicas de suas condições, seja enquanto mulher, no que diz respeito à proteção, à maternidade e à força física, seja enquanto ao menor, no que tange ao seu desenvolvimento físico, mental e moral, visto que era comum a exploração do trabalho de crianças com seis anos de idade.

Toda essa situação levou os trabalhadores a se revoltarem e, por consequência, começaram a surgir movimentos de união na busca de condições dignas de trabalho, bem como de justa duração de trabalho. Diante disso, inúmeras revoltas se sucederam em toda a Europa e Estados Unidos, com vistas a promover a justiça social e conquistar, para o proletariado, melhores condições de trabalho.

Entre os anos de 1812 e 1813, ocorreu um movimento social na Inglaterra denominado luddismo, nome que deriva de um de seus lideres, Ned Ludd, e que se tratava de um protesto contra os avanços tecnológicos impostos pela Revolução Industrial e, principalmente, contra a substituição da mão de obra humana por máquinas.

Os luddistas também foram chamados de *quebradores de máquinas*, pois, com apoio de muitos trabalhadores das fábricas, os luddistas invadiam esses locais e quebravam máquinas e outros equipamentos, por eles considerados responsáveis pelo desemprego e pelas terríveis condições de trabalho no período. Mas, com o surgimento das primeiras formas de sindicatos na Inglaterra, as chamadas *trade unions*, os trabalhadores começaram a se manifestar de forma mais organizada e o movimento luddista perdeu força.

Algumas outras datas marcaram definitivamente a luta dos trabalhadores e merecem destaque nesse contexto como o dia 8 de março de 1857, quando operárias de uma fábrica de tecidos de Nova York, nos Estados Unidos, se uniram em uma greve, ocupando a fábrica, com o intuito de conquistar melhores condições de trabalho, tais como redução da carga diária de trabalho para dez horas, visto que as fábricas exigiam 16 horas de trabalho diário, salário igual ao dos homens, em caso de trabalho igual, e tratamento digno dentro do ambiente de trabalho.

Ao final do movimento, essas mulheres foram trancadas na fábrica, que, em seguida foi incendiada, culminando na morte de aproximadamente 130 tecelãs, em um ato totalmente desumano. Esse acontecimento daria origem ao *Dia Internacional da Mulher*, conforme estabelecido em 1910, durante uma conferência realizada na Dinamarca; data oficializada em 1975 pela ONU.

Em 1º de maio de 1886, na cidade de Chicago, também nos Estados Unidos. milhares de trabalhadores saíram às ruas para reivindicar melhores condições de trabalho, entre elas, a redução da duração do trabalho de treze para oito horas diárias. A manifestação culminou em conflito, entre policiais e trabalhadores, provocando a morte de manifestantes.

Esse acontecimento causou revolta à classe trabalhadora, o que levou a outros enfrentamentos. No dia 4 de maio de 1886, manifestantes atiraram uma bomba nos policiais, provocando a morte de sete deles; a reação imediata foi atirar contra o grupo de manifestantes, resultando na morte de vários desses trabalhadores e dezenas de pessoas feridas.

Em homenagem aos trabalhadores que morreram nos conflitos iniciados em 1º de maio de 1886, a Segunda Internacional Socialista, sediada em Paris no dia 20 de junho de 1889, instituiu o Dia Mundial do Trabalho, que passaria a ser comemorado, anualmente, no dia 1º de maio.

Após essas e outras inúmeras lutas, travadas entre trabalhadores e empregadores, começou a se consolidar a intervenção do Estado, com a criação de leis de proteção ao trabalhador e, em 1919, foi criada a Organização Internacional do Trabalho – OIT, uma agência multilateral, de representação paritária de governos dos

Estados-membros e de organizações de empregadores e de trabalhadores, ligada à ONU, especializada nas questões do trabalho.

O certo é que a exploraçao do trabalho humano no período pós-Revolução Industrial culminava em um tempo de trabalho que consumia até mais de dois terços do tempo de vida do trabalhador, tendo em vista que, em muitos casos, a duração diária do trabalho ultrapassava 16 horas.

Essas breves colocações sobre o tempo e o trabalho em seu contexto histórico são essenciais para que, a partir daí, se estabeleça a conexão entre o que seria uma razoável duração do trabalho, suficiente para garantir empregabilidade no mundo pós-moderno, e, também, alcançar os objetivos básicos do que se espera entre o tempo de trabalho e o tempo de não trabalho.

2. A CONSTRUÇÃO DOS LIMITES PARA DURAÇÃO DO TRABALHO

Conforme observado no item anterior, várias foram as lutas dos trabalhadores para alcançar melhores condições de trabalho, dentre elas, a limitação do tempo de trabalho. Portanto, há tempos é comum ouvir dizer que a classe trabalhadora[6] luta por uma *jornada de trabalho* condizente com a capacidade psicofisiológica do trabalhador. Contudo, em um trabalho que se tem como escopo tratar de um assunto tão específico, faz-se primordial, desde logo, se esclarecer o significado de *jornada.*

O Dicionário Michaelis[7] da Língua Portuguesa traz o significado de *jornada* como a *marcha ou percurso que se faz num dia*; a *duração do trabalho diário* ou o *salário relativo ao trabalho de um dia* é acrescentado pelo Dicionário Houaiss[8]. Portanto, é fácil constatar um pleonasmo na expressão *jornada diária.*

Em espanhol, *jornal* se diz *diário,* em italiano *giorno* significa *dia* e *giornata jornada* ou *trabalho de um dia.* Assim sendo, onde é costumeiro se encontrar a frase *redução da jornada de trabalho*, significa dizer *redução da diária de trabalho*, por conseguinte, quando se deseja alcançar maior abrangência, o correto é dizer *redução da duração do trabalho*, que pode ser em relação ao trabalho diário, semanal, mensal ou anual. Em outras palavras, *duração do trabalho* é o gênero de que *duração diária de trabalho* é espécie, bem como *duração semanal do trabalho* e *duração anual do trabalho.*

---

(6) Ricardo Antunes define que "Uma noção ampliada de classe trabalhadora inclui, então, todos aqueles e aquelas que vendem sua força de trabalho em troca de salário, incorporando, além do proletariado industrial, dos assalariados do setor de serviços, também o proletariado rural, que vende sua força de trabalho para o capital" (ANTUNES, Ricardo. *Os sentidos do trabalho*. 5. ed. São Paulo: Boitempo, 2007. p. 103).

(7) MICHAELIS. *Moderno Dicionário da Língua Portuguesa*. São Paulo: Companhia Melhoramentos, 1998.

(8) HOUAISS. *Dicionário Houaiss da Língua Portuguesa*. Rio de Janeiro: Objetiva, 2001.

Romita (1998) dispõe que dizer "jornada semanal não significa coisa alguma. É o mesmo que duração diária semanal (do trabalho). Deve-se dizer: duração semanal (do trabalho) ou carga semanal de trabalho"[(9)].

Portanto, pode ocorrer a redução da duração semanal do trabalho sem, necessariamente, redução diária do trabalho, exceto em um dia da semana. Por exemplo, se o trabalhador trabalha oito horas por dia de segunda a sexta-feira e quatro horas no sábado, perfazendo um total de 44 horas semanais, e ocorrer a redução da duração semanal do trabalho de 44 para 40 horas semanais, o trabalhador poderá simplesmente deixar de trabalhar aos sábados, continuando a trabalhar de segunda a sexta-feira oito horas por dia.

Nesse diapasão, é importante destacar que a duração do trabalho, quando analisada sob a ótica de suas espécies, tem nuanças muito específicas que culminam em um único objeto, o descanso do trabalhador.

A duração diária do trabalho está relacionada à própria condição física do trabalhador, visto que uma duração diária de trabalho muito extensa poderá lhe acarretar consequências nefastas, como um acidente do trabalho. A duração semanal engloba a questão do repouso semanal do obreiro, essencial para a reposição de sua energia, e, por fim, a duração anual do trabalho, que abarca a questão das férias do trabalhador.

O certo é que o tema duração do trabalho talvez seja um dos mais recorrentes na seara trabalhista. Desde o início do período denominado de *maquinofatura*, marcado pela Revolução Industrial em meados do século XVIII, percebe-se que a redução da jornada de trabalho sempre esteve entre as principais reivindicações dos trabalhadores.

Dentro desse contexto histórico, é interessante observar que as extenuantes jornadas de trabalho que chegavam a 18 horas diárias nos século XVIII foram sendo reduzidas, paulatinamente, nos países capitalistas, de forma mais acentuada a partir de meados do século XIX.

Momentos históricos, como o 1º de maio de 1886 em Chicago, quando milhares de trabalhadores se movimentaram em busca de melhores condições de trabalho e jornadas de trabalhos com duração razoável, demonstram o quanto a luta por esse direito é recorrente ao longo dos anos.

Com os movimentos populares, apesar da insatisfação dos empregadores, que muitas vezes viam nos trabalhadores simples extensão do maquinário, o Estado começa a intervir, criando as primeiras normas, prevendo jornadas de trabalho de doze, dez e, posteriormente, oito horas diárias.

O fato é que o Direito, de um modo geral, evolui de acordo com a realidade do momento social. No caso específico do Direito do Trabalho, essa realidade tem

---

(9) ROMITA, Arion Sayão. *Direito do Trabalho – temas em aberto*. São Paulo: LTr, 1998. p. 144.

grande relação com a questão econômica. Morville (1985) coloca que o Direito do Trabalho constrói-se sobre uma realidade mutável e é diretamente influenciado pelos fatores econômicos, políticos, culturais e sociais, enfim, pela relação de forças existentes entre os interlocutores sociais[(10)].

Os fundamentos para a redução da jornada de trabalho foram desde os aspectos sociais até a questão econômica, visto que o trabalhador que labora em jornadas extenuantes, além de não poder usufruir o mais básico convívio familiar, enfrenta riscos extremamente acentuados de acidentes do trabalho, que irá onerar o empregador e o Estado, além de afetar direitos ligados à personalidade, como a dignidade da pessoa humana.

Nascimento (2009) destaca a cruel realidade vivida pela classe operária no século XVIII, no que diz respeito à duração do trabalho e pouca importância dada pelo Estado ao trabalhador.

> Relembre-se que as condições de trabalho do século XVIII eram totalmente adversas para aceitação de jornadas de trabalho reguladas pelo Estado. Os princípios da economia liberal, opondo-se a qualquer interferência na livre estipulação dos horários de trabalho, sustentavam que era lesiva da liberdade e da autonomia, que deviam presidir a ordem social, qualquer interferência[(11)].

Diante disso, foram delineados os fundamentos básicos para a limitação do tempo de trabalho, quais sejam:

1) *psicofisiológico* diz respeito aos limites físicos e mentais do trabalhador a um determinado tempo de trabalho. Vale salientar que esses limites variam de acordo com a atividade exercida pelo trabalhador. Além de ser normatizado, é indiscutível que alguns tipos de atividades necessitam de tempo de trabalho menor do que a duração ordinária utilizada na maioria das atividades laborais, como trabalho em atividades insalubres. Portanto, esse fundamento visa essencialmente evitar a fadiga física e mental do trabalhador, com vistas à preservação de sua saúde;
2) *social* visa garantir ao trabalhador, além do tempo necessário ao convívio familiar, tempo para convívio em sua comunidade, nas mais diversas atividades, que podem ser religiosas, políticas, culturais ou filantrópicas;
3) *econômico* com várias conotações, sendo uma delas a empregabilidade, pois duração extensa do trabalho contribui efetivamente para menos contratações. Outra questão é que o trabalhador que labora por excessivo

(10) MORVILLE, Pierre. *Les nouvelles politiques sociales du patronat.* Paris: La Découverte, 1985. p. 17.

(11) NASCIMENTO, Amauri Mascaro. *Curso de direito do trabalho.* 24. ed. São Paulo: Saraiva, 2009. p. 1139.

tempo diário corre mais risco de adoecer em virtude do trabalho e, consequentemente, trará prejuízos econômicos ao empregador e ao poder público por meio do setor previdenciário. Outra situação relevante no que diz respeito a este fundamento é que trabalho de longa duração diária tende a culminar em produção com menor qualidade, o que fatalmente também resultará em prejuízos econômicos;

4) *humano* trata-se do fundamento que visa a resguardar a dignidade do trabalhador, pois trabalhadores sujeitos à extensa duração do trabalho, além de ter sua saúde afetada, estão propensos a maiores riscos de acidentes do trabalho, que em muitos casos podem resultar em invalidez ou até mesmo na morte do trabalhador.

Com base nesses fundamentos, a evolução quanto à limitação no tempo de trabalho ocorreu paulatinamente no mundo, com a intervenção do Estado criando normas que impuseram limites na duração do trabalho, observando em regra condições específicas, como a condição pessoal do trabalhador, a profissão e os riscos a que é exposto.

Nascimento (2009) destaca como principal fundamento de sustentação da redução do tempo de trabalho o lazer, que por si só atende inúmeras necessidades do trabalhador, "no entanto, entenda-se que lazer não é inatividade; ao contrário, é ocupação útil, mas agradável e não imposta"[(12)].

Diante dos fundamentos que alicerçaram a limitação da duração do trabalho, é conveniente observar alguns momentos relevantes da construção dos limites para duração do trabalho em âmbito mundial.

2.1. A influência do Manifesto Comunista na construção dos limites para a duração do trabalho

No período pós-Revolução Industrial, importante acontecimento do século XIX foi a publicação do Manifesto Comunista por Karl Marx e Friedrich Engel, em 1848, documento que criticava arduamente as condições de trabalho da época, bem como exigia severas alterações em benefício dos trabalhadores.

O Manifesto comunista pregou a união dos trabalhadores e influenciou sobremaneira as lutas da classe operária contra o capitalismo desmedido e, indubitavelmente, auxiliou no despertar da consciência dos obreiros, em relação à luta por seus direitos.

Karl Marx foi um estudioso das instituições capitalistas e logo concluiu que o capitalismo estava calcado na exploração do trabalho humano pela classe burguesa e, diante disso, propôs a Revolução, única forma de libertação dos trabalhadores daquela situação, que, somente pela força, aconteceria a derrubada das condições sociais existentes, culminando na implantação do Socialismo.

(12) NASCIMENTO, Amauri Mascaro. *Curso de direito do trabalho*. 24. ed. São Paulo: Saraiva, 2009. p. 1138.

Marx disseminou a ideia de união dos trabalhadores, com a finalidade de se formar uma ditadura da classe proletária, que suprimiria o capital, resultando, posteriormente, em uma sociedade comunista, fundamentada na abolição da propriedade privada burguesa.

A revolução comunista é a ruptura mais radical com as relações de propriedade tradicionais. Não surpreende que seu desenvolvimento envolva a ruptura mais radical com as ideias tradicionais. Contudo, deixemos agora as objeções da burguesia ao comunismo.

Vimos, acima, que o primeiro passo para a revolução da classe trabalhadora é conduzir o proletariado à posição de classe governante, para vencer a batalha da democracia. O proletariado usará a sua supremacia política para arrebatar, gradativamente, todo o capital da burguesia, para centralizar todos os instrumentos de produção nas mãos do estado, ou seja, do proletariado organizado como classe governante, e para aumentar o total de forças produtivas tão rápido quanto possível[13].

A pretensão era de substituir a ordem social, cujo fundamento é a liberdade individual, a propriedade privada e a liberdade contratual por uma situação em que a prosperidade e o controle dos meios de produção pertencessem ao Estado. O certo é que, em face do descontentamento da classe operária, a propagação das ideias de Karl Marx sobre a nova revolução que pretendia instalar, bem como as suas afirmações de que os operários eram obrigados a vender-se por minuto, como se fossem mercadoria, instalou na burguesia uma preocupação quanto a uma possível reação dos trabalhadores, o que, de certa forma, influenciou na construção de ideais de proteção aos direitos dos trabalhadores, no que tange à duração razoável do trabalho, inclusive.

Süssekind (1950) destaca o marxismo na construção da duração do trabalho:

A êsse tempo era inegàvelmente generalizada a influência que o marxismo exercia sôbre o operariado dos principais centros industriais, que baseados nos estudos e proclamação dos principais defensores do socialismo, fizeram da jornada de oito horas uma bandeira para suas lutas e reivindicações. E, na verdade, "não se pode negar aos socialistas, o mérito de que unidos, representavam como também o de terem sido êles os primeiros a se baterem pelos direitos da classe trabalhadora. Assim, a jornada de oito horas de trabalho, que era a ambição do trabalhador, fôra objeto do Congresso Socialista Internacional, realizado em 1889, em Paris, o qual procurou fazer com que todas as nações adotassem essa duração do trabalho diário"[14].

---

(13) MARX, Karl; ENGELS, Friedrich. *O manifesto comunista*. Trad. Maria Lucia Como. 17. ed. Rio de Janeiro: Paz e Terra, 2007. p. 43.

(14) SÜSSEKIND, Arnaldo. *Duração do trabalho e repousos remunerados*. Rio de Janeiro: Freitas Bastos, 1950. p. 28.

O momento era, sem dúvida alguma, extremamente tenso e inspirava uma atenção ao trabalhador, visto que dia após dia piorava a sua situação, no que se referia à sua dignidade.

Destarte, era indiscutível que a movimentação socialista preocupou a burguesia e outros setores da sociedade capitalista, que vinham se fortalecendo à custa do trabalho do proletariado, o que influenciou sobremaneira a movimentação do Estado, no sentido de criar as primeiras normas de duração razoável do trabalho, com o intuito de se evitar o caos social, que se instaurava em virtude dos problemas oriundos da Revolução Industrial.

2.2. A influência da Igreja Católica na construção dos limites para duração do trabalho

Um dos setores que se preocupou com a movimentação socialista indubitavelmente foi a Igreja Católica, que via a disseminação das ideias socialistas como um perigo para a paz social.

A situação deplorável dos trabalhadores, seu explícito descontentamento com a forma desumana de exploração do trabalho, cumulado com a propagação do Manifesto Comunista, contribuíram para que a Igreja Católica, por meio do Papa Leão XIII, publicasse em 15 de maio de 1891 a Encíclica *Rerum Novarum*, que acabaria se tornando a mais conhecida das Cartas Pontifícias.

A Encíclica *Rerum Novarum* pregou o direito dos trabalhadores se unirem em sindicatos, desde que prudentemente organizados, mas rejeitava o socialismo de Karl Marx, além de defender o direito à propriedade privada, como natural, fruto do trabalho humano e, portanto, desastrosas as consequências da proposta socialista.

A encíclica criticou fortemente a falta de princípios éticos e valores morais, um dos maiores motivos dos problemas sociais. Nesse sentido, a encíclica destacou alguns pincípios a serem usados na busca por justiça na vida social, como a melhor distribuição de riqueza, a intervenção do Estado na proteção dos pobres e desprotegidos e a mudança de pensamento da burguesia, em relação aos trabalhadores.

Quando trata das *Obrigações dos operários e dos patrões*, o Papa dispõe:

> Quanto aos ricos e aos patrões, não devem tratar o operário como escravo, mas respeitar nele a dignidade do homem, realçada ainda pela do Cristão. O trabalho do corpo, pelo testemunho comum da razão e da filosofia cristã, longe de ser um objecto de vergonha, honra o homem, porque lhe fornece um nobre meio de sustentar a sua vida. O que é vergonhoso e desumano é usar dos homens como de vis instrumentos de lucro, e não os estimar senão na proporção do vigor dos seus braços. O cristianismo, além disso, prescreve que se tenham em consideração os interesses espirituais do operário e o bem da sua alma. Aos patrões compete velar para que a isto seja dada plena satisfação, para que o operário não seja entregue à sedução e às solicitações

corruptoras, que nada venha enfraquecer o espírito de família nem os hábitos de economia. Proíbe também aos patrões que imponham aos seus subordinados um trabalho superior às suas forças ou em desarmonia com a sua idade ou o seu sexo(15).

Por esses e outros motivos, é indiscutível que a Encíclica *Rerum Novarum* trouxe fortes contribuiçoes na construção de um Direito do Trabalho mais justo, inclusive no que diz respeito a uma razoável duração do tempo de trabalho. Além disso, a partir dessa Carta Pontifícia, a Igreja passou a empenhar-se em encontrar soluções, à luz do Evangelho e dos ensinamentos cristãos, para problemas sociais diversos.

O documento serviu também para introduzir o chamado princípio da subsidiariedade e estabelecer orientações sobre os direitos e deveres do capital e do trabalho. Por influência da *Rerum Novarum* do Papa Leão XIII, em 1931, o Papa Pio XI publicou a encíclica *Quadragesimo Anno*, em alusão à Carta de Leão XIII e, em 1961, do Papa João XXIII, vieram as encíclicas *Mater et Magistra* e *Pacem in Terris*, de 1963, que condenaram os regimes que deturpam a função social da propriedade, os que exploram o trabalho nas relações sociais de produção, desrespeitando a dignidade do homem e os que apregoam a omissão do Estado(16).

Em suma, essa doutrina social católica sustentou, de modo geral, a valorização do trabalho e a defesa da dignidade do trabalhador, por meio de salários mais justos, redução da duração do trabalho, enfim, melhores condições de trabalho, e o movimento da sociedade contra a teoria socialista, expressa no Manifesto Comunista de Karl Marx. Afinal, era interesse da Igreja manter a organização social existente.

Süssekind (1950) cuidou também de destacar a influência da *Rerum Novarum* na construção dos limites da duração do trabalho, ressaltando "que exerceu remarcada influência, não apenas entre os trabalhadores, mas também entre os governantes e legisladores, de quem dependia a decretação das medidas de proteção ao trabalho humano"(17).

Tamanhas foram a importância e a influência da encíclica *Rerum Novarum* que os Papas que sucederam Leão XII cuidaram de homenageá-lo, publicando várias encíclicas comemorativas, como Pio XI, que, em 1931, publicou a encíclica

---

(15) *Carta Encíclica* Rerum Novarum *do Papa Leão XIII sobre a condição dos operários*. Disponível em: <http://www.vatican.va/holy_father/leo_xiii/encyclicals/documents/hf_l-xiii_enc_15051891_rerum-novarum_ po.html> Acesso em: 7 set. 2011.

(16) DONATO, Messias Pereira. Processo e formação histórica do direito do trabalho. In: MALLET, Estêvão; ROBORTELLA, Luiz Carlos Amorim (Coords.). *Direito e processo do trabalho* – estudos em homenagem a Octavio Bueno Magano. São Paulo: LTr, 1996. p. 163.

(17) SÜSSEKIND, Arnaldo. *Duração do trabalho e repousos remunerados*. Rio de Janeiro: Freitas Bastos, 1950. p. 29.

comemorativa que leva o nome de *Quadragesimo Anno*; em 1971, comemorando os 80 anos da *Rerum Novarum*, Paulo VI publicou a encíclica *Octogesimo adveniens* e João Paulo II, entre outros grandes documentos de orientação social, comemorou os cem anos da *Rerum Novarum*, com a encíclica *Centesimus annus*.

Até os dias atuais, qualquer obra de Direito do Trabalho, que se proponha a desenvolver o mínimo do contexto histórico trabalhista, deve citar o documento pontifício do Papa Leão XIII, graças a sua importância na construção das normas de proteção ao trabalhador, em âmbito mundial.

2.3. A evolução da construção dos limites da duração do trabalho no mundo

No período que sucedeu a Revolução Industrial inglesa, momento marcado pela extrema exploraçao do trabalho humano, sem observância da dignidade do trabalhador, uma das principais reivindicações da classe proletária foi a redução do tempo de trabalho.

Em 1802, o movimento destinado a combater a exploração do trabalho de menores, denominado *Moral and Health Act*, ficou conhecido como movimento *Salvemos os menores*. Liderado pelo industrial inglês Robert Peel, ocorreu uma das primeiras alterações, proibindo o trabalho noturno para menores e diminuindo a duração do trabalho diurno para doze horas.

Conforme enfatiza Süssekind (2000), essa exploração do trabalho humano impôs aos trabalhadores a necessidade de se unirem, formando os primeiros sindicatos, com o intuito de defender os seus interesses.

> E, a partir de 1830, as *trade unions*, inspiradas na *Inglaterra* por *Owen*, iniciaram movimento operário objetivando a fixação do *dia de trabalho em oito horas*. Na *França* e na *Alemanha*, por sua vez, o movimento operário organizava-se, advogando a intervenção do Estado nas relações entre patrões e empregados, a fim de impedir a exploração do homem pelo abuso do poder econômico[18].

Contudo, somente a partir de meados do século XIX, começou efetivamente a limitação na duração do trabalho, de forma gradual, merecendo destaque o pioneirismo inglês, que registrou a primeira manifestação de limitação do tempo de trabalho para a classe trabalhadora em geral em 1847, quando se fixou a duração diária de trabalho em dez horas.

No ano seguinte, a França segue o modelo inglês e também normatiza limitações quanto à duração diária de trabalho, estipulando duração diária de trabalho de dez horas em Paris e onze horas nas províncias.

---

(18) SÜSSEKIND, Arnaldo *et al. Instituições de direito do trabalho*. 19. ed. São Paulo: LTr, 2000. p. 791, v. 2.

O movimento se alastra além da Europa, alcançando os Estados Unidos da América, onde também os movimentos para uma duração diária do trabalho de oito horas ganham força entre os trabalhadores, passando a ser objeto de reivindicação primaz pela classe operária, conforme Süssekind (1950):

> Em 1866, o Congresso Geral dos Trabalhadores Norte-Americanos, celebrado em Baltimore, aprovou uma resolução no sentido de que "a primeira e grande exigência para libertar o trabalho da escravidão capitalista nos Estados Unidos, era promulgação de uma lei pela qual a jornada normal, em todos os Estados da União Americana, fôsse de *oito horas*". E no mês seguinte o Congresso Operário Internacional de Genebra ressaltava que "a limitação da jornada de trabalho é uma condição prévia sem a qual terão que fracassar todos os outros esforços pela emancipação e que as *oito horas* devem ser o limite legal da jornada"[19].

Diante dessas manifestações, em 1868, os Estados Unidos da América publicaram a sua primeira norma, estabelecendo duração do trabalho de oito horas diárias, inicialmente no serviço público federal. Na sequência, outros países também reduziram a duração diária do trabalho, como a Suíça, em 1877, o limite de onze horas e, em 1885, a Áustria, de dez horas.

Já, no século XX, outros países começaram a adotar a duração diária de trabalho de oito horas, como a Austrália em 1901, sendo que, a partir de 1915, foi se generalizando a jornada de oito horas em grande parte dos países capitalistas.

Com o Tratado de Versailles e a criação da OIT em 1919, foi promulgada em outubro de 1919 a Convenção n. 1, cujo artigo 2º dispõe que:

> Em todos os estabelecimentos industriais, públicos ou particulares, e suas dependências, de qualquer natureza que sejam, e com exclusão daqueles em que se achem apenas empregados membros de uma mesma família, *o período de trabalho do pessoal não poderá exceder oito horas por dia e quarenta e oito por semana* [...][20]. (grifo nosso)

Em 1948, foi adotada e proclamada pela Resolução 217 A (III) da Assembleia Geral das Nações Unidas, a Declaração Universal dos Direitos Humanos, inspirada em Locke, passando por Rousseau, sob o lema de que "os homens nascem e permanecem livres e iguais em direito", que marca as linhas do regime individualista do trabalho, isto é, "em torno do contrato e na consideração

---

(19) *Id.*, p. 28.

(20) OIT-LISBOA. *Convenções OIT por número*. Disponível em: <http://www.ilo.org/public/portugue/region/eurpro/lisbon/html/portugal_convencoes_numero_pt.htm> Acesso em: 13 out. 2011.

do indivíduo perante os chamados corpos intermediários e que trouxeram consequências funestas aos trabalhadores a partir de então"(21).

De inúmeras questões relacionadas ao trabalho do homem, a Declaração Universal dos Direitos Humanos garantiu, no seu artigo XXIV, que "Toda pessoa tem direito a repouso e lazer, inclusive a limitação razoável das horas de trabalho e férias periódicas remuneradas"(22).

Hodiernamente, observa-se, em grande parte dos países capitalistas, uma jornada de trabalho fixada em oito horas diárias, como é o caso do Brasil, que, até 1988, adotava jornada semanal de 48 horas, reduzida, com o advento da Constituição Federal de 1988, para 44 horas semanais.

2.4. A evoluçao da construção dos limites da duração do trabalho no Brasil

No auge da luta mundial para uma duração razoável do trabalho, o Brasil se manifesta de forma incipiente com o Decreto n. 1.313, de 17 de janeiro de 1891, que limitou a nove horas a duração diária de trabalho de menores do sexo masculino e a sete horas a dos menores do sexo feminino, mas, além de não atender aos adultos, vigorou apenas no Distrito Federal.

Efetivamente, no Brasil, a legislação trabalhista ganharia força somente durante a chamada *Era Vargas*(23), no que dizia respeito à construção dos limites da duração do trabalho, inclusive, o que aconteceu entre os anos de 1932 e 1940, tendo a década de 1930 sido marcada pela política trabalhista instaurada pelo Estado, com inúmeros decretos, que trataram do assunto, alguns para categorias específicas, regulando a duração de trabalho.

Em 1932, dois decretos, Decreto n. 21.186 e Decreto n. 21.364, limitavam a duração do trabalho em oito horas diárias no comércio e na indústria respectivamente. Já, em 1933, vários outros decretos estipularam a limitação da duração do trabalho em oito horas diárias para outras classes de trabalhadores, como o Decreto n. 22.979, destinado a empregados em barbearias e estabelecimentos congêneres e o Decreto n. 23.084, para empregados em farmácias.

Há que se destacar que, em 1937, os jornalistas adquiriram direito a uma duração diária de trabalho de cinco horas, por meio do Decreto-lei n. 910/37. No

---

(21) DONATO, Messias Pereira. Processo e formação histórica do Direito do Trabalho. In: MALLET, Estêvão; ROBORTELLA, Luiz Carlos Amorim (Coords.). *Direito e processo do trabalho* – estudos em homenagem a Octavio Bueno Magano. São Paulo: LTr, 1996. p. 153-158.

(22) ORGANIZAÇÃO DAS NAÇÕES UNIDAS. Assembleia Geral. *Declaração Universal dos Direitos Humanos*. Disponível em: <http://portal.mj.gov.br/sedh/ct/legis_intern/ddh_bib_inter_universal.htm> Acesso em: 13 out. 2011.

(23) É chamada *Era Vargas* o período ininterrupto de 15 anos em que Getúlio Vargas governou o Brasil (de 1930 a 1945), época importante na história brasileira, tendo em vista as inúmeras mudanças socioeconômicas que Vargas promoveu no país.

mesmo ano, foi promulgado Decreto-lei n. 2.028, garantindo aos professores o direito de ministrar no máximo seis aulas intercaladas, o que demonstrava medida de proteção à saúde do trabalhador, em virtude de sua profissão.

As Constituições do Brasil, de 1934, 1937, 1946 e 1967 já determinavam duração de trabalho não excedente a oito horas diárias. Em 1º de maio de 1943, foi publicado o Decreto-lei n. 5.452, que aprovou a Consolidação das Leis do Trabalho (CLT), firmando, assim, a duração diária do trabalho em 8 horas e 44 semanais, para os trabalhadores em geral.

É imprescindível salientar que a CLT dispõe no artigo 4º que se considera tempo efetivo de serviço o período em que o empregado esteja à disposição do empregador, aguardando ou executando ordens, pois isto abre um enorme leque de discussão a respeito do que efetivamente se deve considerar a duração do trabalho e que será tratado oportunamente no presente estudo.

Em 1988, a Constituição Federal alterou a duração semanal de trabalho, que, até então, era de 48 horas semanais para 44 horas semanais, o que será analisado com maior ênfase mais adiante. Atualmente, existem no Brasil propostas de redução da jornada legal prevista na Carta Magna de 1988, como as Propostas de Emenda à Constituição n. 231/1995 e n. 75/2003, para redução da jornada de trabalho semanal de 44 horas para 40 e 36 horas.

Um dos principais fundamentos para a referida redução da duração de trabalho seria a possibilidade de aumento da empregabilidade formal no país, porém, a questão provoca imensa celeuma, trazendo à tona diversos questionamentos sobre a sua efetividade no aumento do emprego, o que será tratado mais adiante.

Em contrapartida, um fator de extrema relevância, quando se fala em redução da jornada de trabalho, refere-se aos custos dessa redução para o empregador, que teme pelo aumento de suas despesas com empregados, o que fatalmente traria consequências de toda sorte, o que gera, também, muita polêmica.

3. TEMPOS DE TRABALHO E NÃO TRABALHO NA SOCIEDADE CAPITALISTA CONTEMPORÂNEA

Não há dúvidas de que o binômio trabalho e não trabalho foi sempre motivo de grandes discussões entre empregados e empregadores, desde o surgimento do emprego e das primeiras lutas pela proteção do trabalhador. Conforme bem colocado por Gonçales e Manus (1996), "A quantidade de horas de trabalho e a de descanso constituem alvo da atenção do legislador, da doutrina e da jurisprudência. A razão é singela: o ser humano tem limite relativamente curto de suportar a prestação de trabalho contínuo"[24].

---

(24) GONÇALES, Odonel Urbano; MANUS, Pedro Paulo Teixeira. *Duração do trabalho*. São Paulo: LTr, 1996. p. 7.

A importância da distinção entre o tempo de trabalho e não trabalho é extremamente abrangente, alcançando as discussões sobre empregabilidade, convívio social, lazer ou simplesmente o ócio destinado ao descanso. Para se refletir sobre tempo de trabalho e não trabalho na sociedade contemporânea, é imprescindível analisar um clássico escrito por Lafargue (2000), no final do século XIX, chamado *O direito à preguiça*(25), que discorre exatamente sobre o direito ao tempo de não trabalho, em uma sociedade totalmente tomada pelo capitalismo, desencadeado pela revolução da classe burguesa.

Lafargue (2000), quando escreveu o panfleto revolucionário *O direito à preguiça*, disse que "Doze horas por dia, esse era o ideal dos filantropos e moralistas do século XVIII"(26). Diante disso, criticou duramente o regime capitalista que, segundo ele, estaria instituindo para o proletariado a *religião do trabalho*, contra o que se insurgia, no sentido de que a luta dos trabalhadores naquele momento da história tratava-se de uma luta que atendia muito mais aos anseios da burguesia que aos do próprio proletariado.

> E dizer que os filhos dos heróis do Terror se deixaram degradar pela religião do trabalho a ponto de aceitar, após 1848, como uma conquista revolucionária, a lei que limitava a doze horas o trabalho nas fábricas; eles proclamavam, como sendo um princípio revolucionário, *o direito ao trabalho*. Envergonhe-se o proletariado francês! Somente escravos seriam capazes de tamanha baixeza. Seriam precisos vinte anos de civilização capitalista para um grego dos tempos heroicos conceber tamanho aviltamento(27).

Quando Paul Lafargue proclamava o direito à preguiça, na realidade pregava o direito ao ócio, na acepção da palavra, afinal, na antiga Grécia o tempo de ócio era o tempo *scholé* que, em português, significa escola, ou seja, era o tempo dedicado ao conhecimento (letras, artes e ciências), ao exercício da atividade política, cuidados com o corpo e o espírito, enfim, o ócio era tratado como essencial para uma vida livre e feliz.

Lafargue, um discípulo de Marx, defendia que o trabalhador deveria lutar para que o trabalho não fosse superior a três horas diárias e que o resto do dia e da noite deveria ser utilizado apenas para festejar.

---

(25) "Panfleto revolucionário escrito em 1880, publicado no jornal socialista L'ÉGALITÉ, numa série de artigos entre 16 de junho e 4 de agosto do mesmo ano, editado como brochura em 1881, revisto e reeditado em 1883, voltando a ser impresso em 1898 e em 1900." Informações retiradas da contracapa do livro de Paul Lafargue. *O direito à preguiça*. Trad. J. Teixeira Coelho. 2. ed. São Paulo: Hucitec; Unesp, 2000.

(26) LAFARGUE, Paul. *O direito à preguiça*. Trad. J. Teixeira Coelho. 2. ed. São Paulo: Hucitec; Unesp, 2000. p. 71.

(27) *Id., ibid.*

Esses argumentos se fundamentavam no sentido de que o capitalismo e a exploração do trabalhador, em longos períodos dedicados ao trabalho, somente serviam para um excesso de produção que, por vezes, era queimada ou jogada na água, visto que a burguesia, detentora da dupla função social de não produtor e super consumidor, muitas vezes, não adquiria tudo o que era produzido e, como o proletariado não podia ter acesso aos produtos que produzia, ocorria o descarte do excesso de mercadorias.

Contudo, a ideia de Lafargue foi totalmente vencida pela ascensão mundial do capitalismo, que atropelou de forma esmagadora as concepções que lhe foram contrárias.

Destarte, atualmente, quando se trata do assunto tempo de trabalho e não trabalho há que se pensar que o mundo pós-moderno trouxe novas situações para a humanidade, que resultaram, principalmente, no desenvolvimento do capitalismo e no avanço tecnológico.

Quanto ao desenvolvimento do capitalismo, esta é a lição de Suret-Canale (2005):

> O capitalismo desenvolve-se com base na produção mercantil, que supõe a generalização. Diferentemente dos modos de produção anteriores, mais ou menos fundados sobre uma economia de subsistência, a produção capitalista volta-se, logo de início para o mercado: o capitalismo produz para vender. E a própria relação entre o capitalista e o assalariado apresenta-se sob a forma da troca mercantil: o capitalista apresenta-se como comprador de força de trabalho, o assalariado como vendedor[(28)].

O capitalismo se fortaleceu a ponto de impor a ideia de que é a única forma capaz de manter o mundo em atividade, fazendo com que o homem tenha em mente se tornar, a cada dia, mais escravo do seu trabalho. Hodiernamente, pensar no modelo idealizado por Karl Marx parece totalmente fora do contexto político-econômico, afinal, o capitalismo se fortaleceu como modelo da *felicidade*, prova disso é o que foi visto na Alemanha Ocidental e na Alemanha Oriental.

Nesse contexto, é inimaginável no mundo atual impor às grandes massas, criadas no mundo capitalista, outro sistema que as privasse de sua liberdade e dessa ideia de possibilidade de crescimento econômico, *a priori*, vinculado apenas à sua capacidade e vontade pessoal. O capitalismo é considerado o sistema que oferece condições para o indivíduo elevar o seu padrão de vida a patamares que outros sistemas, como o socialismo, jamais permitiria; em contrapartida, escraviza o homem a partir do momento em que o instiga a ter sempre mais capital, desde que trabalhe para isso.

---

(28) SURET-CANALE, Jean. *O livro negro do capitalismo*. Org. Gilles Perrault. Trad. Ana Maria Duarte *et al.* 4. ed. Rio de Janeiro: Record, 2005. p. 26.

Marx (1980) fez uma importante reflexão sobre tempo de trabalho e tempo livre:

> De fato, o reino da liberdade começa onde o trabalho deixa de ser determinado por necessidade e por utilidade exteriormente imposta; por natureza, situa-se além da esfera da produção material propriamente dita. O selvagem tem de lutar com a natureza para satisfazer as necessidades, para manter e reproduzir a vida, e o mesmo tem de fazer o civilizado, sejam quais forem a forma de sociedade e o modo de produção. Acresce, desenvolvendo-se, o reino do imprescindível. É que aumentam as necessidades, mas, ao mesmo tempo, ampliam-se as forças produtivas para satisfazê-las. A liberdade nesse domínio só pode consistir nisto: o homem social, os produtores associados regulam racionalmente o intercâmbio material com a natureza, controlam-no coletivamente, sem deixar que ele a força cega que os domina; efetuam-no com o menor dispêndio de energias e nas condições com a natureza humana. Mas, esse esforço situar-se-á sempre no reino da necessidade. Além dele começa o desenvolvimento das forças humanas como um fim em si mesmo, o reino genuíno da liberdade, o qual só pode florescer tendo por base o reino da necessidade. E a condição fundamental desse desenvolvimento humano é a redução da jornada de trabalho[29].

Por sua vez, o avanço tecnológico contribuiu sobremaneira para um novo enfoque sobre tempo de trabalho e tempo de não trabalho, pois alterou o próprio modo de trabalho na maioria das atividades humanas. Desde o surgimento das primeiras máquinas a vapor e a evolução da manufatura para a maquinofatura, todos os avanços que se sucederam foram extremamente importantes para o fortalecimento e as consequências do capitalismo.

Inicialmente se acreditava que, ocorrendo o avanço tecnológico, haveria mais tempo livre para o indivíduo[30], pois tarefas que antes demandavam mais tempo para serem executadas passaram a ser realizadas em fração de segundos, porém, ocorreu fenômeno inverso, a escravização do trabalhador às novas tecnologias.

Nesse sentido, Lafargue (2000) já dizia em 1880:

> Uma boa operária, com sua fusada, não faz mais de cinco malhas por minuto, enquanto certas máquinas circulares de tricotar fazem, no mesmo

(29) MARX, Karl. *O capital*: crítica da economia política. 5. ed. Rio de Janeiro: Civilização Brasileira. 1980. p. 942, v. 3, 1. 6.

(30) "Um poeta grego do tempo de Cícero, Antípatro, assim cantava a invenção do moinho d`água (para moer grãos): ele iria emancipar as escravas e fazer voltar a época áurea: 'Descansem o braço que faz girar a moenda, ó moleiras, e durmam em paz! Que o galo em vão as avise que o dia surgiu! Dao impôs às ninfas o trabalho dos escravos e, no entanto, lá estão elas a saltar alegremente sobre a roda enquanto o eixo danificado gira com seus raios, fazendo girar a pesada pedra rolante. Vivamos da vida de nossos pais e, ociosos, rejubilemo-nos com os dons que a deusa nos dá.'". Trecho retirado do livro de Paul Lafargue, *O direito a preguiça*. Trad. J. Teixeira Coelho. 2. ed. São Paulo: Hucitec; Unesp, 2000. p. 87.

espaço de tempo, trinta mil. Cada minuto da máquina equivale a cem horas de trabalho da operária; ou, então, cada minuto de trabalho da máquina permite à operária dez dias de repouso. O que vale para a indústria da tecelagem é mais ou menos válido para todas as indústrias renovadas pela mecânica moderna. Mas o que podemos observar? À medida que a máquina se aperfeiçoa e elimina o trabalho do homem com uma rapidez e precisão cada vez maiores, o operário, em vez de prolongar seu descanso na mesma medida, redobra seus esforços, como se quisesse rivalizar com a máquina. Que concorrência absurda e assassina![31]

Assim sendo, o tempo dedicado ao trabalho acaba alcançando níveis que ultrapassam a simples discussão de tempo de trabalho e tempo de lazer, pois é muito comum nos dias atuais encontrar o homem moderno, em férias, porém, conectado às suas mídias eletrônicas, resolvendo os mais diversos problemas relacionados ao seu trabalho.

Neste sentido, mais que o direito básico ao lazer, surge o chamado "direito à desconexão" que Oliveira (2010) assim define:

> O direito à desconexão pode ser definido como aquele que assiste ao trabalhador de não permanecer sujeito à ingerência, solicitações ou contatos emanados do respectivo empregador pessoa física ou do empreendimento empresarial para o qual o obreiro trabalha, em seu período destinado ao descanso diário (intervalos intra e interjornada), semanal (descanso semanal remunerado) ou anual (férias), e ainda em situações similares (licenças), em especial diante da existência das novas tecnologias (*blackberry, palm, pager, fax*, celular, e ainda computador ou *notebook* munidos de internet ou de rede)[32].

É simplesmente o direito de o empregado estar efetivamente desconectado de seu trabalho, livre das obrigações funcionais que muitas vezes acompanham o obreiro nos momentos que deveriam ser de descanso, estudo ou de convívio familiar.

No dia 28 de novembro de 2011, o Jornal Folha de São Paulo trouxe a reportagem "*E-mail* e celular estendem jornada de trabalho para casa e até as férias", em que narrava que "a combinação entre crescimento mais intenso da

---

(31) LAFARGUE, Paul. *O direito à preguiça*. Trad. por J. Teixeira Coelho. 2. ed. São Paulo: Hucitec; Unesp, 2000. p. 88.

(32) OLIVEIRA, Christiana D'arc Damasceno. *(O) Direito do trabalho contemporâneo*. São Paulo: LTr, 2010. p. 118.

economia e avanço nas tecnologias de comunicação tem resultado em aumento das horas trabalhadas no Brasil"(33).

Apontou, ainda, que "sete em cada dez profissionais – que ocupam cargos, como analista, gerente e supervisor – afirmam que passam mais tempo no escritório hoje do que há cinco anos", e que "mais da metade diz que o teto da carga horária no escritório saltou de oito para dez horas diárias, e quase 80% são acionados nos momentos de lazer e descanso via mensagens no celular". Outro dado alarmante é que "mais de 50% dos funcionários de empresas que atuam no país respondem a *e-mails* de trabalho nesse período".

A reportagem menciona, ainda, que, em sete de cada dez entrevistados, cansaço e estresse são os efeitos colaterais do excesso de trabalho, bem como "o aumento nos casos de transtornos mentais e comportamentais tem relação direta com o aumento das horas trabalhadas".

A situação é, sem dúvida alguma, resultado do avanço tecnológico, aliado ao capitalismo voraz, que assola a sociedade contemporânea, revelando uma nova forma de exploração do trabalho humano.

Percebe-se no mundo pós-moderno uma característica peculiar, o tempo de que dispomos não está sendo suficiente para cumprir a contento todas as atividades, restando a impressão de sempre ficar algo para depois, seja no próprio trabalho, seja no campo familiar, nas áreas de conhecimento, lazer e de convívio em sociedade. Porém, conforme bem colocado por Cardoso (2009), "a duração do dia continua sendo de 24 horas, aceitam-se cada vez mais atividades simultâneas que permitem, ao preço de considerável tensão física e psicológica, multiplicar a quantidade de tempo que cada um dispõe"(34).

Demais disso, o avanço tecnológico traz ainda a característica de fazer com que o trabalhador, mais uma vez, seja substituído por máquinas, gerando, consequentemente, o desemprego, construindo um novo momento histórico, a Revolução Tecnológica ou Virtual, assim como acorreu a Revolução Industrial no século XVIII.

Masi (2003) faz algumas considerações acerca desse assunto:

> Já há vinte anos são publicados estudos com previsões sobre o quadro futuro do desemprego tecnológico. Em 1979, o *Stanford Research Institute* já anunciava que nos Estados Unidos, pelo fim do século, 80% das tarefas manuais estariam automatizadas, eliminando assim 20 a 25 milhões de postos de trabalho. Já em 1981, um estudo da Universidade Paris – Dauphine previa

(33) FRAGA, Érica. *E-mail* e celular estendem jornada de trabalho para casa e até as férias. *Jornal Folha de S. Paulo*. Mercado, 28 de nov. de 2011.

(34) CARDOSO, Ana Cláudia Moreira. *Tempos de trabalho, tempos de não trabalho*: disputas em torno da jornada do trabalhador. São Paulo: Annablume, 2009. p. 46.

que o uso de robôs, máquinas de controle numérico etc. provocaria a redução de 20% a 25% da mão de obra. Em 1982, relatório do Clube de Roma elaborado por Friederichs e Shaf já anunciava o desaparecimento do trabalho manual nos 30 anos seguintes.

Com obstinação suicida, em vez de encetar profundamente reorganizações visando à redução drástica dos horários de trabalho, e a rápida desestruturação espaço-tempo do trabalho e da firma, as empresas preferiram ignorar essas cassandras pontualmente confirmadas pelos fatos e perderam tempo com futilidades confusas e inúteis retoques sem importância[(35)].

O certo é que o ser social tem que se adequar ao que é imposto pela sociedade, sendo que atualmente ocorre um fenômeno extremamente sensível, em que o indivíduo, empregado ou empregador, deverá equalizar o tempo de trabalho e o tempo de efetivo descanso, antes que se instale o caos social, com o adoecimento global da sociedade laborativa, em face da competitividade e cobrança presentes na sociedade moderna.

Antunes (2007) aponta um novo modelo para alcançar verdadeiro tempo de não trabalho, capaz de garantir ao indivíduo efetiva qualidade de vida:

> A invenção societal de uma nova vida, autêntica e dotada de sentido, recoloca, no início do século XXI, a necessidade imperiosa de construção de um novo sistema de metabolismo social, de um novo *modo de produção* fundado na *atividade autodeterminada*, baseado no *tempo disponível (para produzir valores de uso socialmente necessários) na realização do trabalho socialmente necessário e contra a produção heterodeterminada (baseada no tempo excedente para a produção exclusiva de valores de troca para o mercado e para a reprodução do capital)*. [...]
>
> Os princípios constitutivos centrais dessa nova vida serão encontrados ao se erigir um sistema societal em que: 1) *o sentido da sociedade seja voltado exclusivamente para o atendimento das efetivas necessidades humanas e sociais;* 2) *o exercício do trabalho se torne sinônimo de autoatividade, atividade livre, baseada no tempo disponível*[(36)]. (grifos do autor)

Inegavelmente, a forma para se encontrar a consonância entre tempo de trabalho e não trabalho, com efetivas consequências positivas está fundada na conscientização das verdadeiras necessidades humanas e sociais, em que o trabalho deve ser tratado como parte da vida do indivíduo e não como causa primária de tudo.

---

(35) MASI, Domenico de. *O futuro do trabalho.* Fadiga e ócio na sociedade pós-industrial. Trad. Yadyr A. Figueiredo. 8. ed. Rio de Janeiro: José Olympio, 2003. p. 282.

(36) ANTUNES, Ricardo. *Os sentidos do trabalho*. 5. ed. São Paulo: Boitempo, 2007. p. 179.

Entretanto, essas novas concepções se conflitam com o explanado inicialmente neste tópico, ou seja, no capitalismo, os detentores do capital e os que o aspiram não sinalizam, ainda que de forma remota, qualquer disposição para uma nova concepção social, em detrimento de seus anseios.

O cenário mais realista do capitalismo hodierno, considerado selvagem pelo modo com que seduz a sociedade, abaliza que as pessoas continuarão comprando, vendendo, roubando, fraudando, se corrompendo, visando de alguma forma à ascensão social. Paralelamente, a população continuará crescendo, o que também contribui sobremaneira para dificultar a solução de questões, como o trabalho e o tempo de não trabalho na sociedade capitalista pós-moderna, o que será analisado mais adiante.

Há, ainda, quem sustente que a solução para os problemas relacionados ao tempo de trabalho e tempo de não trabalho, e demais questões relacionadas ao capitalismo, seria a adoção de um sistema de *socialismo possível*, como defende Nove (1989), para quem uma das questões-chave está na divisão horizontal e vertical do trabalho, que definitivamente não estaria na natureza utópica do homem universal de Marx, visto que as especializações no trabalho continuariam a existir, derrubando, assim, a hipótese de inexistência de uma divisão horizontal do trabalho.

Contudo, segundo Nove (1989), o aborrecimento e a rotina não são *bens* sociais, portanto, as pessoas deveriam estar preparadas para as oportunidades de mudar de emprego(37).

Ao exemplificar, cita uma frase de Marx: "uma pessoa caçará de manhã, pescará à tarde, cuidará do gado à noite e fará crítica literária após o jantar, sem se tornar caçador, pescador, pastor ou crítico", ou seja, executará várias atividades, sem ser especialista em nenhuma. Uma pessoa deve ter instrução suficiente para mudar de emprego quando o desejar, ou seja, "se um professor de línguas deseja ser pedreiro, maquinista de trem, psicólogo, trabalhar numa fazenda, deve poder fazê-lo, – sujeito apenas ao critério da necessidade social (tijolos para a construção, trens a serem dirigidos) e da aptidão (algumas pessoas são inadequadas para certas tarefas)", o que contraria a ideia de Marx, para quem não importa se as pessoas são capazes de mudar de especialização, já que não haverá nenhuma especialização(38).

Quanto à divisão vertical do trabalho, Nove (1989) considera a questão mais complicada, quando se busca um *socialismo possível*, pois é extremamente complexa a conciliação entre a "óbvia necessidade de hierarquia de controle e coordenação" e o "triunfo sobre a divisão vertical do trabalho". Diante disso, menciona inúmeras formas de se dividir o trabalho, como as cooperativas, que deveriam ser administradas por seus membros. O fato é que, para o autor, mesmo se tratando

(37) NOVE, Alec. *A economia do socialismo possível*. Lançado o desafio: socialismo com mercado. Trad. Sergio Goes de Paula. São Paulo: Ática, 1989. p. 328.

(38) NOVE, Alec. *A economia do socialismo possível*. Lançado o desafio: socialismo com mercado. Trad. Sergio Goes de Paula. São Paulo: Ática, 1989. p. 81-82.

de *socialismo*, deverá evidentemente, "haver uma divisão vertical do trabalho", ainda que sejam evidentes os problemas oriundos da autoridade (e de seu abuso) e disciplina[39].

Vale ressaltar que esse trabalho de Alec Nove sobre o *socialismo possível* traz indagações e propostas relacionadas a empresas, mercado e concorrência, preços, lucro, teoria do valor, investimentos e crescimento, comércio externo, dentre outras.

Logo, os trechos extremamente incipientes, destacados de sua proposta, contribuem para o presente estudo apenas à guisa de reflexão sobre outros modos de pensar um assunto de tamanha relevância, o tempo de trabalho e tempo de não trabalho no capitalismo moderno, revelando uma suposta forma de *socialismo possível*, com vistas a sair de uma utopia romântica. Todavia, essa poderia ser uma forma capaz de propiciar a redução do desemprego e dos conflitos civis.

Outro autor que faz uma análise de grande relevância da divisão social do trabalho, sob uma perspectiva socialista, é o filósofo húngaro István Mészáros. Na mesma linha de Nove, entende que, apesar de plausível o trabalho desmantelar com êxito o Estado burguês e, consequentemente, também controlar os instrumentos políticos que regulam o sociometabolismo, para dar início a um processo de reestruturação radical, não há que se pensar em "abolir a divisão social tradicional do trabalho, exceto no que diz respeito diretamente à propriedade dos meios de produção". Também não se pode simplesmente "abolir a fragmentação e a divisão interna do trabalho vinculadas e incorporadas aos instrumentos e práticas produtivos tradicionais da sociedade"[40].

Mészáros (2002) também cuida de traçar os problemas oriundos do tempo de trabalho e não trabalho na sociedade capitalista contemporânea, com as seguintes considerações:

> A dificuldade é que, enquanto as determinações capitalistas permanecem controlando a sociedade, o trabalho – ainda que idealmente devesse fazê-lo – simplesmente não pode deixar de ser a fonte de riqueza, nem o tempo de trabalho a sua medida. Do mesmo modo, sob tais condições, o valor de troca não pode deixar de ser a medida do valor de uso, nem podemos simplesmente postular que, em virtude das implicações ideais destas relações – que transformam o sistema capitalista em um anacronismo histórico, mas de modo algum um anacronismo imediatamente visível e materialmente sentido –, o modo de produção baseado no valor de troca *realmente* entra em colapso. Por isso, enquanto o capital puder encontrar novas saídas para a expansão através do vasto terreno de sua ascendência global, a não possibilidade de realização

(39) *Id., ibid.*

(40) MÉSZÁROS, István. *Para além do capital.* Trad. Paulo César Castanheira e Sérgio Lessa. São Paulo: Boitempo, 2002. p. 1059.

do indivíduo social permanece apenas como uma contradição latente desta sociedade, em vez de "explodir" suas bases estreitas.

Consequentemente, se considerarmos o desenvolvimento historicamente identificável da essencial tendência capitalista a redução drástica do tempo de trabalho necessário, sem postular, *ipso facto*, o colapso do sistema capitalista (mesmo que tal colapso seja teoricamente uma consequência necessária da plena articulação a longo prazo desta tendência), fica patente a existência de uma importantíssima força *negativa* que sustenta o capital durante um tempo considerável, não oferecendo qualquer conforto ao trabalho no futuro previsível. A tendência em questão, em seu impacto imediato, só pode dividir e fragmentar ainda mais o trabalho, voltando seus vários setores um contra o outro, em vez de contribuir positivamente para a unificação global e para a homogeneização do trabalho previstas na perspectiva marxiana[41].

Independentemente de qualquer análise que se faça aos mais profícuos estudos dedicados ao tema tempo de trabalho e não trabalho na sociedade capitalista moderna, por mais otimista que se possa ser, inevitavelmente, retorna-se ao círculo vicioso, relacionado a trabalho, consumo (exagerado e fútil) e busca infindável pelo direito ao descanso, gerando, muitas vezes, conflitos pessoais, capazes de provocar o adoecimento do trabalhador, assunto que será abordado mais adiante no presente estudo.

Parece um caminho sem volta, pois a humanidade está voltada para o materialismo, de tal forma que o assunto em debate certamente ainda servirá de campo fértil para inúmeras discussões e proposições, que poderão, ou não, alcançar algo de razoável e útil para a sociedade contemporânea.

(41) *Id.*, p. 1057.

Capítulo II

Duração do Trabalho: Juridicidade e Peculiaridades do Tema

1. A VISÃO DA ORGANIZAÇÃO INTERNACIONAL DO TRABALHO (OIT) E A DURAÇÃO DO TRABALHO EM ÂMBITO MUNDIAL

A Organização Internacional do Trabalho (OIT) foi criada em 1919, logo após a Primeira Guerra Mundial, como parte do Tratado de Versailles, sob o prisma de que a paz universal e permanente somente pode estar baseada na justiça social, tendo como missão a promoção de oportunidades para que homens e mulheres tenham acesso ao trabalho decente e produtivo, em condições de liberdade, equidade, segurança e dignidade.

A OIT, uma das agências do Sistema das Nações Unidas, tem estrutura tripartite, cuja composição é mesclada por representantes de governos e de organizações de empregadores e de trabalhadores. As normas internacionais do trabalho (convenções e recomendações[(1)]) são formuladas e aplicadas pela organização. A partir do momento em que as convenções são ratificadas por um país-membro, passam a fazer parte de seu ordenamento jurídico. O Brasil é um dos países-membros fundadores da OIT, com participação na Conferência Internacional do Trabalho, desde a sua primeira reunião.

Nota-se a relevância do tema em estudo, vez que o tema da primeira Convenção da OIT, em 1919, foi horas de trabalho, quando se estabeleceu duração

(1) De um modo geral, as convenções e recomendações não se distinguem materialmente, contudo, as primeiras se caracterizam como normas jurídicas de regras gerais e as segundas constituem objetos que em certos momentos devem ser tratados como forma de sugestão. Segundo Mauricio Godinho Delgado, as "*Convenções* são espécies de tratados. Constituem-se em documentos obrigacionais, normativos e programáticos aprovados por entidade internacional, a que aderem voluntariamente seus membros. [...] As *recomendações* consistem em diplomas programáticos expedidos por ente internacional enunciando aperfeiçoamento normativo considerado relevante para ser incorporado pelos Estados." DELGADO, Mauricio Godinho. *Curso de direito do trabalho*. 10. ed. São Paulo: LTr, 2011. p. 152.

de 8 horas por dia e 48 semanais para o setor manufatureiro da indústria. Na sequência, foram editadas inúmeras convenções sobre o tempo de trabalho, como a Convenção n. 30, de 1930, que garantiu a semana de trabalho de 48 horas aos trabalhadores do comércio e dos escritórios, a Convenção n. 47, de 1935, que inovou estabelecendo 40 semanais, em um período de plena crise mundial, decorrente da devastação causada pela guerra e pela quebra da bolsa de valores de Nova York em 1929(2).

Ainda no que diz respeito ao tempo de trabalho, a OIT editou também convenções concernentes ao princípio do descanso mínimo semanal de um dia, que foi introduzido na Convenção n. 14, de 1921, prevendo descanso semanal na indústria e a Convenção n. 106, de 1957, do descanso semanal no comércio e escritórios, a que se seguiram as convenções sobre o trabalho noturno e férias remuneradas(3).

Apesar de a duração do trabalho ainda estar fundamentada, de um modo geral, na Convenção n. 1 da OIT, em 1962, a OIT editou a Recomendação n. 116, que dispõe sobre a redução das horas de trabalho. Esta recomendação se destina principalmente a complementar os instrumentos internacionais, antes mencionados, que versam sobre a matéria em análise.

A Recomendação n. 116 tem como princípio básico a redução progressiva da duração do trabalho, quando for possível e apropriado, visando alcançar padrões de duração do trabalho de 40 horas semanais, sem diminuição do salário, passando, então, a ser considerada *padrão social*(4).

---

(2) LEE, Sangheon *et al. Duração do trabalho em todo o mundo*: tendências de jornadas de trabalho, legislação e políticas numa perspectiva global comparada. Trad. Oswaldo de Oliveira Teófilo. Secretaria Internacional de Trabalho. Brasília: OIT, 2009. p. 1.

(3) LEE, Sangheon *et al. Duração do trabalho em todo o mundo*: tendências de jornadas de trabalho, legislação e políticas numa perspectiva global comparada. Trad. Oswaldo de Oliveira Teófilo. Secretaria Internacional de Trabalho. Brasília: OIT, 2009. p. 1.

(4) Conforme LEE [*et al.*] "Para perseguir essa meta de maneira realista, a Recomendação sugere que se leve em conta:

• O nível de desenvolvimento econômico alcançado e a extensão em que o país está apto a reduzir a jornada de trabalho sem diminuir a produção total ou a produtividade, colocando em risco o crescimento econômico, o desenvolvimento de novas indústrias ou sua posição competitiva no comércio internacional e sem criar pressões inflacionárias capazes de, em última análise, reduzir o rendimento real dos trabalhadores;

• o progresso obtido e o que pode ser atingido aumentando a produtividade, por meio da aplicação de tecnologia moderna, de automação e de técnicas gerenciais;

• a necessidade, no caso de países em processo de desenvolvimento, de melhorar o padrão de vida de sua população; e

• as preferências das organizações de empregados e empregadores, em diferentes ramos de atividade, quanto à maneira pela qual a redução da jornada de trabalho poderia ser implementada." (*op., cit.*, p. 22.)

Como a recomendação se difere da convenção no sentido de não necessitar ratificação pelos países-membros, espera-se que cada Estado promova a adoção do princípio da redução progressiva da duração normal do trabalho. Essa adoção será compatível às condições e costumes nacionais.

Entretanto, dados da OIT (Escritório de Portugal), após quase cem anos da edição da primeira norma internacional de trabalho sobre a duração da jornada, o estudo *Working Time Around the World*, da OIT, estima que 600 milhões de pessoas, aproximadamente, 22 por cento da força de trabalho mundial, ainda laborem mais de 48 horas por semana[(5)].

Informações do Escritório da OIT de Portugal relatam um estudo que demonstra a importância da efetivação da menor duração do trabalho:

> O estudo refere que jornadas de menor duração têm efeitos positivos na saúde, segurança e higiene no trabalho, vida familiar dos trabalhadores, aumento da produtividade e promoção da igualdade entre os sexos. As jornadas excessivas persistem associadas a ciclos endémicos de baixa produtividade e subsistência. A sublinhar, no entanto, que jornadas muito reduzidas podem ilustrar quadros de sub-emprego e vulnerabilidade a situações de pobreza, afectando sobretudo jovens, mulheres e trabalhadores mais idosos.
>
> A diferença da duração das jornadas é, também, uma questão reflectida no género: os homens trabalham jornadas mais longas mas remuneradas. Pelo contrário, as mulheres realizam jornadas remuneradas mais curtas, acumuladas com longas jornadas em tarefas não remuneradas, como a prestação de cuidados familiares, domésticos e sociais.
>
> O incremento do sector terciário e do emprego informal contribuem, igualmente, para o alargamento da duração das jornadas de trabalho para além do estipulado legalmente, sendo sectores de difícil fiscalização.
>
> O estudo da OIT, para além do balanço apresentado, aponta linhas mestras para a concretização de metas para o trabalho digno: redução da jornada de trabalho tendo em vista a promoção e concretização de práticas de higiene e segurança no trabalho; conciliação de vida profissional e familiar; promoção de trabalho parcial a nível formal e de qualidade, contribuindo para incrementar a igualdade de género (Convenção OIT n. 175, 1994) e a fixação de uma jornada de trabalho razoável e que permita romper os ciclos de longas jornadas *versus* baixa remuneração[(6)].

---

(5) OIT-LISBOA. *Novo estudo da OIT analisa as horas de trabalho em mais de 50 países*. Disponível em: <http://www.ilo.org/public/portugue/region/eurpro/lisbon/html/portugal_estudo_horas_pt.htm> Acesso em: 25 out. 2011.

(6) OIT-LISBOA. *Novo estudo da OIT analisa as horas de trabalho em mais de 50 países*. Disponível em: <http://www.ilo.org/public/portugue/region/eurpro/lisbon/html/portugal_estudo_horas_pt.htm> Acesso em: 25 out. 2011.

Percebe-se que os escritórios da OIT em todo o mundo desenvolvem trabalho de extrema relevância sobre a duração do trabalho razoável, que, como já foi mencionado anteriormente, tem relação direta com questões de saúde, segurança, convívio familiar e empregabilidade do trabalhador.

Destarte, alcançar o objetivo de duração do trabalho razoável continua sendo uma das prerrogativas da OIT, pois, na prática, ainda existem inúmeros países, adotando longa duração para o trabalho humano.

O trabalho da OIT deve ser contínuo, visto que se trata de um organismo internacional de extrema influência nas decisões dos países-membros sobre a adoção das convenções, editadas em busca da universalização dos direitos dos trabalhadores.

A visão da duração do trabalho, sob a perspectiva da OIT, abarca também questões relacionadas a outras garantias ao trabalhador, além do simples tempo de trabalho, como os limites das horas extraordinárias, que serão analisados, em âmbito nacional, mais adiante, mas que, em âmbito mundial, vale ressaltar a exigência de um limite, embora essa limitação não seja especificada por meio de convenção.

Outra questão diz respeito ao descanso semanal mínimo que a OIT já tratou em duas convenções, a Convenção n. 14, de 1921 e a Convenção n. 106, de 1957, já mencionadas anteriormente.

Há ainda as férias anuais, que também são observadas pela OIT como de suma importância para a questão da duração do trabalho. Nesse sentido, Lee *et al.* (2009), em seu estudo sobre duração do trabalho, publicado pela OIT, narra o seguinte:

> Garantir um período maior de descanso durante o ano, também é essencial para promover o bem-estar e permitir que os trabalhadores tenham tempo suficiente fora do trabalho, inclusive para se dedicarem à família. Para esse fim, o direito a um período anual de férias está previsto em nível internacional na forma do direito a pelo menos três semanas de férias remuneradas, inclusive na Convenção sobre as Férias Remuneradas (Revisada), 1970 (n. 132). O direito às férias anuais se faz presente em quase todos os países(7).

De acordo com o interesse de cada país-membro da OIT, a duração das férias varia, em geral, de 20 a 23 dias. No Brasil, o direito a férias anuais está previsto no artigo 7º, inciso XVII, da Constituição Federal, contudo, a duração, que, em regra, é de 30 dias anuais, já estava prevista no artigo 130 da CLT.

Nesse sentido, a evolução na redução da duração do tempo de trabalho depende de uma série de outros fatores que contribuem para a duração razoável do trabalho na sociedade capitalista pós-moderna.

---

(7) LEE, Sangheon *et al. Duração do trabalho em todo o mundo*: tendências de jornadas de trabalho, legislação e políticas numa perspectiva global comparada. Trad. Oswaldo de Oliveira Teófilo. Secretaria Internacional de Trabalho. Brasília: OIT, 2009. p. 1.

A OIT demonstra, por meio de estudos sazonais, os avanços legais da redução da duração do trabalho, em âmbito mundial, conforme se verifica nas Tabelas a seguir[8]:

Tabela 1 – Limites das jornadas semanais normais (1967)

	Sem limite universal estatutário	**35-39 horas**	**40 horas**	**41- 46 horas**	**48 horas**	**Mais de 48 horas**
Países industrializados	Austrália, Dinamarca, Reino Unido	França	Áustria, Bélgica, Canadá, Espanha, Estados Unidos, Finlândia, Luxemburgo, Noruega, Nova Zelândia, Suécia	Portugal (escritórios), Suíça (trabalhadores na indústria e pessoal administrativo e gerencial)	Holanda, Irlanda, Itália, Japão, Portugal (indústria e comércio), República Federal da Alemanha	Suíça (demais trabalhadores)
África	Seicheles		Benin, Camarões, Chade, Congo, Costa do Marfim, Djibouti, Gabão, Madagascar, Mali, Mauritânia, Nigéria, Níger, Senegal, Togo	Argélia, Angola, Burundi, Cabo Verde, República Unida da Tanzânia, Ruanda	Guiné-Bissau, Marrocos, Moçambique	
Ásia	Índia, Paquistão, Vietnam		Indonésia	Cingapura, Mongólia	China, Filipinas, Malásia, República Democrática Popular do Laos, Tailândia (indústria)	Tailândia (comércio)
Caribe	Granada, Jamaica			Cuba, República Dominicana	Bahamas, Haiti	
Europa Central e do Leste				Bulgária, Tchecoslováquia, Romênia, URSS		
América Latina	Belize		Equador	El Salvador, Honduras, Uruguai (comércio), Venezuela (comércio e escritórios)	Argentina, Brasil, Bolívia, Chile, Colômbia, Costa Rica, Guatemala, México, Nicarágua, Panamá, Paraguai, Peru, Uruguai (indústria), Venezuela (indústria)	
Oriente Médio					Egito, Jordânia, Líbano	

(8) As tabelas que demonstram os avanços legais sobre a redução da duração do trabalho foram retiradas do livro: LEE *et al.* (2009), *op. cit.*, p. 13, 14, 15 e 16.

Tabela 2 – Limites das jornadas semanais normais (1984)

	Sem limite universal estatutário	35-39 horas	40 horas	41- 46 horas	48 horas	Mais de 48 horas
Países industrializados	Austrália, Dinamarca, Irlanda, Reino Unido		Canadá, Estados Unidos, Finlândia, França, Nova Zelândia	Bélgica, Luxemburgo (comércio/escritórios), Noruega, Portugal (escritórios), Suécia, Suíça	Áustria, Espanha, Holanda, Itália, Japão, Luxemburgo (indústria), Portugal (indústria e comércio), República Federal da Alemanha	
África	Nigéria, Quênia, Tanzânia		Argélia, Camarões, Chad, Costa do Marfim, Gabão, Mali, Mauritânia, Nigéria, Senegal		Congo (Kinshasa), Marrocos, Tunísia	
Ásia	Índia, Malásia, Paquistão	Cingapura (escritórios)		Cingapura (indústria/comércio)	China, Filipinas, Tailândia	
Caribe	Jamaica			Cuba, República Dominicana	Haiti	
Europa Central e do Leste				Bulgária, Tchecoslováquia, URSS	Romênia	
América Latina				Guatemala, Uruguai (comércio), Venezuela (comércio/escritórios)	Argentina, Bolívia, Brasil, Chile, Colômbia, Costa Rica, México, Nicarágua, Panamá, Peru, Uruguai (indústria), Venezuela (indústria)	

Tabela 3 – Limites das jornadas semanais normais (1995)

	Sem limite universal estatutário	35-39 horas	40 horas	41- 46 horas	48 horas	Mais de 48 horas
Países industrializados	Alemanha, Austrália, Dinamarca, Reino Unido	França	Áustria, Bélgica, Canadá, Espanha, Estados Unidos, Finlândia, Japão, Luxemburgo, Noruega, Nova Zelândia, Suécia	Portugal, Suíça (trabalhadores em empresas industriais, escritórios, cargos técnicos e pessoal de vendas em grandes empresas comerciais)	Irlanda, Itália, Holanda	Suíça (todos os demais trabalhadores)
África	Nigéria, Seicheles		Benin, Burquina, Faso, Camarões, Chade, Congo, Costa do Marfim, Djibouti, Gabão, Madagascar, Mali, Mauritânia, Nigéria, Senegal, Togo	África do Sul, Argélia, Angola, Burundi, Cabo Verde, Guiné-Bissau, Namíbia, Ruanda, República Unida da Tanzânia	Marrocos, Moçambique, Tunísia	Quênia
Ásia	Índia, Paquistão		China, Indonésia	Cingapura, Mongólia, República da Coreia	Camboja, Filipinas, Malásia, República Democrática Popular do Laos, Tailândia (indústria), Vietnam	Tailândia (comércio)
Caribe	Jamaica			Cuba, República Dominicana	Bahamas, Haiti	
Europa Central e do Leste	Romênia		Federação Russa, Letônia	Bulgária, Eslováquia, República Tcheca,		
América Latina			Equador	Belize, Brasil, El Salvador, Honduras, Uruguai (comércio), Venezuela	Argentina, Bolívia, Chile, Colômbia, Costa Rica, Guatemala, México, Nicarágua, Panamá, Paraguai, Peru, Uruguai (indústria)	
Oriente Médio					Egito, Jordânia, Líbano	

Tabela 4 – Limites das jornadas semanais normais (2005)

	Sem limite universal estatutário	35-39 horas	40 horas	41- 46 horas	48 horas	Mais de 48 horas
Países industrializados	Alemanha, Austrália, Dinamarca, Irlanda, Reino Unido (48 horas de limite da jornada total)	Bélgica, Suécia	Áustria, Canadá, Espanha, Estados Unidos, Finlândia, Itália, Japão, Luxemburgo, Holanda, Nova Zelândia, Noruega, Portugal, Suécia	Suíça (trabalhadores nas empresas industriais, escritórios, cargos técnicos e pessoal de vendas das grandes empresas comerciais)		Suíça (todos os demais trabalhadores)
África	Nigéria, Seicheles	Chade	Argélia, Benin, Burquina Faso, Camarões, Congo, Costa do Marfim, Djibouti, Gabão, Madagascar, Mali, Mauritânia, Nigéria, Ruanda, Senegal, Togo	Angola, Burundi, Cabo Verde, República Democrática do Congo, Guiné-Bissau, Marrocos, Namíbia, África do Sul, República Unida da Tanzânia	Moçambique, Tunísia	Quênia
Ásia	Índia, Paquistão		China, Indonésia, Mongólia, República da Coreia	Cingapura	Camboja, Filipinas, Malásia, República Democrática Popular do Laos, Tailândia (indústria), Vietnam	
Caribe	Jamaica, Granada		Bahamas	Cuba, República Dominicana	Haiti	
Europa Central e do Leste	Romênia		Bulgária, Eslováquia, Eslovênia, Estônia, Federação Russa, Letônia, Lituânia, antiga República Iugoslava da Macedônia, República Tcheca, Romênia			
América Latina			Equador	Belize, Brasil, Chile, El Salvador, Honduras, Uruguai (comércio), Venezuela	Argentina, Bolívia, Colômbia, Costa Rica, Guatemala, México, Nicarágua, Panamá, Paraguai, Peru, Uruguai (indústria)	
Oriente Médio			Egito		Jordânia, Líbano	

Analisando as Tabelas da OIT, que demonstram o avanço da redução legal da duração de trabalho, percebe-se que, em 1967, quando ocorreu o primeiro levantamento amplo sobre a duração do trabalho mundial, havia uma predominância da duração do trabalho inferior de 48 horas semanais.

Entretanto, verifica-se que já havia uma forte tendência de redução da duração semanal do trabalho, visto que dos 66 países analisados, 15 já adotavam duração entre 41 e 46 horas e em 14 a duração semanal era de 40 horas.

Em 1984, foi analisada a duração do trabalho em 89 países e havia ocorrido um aumento no número de países com duração entre 41 e 46 horas semanais de 15 para 20 países. O mais relevante se deve ao fato de que os países que adotavam duração de 40 horas semanais passaram de 14 em 1967 para 27 em 1984.

Na apuração de 1995, já preponderava a duração do trabalho inferior a 48 horas semanais, sendo que 31 países estavam adotando duração de 40 horas semanais e 25 passaram a adotar a duração entre 41 e 46 horas semanais, o Brasil, inclusive, que havia alterado sua duração de trabalho com a Constituição Federal de 1988.

Finalmente, na Tabela de 2005, fica evidente a evolução na redução da duração do trabalho em âmbito mundial, pois 45 países já utilizavam duração de trabalho semanal de 40 horas e outros 20 adotavam a duração entre 41 e 46 horas semanais.

Todavia, ainda há que se ponderar que, apesar do indiscutível avanço na redução da duração do trabalho, há ainda um grande número de países adotando a duração semanal de trabalho de 48 horas, como é o caso de vários países asiáticos e da América Latina.

Além disso, vale ressaltar, também, que não basta apenas a duração legal do trabalho estar limitada pela legislação de cada país, concomitantemente, deverá haver fiscalização para se evitarem abusos em trabalhos com duração extenuante, bem como se deve observar a utilização de horas extras, que, por vezes, se tornam habituais, desvirtuando qualquer duração legal de trabalho.

Portanto, a visão e participação da OIT no tema duração do trabalho devem alcançar, ainda, a fiscalização do trabalho, essencial para efetividade de uma razoável duração do trabalho.

2. ORDENAMENTO JURÍDICO BRASILEIRO: A DURAÇÃO DO TRABALHO NA CONSTITUIÇÃO FEDERAL DE 1988 E LEGISLAÇÃO INFRACONSTITUCIONAL

Antes de se adentrar na legislação constitucional e infraconstitucional, que versa sobre a duração do trabalho, há que se observar precipuamente como é visto o ordenamento jurídico trabalhista, sob o prisma do princípio da proteção.

Quando o assunto é a legislação trabalhista, logo vem à mente os princípios que norteiam o Direito do Trabalho, essencialmente o princípio da proteção, considerado como aquele que torna equânime a relação entre empregado e empregador, visto se basear prioritariamente em uma superioridade jurídica do trabalhador, diante da superioridade econômica do empregador.

Rodriguez (2000) apresenta o seguinte significado para o princípio da proteção:

> O princípio de proteção se refere ao critério fundamental que orienta o Direito do Trabalho, pois este, ao invés de inspirar-se num propósito de igualdade, responde ao objetivo de estabelecer um amparo preferencial a uma das partes: o trabalhador.
>
> Enquanto no direito comum uma constante preocupação parece assegurar a igualdade jurídica entre os contratantes, no Direito do Trabalho a preocupação central parece ser a de proteger uma das partes com o objetivo de, mediante essa proteção, alcançar-se uma igualdade substancial e verdadeira entre as partes[9].

Verifica-se, portanto, que o objetivo de instaurar igualdade entre os particulares que participam da relação de emprego acaba por culminar na dita proteção ao trabalhador, principalmente no que tange à legislação, que orienta o direito laboral.

Entretanto, como o assunto em estudo carece de uma visão mais aberta e crítica para que, ao final, se alcancem algumas conclusões, é interessante observar as colocações de Scelle (1927) sobre a legislação trabalhista:

> A legislação do trabalho apresenta uma forma transacional. Ela conduz a um duplo compromisso: entre duas forças coletivas, a do capitalismo privilegiado e a da massa de trabalhadores assalariados; entre duas tendências doutrinárias econômico-jurídicas, a do individualismo ou da autonomia da vontade e a do intervencionismo ou do estatuto legal. O intervencionismo aparece como um meio de realização, e não como um fim ideal. A legislação do trabalho corresponde a uma época de transição. O que apresenta de inacabado e de instável provém do jogo contínuo de ações e reações do meio em que é elaborada. O sentido imutável de sua evolução pressageia contudo a vitória da democracia social e o desaparecimento, sem dúvida ainda longínquo, do regime do salariato[10].

O autor destaca o caráter transacional da norma trabalhista, o que leva à reflexão quanto à efetiva proteção que, em tese, é a garantia de que o trabalhador está assegurado pela legislação contra os abusos da classe, economicamente, superior.

---

(9) RODRIGUEZ, Américo Plá. *Princípios de Direito do Trabalho*. 3 ed. São Paulo: LTr, 2000. p. 83.

(10) SCELLE, Georges. Précis élémentaire de législation industrialle. Paris: Recueil Sirey, 1927, p. 349 *apud* ROMITA, Arion Sayão. Compensação não é proteção. *Revista LTr*, São Paulo, v. 76, n. 1, p. 17, jan. 2012.

Nessas colocações, percebe-se que, a partir do momento em que se fala de transação, a proteção pode ficar para um segundo plano, pois proteger é efetivamente "dispensar proteção a, tomar a defesa de, apoiar, socorrer"[11], enquanto transacionar significa "fazer transações ou negócios, contratar, negociar, vender"[12], ou seja, são conceitos totalmente distintos, que levam a refletir sobre a efetiva proteção do Direito do Trabalho ao empregado.

Nesse sentido, Romita (2012) é contundente em sua afirmação:

> Não é propósito do direito do trabalho "proteger" este ou aquele sujeito da relação de trabalho. Pelo contrário: partindo da visão realista da relação de trabalho, como uma relação instaurada entre um sujeito que detém poder social e outro que não o detém, caracteriza o direito do trabalho como uma força que contrabalança (equilibra) as posições de ambos os sujeitos, a fim de eliminar, tanto quanto possível, a disparidade do poder imanente a este tipo de relação.
>
> Princípio do direito do trabalho não é a proteção do empregado, mas sim a força compensadora que ele ostenta, no afã de contrabalançar as posições de disparidade em que se encontram os sujeitos da relação[13].

No que tange à legislação brasileira em relação à duração do trabalho, é primordial ressaltar que o caráter transacional está ganhando, cada vez mais, força, como se verá a seguir, inclusive com possibilidades de duração do trabalho bem acima do que é considerado padrão, o que já é aceito pelo judiciário trabalhista, como no caso do sistema de trabalho 12 x 36.

Diante dessas considerações, ver-se-á a seguir como se encontra o ordenamento jurídico brasileiro sobre a duração do trabalho, com as peculiaridades que norteiam o assunto.

A Consolidação das Leis do Trabalho, aprovada pelo Decreto-lei n. 5.452/43, no artigo 58, firmou que "A duração normal do trabalho, para os empregados em qualquer atividade privada, não excederá de 8 (oito) horas diárias, desde que não seja fixado expressamente outro limite".

Percebe-se que a CLT tratou apenas da duração diária do trabalho. Contudo, considerando que a semana é composta de seis dias, destinados ao trabalho, e um dia, reservado ao repouso semanal, o dispositivo legal garantiu aos trabalhadores de atividades privadas em geral carga horária semanal de 48 horas, que vigorou na legislação brasileira até 1988, quando a Carta Magna expressou, na primeira parte, inciso XIII, do artigo 7º, "duração do trabalho normal não superior a oito horas diárias e quarenta e quatro semanais [...]".

---

(11) BUENO, Silveira. *Dicionário da Língua Portuguesa*. São Paulo: Fortaleza, 1973. p. 934, v. 3.

(12) *Id.*, p. 1126.

(13) ROMITA, *op. cit.*, 2012, p. 19-20.

Em uma interpretação meramente literal dos textos, poderia se considerar diante de um conflito normativo, tendo em vista que o texto constitucional não revogou o artigo 58 da CLT, ou seja, percebe-se a presença de duas normas válidas, pressuposto básico de uma antinomia.

No caso em destaque, resolver o conflito de norma é tarefa simples, pois basta a aplicação do critério hierárquico (*lex superior derogat legi inferior*), visto tratar a nova norma da Constituição Federal de 1988, ante o Decreto-lei n. 5.452/43.

Demais disso, alicerçado no *princípio norma mais favorável*, um dos princípios norteadores das relações de emprego, que, por si só, bastaria para resolver esse tipo de conflito, tendo em vista que independentemente de se tratar da Constituição Federal, norma hierarquicamente superior, a situação em voga traz mais benefícios para o trabalhador.

Nesse sentido, Russomano (2005) assevera:

> Mas, seja qual for a situação, parece-nos nascer da alma do Direito do Trabalho um princípio transcendental que rege a pesquisa da fonte aplicável ou a opção pela fonte que vai ser aplicada: é a prevalência da fonte mais favorável ao trabalhador, sem qualquer efeito *contra legem*, porém. Esse nos parece ser o princípio solar do Direito do Trabalho contemporâneo, capaz de pôr em movimento toda imensa estrutura social(14).

Na linha de raciocínio de Russomano, percebe-se, na prática, que, em muitos casos, normas hierarquicamente inferiores, como convenções e acordos coletivos, se sobrepõem a normas hierarquicamente superiores, como as leis, por exemplo.

No que tange ao tema, Delgado (2011) dispõe de forma simples e concisa que "a Carta de 1988 revogou, em parte, o art. 58 da CLT, que estipulava duração diária de trabalho de 8 horas e semanal de 48 horas. Revogação apenas parcial, esclareça-se, dado que *a jornada padrão continua a ser de 8 horas*"(15) (Grifo do autor).

Com o advento da Constituição Federal de 1988, portanto, o trabalhador comum das atividades privadas teve redução semanal na duração de trabalho de 48 horas para 44 horas.

Em muitos casos, no entanto, quando não há labor aos sábados, a referida redução da carga horária semanal significou aumento na carga diária de trabalho em virtude da segunda parte do inciso XIII do artigo 7º da Constituição Federal, que prevê a compensação de horários: "[...] facultada a compensação de horários e a redução da jornada, mediante acordo ou convenção coletiva de trabalho; [...]."

Basta pensar que, onde não se trabalha aos sábados, as 44 horas semanais serão divididas por cinco dias, ou seja, o trabalhador irá trabalhar em média 8 horas e 48 minutos por dia, porém, terá o sábado livre para as outras atividades de sua vida.

---

(14) RUSSOMANO, Mozart Victor. *Curso de direito do trabalho*. 9. ed. Curitiba: Juruá, 2005. p. 64.

(15) DELGADO, Mauricio Godinho. *Curso de direito do trabalho*. 10. ed. São Paulo: LTr, 2011. p. 847.

Importante salientar ainda que a Consolidação das Leis do Trabalho dispõe no artigo 4º que "considera-se como de serviço efetivo o período em que o empregado esteja à disposição do empregador, aguardando ou executando ordens, salvo disposição especial expressamente consignada". Em algumas atividades, como em vendas, por exemplo, o empregado pode ficar horas aguardando um cliente e esse tempo será computado como de serviço efetivo, desde que esteja à disposição do empregador.

O artigo 4º da CLT fundamenta as chamadas horas *in itinere* ou horas *no trajeto*, que são aquelas horas gastas no deslocamento do trabalhador para o trabalho, que, em regra, não são computadas na duração de trabalho, exceto quando estiverem presentes os requisitos de local de difícil acesso ou não servido por transporte público e o empregador fornecer a condução. Nesse caso específico, previsto no § 2º do artigo 58 da CLT, mesmo o empregado não estando em efetivo serviço, deverá ter o tempo de deslocamento computado em sua duração do trabalho.

A situação em destaque extrapola o previsto na regra geral de deslocamento do trabalhador para o seu trabalho, causando celeuma jurídica, o que resultou nas Súmulas ns. 90 e 320 do Tribunal Superior do Trabalho, que esclarecem situações do mencionado dispositivo legal.

A Súmula n. 90 esclarece que a incompatibilidade entre os horários de início e término da jornada do empregado e os do transporte público regular é circunstância que também gera o direito às horas *in itinere*.

Por outro lado, a Súmula n. 90 dispõe que a mera insuficiência de transporte público não enseja o pagamento de horas *in itinere* bem como se houver transporte público regular em parte do trajeto percorrido em condução da empresa, as horas *in itinere* remuneradas limitam-se ao trecho não alcançado pelo transporte público.

Fica expresso, também, no texto sumulado pelo TST que, sendo as horas *in itinere* computáveis na jornada de trabalho, o tempo que extrapolar a jornada legal será considerado extraordinário e sobre ele deve incidir o respectivo adicional.

Já a Súmula n. 320 do TST versa sobre o fato de que se o empregador não cobrar ou cobrar parcialmente importância pelo transporte fornecido para local de difícil acesso ou não servido por transporte regular não afasta o direito à percepção das horas *in itinere*.

Entretanto, há casos específicos na legislação pátria que, mesmo o empregado estando à disposição do empregador, as horas serão pagas de forma reduzida, como no caso do trabalho realizado em escalas de sobreaviso e prontidão, previstos respectivamente nos §§ 2º e 3º do artigo 244 da CLT.

É considerado trabalho em escala de sobreaviso quando o empregado permanece em sua própria casa, aguardando a qualquer momento o chamado para o serviço, sendo que cada escala de sobreaviso será, no máximo, de 24 horas e essas horas de sobreaviso serão contadas à razão de um terço do salário normal.

O avanço tecnológico trouxe à discussão se o empregado poderia estar de sobreaviso fora de sua casa, contudo, o Tribunal Superior do Trabalho já firmou entendimento, por meio da Súmula n. 428, de que o uso, pelo empregado, de aparelho de intercomunicação, a exemplo de BIP, *pager* ou aparelho celular, por si só, não caracteriza o regime de sobreaviso, uma vez que o empregado não permanece em sua residência aguardando, a qualquer momento, convocação para o serviço.

Entretanto, algumas atividades estabeleceram em norma coletiva a possibilidade de o empregado estar laborando em escala de sobreaviso, mesmo não estando em casa, desde que tenha consigo algum aparelho de intercomunicação, conforme ocorreu nos acordos coletivos de trabalho, vigentes em 2007/2008, celebrados entre o Sindicato dos Trabalhadores em Empresas de Telecomunicações e Operadores de Mesas Telefônicas no Estado de Santa Catarina (Sinttel/SC) e as empresas Mantel Telecomunicações e Energia Ltda.(16) e Socitel Telecomunicações Ltda.(17).

Em 12 de setembro de 2008, o Tribunal Superior do Trabalho publicou decisão dispondo que, se o empregado ficasse com aparelho móvel à disposição do empregador, estaria com sua liberdade de locomoção tolhida e, consequentemente, faria *jus* ao pagamento das horas de sobreaviso, desde que tivesse norma coletiva prevendo aquela situação(18).

Quanto à prontidão, esta é considerada quando o empregado fica nas dependências da empresa, aguardando ordens, sendo que a escala de prontidão será, no máximo, de doze horas e essas horas serão, para todos os efeitos, contadas à razão de dois terços do salário-hora normal.

---

(16) O parágrafo único da cláusula 45 do Acordo Coletivo de Trabalho vigente em 2007/2008, celebrado entre o SINTTEL/SC e a empresa Mantel Telecomunicações e Energia Ltda. dispunha: "Parágrafo único. Serão consideradas em regime de sobreaviso as horas em que o empregado apesar de se encontrar fora de seu local de trabalho, permanecer à disposição da empresa, podendo ser chamado através de bip ou telefone, inclusive celular."

(17) No mesmo sentido, dispunha o parágrafo único da cláusula 44 do Acordo Coletivo de Trabalho vigente em 2007/2008, celebrado entre o Sinttel/SC e a empresa Socitel Telecomunicações Ltda.

(18) Restou delineado no acórdão regional que o Reclamante ficava com aparelho móvel à disposição do empregador, e sua liberdade de locomoção restava tolhida pela iminente chamada do empregador. Diante dessa premissa fática, não incide no caso a Orientação Jurisprudencial n. 49 SDI-1 desta Corte. [...] Todavia, constou do acórdão regional (fls. 400) a existência de acordos coletivos considerando de sobreaviso, por aplicação analógica do art. 244 da CLT, o empregado que utilizando aparelho "BIP" ou qualquer outro meio de comunicação ficasse à disposição da empresa em caráter permanente ou dentro de uma escala predeterminada. Asseverou, ainda, o Tribunal Regional que foi comprovada a permanência do reclamante à disposição da empresa independentemente de figurar na escala. *TST, RR – 9884/2002-900-12-00.6; SBDI-1; Rel. Ministro João Batista Brito Pereira; DEJT 12.09.2008, p. 1561.*

3. A GARANTIA CONSTITUCIONAL DO DIREITO AO TRABALHO

Hodiernamente, quando se trata de duração do trabalho, um dos fundamentos é o aumento da empregabilidade e, portanto, é imprescindível fazer algumas considerações sobre o direito social ao trabalho, garantido nos Estados Democráticos de Direito e, quanto ao cidadão brasileiro, insculpido no artigo 6º da Carta Magna de 1988.

Em um estudo, no entanto, que prima em analisar a redução da duração do trabalho, cuja consequência seja o aumento da empregabilidade, não é obsoleto observar quando surge o *amor pelo trabalho*. Afinal, o próprio termo tem origens nem um pouco celestiais, pois a palavra trabalho vem do latim *tripalium*, um instrumento de tortura usado pelos romanos, com finalidade de forçar os escravos a trabalhar.

Ademais, é indiscutível que as civilizações antigas primavam pelo ócio, sendo o trabalho reservado aos escravos, enquanto o homem livre se dedicava aos exercícios corporais, à cultura e ao conhecimento, a exemplo do que ocorria na Grécia antiga.

Ainda, mesmo no período pós-escravidão, o trabalho foi utilizado como forma de exploração do ser humano. Prova disso são as jornadas extenuantes, a exploração ao trabalho da mulher e do menor, sem observar as condições inerentes ao gênero e à idade.

Ora, se o trabalho era instrumento de exploração, quando surgiu o *amor ao trabalho*? Em que momento passa a ser um direito do trabalhador? Ou seja, quando passa de *vilão* a *bênção*? São perguntas que serão analisadas a seguir.

Para seguidores radicais de Karl Marx, como Lafargue (2000), o grande erro do proletariado foi se deixar dominar pelo dogma do trabalho:

> E, no entanto, o proletariado, a grande classe que abrange todos os produtores das nações civilizadas, a classe que, ao se emancipar, emancipará a humanidade do trabalho servil e fará do animal humano um ser livre – o proletariado, traindo seus instintos, desconhecendo sua missão histórica, deixou-se perverter pelo dogma do trabalho. Duro e terrível foi seu castigo. Todas as misérias individuais e sociais nasceram de sua paixão pelo trabalho[19].

Na realidade, a ultravalorização do trabalho é, sem dúvida alguma, uma construção capitalista, apoiada pela igreja, por economistas e filósofos, que alardeavam que o progresso seria fruto do trabalho humano. A burguesia capitalista dos séculos XVIII e XIX precisava disseminar a ideia de que o trabalho seria o meio do homem progredir na vida, com dignidade.

---

(19) LAFARGUE, Paul. *O direito à preguiça*. Trad. J. Teixeira Coelho. 2. ed. São Paulo: Hucitec; Unesp, 2000. p. 67.

A própria Revolução Industrial do século XVIII, que provocou o êxodo rural e teve como uma de suas consequências o alto índice de desemprego nas cidades, serviu de pano de fundo para a valorização do trabalho, pois, sem trabalho, não havia salários, moradia, alimentação, paz social, enfim, não havia dignidade.

Assim, o trabalho, outrora castigo e reservado aos escravos, passa então a ser um bem valioso e imprescindível para a sobrevivência humana, a ponto de ser objeto de batalha primaz pela classe operária, necessitando ser tutelado pelo Estado, como um direito do cidadão. Somente tendo trabalho, o cidadão se preocupará em lutar por outros direitos, como uma duração razoável do trabalho, condições justas de trabalho e de salários, assim como a proteção especial ao trabalho da mulher e do menor.

Destarte, indubitavelmente, a Revolução Industrial do século XVIII foi o grande marco para o surgimento do Direito do Trabalho e, consequentemente, do direito ao trabalho, visto que, naquele momento da história, a extrema exploração do trabalho humano foi o estopim para que a classe operária se mobilizasse, forçando a interferência do Estado na proteção ao trabalhador, que criou as primeiras normas até se alcançarem os direitos, hoje garantidos aos trabalhadores, em âmbito mundial.

À medida que surgiram as primeiras garantias de direitos trabalhistas aos empregados, paralelamente, também passaram a existir os direitos sociais. Nesse sentido, De La Cueva (1970) se posiciona:

> El derecho del trabajo nace cuando los hombres se dan cuenta del abismo que media entre la realidade social y sua regulación jurídica, o bien. El derecho del trabajo nace cuando percebien los hombres que uno es el principio de la libre determinación de las acciones y outra cuestión distinta sua efectividad social, o todavia, uno. Es el problema puramente psicológico de la livre determinación de las conducta y outro, el problema de poder imponer la voluntad individual en las relaciones sociales; el régimem del contrato permitia imponer la voluntad del patrono, pero no la del trabajador[20].

As garantias aos direitos sociais, de um modo geral, evoluíram de forma paulatina no mundo. Na internacionalização desses direitos, e das normas de proteção aos trabalhadores, deve-se observar a Convenção sobre a Eliminação de Todas as Formas de Discriminação Racial, de 1965, que estabelece no artigo V, alínea "d", inciso I, o direito ao trabalho, à livre escolha do trabalho, a condições equitativas e satisfatórias de trabalho, a um salário igual para um trabalho igual, a uma remuneração equitativa e satisfatória.

A Convenção sobre Todas as Formas de Discriminação contra a Mulher, de 1979, no artigo 11, e subsequentes, estabelece a adoção, pelos Estados Partes, de

---

(20) DE LA CUEVA, Mario. *Derecho mexicano del trabajo.* 12. ed. México: Porrúa, 1970. p. 266-267, v. I.

medidas apropriadas para eliminar a discriminação contra as mulheres, no que diz respeito ao emprego e, em condições igualitárias, assegurar os mesmos direitos entre homens e mulheres.

A Convenção sobre a Proteção dos Direitos de Todos os Trabalhadores Migrantes e Membros de suas Famílias, de 1990, defende e protege os direitos humanos de trabalhadores, homens e mulheres, bem como de seus familiares, além de reconhecer e proteger as suas condições de dignidade e respeito, independente de seu *status* de migrante, sujeitos de direitos, perante a ordem internacional.

E, finalmente, o Mercosul, instituído pelo Tratado de Assunção que, em 1998, elaborou a Declaração Sociolaboral do Mercosul, estabelecendo princípios e direitos na área do trabalho.

No Brasil, não há um histórico de grandes revoltas dos trabalhadores, conforme se viu na Europa e nos Estados Unidos. As raras greves documentadas no início do período republicano foram de pouca expressão, merecendo destaque apenas algumas, como a dos condutores de bondes no Rio de Janeiro, em 1900, dos empregados na indústria naval, também ocorrida no Rio de Janeiro, em 1903, dos portuários, em Santos, em 1904, e, a de maior expressão, a *grande greve*, ocorrida em São Paulo, em 1917, que se iniciou com 400 trabalhadores e, em alguns dias, já contava com cerca de 15.000 grevistas.

Atualmente, o direito ao trabalho é um direito social expresso na Constituição Federal de 1988, artigo 6º, sendo esta garantia fundamental ao indivíduo fortalecida por outros artigos da Carta Soberana, como o artigo 7º, que elenca direitos dos trabalhadores, inclusive quanto à duração legal do trabalho; o artigo 170 dispõe sobre a ordem econômica, cujos fundamentos são a valorização do trabalho humano e a busca do pleno emprego; e o artigo 193, que preceitua ter a ordem social, como base, o primado do trabalho, ou seja, esses artigos fundamentam a importância do direito ao trabalho para a paz social.

A Carta Magna de 1988 elenca juntamente com o direito ao trabalho o direito à educação, à saúde, à alimentação, à moradia, ao lazer, à segurança, à previdência social, proteção à maternidade e à infância e assistência aos desamparados.

Em razão das dimensões adquiridas, o direito fundamental ao trabalho passa a ser relacionado ao *direito à integração*[21], em virtude da necessidade da sociedade ter os seus indivíduos inseridos no mercado de trabalho, com vistas à paz social.

---

(21) "O direito à integração, instituto assim denominado por *Otávio Amaral Calvet*, corresponde à possibilidade de o trabalhador ser integrado compulsoriamente aos quadros patronais, nas hipóteses em que a recusa à respectiva admissão se deu em decorrência de ato discriminatório realizado pelo potencial tomador de serviços, com abuso de direitos na seleção do trabalhador, o que pode, em caso de eventual impossibilidade fática da medida de integração, ser sucessivamente transmudado em pagamento de indenização por perdas e danos." OLIVEIRA, Christiana D'arc Damasceno. *(O) Direito do trabalho contemporâneo*. São Paulo: LTr, 2010. p. 124.

Dentre as características que impõem o direito à integração, estão cuidados contra as *listas negras* e *lista de trabalhadores problemáticos*, conforme destaca Oliveira (2010):

> As listas negras são normalmente elaboradas por grupos ou um grupo de empregadores determinados, e constituem-se instrumento *em comum* por eles *alimentado* com informações destinadas a esclarecer aos demais a relação dos trabalhadores (empregados ou não) que ajuizaram demandas perante a Justiça do Trabalho, cuja contratação, por isso, não seria recomendada.
>
> Também soem ser incluídos no rol os nomes de trabalhadores (empregados ou não) que são considerados problemáticos, combativos (a exemplo de lideranças sindicais), ou mesmo que são portadores de alguma patologia específica (a exemplo da AIDS)(22).

Percebe-se que o direito à integração está diretamente relacionado à Lei n. 9.029/95 que, no artigo 1º, dispõe sobre a proibição da "adoção de qualquer prática discriminatória e limitativa para efeito de acesso à relação de emprego, ou sua manutenção, por motivo de sexo, origem, raça, cor, estado civil, situação familiar ou idade".

Sobre a não contratação por motivos, como AIDS, já tivemos oportunidade de discorrer que "com base nos dispositivos constitucionais, bem como em todas as demais fontes de Direito, a doutrina, a jurisprudência, a analogia e os costumes vêm dando sinais indubitáveis de repugna a condutas discriminatórias, no que versa sobre a fase pré-contratual do portador do HIV"(23).

Assim sendo, percebe-se que o direito à integração pode incidir em inúmeras situações pertinentes ao direito ao trabalho, graças à importância de se efetivar o referido direito fundamental. Não é o caso de se ter a pretensão de valorar qual seria o direito social mais importante dentre os elencados no artigo 6º da Carta Soberana, uma vez que cada um deles é indubitavelmente de suma importância para o indivíduo.

Contudo, a efetivação do direito ao trabalho com o pleno emprego, além de relacionada à dignidade da pessoa humana, à ordem econômica e à ordem social, alcança outras dimensões que, sem dúvida alguma, o colocam como mola propulsora para a efetivação de grande parte dos demais direitos sociais, sobretudo porque o trabalho formal garante a manutenção do sistema previdenciário e, consequentemente, a proteção à maternidade, por exemplo, pelos recolhimentos mensais de empregados e empregadores.

---

(22) OLIVEIRA, Christiana D'arc Damasceno. *(O) Direito do trabalho contemporâneo*. São Paulo: LTr, 2010. p. 129.

(23) BARBOSA, Magno Luiz. *AIDS,* o direito e algumas reflexões sobre seus impactos na relação de emprego. Curitiba: Juruá, 2007. p. 127.

Nesse sentido, são comuns movimentações legislativas com a finalidade de aumentar o número de cidadãos recolhendo as verbas previdenciárias, como a promulgação da Lei n. 11.324, de 19 de julho de 2006, por exemplo, em que há previsão de que o empregador doméstico com empregado formal, recolhendo verbas previdenciárias, terá direito à dedução no Imposto de Renda Pessoa Física.

O trabalho formal inexoravelmente contribui também para a efetivação do direito à moradia e à assistência aos desamparados, pois financia o sistema habitacional e inúmeras ações sociais, por meio das contas vinculadas do Fundo de Garantia por Tempo de Serviço (FGTS), nutridas mensalmente com depósitos oriundos do emprego formal.

Destarte, ocorreram importantes alterações legislativas quanto ao FGTS, visando impulsionar o emprego formal, como redução da alíquota de oito para dois por cento, em contratações por prazo determinado, nos termos da Lei n. 9.601, de 21 de janeiro de 1998, e contratação de aprendizes, conforme a Lei n. 10,097, de 19 de dezembro de 2000.

Desde 23 de dezembro de 1965, está em vigor a Lei n. 4.923, que instituiu o Cadastro Permanente das Admissões e Dispensas de Empregados e estabeleceu medidas contra o desemprego e em favor da assistência aos desempregados, tratando, inclusive, na época, de dispor sobre a Comissão de Estudo do Seguro-Desemprego, finalmente instituída em 11 de janeiro de 1990, pela Lei n. 7.998.

Com esse cadastro, o Estado mantém certo controle sobre admissões e demissões no país, porém, por causa do trabalho informal e contratações irregulares, não é tarefa simples controlar o número de trabalhadores informais e desempregados e o direcionamento das políticas públicas de incentivo à capacitação e à empregabilidade, inclusive, é dificultado.

Contudo, o que se percebe é a incapacidade do Estado em efetivar os direitos sociais previstos na Carta Magna, muitas vezes com argumento de impossibilidade financeira, que resultou no fenômeno denominado *teoria da reserva do possível*[24]. Diante disso, é muito comum a movimentação no Judiciário com a propositura

(24) A construção do conceito da teoria da reserva do possível tem origem em julgamento promovido pela Corte Constitucional da República Federativa da Alemanha, em decisão conhecida como *Numerus Clausus*. Sobre o assunto, Sarlet (2001) dispõe: "Sustenta-se, por exemplo, inclusive entre nós, que a efetivação destes direitos fundamentais encontra-se na dependência da efetiva disponibilidade de recursos por parte do Estado, que, além disso, deve dispor do poder jurídico, isto é, da capacidade jurídica de dispor. Ressalta-se, outrossim, que constitui tarefa cometida precipuamente ao legislador ordinário a de decidir sobre a aplicação e destinação de recursos públicos, inclusive no que tange às prioridades na esfera das políticas públicas, com reflexos diretos na questão orçamentária, razão pela qual também se alega tratar-se de um problema eminentemente competencial. Para os que defendem esse ponto de vista, a outorga ao Poder Judiciário da função de concretizar os direitos sociais mesmo à revelia do legislador, implicaria afronta ao princípio da separação dos poderes e, por conseguinte, ao postulado do Estado de Direito" – SARLET, Ingo Wolfgang. *A eficácia dos direitos fundamentais*. 2 ed. Porto Alegre: Livraria do Advogado, 2001. p. 286.

de demandas, visando ao cumprimento da norma constitucional, que garante aos cidadãos os direitos sociais. As demandas judiciais visam, prioritariamente, ver cumpridos direitos relacionados à saúde, seja na busca por medicamentos não fornecidos pelo Sistema Único de Saúde (SUS), por uma vaga em Unidade de Tratamento Intensivo (UTI), seja no direito à educação, quando se pleiteia, por exemplo, uma vaga em escola pública ou creche.

No que tange ao direito ao trabalho, as demandas judiciais são mais comuns em razão de determinados atores sociais, que ensejam a propositura de ações civis públicas, visando ao cumprimento de leis que determinam, por exemplo, que empresas reservem um número mínimo de vagas para aprendizes e para portadores de necessidades especiais.

Na prática, é evidente que apenas a garantia constitucional do direito ao trabalho não resolve o problema do alto índice de desemprego[25], que ainda assola o país. São necessárias diversas ações, para se alcançar o objetivo do pleno emprego. Afinal, percebe-se uma Constituição já adequada ao que se espera do Estado Democrático de Direito, mas convém esclarecer que cabe ao poder público adequar-se ao que nela está previsto.

Mello (2009), ao dispor sobre a força jurídica das Constituições, esclarece:

> A Constituição não é um simples ideário. Não é apenas uma expressão de anseios, de aspirações, de propósitos. É a transformação de um ideário, é a conversão de anseios e aspirações em regras impositivas. Em comandos. Em preceitos obrigatórios para todos: órgãos do Poder e cidadãos.
>
> Como se sabe, as normas jurídicas não são conselhos, opinamentos, sugestões. São determinações. O traço característico do Direito é precisamente o de ser disciplina obrigatória de condutas. Daí que por meio das regras jurídicas não se pede, não se exorta, não se alvitra. A feição específica da prescrição jurídica é a imposição, a exigência. Mesmo quando a norma faculta uma conduta, isto é, permite – ao invés de exigi-la –, há subjacente a esta permissão, um comando obrigatório e coercitivamente assegurável: o obrigatório impedimento a terceiros de obstarem ao comportamento facultado a outrem e a sujeição ao poder que lhes haja sido conferido, na medida e condições do deferimento[26].

---

(25) De acordo com a Pesquisa Mensal de Emprego, realizada pelo Instituto Brasileiro de Geografia e Estatística (IBGE), nas regiões metropolitanas de Recife, Salvador, Belo Horizonte, Rio de Janeiro, São Paulo e Porto Alegre, a taxa de desocupação de julho de 2011, da população economicamente ativa (formada pelos contingentes de ocupados e desocupados) foi estimada em 6,0% para o conjunto das seis regiões metropolitanas. Disponível em: <http://www.ibge.gov.br/home/estatistica/indicadores/trabalhoerendimento/pme_nova/pme_201107tmcomentarios.pdf> Acesso em: 19 set. 2011.

(26) MELLO, Celso Antônio Bandeira de. *Eficácia das normas constitucionais e direitos sociais*. São Paulo: Malheiros, 2009. p. 11-12.

Assim, a partir do momento em que é atribuída ao Estado Democrático de Direito a responsabilidade de garantir a eficácia dos direitos sociais ao indivíduo, dentre os quais o direito ao trabalho, é necessário que o Estado construa *políticas públicas*[27] de incentivo à capacitação e à empregabilidade do trabalhador, visando à eliminação das desigualdades, com programas que possibilitem o acesso ao conhecimento tecnológico, à formação técnico-profissional e à formação acadêmica.

Por meio dessa capacitação, será possível colocar o indivíduo em condições de buscar uma colocação no mercado de trabalho, que nesse mundo pós-moderno a cada dia se torna mais competitivo, tendo em vista o avanço tecnológico e a necessidade crescente de pessoas qualificadas dentro de cada setor da economia.

Quanto às políticas públicas voltadas à empregabilidade, é necessário que o Estado ofereça incentivos ao empregador, que torne viável a contratação de mão de obra formal, pois o alto custo de contratação e manutenção de empregados resulta na desmotivação de criação de novos postos, ou em contratação irregular, visando diminuir os custos do empregador.

Ademais, o avanço tecnológico da atual *era digital ou virtual* é outro ponto que merece destaque em relação à questão do emprego, pois o próprio Constituinte cuidou de resguardar no inciso XXVII do artigo 7º a "proteção em face da automação, na forma da lei".

Em 1979, uma Comissão de Atualização da CLT, presidida por Arnaldo Süssekind, com vistas à *revolução tecnológica*, incluiu no anteprojeto, elaborado e entregue ao então Presidente Ernesto Geisel, o seguinte dispositivo[28]:

> Art. 59. No caso de modernização do equipamento tecnológico da empresa, poderão ser alteradas as condições de trabalho do empregado, sem prejuízo para este, e mediante acordo com a respectiva entidade sindical, homologado pela Delegacia Regional do Trabalho.
>
> § 1º Se o aperfeiçoamento tecnológico resultar considerável aumento de produção e o salário do empregador tiver sido ajustado por unidade de peça ou por tarefa, poderá ser alterada a tarifa contratual, sempre que a manutenção desta acarretar elevação do custo da produção capaz de anular ou reduzir sensivelmente o próprio objetivo econômico do aperfeiçoamento.
>
> § 2º A alteração a que se refere o parágrafo anterior será realizada mediante acordo, nos termos do *caput* deste artigo ou, não havendo acordo, através de revisão judicial do contrato, atendidos sempre os legítimos interesses dos contratantes e assegurado justo salário ao empregado e justa retribuição ao empregador.

---

(27) "[...] políticas públicas são resultantes da atividade política, requerem várias ações estratégicas destinadas a implementar os objetivos desejados e, por isso, envolvem mais de uma decisão política. Uma de suas características principais é que políticas públicas constituem-se de decisões e ações que estão revestidas da autoridade soberana do poder público." RODRIGUES, Marta M. Assumpção Rodrigues. *Políticas públicas*. São Paulo: Publifolha, 2010. p. 14.

(28) SÜSSEKIND, Arnaldo. *Direito constitucional do trabalho*. 3. ed. Rio de Janeiro: Renovar, 2004. p. 314-315.

Percebe-se que as ideias lançadas pela comissão liderada por Arnaldo Süssekind demonstravam uma preocupação não somente com o empregado, mas, também, com o empregador, visto que, sem incentivo ao empregador, haveria o perigo iminente de grandes empresas procurarem instalar-se em países que oferecessem maiores incentivos à produção.

Indiscutivelmente, o avanço tecnológico ocasiona supressões e concentrações de postos de trabalho. Portanto, a capacitação do trabalhador é condição *sine qua non* para o emprego nos dias atuais.

Outra questão de extrema relevância é a garantia ao trabalho para todos os cidadãos, sem qualquer tipo de discriminação. Entretanto, a discriminação é patente em vários sentidos, tanto em relação à cor, etnia, sexo, idade, condição física, quanto socioeconômica, etc.

Diante disso, o próprio constituinte cuidou de expressar em vários momentos algumas proteções especiais relacionadas ao trabalho, como se verifica no caso do inciso XX do artigo 7º da Constituição Federal, que dispõe sobre a "proteção do mercado de trabalho da mulher, mediante incentivos específicos, nos termos da lei".

Mais adiante, nos incisos XXX e XXXI, do mesmo artigo 7º, há a previsão sucessiva de "proibição de diferença de salários, de exercício de funções e de critério de admissão por motivo de sexo, idade, cor ou estado civil" e "proibição de qualquer discriminação no tocante a salário e critérios de admissão do trabalhador portador de deficiência".

Afirmar que essas proteções especiais visam garantir aos desiguais um tratamento desigual na busca da igualdade é no mínimo leviano e contraditório com a própria Carta Magna de 1988, visto que o artigo 5º dispõe que "todos são iguais perante a lei, sem distinção de qualquer natureza...", portanto, afirmar isto seria o mesmo que afirmar que a mulher é *desigual* ao homem, pois tem garantida proteção especial no mercado do trabalho, mediante incentivos específicos.

É certo que, na prática, há realmente diversas situações que levaram o constituinte a expressar as garantias mencionadas, visando coibir ações discriminatórias e obstativas de acesso ao trabalho.

É imprescindível salientar ser óbvia a necessidade de tratamento desigual aos desiguais em situações específicas, na busca de se alcançar a igualdade, assim como disseram Aristóteles, que a igualdade consistia em tratar igualmente os iguais e desigualmente os desiguais, e Rui Barbosa, que escreveu no mesmo sentido na Oração aos Moços[29].

Afinal, como não reservar vagas de melhor acesso em estacionamentos para portadores de deficiência e dar preferência a gestantes e idosos em locais de atendimento?

---

(29) Na Oração aos Moços Rui Barbosa dispôs: "A regra da igualdade não consiste senão em quinhoar desigualmente aos desiguais, na medida em que se desigualam. Nesta desigualdade social, proporcionada à desigualdade natural, é que se acha a verdadeira lei da igualdade."

A questão gira em torno da seara trabalhista, pois enquanto houver necessidade de proteção especial relacionada ao trabalho é porque ainda há algum tipo de discriminação, que ensejará essas proteções, além das chamadas ações afirmativas, que Gomes (2001) define:

> Consistem em políticas públicas (e também privadas) voltadas à concretização do princípio constitucional da igualdade material e à neutralização dos efeitos da discriminação racial, de gênero, de idade, de origem nacional, de compleição física e situação socioeconômica. Impostas ou sugeridas pelo Estado, por seus entes vinculados e até mesmo por entidades puramente privadas, elas visam a combater não somente as manifestações flagrantes de discriminação, mas também a discriminação de fundo cultural, estrutural, enraizada na sociedade. De cunho pedagógico e não raramente impregnadas de um caráter de exemplaridade, têm como meta, também, o engendramento de transformações culturais e sociais relevantes, inculcando nos atores sociais a utilidade e a necessidade de observância dos princípios do pluralismo e da diversidade nas mais diversas esferas do convívio humano[30].

Diante da discriminação evidente ou velada, Oliveira (2004) faz uma interessante colocação, que coaduna com a realidade de trabalhadores ou pretensos trabalhadores que, por algum motivo, sofrem de discriminação: "Pesquisas revelam que quando há pouca oferta de trabalho o desemprego não age aleatoriamente, mas atinge as pessoas mais vulneráveis, entre elas o jovem, que passa a ser vítima de exclusão do emprego e consequentemente da sociedade assalariada."[31]

Portanto, afora as políticas públicas que visam ao direito ao trabalho, de forma genérica, infelizmente ainda há a necessidade de se observarem, de forma peculiar, as políticas públicas voltadas para os cidadãos que sofrem algum tipo de discriminação. Somente com a evolução cultural de um povo poder-se-á alcançar uma sociedade livre de preconceitos, que geram as mais variadas formas de discriminação.

Além dessas questões relacionadas a políticas públicas, há que se observar que o sistema capitalista, moldado nas últimas décadas, não sinaliza para avanços muito positivos em termos de empregabilidade, como se observa nas colocações de Delgado (2007), Ministro do TST, que assevera sobre um sistema de irremediável destruição do emprego:

> A conjuntura do sistema econômico, social e político capitalista, ao longo do último quartel do século XX, propiciou a realização de importantes acontecimentos e tendências de notável impacto no mundo do trabalho.

---

(30) GOMES, Joaquim Benedito Barbosa. *Ação afirmativa e princípio constitucional da igualdade*: o direito como instrumento de transformação social. A experiência dos EUA. Rio de Janeiro: Renovar, 2001. p. 6-7.

(31) OLIVEIRA, Oris de. *Trabalho e profissionalização do jovem*. São Paulo: LTr, 2004. p. 12.

A concentração de tais tendências e acontecimentos, em curto período histórico, fez brotar diagnóstico relativamente generalizado a respeito da presença de irremediável crise estrutural no tocante ao trabalho e ao emprego na atualidade do capitalismo[32].

Interessante observar as afirmações do Ministro Mauricio Godinho Delgado, visto que o desemprego atual e as perspectivas negativas ora delineadas se contrastam com o que se verificava no início dos anos da década de 1950, que recebeu a alcunha de *Anos Dourados*, momento em que o Brasil experimentava uma nova fase, visto que o nacionalismo da *Era Vargas* dava lugar ao desenvolvimento promovido por Juscelino Kubistchek.

O período do governo de Kubistchek primou por atrair o capital externo, com estímulo ao capital nacional e à implantação da indústria de bens de consumo duráveis, principalmente de eletrodomésticos e veículos. Também se promoveu a ampliação dos serviços de infraestrutura, como transporte e fornecimento de energia elétrica.

É nesse sentido que Gottschalk (1950) dispõe em sua obra:

> Entre nós, felizmente, não existe o problema do desemprego, o qual, em alguns países constitui sempre, e já começa a constituir agora mesmo, o grande pesadelo dos respectivos governos. No Brasil, se há algum problema referente à mão de obra, por certo não será ele concernente ao desemprego, mas antes ao emprego em larga escala, sobretudo da mão de obra qualificada esta última nem sempre encontradiça com abundância que se fazia mister, para atender os grandes empreendimentos da iniciativa pública e particular[33].

É indubitável que atualmente o desemprego é um dos maiores problemas sociais enfrentados pelo Estado, pois dele surgem consequências nefastas, que vão desde o desrespeito à dignidade da pessoa humana ao aumento da violência que assola a sociedade.

Demais disso, o desemprego causa o descontentamento da população, trazendo à tona a desordem e o caos social, tendo em vista que quanto maior o número de desempregados maior a insegurança do trabalhador, que teme se tornar mais um nessa condição, resultando em outras inúmeras implicações relacionadas à diminuição do consumo, da produção e, novamente, em menos contratações.

Graças à importância do direito ao trabalho em inúmeras vertentes, Antunes (2007) faz uma interessante abordagem sobre o assunto:

> O direito ao trabalho é uma reivindicação *necessária não porque se preze e se cultue o trabalho assalariado, heterodeterminado, estranhado e fe-*

(32) DELGADO, Mauricio Godinho. *Capitalismo, trabalho e emprego*. São Paulo: LTr, 2007. p. 69.

(33) GOTTSCHALK, Elson G. *A duração do trabalho*. Rio de Janeiro: Freitas Bastos, 1950. p. 6-7.

tichizado (que deve ser radicalmente eliminado com o fim do capital), mas porque estar *fora do trabalho*, no universo do capitalismo vigente, particularmente para a massa de trabalhadores e trabalhadoras (que totalizam mais que dois terços da humanidade) que vivem no chamado Terceiro Mundo, desprovidos *completamente* de instrumentos verdadeiros de seguridade social, significa uma *desefetivação, des-realização e brutalização* ainda maiores que as já vivenciadas pela *classe-que-vive-do-trabalho*. Mas é imperioso acrescentar que também no chamado Primeiro Mundo o desemprego e as formas precarizadas de trabalho têm sido cada vez mais intensos processos que se agravam com o desmoronamento gradativo do '*welfare state*'. *Portanto, também nesses países o direito ao emprego, articulado com a redução da jornada e do tempo de trabalho, torna-se uma reivindicação capaz de responder às efetivas reivindicações presentes no cotidiano da classe trabalhadora*[34]. (grifo do autor).

Outra questão importante a ser observada é que, apesar de a Constituição Federal garantir expressamente o direito ao trabalho, o cenário juslaboral atualmente vigente demonstra a *desconstrução* de uma legislação que, até 1988, atendia os anseios da sociedade, que visa ao pleno emprego, em virtude da *estabilidade decenal*[35] na iniciativa privada.

A derrocada da estabilidade decenal acontece justamente com o advento da Constituição Federal de 1988, quando o artigo 7º, prevê no inciso I "relação de emprego protegida contra despedida arbitrária ou sem justa causa, nos termos de lei complementar, que preverá indenização compensatória, dentre outros direitos", e com o inciso III, que prevê o Fundo de Garantia por Tempo de Serviço para todos os trabalhadores da iniciativa privada.

Mais de 20 anos de Constituição Federal e a lei complementar prevista no seu artigo 7º, inciso I, ainda não faz parte do ordenamento jurídico brasileiro, exigindo que se aplique o precário dispositivo do artigo 10, inciso I do Ato das Disposições Constitucionais Transitórias (ADCT)[36], posteriormente reforçado pelo artigo 18, § 1º da Lei n. 8.036/90[37].

---

(34) ANTUNES, Ricardo. *Os sentidos do trabalho*. 5. ed. São Paulo: Boitempo, 2007. p. 177-178.

(35) O artigo 492 da CLT determina que: "O empregado que contar mais de 10 (dez) anos de serviço na mesma empresa não poderá ser despedido senão por motivo de falta grave ou circunstância de força maior, devidamente comprovadas."

(36) O artigo 10, I, do ADCT, dispõe que "fica limitada a proteção nele referida ao aumento, para quatro vezes, da porcentagem prevista no art. 6º, *caput* e § 1º, da Lei n. 5.107, de 13 de setembro de 1966", primeira lei no Brasil sobre o FGTS, que previa indenização de dez por cento sobre o valor na conta vinculada do empregado.

(37) A Lei n. 8.036/90 é a atual lei sobre o FGTS e o artigo 18, § 1º, prevê indenização de 40 por cento sobre o valor depositado na contra vinculada do trabalhador no FGTS, quando este for demitido sem justa causa.

Delgado (2011) dispõe que a norma prevista no artigo 7º, I, da Carta Magna:

> [...] pode ser tida como de eficácia contida, produzindo, pelo menos, certo efeito jurídico básico, que seria o de invalidar dispensas fundadas no simples exercício potestativo empresarial, sem um mínimo de justificativa socioeconômica ou técnica ou até mesmo pessoal em face do trabalhador envolvido.[38]

Com a devida *vênia*, a proteção da Carta Magna com relação à *despedida arbitrária* ou *sem justa causa*, indubitavelmente não é suficiente para afastar o direito potestativo de resilir do empregador, pois a mera previsão de indenização compensatória, atualmente de 40 por cento sobre os valores depositados na conta vinculada do FGTS do trabalhador, não exige que o empregador justifique os motivos de demissão do empregado.

Diante da situação prevista no artigo 7º, I, da Constituição Federal, em substituição à estabilidade decenal do artigo 492 da CLT, pode-se afirmar que o atual cenário juslaboral desconstruiu um sistema em que o empregador somente poderia demitir o empregado estável por *justo motivo*[39], devidamente comprovado em inquérito judicial. Logo, não há dúvidas de que o sistema anterior estava muito mais em consonância com a busca do pleno emprego, tendo em vista as normas rígidas que norteavam a demissão do trabalhador.

Apesar de tudo o que foi exposto sobre o direito ao trabalho e a responsabilidade do Estado em efetivar os direitos sociais, há que se ponderar e refletir quanto à doutrina que defende o Estado apenas como parte da engrenagem social, que irá movimentar a geração de empregos no país, cabendo, também, à sociedade agir de forma concreta e organizada na busca do pleno emprego e efetivação do direito ao trabalho, como assevera Romita (1998):

> Mas, para garantia e eficiência do direito ao trabalho, o Estado não deve ser visto como o único sujeito da obrigação de dar ou manter trabalho. Procede a observação de *Evaristo de Moraes Filho*: "Centralizando-se demais este dever no Estado arrisca-se em transformá-lo em Leviathan, todo-poderoso, paternalista, fonte única dos destinos da criatura humana. É preciso que a sociedade tome consciência dos seus próprios direitos e deveres, se auto-organize em corpos mais ou menos autônomos e pluralistas, com vida tanto quanto possível independente e autossuficiente". Sem dúvida, o problema não é de ordem puramente jurídica. O combate ao desemprego, ou a realização prática e eficaz do direito ao trabalho, como quer *Evaristo*, "deve ser compreendido

---

(38) DELGADO, Mauricio Godinho. *Curso de direito do trabalho*. 10. ed. São Paulo: LTr, 2011. p. 1182-1183.

(39) O justo motivo ocorreria quando o empregado incorresse em uma das hipóteses previstas no artigo 482 da Consolidação das Leis do Trabalho.

dentro de toda uma política econômica e social, como propósitos definidos e firmes, nos quais esteja comprometida toda a sociedade, e não unicamente o Estado."[40]

Independente da linha que se infira sobre as responsabilidades da efetivação do direito ao trabalho, no momento em que o trabalho é visto como fonte basilar da dignidade da pessoa humana, a sua falta impõe ao indivíduo uma condição de inferioridade na sociedade, tendo em vista que, no mundo capitalista, a pessoa sem fonte de capital deixa de interessar ao sistema e fica à margem da sociedade.

Neste contexto, surge a discussão se a redução da duração do trabalho seria uma forma de aumentar o número de postos de trabalhos formais ou apenas parte da fórmula necessária à equação de criação de novos empregos.

4. A COMPENSAÇÃO SEMANAL DE HORÁRIOS

A Constituição Federal de 1988 trouxe expresso no inciso XIII do artigo 7º, somadas à duração diária e semanal do trabalho, a possibilidade de compensação de horários e a redução da jornada, mediante acordo ou convenção coletiva de trabalho. Frise-se que essa compensação de horários diz respeito à duração de trabalho semanal, ou seja, a limitação das horas de trabalho em 44 semanais, considerando, naturalmente, seis dias de labor, ter-se-ão oito horas de trabalho de segunda a sexta-feira e quatro horas no sábado.

Assim, o permissivo legal de compensação de horários, indiscutivelmente facilitou a opção pelo trabalho em apenas cinco dias na semana, com a utilização das 44 horas de trabalho. Entretanto, vários embates judiciais surgiram para discutir o tema em questão, fazendo com que o Superior Tribunal do Trabalho editasse a Súmula n. 85, que, em maio de 2011, sofreu alteração, passando a ter a seguinte redação:

> Súmula n. 85 – Compensação de Jornada
>
> I. A compensação de jornada de trabalho deve ser ajustada por acordo individual escrito, acordo coletivo ou convenção coletiva.
>
> II. O acordo individual para compensação de horas é válido, salvo se houver norma coletiva em sentido contrário.
>
> III. O mero não atendimento das exigências legais para a compensação de jornada, inclusive quando encetada mediante acordo tácito, não implica a repetição do pagamento das horas excedentes à jornada normal diária, se não dilatada a jornada máxima semanal, sendo devido apenas o respectivo adicional.
>
> IV. A prestação de horas extras habituais descaracteriza o acordo de compensação de jornada. Nesta hipótese, as horas que ultrapassarem a jornada semanal normal deve-

(40) ROMITA, Arion Sayão. *Direito do trabalho – temas em aberto*. São Paulo: LTr, 1998. p. 33.

> rão ser pagas como horas extraordinárias e, quanto àquelas destinadas à compensação, deverá ser pago a mais apenas o adicional por trabalho extraordinário.
>
> V. As disposições contidas nesta súmula não se aplicam ao regime compensatório na modalidade "banco de horas", que somente pode ser instituído por negociação coletiva.[41]

Percebe-se que a redação dos itens I e II da Súmula n. 85, de certa forma, demonstra uma interpretação permissiva do disposto no inciso XIII do artigo 7º da Carta Magna de 1988, pois a previsão constitucional da compensação de horários não é proibitiva quanto à possibilidade de acordo individual, porém, é expressa quanto à necessidade de acordo ou convenção coletiva de trabalho. Assim, a Egrégia Corte Trabalhista decidiu que fica autorizado o acordo individual para compensação de horas semanais, salvo quando houver norma coletiva dispondo o contrário.

O terceiro item da Súmula n. 85 foi mais além e, praticamente, consolidou a desnecessidade de acordo para compensação de horários, visto que desonera o empregador que não observa as exigências legais para compensação de jornada, desde que não se ultrapasse a duração máxima semanal, devendo ser pago apenas o adicional das horas extraordinárias que não teriam sido compensadas dentro da regularidade.

Oliveira (2008), ao comentar o terceiro item da Súmula n. 85, dispõe que "O acordo de compensação é exigência que se postou em nível constitucional. O desrespeito haveria de ser penalizado com a inexistência de acordo de compensação e o pagamento de horas extras. O facilitador acaba por afrouxar os freios inibitórios"[42].

Já o quarto item da Súmula n. 85 demonstra que a Egrégia Corte Trabalhista há que ponderar dois pontos: um é que em uma leitura inicial verifica-se que o TST é contrário à realização de horas extras habituais, pois, incorre, segundo o órgão trabalhista, em descaracterização do banco de horas.

Entretanto, o segundo ponto a ser analisado surge com uma leitura crítica do item IV da súmula, em que se pode verificar que, a partir do momento da previsão, pelo TST, do pagamento das horas extras habituais, com o respectivo adicional, e nas horas destinadas à compensação apenas pagamento do adicional, verifica-se patente permissivo à realização de horas extras habituais, pois não há previsão de penalização do empregador que delas se utiliza.

Não há dúvidas de que, nesse caso, há uma proteção ao empregador, pois, conforme mencionado anteriormente, a prestação de horas extras habituais vai

---

(41) *Livro de Jurisprudências do TST*. Disponível em: <http://www.tst.gov.br/web/guest/livro-de-jurisprudencia> Acesso em: 20 out. 2011.

(42) OLIVEIRA, Francisco Antonio de. *Comentários às Súmulas do TST*. 9. ed. São Paulo: Revista dos Tribunais, 2008. p. 183.

contra tudo o que dispõe sobre a saúde e a segurança do trabalhador; horas extras habituais significa a criação de uma nova duração diária de trabalho, que extrapola rotineiramente a carga horária legal.

O fato é que a matéria sumulada isenta o empregador de consequências penalizantes, em virtude de um ato que deveria ser plenamente rechaçado pelo Judiciário, pois, caso contrário, teria sido inócua a Carta Magna de 1988, ao aumentar o valor do adicional de trabalho extraordinário e reduzir a duração do trabalho de 48 horas para 44 horas semanais.

Ao comentar este item da Súmula n. 85, Oliveira (2000) dispõe que "Descumprido o contrato firmado para a compensação de horas extras, razoável é que o empregador pague o excesso como horas extras. O patrimônio do trabalhador é a sua higidez"(43). Mas essa higidez só será alcançada se a duração do trabalho habitual for a prevista no texto constitucional e nas leis que orientam, de forma diversa, as profissões regulamentadas.

O último item da Súmula n. 85 foi acrescentado pela Resolução n. 174/2011 do TST, divulgada nos dias 27, 30 e 31 de maio de 2011, a fim de esclarecer uma situação confusa na seara trabalhista, em razão de entendimentos de que o disposto na Súmula n. 85 do TST poderia ser aplicado ao sistema de compensação de horários, denominado banco de horas, o que é inadmissível, tendo em vista as peculiaridades desse sistema compensatório.

5. ATIVIDADES COM DURAÇÃO DE TRABALHO DIFERENCIADA

A duração do trabalho limitada em oito horas diárias e 44 semanais é considerada como duração ordinária de trabalho, visto ser esse o limite imposto pela legislação pátria para as *atividades privadas* em geral. Delgado (2011) trata essa duração ordinária do trabalho como "jornada padrão de trabalho, com a respectiva duração padrão semanal de labor, que se aplicam, como regra, ao conjunto do mercado laboral"(44).

A regra geral, a ser observada com as devidas alterações impostas pela Carta Magna de 1988, está prevista no Capítulo II da CLT, que trata da *Duração do Trabalho*, no artigo 57, que dispõe: "Os preceitos deste Capítulo aplicam-se a todas as atividades, salvo as expressamente excluídas, constituindo exceções as disposições especiais concernentes estritamente a peculiaridades profissionais constantes do Capítulo I do Título III."

Diante disso, legislação e jurisprudência nacionais preveem jornadas ampliadas ou reduzidas, de acordo com algumas peculiaridades, principalmente no que

(43) OLIVEIRA, Francisco Antonio de. *Comentários às súmulas do TST.* 9. ed. São Paulo: Revista dos Tribunais, 2008. p. 184.

(44) DELGADO, Mauricio Godinho. *Curso de direito do trabalho*. 10. ed. São Paulo: LTr, 2011. p. 847.

diz respeito à atividade exercida, como no caso de trabalhadores fora da duração normal do trabalho (art. 62[45] da CLT), trabalhadores em sistema de doze horas de trabalho por 36 horas de descanso, conforme será visto mais adiante, bem como as profissões com duração do trabalho reduzida.

De La Cueva (1970), quando tratou do assunto duração do trabalho, discorreu sobre a importância do *Principio de la jornada humanitária,* destacando exatamente as variações que devem haver na duração do trabalho, em função da atividade exercida:

> No todos los trabajos requieren el miesmo desgate de energia. Entre el trabajo de un minero y el de la persona encargada de vigilar un almacén o bodega existe, a no dudar, una distancia enorme, pues la energía desarrollada por el primero es, con mucho, superior a la del segundo. Resulta de esto que el princípio de la jornada de ocho horas, aceptado con una rigidez absoluta, puede conducir a injusticias; cierto que la diferencia de salarios puede compensar el distinto desarrollo de energía, pero ese mayor salario no siempre existe en favor de los trabajos que exigen un esfuerzo físico mayor.
>
> Sí el principio de la jornada de ocho horas se ha considerado como la regla general habrá ocasiones en que el desarrollo de energía de trabajo durante ese lapso de tempo resulte excesivo; mucho se ha discutido respecto del trabajo de los buzos. De ahí, pues, que no hubiera querido la ley dar una regla invariable y que estimara preferible consignar un principio flexible para que, cuando la naturaleza del trabajo lo demande, se fije como jornada máxima una duración menor de ocho horas[46].

Süssekind (1950), ao discorrer sobre esse tema, assevera com a propriedade de quem participou do projeto da Consolidação das Leis do Trabalho que "Os dispositivos legais de índole geral vigoram paralelamente aos dispositivos legais de índole especial, mas só poderão ser aplicados às hipóteses sobre as quais estes nada dispuserem"[47].

Países, como Espanha e Argentina, também preveem ampliação e redução da duração do trabalho, observando as atividades desenvolvidas, conforme relata Catharino (1993):

> Na Espanha, o Estatuto dos Trabalhadores, em seu artigo 34.5, é explícito: *El Gobierno, a propuesta del Ministerio de Trabajo y previa consulta a las*

(45) O artigo 62 da CLT prevê que empregados que exercem atividades externas, bem como empregados em cargo de gestão, com remuneração compatível ao cargo, não estão incluídos no regime legal de duração de trabalho, não tendo direito a horas extraordinárias.

(46) DE LA CUEVA, Mario. *Derecho mexicano del trabajo.* 12. ed. México: Porrúa, 1970. p. 606-607, v. I.

(47) SÜSSEKIND, Arnaldo. *Duração do trabalho e repousos remunerados.* Rio de Janeiro: Freitas Bastos, 1950. p. 251.

organizaciones sindicales y associaciones empresariales, más representativas, podrá establecer ampliaciones o limitaciones a la jornada de trabajo".[...]

Na Argentina a legislação também disciplina expressamente a matéria, assim dispondo o art. 199, da Lei do Contrato de Trabajo: *"El limite de duración del trabajo admitirá las excepciones que las leyes consagren en razón de la índole de la atividade, del carácter del empleo del tabajador y de las condiciones que fije la regulamentación*[48].

O título III do texto celetista trata das normas especiais de tutela do trabalho, garantindo a algumas profissões tratamento diferenciado, no que tange à duração do trabalho, inclusive.

Os *bancários* e *economiários* têm duração diária de trabalho limitada em seis horas, conforme artigo 224 da CLT. Contudo, vale salientar que esses trabalhadores têm uma peculiaridade, em relação à duração semanal de trabalho, pois o texto celetista dispõe que são "6 (seis) horas contínuas nos dias úteis, com exceção dos sábados, perfazendo um total de 30 (trinta) horas de trabalho por semana".

Os trabalhadores de empresas que explorem o serviço de telefonia, telegrafia submarina ou subfluvial, de radiotelegrafia ou de radiotelefonia têm garantida, no artigo 227 da CLT, duração máxima de seis horas contínuas de trabalho por dia ou 36 horas semanais.

Para os *músicos* em teatros e congêneres, o artigo 232 da CLT garante duração diária de seis horas de trabalho, com a ressalva de que em casos de espetáculos que eventualmente ultrapassarem este limite, deverá ser pago adicional de horas extras, que, de acordo com o parágrafo único do mesmo artigo, deverá ser com um acréscimo de 25 por cento sobre o salário da hora normal. Entretanto, com o advento da Constituição Federal de 1988, esse acréscimo não poderá ser inferior a 50 por cento sobre o salário da hora normal.

Aos *operadores cinematográficos* e seus ajudantes, ficou estabelecido no artigo 234 da CLT que a duração normal do trabalho não excederá seis horas diárias, distribuídas em cinco horas consecutivas de trabalho em cabina, durante o funcionamento cinematográfico e um período suplementar, até o máximo de uma hora, para limpeza, lubrificação dos aparelhos de projeção, ou revisão de filmes.

A categoria que também recebeu tratamento especial na CLT é a dos trabalhadores do serviço ferroviário. A carga horária diária desses trabalhadores é de oito horas, conforme previsão no artigo 241 da CLT, contudo, por ser uma atividade muito peculiar, se comparada aos demais trabalhadores de atividades privadas, principalmente pelo fato de ser desenvolvida essencialmente nas estradas de ferro,

---

(48) CATHARINO, José Martins. Duração do trabalho além e aquém da normal. *Revista de Direito do Trabalho*. São Paulo: Revista dos Tribunais, n. 84, p. 29, dez. 1993.

há um tratamento diferenciado, inclusive no que diz respeito à divisão dos trabalhadores em categorias, conforme disposto no artigo 237 da CLT.

Demais disso, o mesmo artigo 241 da CLT dispõe sobre outra questão interessante, com tratamento diferenciado para esses trabalhadores, com respeito às horas extraordinárias, cuja previsão de remuneração é crescente, de acordo com o número de horas extras laboradas, modelo que acabou adotado por muitos sindicatos e hoje faz parte de inúmeras convenções e acordos coletivos de trabalho.

Atividade bastante peculiar, com tutela especial na CLT, é a realizada nas equipagens das embarcações da marinha mercante, de navegação fluvial e lacustre, do tráfego nos portos e da pesca, que, também, tem como principal característica o trabalho, geralmente, em alto-mar, impossibilitando o trabalhador de ter as mesmas condições de descanso de outros trabalhadores celetistas. O artigo 248 da CLT dispõe que "entre as horas 0 (zero) e 24 (vinte e quatro) de cada dia civil, o tripulante poderá ser conservado em seu posto durante 8 (oito) horas, quer de modo contínuo, quer de modo intermitente".

Uma atividade destacadamente insalubre e de duração de trabalho reduzida é a realizada em minas de subsolo, cuja duração normal do trabalho para os empregados não excederá 6 horas diárias ou 36 semanais, conforme previsão no artigo 293 da CLT.

A CLT dispõe, também, duração de trabalho diferenciada para empregados de empresas jornalísticas, que prestem serviços, como jornalistas, revisores, fotógrafos ou na ilustração, com duração máxima diária de cinco horas, conforme artigo 303, com a ressalva no artigo 304 de que "poderá a duração normal do trabalho ser elevada a 7 (sete) horas, mediante acordo escrito, em que se estipule aumento de ordenado".

Carga horária diferenciada, que evidencia semelhante preocupação com a proteção à saúde do trabalhador, verifica-se no caso dos *professores*, já que o artigo 318 da CLT dispõe que "num mesmo estabelecimento de ensino não poderá o professor dar, por dia, mais de 4 (quatro) aulas consecutivas, nem mais de 6 (seis), intercaladas".

Muitas vezes, a legislação não basta para se alcançar o objetivo de proteção à saúde, pois, para aumentar o seu rendimento financeiro, é comum o trabalhador buscar trabalho em outros estabelecimentos de ensino no mesmo dia, ultrapassando o limite legal de horas, que seria o ideal para preservação da saúde física e mental deste profissional.

Ainda na CLT, há que se ressaltar dois trabalhadores que têm tratamento diferenciado por sua condição pessoal, a mulher, com proteção especial prevista nos artigos 372 a 401, e o menor[49], cuja proteção especial figura nos artigos 402 a 441.

(49) A legislação brasileira considera menor o indivíduo que ainda não completou dezoito anos de idade. O artigo 2º do Estatuto da Criança e do Adolescente (ECA) dispõe que "Considera-se criança,

No que diz respeito à mulher, o artigo 372 da CLT dispõe que "Os preceitos que regulam o trabalho masculino são aplicáveis ao trabalho feminino, naquilo em que não colidirem com a proteção especial instituída por este Capítulo".

Especificamente quanto à duração do trabalho, a mulher sempre teve o mesmo tratamento que o garantido ao homem, porém, lhe era vedado o trabalho noturno, perigoso e insalubre, como medida de proteção, previsto respectivamente nos artigos 379 e 387 da CLT. Contudo, a Constituição Federal de 1988 prevê igualdade entre homens e mulheres, no artigo 5º, e, em 1989, os dispositivos celetistas foram revogados pela Lei n. 7.855/89.

Atualmente, a proteção especial à mulher, prevista na CLT, se restringe a situações específicas da sua condição, como limitação quanto a esforços físicos, artigo 390, proteção à maternidade, prevista nos artigos 391 ao 395 e amamentação, artigo 396.

Quanto ao menor, as proteções originais da CLT foram adequadas ao atual texto constitucional, principalmente quanto à idade mínima para o trabalho, que era a partir de doze anos na condição de aprendiz e, hoje, passou para 14 anos, bem como se deve observar a proibição de menores em trabalhos noturnos, perigosos e insalubres.

Ressalte-se que a CLT prevê a possibilidade de menores, com idade inferior a 14 anos, trabalharem, desde que autorizado pelo Juiz da Vara da Infância e Juventude, nos termos e condições previstos no artigo 406, sendo que, a qualquer tempo, o juiz poderá obrigá-lo a abandonar o serviço se observados prejuízos a sua saúde, ao seu desenvolvimento físico ou a sua moralidade, conforme o artigo 407 do texto celetista.

No que concerne à duração do trabalho, em regra, é a mesma dos demais trabalhadores, sendo que ao menor é vedada a realização de horas extraordinárias, salvo para compensação semanal de horários, devendo ser observado o limite constitucional de 44 horas semanais, ou, em caso de força maior[50], quando o trabalho extraordinário deverá ser remunerado com adicional de pelo menos 50 por cento sobre a hora normal.

No caso de prorrogação do horário de trabalho do menor, deverá ser observado um descanso de, no mínimo, 15 minutos, antes do início do período extraordinário, conforme previsão do artigo 384 da CLT, estendido ao menor por força do parágrafo único do artigo 413 do texto celetista.

---

para os efeitos desta Lei, a pessoa até doze anos de idade incompletos, e adolescente aquela entre doze e dezoito anos de idade".

(50) De acordo com o artigo 501 da CLT, "Entende-se como força maior todo acontecimento inevitável, em relação à vontade do empregador, e para a realização do qual este não concorreu, direta ou indiretamente". Vale ressaltar que a lei não prevê que o menor faça horas extraordinárias em caso de serviços inadiáveis ou de prejuízo manifesto ao empregador, ao contrário do que é previsto para os demais trabalhadores.

Quanto ao trabalhador aprendiz[51], a duração do trabalho, em princípio, não excederá seis horas diárias, sendo vedadas a prorrogação e a compensação de jornada, conforme previsão do artigo 432 da CLT. Porém, o § 1º do referido artigo prevê que o limite determinado no *caput* poderá chegar ao limite de até oito horas diárias para os aprendizes, que já tiverem completado o ensino fundamental, se nessas horas forem computadas as horas destinadas à aprendizagem teórica. Portanto, são situações que visam resguardar prioritariamente o desenvolvimento físico, moral e cultural do menor.

Existem ainda legislações específicas que garantem a alguns profissionais liberais duração de trabalho diferenciada quando exercem suas atividades na condição de empregados, como no caso de *advogados*, em que o artigo 20 da Lei n. 8.906/94 dispõe que "a jornada de trabalho do advogado empregado, no exercício da profissão, não poderá exceder a duração diária de quatro horas contínuas e de vinte horas semanais [...]".

Os *médicos* também têm dispositivo legal para garantir a duração de trabalho diferenciada, no mínimo de duas horas e, no máximo, de quatro horas diárias, conforme disposto na alínea *a* do artigo 8º da Lei n. 3.999/61.

O artigo 1º da Lei n. 8.856/94 garante aos profissionais de fisioterapia e terapia ocupacional prestação máxima de 30 horas semanais de trabalho, não expressando qual seria a carga diária de trabalho.

A Lei n. 7.394/85, que regula o exercício da atividade de *técnico em radiologia*, no artigo 14 garante a esses profissionais jornada de trabalho de 24 horas semanais. Vale ressaltar que, apesar de a lei não fazer referência à duração diária do trabalho, neste caso, não há dúvidas de que a carga horária diária não deve ultrapassar quatro horas, visto tratar-se de uma atividade comprovadamente insalubre.

O cabineiro de elevador também tem previsão de duração diária do trabalho diferenciada, conforme artigo 1º da Lei n. 3.270/57, que dispõe "É fixado em seis (6) o número de horas de trabalho diário dos cabineiros de elevador".

Em situações análogas às aqui delineadas, existem outras inúmeras profissões regulamentadas, com duração de trabalho diversa da duração tratada como ordinária, prevista na CLT e na Constituição Federal de 1988. Entretanto, fato é que, na prática, pelos mais variados motivos, nem sempre se observam os limites legais de duração do trabalho, impostos para cada atividade específica, seja por imposição do empregador, seja por necessidade do empregado, até mesmo, por desconhecimento da legislação específica.

---

(51) Até o ano de 2005, a aprendizagem profissional era voltada para jovens com idade entre 14 e 18 anos, chamados *"menor aprendiz"*, contudo, em 23 de setembro de 2005, entrou em vigor a Lei n. 11.180, que estendeu a idade máxima do aprendiz para 24 anos, ocasião em que o termo adequado deixa de ser *menor aprendiz* e passa a ser *trabalhador aprendiz*, com a ressalva de que a idade máxima de 24 anos não se aplica ao aprendiz portador de deficiência, em virtude do disposto no § 5º do artigo 428 da CLT.

A não observância dos limites na duração do trabalho pode acarretar consequências nefastas à saúde e segurança do trabalhador, principalmente no caso de atividades insalubres e perigosas, que, quando estendidas sem as precauções devidas, acabam resultando em doenças ocupacionais ou acidentes do trabalho.

6. ATIVIDADES COM DURAÇÃO ILIMITADA E INTERMITENTE

Para se compreender um pouco mais o sistema brasileiro, é primordial a análise de duas formas de se classificar a duração de carga horária de trabalho, as ilimitadas e as intermitentes.

As atividades, cuja duração do trabalho é classificada como *ilimitada*, são extremamente restritas; na realidade, os trabalhadores dessas atividades são chamados *"empregados excluídos do regime legal de duração do trabalho"*, isto porque, por algum motivo, não tem controle de horário em suas atividades.

O artigo 62 da CLT dispõe dois tipos de trabalhadores não sujeitos ao regime legal de duração de trabalho: primeiro, os que laboram em atividades externas, incompatíveis com o controle de horário; segundo, os que trabalham em atividades externas. Quanto a estes, vale salientar que, dentro do *poder de direção do empregador*, está o *poder de fiscalizar,* também chamado de *poder de controle*. Neste caso, vislumbra-se que o obreiro não está sob a fiscalização direta de seu empregador, pelo menos, no que tange ao controle de horário.

Carrion (2011), sobre esses empregados de atividades externas, diz que "o que caracteriza este grupo de atividades é a circunstância de estarem todos fora de permanente fiscalização e controle do empregador; há impossibilidade de conhecer o tempo realmente dedicado com exclusividade à empresa"[(52)].

Assim, fica explícito que esses trabalhadores cuidam de seu próprio horário de trabalho, não significando, muitas vezes, que a sua atividade seja menos estressante que a de outros empregados, sujeitos ao controle de horário; nessas situações, é comum ser cobrado o cumprimento de metas e/ou produção, o que pode levar o trabalhador a extenuante tempo de trabalho, culminando em fatores de desordem psicológica.

O legislador ressaltou que, nessas atividades, a condição diferenciada do empregado deve constar expressamente na Carteira de Trabalho e Previdência Social do obreiro, bem como no registro de empregados, para fins de fiscalização do Ministério do Trabalho.

O segundo caso previsto no artigo 62 da CLT refere-se aos gerentes com cargo de gestão, sendo equiparados a diretores e chefes de departamento ou filial, cujo salário, compreendendo a gratificação de função, seja pelo menos 40 por cento superiores ao respectivo salário de outro trabalhador que não esteja nessa condição.

---

(52) CARRION, Valentin. *Comentários à Consolidação das Leis do Trabalho*. 36. ed. atual. Eduardo Carrion. São Paulo: Saraiva, 2011. p. 144.

Carrion (2011), ainda, apresenta importante colocação sobre a terminologia utilizada no inciso II do artigo 62 da CLT:

> A denominação utilizada na empresa não é o importante; a gerência pode ser no campo administrativo somente (em grandes ou pequenas empresas) ou no administrativo e no técnico (geralmente só nas médias e grandes empresas; Cesarino Jr. não considera cargo de confiança a direção técnica, *Direito social*, v. 2; Amaro, *Tutela*, v. 2, só aceita no campo administrativo); o que vale é o poder de autonomia nas opções importantes a serem tomadas, poder este em que o empregado se substitui ao empregador(53).

Outro empregado que, por um motivo diverso dos previstos no artigo 62 da CLT, não está sujeito ao regime legal de duração de trabalho é o *doméstico*, pois não foi contemplado na Carta Magna de 1988 com o direito de limitação diária e semanal de duração de trabalho e, consequentemente, ao direito a horas extraordinárias.

No que tange ao trabalho, cuja carga horária seja considerada intermitente, o trabalhador desenvolve atividade em que alterna o labor com tempo ocioso; contudo, este tempo de ócio não é preenchido pelos intervalos(54) legais e obrigatórios da lei trabalhista. Esse tipo de trabalho geralmente ocorre quando o empregado, por algum motivo, tem que ficar por um longo período no seu ambiente de trabalho, por dias ou meses, como no caso do trabalhador marítimo, mas isso não significa que estará o tempo todo trabalhando.

A Conferência Geral da OIT, realizada em Genebra pelo Conselho de Administração do Secretariado Internacional do Trabalho, no dia 7 de fevereiro de 2006, instituiu a Convenção do Trabalho Marítimo/2006, dispondo que:

> 1. Para os efeitos da presente norma:
>
> a) *horas de trabalho* designa o tempo durante o qual o marítimo está obrigado a efectuar um trabalho para o navio;
>
> b) *horas de descanso* designa o tempo que não está incluído na duração do trabalho; esta expressão não inclui as interrupções de curta duração.
>
> [...]
>
> 5. Os limites das horas de trabalho ou de descanso devem ser fixados da seguinte forma:

---

(53) CARRION, Valentin. *Comentários à Consolidação das Leis do Trabalho*. 36. ed. atual. Eduardo Carrion. São Paulo: Saraiva, 2011, p. 143.

(54) O artigo 71 da CLT prevê que o "trabalho contínuo, cuja duração exceda de 6 (seis) horas, é obrigatória a concessão de um intervalo para repouso ou alimentação, o qual será, no mínimo, de 1 (uma) hora e, salvo acordo escrito ou contrato coletivo em contrário, não poderá exceder de 2 (duas) horas", e o § 1º dispõe que "não excedendo de 6 (seis) horas o trabalho, será, entretanto, obrigatório um intervalo de 15 (quinze) minutos quando a duração ultrapassar 4 (quatro) horas".

a) o número máximo de horas de trabalho não deve ultrapassar:

i) 14 horas em cada período de 24 horas;

ii) 72 horas em cada período de sete dias; ou

b) o número mínimo de horas de descanso não deve ser inferior a:

i) 10 horas em cada período de 24 horas;

ii) 77 horas em cada período de sete dias[(55)].

Percebe-se que, de acordo com a Convenção do Trabalho Marítimo, não há estipulação de duração fixa de horário de trabalho, havendo uma preocupação maior com o número máximo de horas trabalhadas em determinado período e com o direito de períodos mínimos de descanso do trabalhador.

Na legislação brasileira, um exemplo expresso de trabalho com duração intermitente é o da *mãe social*, um tipo especial de empregada. Regulamenta pela Lei n. 7.644, de 18 de dezembro de 1987, a mãe social se dedica à assistência ao menor abandonado dentro do sistema casas-lares[(56)]; em seu artigo 6º dispõe "o trabalho desenvolvido pela mãe social é de caráter intermitente, realizando-se pelo tempo necessário ao desempenho de suas tarefas".

Enquanto no desempenho de suas atribuições, a mãe social deverá residir com os menores que lhe forem confiados, na casa-lar que lhe for destinada, o que não lhe permitirá ter a duração de trabalho com horários fixos, pois dependerá da necessidade dos menores sob sua responsabilidade. Por outro lado, são assegurados à mãe social repouso semanal remunerado de 24 horas consecutivas e 30 dias de férias anuais remuneradas, momento em que deve ser designada pelo empregador[(57)] uma mãe social substituta.

Destarte, o trabalho realizado em caráter intermitente é mais um tipo que exclui o empregado do regime legal de duração do trabalho, em virtude de suas peculiaridades, cujo permissivo deverá estar expresso em legislação própria. Entretanto, seja qual for o motivo que o exclua do regime legal de duração do trabalho, devem ser observados os princípios da razoabilidade e do bom-senso, pois qualquer trabalhador deve ter respeitado o seu limite máximo para o trabalho, que pode sofrer variações, decorrentes da atividade.

---

(55) OIT. *Convenção do trabalho marítimo, 2006*. Conferência Internacional do Trabalho. Disponível em: <http://www.ilo.org/ilolex/portug/docs/mlc.pdf> Acesso em: 22 set. 2011.

(56) O artigo 3º da Lei n. 7.644/87 dispõe que "Entende-se como casa-lar a unidade residencial sob responsabilidade de mãe social, que abrigue até 10 (dez) menores".

(57) De acordo com a Lei n. 7.644/87, os empregadores das mães sociais são as instituições sem finalidade lucrativa, ou de utilidade pública de assistência ao menor abandonado, e que funcionem pelo sistema de casas-lares (art. 1º), que manterão mães sociais para substituir as efetivas durante seus períodos de afastamento do serviço (art. 10).

7. DURAÇÃO DO TRABALHO E HORAS EXTRAORDINÁRIAS

Quando se trata do tema duração do trabalho ou redução da duração do trabalho, sendo este o enfoque deste trabalho, é inexorável não se considerarem as horas extraordinárias, tendo em vista o seu impacto direto na duração diária do trabalho.

As *horas extraordinárias*, também denominadas *horas extras* ou, ainda, *horas suplementares*(58) são aquelas que ultrapassam a duração normal do trabalho, seja qual for a carga horária do obreiro, ou seja, se for na *jornada padrão de trabalho*(59), as horas extraordinárias serão as que ultrapassarem as 8 horas diárias ou 44 semanais; se em atividades específicas, como a dos *bancários*, são as que ultrapassarem 6 horas diárias ou 30 horas semanais, visto as peculiaridades da profissão.

A CLT dispõe sobre as horas extraordinárias no artigo 59, em que os preceitos básicos para o labor extraordinário é não exceder duas horas por dia, previstas em acordo escrito entre empregados e empregadores ou em *contrato coletivo de trabalho*(60).

O contrato avençado entre empregado e empregador não pode ser uma caixa de surpresas para as partes, em face do princípio da inalterabilidade contratual, previsto no artigo 468 da CLT. Caso não haja previsão expressa da possibilidade de trabalho em horas extraordinárias, tal exigência pelo empregador poderá ser considerada motivo para rescisão indireta do contrato de trabalho, pois o empregador estaria descumprindo o contrato.

Por outro lado, se estiver prevista a possibilidade de trabalho em horas suplementares na atividade exercida pelo obreiro e este se recusar a executá-las, quando solicitado, estará dando ensejo à possível sanção disciplinar, inclusive, com possibilidade de demissão por justa causa, pois, nesse caso, o empregado estaria deixando de cumprir obrigações avençadas anteriormente entre as partes.

Tudo isso se justifica pelo fato de que empregado e empregador ao pactuarem uma relação de emprego, naturalmente, irão se organizar em virtude de sua avença trabalhista, ou seja, havendo previsão de horas extraordinárias, o empregado vai definir o seu horário para o estudo, para se dedicar à família, a sua comunidade,

(58) Termo utilizado no artigo 59 da Consolidação das Leis do Trabalho.

(59) Termo utilizado por Mauricio Godinho Delgado, em sua obra *Curso de direito do trabalho*. 10. ed. São Paulo: LTr, 2011. p. 847.

(60) Com a reforma da CLT de 1967, foi alterado o artigo 611, quando o Contrato Coletivo de Trabalho passou a ser denominado por Convenção Coletiva de Trabalho, acordo de caráter normativo, pelo qual dois ou mais sindicatos representativos de categorias econômicas e profissionais estipulam condições de trabalho aplicáveis, no âmbito das respectivas representações, além de acrescentar a possibilidade do Acordo Coletivo de Trabalho que faculta aos sindicatos representativos de categorias profissionais pactuarem com uma ou mais empresas da correspondente categoria econômica, condições de trabalho, aplicáveis no âmbito da empresa ou das acordantes respectivas relações de trabalho. Assim, apesar de o termo anterior ainda estar disposto em alguns artigos da CLT, deve ser lido como Convenção Coletiva de Trabalho.

enfim, a atividades alheias ao seu trabalho. Já, o empregador, por sua vez, poderá contar com o trabalho em horas extras, por exemplo, quando ocorrer aumento inesperado de demanda em sua atividade econômica.

O acordo de horas suplementares pode ser por prazo determinado ou indeterminado, bem como, por se tratar de acordo entre as partes, poderá a qualquer tempo ocorrer a *denúncia,* quando uma das partes comunica a outra que não tem mais interesse em manter o acordo de horas extras ou, ainda, o distrato, ato bilateral que deve ser acordado por escrito.

O certo é que em países, como o Brasil, onde, em regra, ainda há alto índice de desemprego e, por consequência, em várias atividades há excesso de mão de obra, quando o empregado se recusa a laborar em horas extras ou apresenta a sua denúncia ao empregador, poderá não ser contratado, ou, se já contratado, ser demitido e substituído por outro trabalhador que não se oponha em laborar nas horas extraordinárias.

Vale salientar que algumas atividades têm previsão legal de impossibilidade de prorrogação da duração do trabalho, a exemplo do cabineiro de elevador que, conforme determinação da Lei n. 3.270/57, artigo 1º, tem duração diária de trabalho de seis horas, prevendo, ainda, no seu parágrafo único que "É vetado a empregador e empregado qualquer acordo visando ao aumento das horas de trabalho fixadas no art. 1º desta lei".

Há que ser observado, também, a questão das horas extraordinárias em atividades consideradas insalubres, pelo Ministério do Trabalho, nas quais qualquer acordo de prorrogação de jornada deverá ser precedido de autorização das autoridades competentes.

A exigência expressa no artigo 60 do texto celetista se explica facilmente em virtude de que atividades insalubres detêm peculiaridades em relação ao tempo de exposição, que devem ser cuidadosamente observadas, analisando-se o grau de insalubridade, inclusive. Gottshalk (1950) já se manifestou com propriedade sobre este assunto:

> Permitindo o texto a prorrogação da jornada máxima legal, mediante o cumprimento de certas formalidades, como vimos, não prefixou, porém, o número das horas suplementares que podem ser adicionadas. Torna-se evidente que trabalhos extraordinários na conceituação do dispositivo correspondem àqueles exigidos para u'a maior produção no interêsse exclusivo do empregador. [...]
>
> Com efeito, tratando-se de atividades insalubres nocivas, portanto, à saúde do empregado, o legislador teve o cuidado não só de estabelecer u'a remuneração especial como vimos antes, mas ainda condicionar a prorrogação da jornada a uma licença prévia fornecida pela autoridade competente[61].

---

(61) GOTTSCHALK, Elson G. *A duração do trabalho.* Rio de Janeiro: Freitas Bastos, 1950. p. 93.

Em 1996, o TST editou a Súmula n. 349, por meio da Resolução n. 60, publicada no Diário do Judiciário nos dias 8, 9 e 10 de julho de 1996, na qual dispôs que "A validade de acordo coletivo ou convenção coletiva de compensação de jornada de trabalho em atividade insalubre prescinde da inspeção prévia da autoridade competente em matéria de higiene do trabalho (art. 7º, XIII, da CF/1988; art. 60 da CLT)"(62).

Contudo, a Resolução n. 174/2011 do Tribunal Superior do Trabalho, divulgada nos dias 27, 30 e 31 de maio 2011 cancelou a mencionada súmula, que há muito tempo recebia críticas de autores, como Süssekind (2000), no seguinte sentido:

> A circunstância de que qualquer modalidade de compensação de jornada deve ser formalizada pelos instrumentos da negociação coletiva não é incompatível com a exigência da licença prévia da autoridade competente em matéria de segurança e medicina do trabalho, sempre que se tratar de atividades sujeitas à agressão de agentes físicos, químicos ou biológicos(63).

A Súmula n. 349 encontrava guarida no artigo 7º, XIII, da Constituição Federal de 1988, que prevê, além da duração ordinária do trabalho, "a compensação de horários e a redução da jornada, mediante acordo ou convenção coletiva de trabalho".

Entretanto, com relação à vigência da Súmula n. 349 do TST, tratava-se de um contrassenso em relação às normas de proteção à saúde do trabalhador, e serviu de palco para inúmeros debates até a queda final da referida jurisprudência trabalhista.

Sobre o tema horas extraordinárias, tramita na Câmara dos Deputados o Projeto de Lei n. 2.381/2007, de autoria do Deputado Ricardo Berzoini do PT/SP, que propõe alterar a CLT na base de cálculo dos adicionais de insalubridade e periculosidade e vedar a prorrogação habitual da jornada de trabalho nas atividades insalubres ou perigosas(64).

Com isso, o artigo 60 da Consolidação das Leis do Trabalho sofreria consideráveis alterações, bem como seriam alterados o § 5º do artigo 142, o artigo 192, os §§ 1º e 2º do artigo 193 e os artigos 194 e 196, também da CLT.

Qualquer situação que coloque o trabalhador em condição diversa às situações consideradas *normais*(65) de trabalho faz com que o obreiro tenha direito a

---

(62) *Livro de Jurisprudências do TST.* Disponível em: <http://www.tst.gov.br/web/guest/livro-de-jurisprudencia> Acesso em: 27 out. 2011.

(63) SÜSSEKIND, Arnaldo *et al. Instituições de direito do trabalho*. 19. ed. São Paulo: LTr, 2000. p. 804.

(64) CÂMARA DOS DEPUTADOS. *PL n. 2381/2007*. Disponível em: <http://www.camara.gov.br/proposicoesWeb/fichadetramitacao?idProposicao=375899> Acesso em: 15 set. 2011.

(65) Neste contexto, a palavra *normais* é para expressar regular, ordinário; por exemplo, duração *normal ou regular* do trabalho.

um adicional e isso se aplica aos trabalhos em atividades insalubres, perigosas, trabalho em horário considerado noturno, que, no meio urbano, é realizado entre as 22 horas de um dia e as 5 horas do dia seguinte, incluindo o trabalho em horas extraordinárias.

É incontroverso que o trabalho em horas extraordinárias é considerado situação mais gravosa para o trabalhador, pois se trata de situação em que se extrapola a duração normal do trabalho, gerando a necessidade de pagamento com acréscimo do *adicional de horas extras*, previsto no § 1º do artigo 59 da CLT, acréscimo este alterado de 25 por cento para 50 por cento, com o advento da Constituição Federal de 1988.

Um dos motivos do encarecimento do valor pago pelo labor em horas extras é justo o de se tentar evitar a sua utilização desmedida, visando a saúde e segurança do trabalhador, mas, também, para que mais horas sejam destinadas a outras atividades de sua vida, não se desprezando o interesse do empregador pela organização do fluxo de trabalho do obreiro. Há também o entendimento de que essa restrição favoreça a empregabilidade.

Assim, quando se trata do assunto horas extraordinárias é importante destacar sempre que, mesmo observando corretamente a avença das partes e o devido pagamento do adicional das horas extras, as horas de trabalho suplementar somente deveriam ser exigidas do trabalhador em casos de necessidade transitória, não podendo ser incorporadas a sua rotina de trabalho, pois, caso isso aconteça, estará ocorrendo o desvirtuamento de sua utilização, bem como se criando uma nova carga horária de trabalho.

Insta salientar que, na prática, percebe-se claramente um desvirtuamento da prerrogativa de utilização do labor em horas extraordinárias, que acaba utilizado como forma de aumentar a duração diária do trabalho, muitas vezes, de forma habitual, o que é um contrassenso com a redução da duração do trabalho.

Masi (2003) faz uma crítica sobre a utilização desmedida das horas extraordinárias:

> No grande teatro que chamo de hora extra, milhões de funcionários simulam sobrecarga de trabalho, iludidos de serem indispensáveis à empresa, convencidos de que o tempo nunca é suficiente para eles, treinados para esticar ao longo de dez horas tarefas que poderiam realizar em cinco, a tal ponto alienados que levam trabalho para fazer em casa, nos fins de semana, diante dos filhos já negligenciados ao máximo[66].

É indubitável que a duração razoável do trabalho visa, dentre outras coisas, preservar a saúde e segurança do trabalhador. Utilizar-se habitualmente do trabalho

---

(66) MASI, Domenico de. *O futuro do trabalho*. Fadiga e ócio na sociedade pós-industrial. Trad. Yadyr A. Figueiredo. 8. ed. Rio de Janeiro: José Olympio. 2003. p. 35.

em horas extraordinárias, ainda que com o pagamento do respectivo adicional, seria o mesmo que autorizar a monetização da saúde do trabalhador, ou seja, há o trabalho além de suas possibilidades físicas e mentais, mas ele é pago por isso.

Afinal, o valor monetário dos adicionais deveria ter como escopo final a redução dos riscos ocupacionais, de modo que o ônus financeiro desses adicionais sirva para coagir o empregador a oferecer hígidas condições de trabalho e não apenas para compensar situação gravosa, que acabará resultando em prejuízos à saúde do trabalhador.

7.1. Supressão das horas extraordinárias habituais

Apesar de não ser o ideal, muito pelo contrário, conforme visto no item anterior, é comum empregadores se utilizarem, com habitualidade, das horas extraordinárias de trabalho, criando, com isso, nova duração de trabalho para os empregados, gerando, muitas vezes, situações nefastas à saúde do trabalhador.

Diante dessa situação, há muito tempo se discute como se proceder em termos de integração ao salário dos valores pagos a título de horas extras habituais, bem como eventual indenização ao trabalhador, quando o empregador suprime as horas extras realizadas com habitualidade. Não há dúvidas de que a situação é polêmica, visto que afeta diretamente dois fatores essenciais à vida do trabalhador, primeiro, a saúde e, segundo, a situação financeira que norteia essa discussão.

Diante do tema, Abdala (1977) já se referiu, de forma contundente e esclarecedora:

> Achamos que, por um erro de perspectiva, os Tribunais trabalhistas, ao negar ao empregado qualquer direito pela supressão do trabalho extraordinário, têm exatamente estimulado o que visa a coibir, ou seja, o desrespeito a limitação da jornada diária – histórica conquista dos trabalhadores.
>
> Se é verdade que há um dispositivo que veda o trabalho além da jornada legal e um princípio de ordem biossocial que também o condena, existe um outro mandamento legal que veda a redução do salário e um novo princípio no sentido de que tudo que, pela sua reiteração, passou a integrar a remuneração do trabalhador, não pode ser retirado.
>
> [...]
>
> O empregador exige do empregado, quando quer, o trabalho extraordinário. São óbvias as vantagens que o empregador leva com o trabalho suplementar por parte de seus empregados. Por anos seguidos, enquanto lhe é vantajoso, exige-o. Ao não mais lhe interessar, corta-o, e não tem a parcimônia de alegar que o trabalho extraordinário é ilegal[(67)].

---

(67) ABDALA, Vantuil. Supressão do trabalho extraordinário. *Revista de Direito do Trabalho*. São Paulo: Revista dos Tribunais, Ano 2, n. 08, p. 101, jul./ago. 1977.

Em 1978, foi publicado no Diário do Judiciário o Enunciado n. 76[(68)], quando o TST dispôs que "O valor das horas suplementares prestadas habitualmente, por mais de 2 (dois) anos, ou durante todo o contrato, se suprimidas, integra-se ao salário para todos os efeitos legais".

Percebe-se uma visão ainda incipiente do Tribunal Superior do Trabalho sobre a supressão das horas extraordinárias, pois somente levava em consideração situações com longevidade superior a dois anos.

Em 2003, por meio da Resolução n. 121/2003, publicada no Diário do Judiciário nos dias 19, 20 e 21 de novembro de 2003, o Enunciado n. 76 foi cancelado pela Súmula n. 291 do TST, que trouxe uma evolução, pois reduziu o tempo de prestação habitual de horas extras de dois anos para um ano, além de fixar a indenização correspondente ao valor de um mês das horas suprimidas para cada ano ou fração igual ou superior a seis meses de prestação de serviço acima da jornada normal, com observância da média das horas suplementares, efetivamente trabalhadas nos últimos doze meses.

Após as alterações ocorridas em 2003 sobre o assunto em voga, outras situações complexas rondaram o Judiciário trabalhista, como um caso emblemático e polêmico que chegou ao TST, em que o trabalhador, por causa de problemas de pressão alta, teve supressão das horas extras que recebeu habitualmente durante 15 anos.

O trabalhador alegou perda da estabilidade econômica e da habitualidade do serviço, pleiteando na Justiça do Trabalho indenização, com base na Súmula n. 291 do TST, ou seja, o correspondente a um mês por ano trabalhado, desde a supressão das horas extras. A empresa, por sua vez, alegou que a supressão não se deu pela vontade unilateral do empregador, mas por recomendação médica, de modo que a empresa não deveria ser obrigada a pagar indenização, por não ter sido o ato ilícito comprovado nos autos.

Diante da situação narrada de forma sucinta, a Seção de Dissídios Individuais n. 1 do TST se viu diante de uma polêmica, com empate em 6 a 6 na votação dos Ministros, o que fez prevalecer uma proposta do Ministro Vantuil Abdala, uma solução intermediária, com pagamento pela metade da indenização prevista na Súmula n. 291 do TST, aplicando analogicamente o artigo 502 da CLT, que, segundo o Ministro "estabelece uma justiça salomônica", visto que, em tese, ambos tinham direito em suas pretensões. O processo, que ora serve de exemplo, tramitou sob o n. E-ED-RR – 1992/2003-005-21-00.0.

A Súmula n. 291, com a redação de 2003, tinha outro problema a ser solucionado pelo Judiciário trabalhista, no que concerne à supressão total ou parcial

---

(68) Inicialmente, os verbetes da jurisprudência predominante do Tribunal Superior do Trabalho eram denominados *Enunciados*, o que foi alterado pela da Resolução n. 129/2005, publicada no Diário do Judiciário dos dias 20, 22 e 25 de abril de 2005, passando à denominação de *Súmulas*, que vigora até os dias atuais.

das horas extras habituais, ou seja, a súmula não era clara quanto ao tema. Assim, quando ocorria supressão apenas parcial das horas extras habituais, havia divergência sobre a aplicação, ou não, da referida jurisprudência da Corte maior trabalhista.

Como se percebe, o tema é extremamente complexo, o que levou o Tribunal Superior do Trabalho, mais uma vez, a rever a referida Súmula n. 291, alterando-a, novamente, por meio da Resolução n. 174/2011 do Tribunal Superior do Trabalho, divulgada nos dias 27, 30 e 31 de maio de 2011, com a seguinte redação:

> SÚM-291 – HORAS EXTRAS. HABITUALIDADE. SUPRESSÃO. INDENIZAÇÃO – A supressão total ou parcial, pelo empregador, de serviço suplementar prestado com habitualidade, durante pelo menos 1 (um) ano, assegura ao empregado o direito à indenização correspondente ao valor de 1 (um) mês das horas suprimidas, total ou parcialmente, para cada ano ou fração igual ou superior a seis meses de prestação de serviço acima da jornada normal. O cálculo observará a média das horas suplementares nos últimos 12 (doze) meses anteriores à mudança, multiplicada pelo valor da hora extra do dia da supressão[69].

Com a nova redação, resta evidente, quer seja supressão total quer seja supressão parcial das horas extras habituais, será devida a indenização pela respectiva supressão.

Mais uma vez, ressalte-se, muito mais importante que indenizar pela supressão de horas extras do trabalhador é a atuação dos sindicatos e do Ministério Público do Trabalho, bem como da sociedade me geral, no sentido de evitar a realização habitual de horas extras pelo trabalhador, pois nenhum valor econômico irá suprir a ausência de um pai/mãe de família para os seus filhos, nem será suficiente para restabelecer a saúde comprometida por anos e anos de jornada extraordinária.

7.2. Hipóteses de horas extraordinárias sem acordo de prorrogação

Conforme análise do artigo 59 da Consolidação das Leis do Trabalho, percebe-se que o acordo de prorrogação da duração do trabalho trata-se de *conditio sine qua non* para que o trabalhador labore nessa condição, diversa do esperado na relação de emprego. Entretanto, o próprio texto celetista traz exceções, prevendo a possibilidade de trabalho em horas extraordinárias, sem prévio acordo de prorrogação, elencadas no *caput* do artigo 61:

> Art. 61. Ocorrendo necessidade imperiosa, poderá a duração do trabalho exceder do limite legal ou convencionado, seja para fazer face a motivo de força maior, seja para atender à realização ou conclusão de serviços inadiáveis ou cuja inexecução possa acarretar prejuízo manifesto.

---

(69) *Livro de Jurisprudências do TST*. Disponível em: <http://www.tst.gov.br/web/guest/livro-de-jurisprudencia> Acesso em: 27 out. 2011.

A CLT, por meio do artigo 501, cuidou de definir a *força maior* na seara trabalhista, como "todo acontecimento inevitável, em relação à vontade do empregador, e para a realização do qual este não concorreu, direta ou indiretamente".

Imprescindível salientar que, apesar das exceções possíveis de trabalho sem prévio acordo de prorrogação da duração do trabalho, será exigida do empregador a comunicação do fato à autoridade competente em matéria do trabalho, no prazo máximo de dez dias, para fins de justificação, em momentos de fiscalização, conforme § 1º do artigo.

Verificaram-se, portanto, duas hipóteses previstas no *caput* do artigo 61 da CLT, uma no caso de necessidade imperiosa, para atender motivo de força maior, outra para atender à realização ou conclusão de serviços inadiáveis ou se sua inexecução acarretar prejuízo manifesto. Diante dessas situações, Carrion (2011) discorre:

> Na primeira hipótese haverá um fato estranho, próximo à catástrofe, que afeta mais do que a produção: incêndio, inundação, racionamento de energia elétrica etc. Na segunda hipótese, são os percalços da produção que aparecem: ameaça de chuva sobre a colheita, concretagem de uma laje, iminente saída do navio que deverá transportar a mercadoria, afluência inabitual da clientela por circunstâncias anormais etc., sempre extravasando a rotina; [...][70].

O § 2º do artigo 61 da CLT traz a seguine redação:

> § 2º Nos casos de excesso de horário por motivo de força maior, a remuneração da hora excedente não será inferior à da hora normal. Nos demais casos de excesso previstos neste artigo, a remuneração será, pelo menos, 25% (vinte e cinco por cento) superior à da hora normal, e o trabalho não poderá exceder de 12 (doze) horas, desde que a lei não fixe expressamente outro limite. (onde se lê 25% deve-se considerar 50%, em face do disposto na Constituição Federal de 1988.)

Duas situações distintas envolvem a remuneraçao das horas extraordinárias, nos casos previstos no artigo 61 da CLT. A primeira é na hipótese de desnecessidade de acordo de prorrogação, que deve ser analisada com cautela, pois não encontra guarida na Carta Magna de 1988, que dispõe no artigo 7º, XVI, dentre os direitos dos trabalhadores urbanos e rurais, que, quando houver labor em horas extraordinárias, a remuneração desse serviço será "superior, no mínimo, em cinquenta por cento à do normal".

Verifica-se que a Constituição Federal não distinguiu quais seriam os motivos de trabalho em horas extraordinárias que ensejariam o pagamento do adicional de horas extras, assim, há que se considerar que, mesmo em caso de força

(70) CARRION, Valentin. *Comentários à Consolidação das Leis do Trabalho*. 36. ed. atual. Eduardo Carrion. São Paulo: Saraiva, 2011. p. 142-143.

maior, deverá ser observada a necessidade imperiosa de pagamento do respectivo adicional. Ademais, ainda que no caso de força maior o empregador não tenha concorrido para o acontecimento que gerou a necessidade do trabalho em horas suplementares, o empregado, por sua vez, também não poderá suportar este ônus de trabalhar além de sua carga horária normal, sem receber o referido adicional.

No segundo caso previsto no *caput* do artigo 61, está claro que o adicional deve ser pago ao trabalhador, ainda que sem prévio acordo de prorrogação da duração do trabalho.

Há, ainda, uma terceira hipótese de trabalho em horas suplementares, sem prévio acordo de prorrogação, prevista no § 3º do artigo 61 da CLT, em situações acidentais, ou de força maior, que impliquem interrupção do trabalho; nesses casos, poderá ocorrer prorrogação de duas horas diárias na duração do trabalho, em um período máximo de 45 dias por ano, situação em que também deverá ser pago o respectivo adicional horas extras.

Neste último caso, há uma peculiaridade, em relação aos casos anteriores do artigo 61, qual seja, o fato de se poder requisitar essas horas extraordinárias somente aos empregados sem acordo de prorrogação, após prévia autorização da autoridade competente em matéria do trabalho, enquanto nos demais casos haverá apenas a necessidade de comunicação à autoridade competente, no prazo de dez dias, conforme visto anteriormente.

7.3. Horas extraordinárias e o banco de horas

As horas extraordinárias sempre tiveram como característica básica o pagamento de um adicional, tendo em vista a situação mais gravosa do trabalhador que labora nessas condições. Entretanto, em 1998, a CLT sofreu alterações, justamente no que tange às horas extraordinárias, quando o § 2º do artigo 59 passou a dispor o seguinte:

> Art. 59.
>
> [...]
>
> § 2º Poderá ser dispensado o acréscimo de salário se, por força de acordo ou convenção coletiva de trabalho, o excesso de horas em um dia for compensado pela correspondente diminuição em outro dia, de maneira que não exceda, no período máximo de um ano, à soma das jornadas semanais de trabalho previstas, nem seja ultrapassado o limite máximo de dez horas diárias.

Ressalte-se que o parágrafo em destaque teve sua redação atual determinada pela Medida Provisória n. 2.164-41, de 24 de agosto de 2001, pois na redação anterior dada pela Lei n. 9.601, de 21 de janeiro de 1998, o prazo máximo para a compensação era de 120 dias, no lugar de um ano. Ocorre que o § 2º do artigo 59 da CLT trouxe a possibilidade de supressão do adicional horas extras, alterando sobremaneira as regras rígidas do texto celetista, que, conforme demonstrado, visavam à proteção do trabalhador, em face de situações mais gravosas, como no caso do trabalho em horas extraordinárias.

A hora extra, que até o advento da n. Lei n. 9.601/98 era paga com adicional de pelo menos 50% sobre o valor da hora normal, passa a ter a possibilidade de ser apenas compensada por uma hora de descanso, sem pagamento do adicional de horas extras.

Diante disso, por mais que se pudesse defender que o trabalhador passaria a ter mais horas livres na medida em que ocorresse a compensação de horários, o permissivo legal trouxe-lhe prejuízos de ordem financeira, bem como, de certa forma, um incentivo à utilização da mão de obra em horas suplementares de trabalho, sem custos adicionais.

Destarte, a Lei n. 9.601/98, embora tenha suscitado grande celeuma na seara trabalhista, foi considerada uma das mais expressivas demonstrações de flexibilização, já que trouxe a possibilidade de um tipo de *pagamento* das horas extraordinárias diferente daquele rígido, em espécie, que vigorava uníssono, até então. Esse sistema ficou conhecido no meio trabalhista como *banco de horas*, justamente porque as horas suplementares trabalhadas em um dia ficam *depositadas* para serem utilizadas como folgas em outro dia.

Algumas regras devem ser observadas, em relação ao sistema de compensação e horários em trabalho suplementar, como a obrigatoriedade de acordo ou convenção coletiva, prevendo o referido sistema de compensação.

Outra questão essencial é que as horas de crédito do trabalhador devem ser compensadas no máximo em um ano, contudo, é comum se encontrarem convenções coletivas de trabalho, prevendo a compensação em tempo inferior. Não sendo observado o período máximo para compensação da jornada, o empregado terá direito a receber as horas extraordinárias, com o respectivo adicional, conforme § 3º do artigo 59 da CLT.

Em caso de término do contrato de trabalho, sem que tenha ocorrido essa compensação, estar-se-á diante de outra hipótese de pagamento integral das horas extras com o devido adicional.

O certo é que as horas extraordinárias, bem como o sistema de compensação ora abordado, devem ser utilizados com muita cautela, tendo em vista os preceitos básicos de proteção ao trabalhador; caso contrário, vão servir apenas para fomentar a duração extenuante do trabalho, favorecendo o empregador, que não sofrerá qualquer impacto financeiro negativo.

Capítulo III

Redução da Duração do Trabalho: análise sociodemográfica e reflexos na saúde do trabalhador

1. ASPECTOS SOCIAIS DECORRENTES DA REDUÇÃO DA DURAÇÃO DO TRABALHO

No Capítulo I, o aspecto social foi considerado um dos fundamentos na construção dos limites de uma razoável duração do trabalho, visto que o trabalhador necessita de tempo disponível para o lazer, o convívio familiar, o convívio em comunidade, com a finalidade de desenvolver atividades religiosas, políticas, culturais ou filantrópicas.

A Declaração Universal dos Direitos Humanos dispõe no artigo XXIV que "Toda pessoa tem direito a repouso e lazer, inclusive a limitação razoável das horas de trabalho e férias periódicas remuneradas". Assim como o trabalho, o lazer é um dos direitos sociais previstos para o cidadão brasileiro no artigo 6º da Constituição Federal de 1988. Nesse contexto, o Estado Democrático de Direito brasileiro prevê que deverá ser incentivado o lazer, como forma de promoção social (artigo 217, § 3º, da CF).

Mais uma vez, é imprescindível ressaltar que não basta o direito estar previsto na Lei Maior para que o empregado possa ter o efetivo lazer, que realmente irá contribuir para a boa saúde física e mental do trabalhador. É necessário que, além de uma duração razoável do trabalho, haja também políticas públicas de incentivo ao lazer, bem como remuneração digna, que garanta ao obreiro condições de exercer os seus direitos sociais.

Destarte, se ocorrer a redução da duração do trabalho e a redução do salário, ou o salário não for suficiente para garantir todos os direitos sociais previstos na Carta Magna, certamente, o trabalhador terá que procurar outras fontes de renda, durante o tempo que deveria ser dedicado ao lazer, o que desvirtua a finalidade do tempo livre, como bem assevera Antunes (2007):

> Porém, essa luta pelo *direito ao trabalho em tempo reduzido e pela ampliação do tempo fora do trabalho* (o chamado "tempo livre"), sem redução de salário – o que, faça-se um parêntese, é muito diferente de flexibilizar a jornada, uma vez que esta se encontra em sintonia com a lógica do capital – deve estar intimamente articulada à luta contra o sistema de metabolismo social do capital que converte o "tempo livre" em tempo de consumo *para o capital* mais, onde o indivíduo é impedido a capacitar-se para melhor competir no mercado de trabalho, ou ainda a exaurir-se num consumo *coisificado* e *fetichizado*, inteiramente desprovido de sentido[(1)]. (grifos do autor)

No cenário atual, outra questão de extrema relevância é quanto ao tempo de convívio familiar, que, a cada dia, se torna menor, tendo em vista os fatores longa duração do trabalho, muito tempo dedicado ao deslocamento entre casa e trabalho e vice-versa, bem como a necessidade de o trabalhador buscar se aperfeiçoar de forma incessante, para competir na sociedade pós-moderna, o que o afasta sobremaneira de seu lar e, consequentemente, de sua família.

O convívio familiar é essencial na construção de uma sociedade embasada em valores éticos e morais, fator primordial para o bem-estar social, segundo Delgado (2009):

> Mesmo nas sociedades e Estados mais bem desenvolvidos e estruturados – como os países nórdicos, por exemplo, em que prima o Estado de bem-estar social –, já se chegou à conclusão acerca da relevância da dimensão familiar na formação estrutural do indivíduo (sem prejuízo do complemento necessário pelo sistema educacional formal – exterior à família, evidentemente). Mais claro isso se torna em países como o Brasil, em que as estruturas formais educativas e de socialização das crianças e adolescentes, próprias da sociedade civil e do Estado, ainda são bastante precárias e desconexas.
>
> Propiciar aos responsáveis legais por crianças e adolescentes maior tempo de interação e convivência familiar, de transmissão cotidiana de valores e princípios éticos, de lazer comunitariamente compartilhado, é instituir efetiva política pública de resgate da família na sociedade brasileira, viabilizando o melhor funcionamento de mecanismo comprovadamente eficaz de formação e socialização das crianças e jovens brasileiros[(2)].

É também de suma importância o tempo livre para o convívio do trabalhador em sua comunidade, para que se envolva em atividades religiosas, essenciais para

---

(1) ANTUNES, Ricardo. *Os sentidos do trabalho*. 5. ed. São Paulo: Boitempo, 2007. p. 178.

(2) DELGADO, Mauricio Godinho. Duração do trabalho: o debate sobre a redução para 40 horas semanais. *Revista TST*. Brasília, v. 75, n. 2, p. 28, abr./jun. 2009. Disponível em: <http://www.tst.gov.br/Ssedoc/PaginadaBiblioteca/revistadotst/Rev_75/sumariorevistatst75n2.htm> Acesso em: 29 set. 2011.

se alcançar a paz social, políticas, em que se discutem os anseios da comunidade, culturais, imprescindíveis para o desenvolvimento social e em atividades filantrópicas, quando o individuo tem a possibilidade de trabalhar seu próprio crescimento pessoal.

Todas essas atividades são essenciais ao desenvolvimento e saúde física e mental do trabalhador e dependem de uma duração do trabalho razoável e do efetivo respeito ao tempo livre, sem a opressão de fatores externos, como mencionado por Antunes (2007):

> Na luta pela redução da jornada (ou tempo) pode-se *articular* efetivamente tanto a ação contra algumas das formas de opressão e exploração do trabalho como também as formas contemporâneas do *estranhamento*, que se realizam fora do mundo produtivo, na esfera do consumo material e simbólico, no espaço reprodutivo *fora* do trabalho (produtivo). Pode-se articular a ação contra o *controle opressivo do capital no tempo de trabalho e contra o controle opressivo do capital no tempo de vida*[(3)]. (grifos do autor)

Assim, reduzir o tempo de trabalho tem de significar, também, aumentar efetivamente a qualidade de vida; do contrário, estar-se-á criando uma situação correta, politicamente, porém, ineficaz para alcançar o escopo da redução do tempo de trabalho.

Em meados do século passado, Süssekind (1950) já tratava desse tema, ressaltando a necessidade do tempo livre, como forma de integração social:

> A compreensão de que o descanso inativo não elimina, por si só, a fadiga advinda do trabalho, nem restaura o equilíbrio entre o espírito e o corpo, sendo imprescindível, para tanto, que se propicie ao operário o tempo e os meios necessários à sua participação ativa nas manifestações da vida social – constitui, sem dúvida, um dos sólidos fundamentos da obrigatoriedade dos repousos diários, semanais e anuais do homem que vive do seu trabalho. A alegria de viver do operário representa, assim, um corolário da sua dignidade como ser humano e sociável, tornando-se mister, para êsse fim, “que o trabalhador disponha de tempo, não só para o repouso, como para cuidar da própria personalidade e evitar o embrutecimento que forçosamente haveria de decorrer do seu meio de vida.”[(4)].

A sociedade contemporânea vive um momento de extremo isolamento, pelos mais variados motivos, que vão desde o avanço tecnológico, envolvendo as pessoas

---

(3) ANTUNES, Ricardo. *Os sentidos do trabalho*. 5. ed. São Paulo: Boitempo, 2007. p. 174.

(4) SÜSSEKIND, Arnaldo. *Duração do trabalho e repousos remunerados*. Rio de Janeiro: Freitas Bastos, 1950. p. 93.

em suas mídias eletrônicas, as chamadas *redes sociais*, até a violência nos grandes centos urbanos, que faz com que as pessoas se isolem cada vez mais em seus *mundos particulares*.

Todavia, não se pode desconsiderar que a vida social do cidadão ultrapasse a esfera da simples convivência em grupo, alcançando patamares relacionados à própria personalidade do indivíduo, visto que a influência do meio social é determinante nas características pessoais do ser humano.

2. O TRABALHO ANÁLOGO AO ESCRAVO E A REDUÇÃO DA DURAÇÃO DO TRABALHO

É no mínimo uma incongruência falar em redução da duração do trabalho, enquanto a exploração do trabalho análogo ao escravo resiste em muitos países, no Brasil, inclusive.

Sobre a escravidão contemporânea, a Organização Internacional do Trabalho relata:

> A escravidão contemporânea é expressão de uma situação de grande vulnerabilidade e miséria que ainda afeta importantes contingentes de trabalhadores e trabalhadoras no Brasil. A falta de alternativas de trabalho decente para um contingente de pessoas que não possui qualquer qualificação profissional e a relativa fragilidade das redes de proteção social obrigam os trabalhadores, em muitas situações, tanto no campo quanto na cidade, a aceitarem condições precárias e degradantes de trabalho, na qual sua dignidade e liberdade são violentadas[5].

O Brasil ratificou em 1957 a Convenção n. 29, de 1930, sobre o trabalho forçado ou obrigatório, definido como "todo trabalho ou serviço exigido de uma pessoa sob a ameaça de sanção e para o qual ela não tiver se oferecido espontaneamente" e, em 1965, ratificou a Convenção n. 105, de 1957, que dispõe sobre a Abolição do Trabalho Forçado, sendo que jamais pode ser utilizado para fins de desenvolvimento econômico ou como instrumento de educação política, de discriminação racial, social, nacional ou religiosa, disciplinamento pelo trabalho ou como punição por participar de greve.

Importante ressaltar que onde se verifica trabalho análogo ao escravo, paralelamente, não há garantia dos direitos sociais básicos do trabalhador, como proteção à sua saúde e segurança, bem como a um meio ambiente do trabalho salutar, necessário para a preservação da dignidade do trabalhador.

---

(5) OIT. *Perfil dos principais atores envolvidos no trabalho escravo rural no Brasil*. Disponível em: <http://www.oit.org.br/sites/default/files/topic/forced_labour/doc/perfil_completo_624.pdf> Acesso em: 01 fev. 2012.

Sobre o local onde se exerce a atividade laborativa, Barros (2009) destaca:

> A integridade física do trabalhador é um direito da personalidade oponível contra o empregador.
>
> Em geral, as condições em que se realiza o trabalho não estão adaptadas à capacidade física e mental do empregado. Além de acidente do trabalho e enfermidades profissionais, as deficiências nas condições em que ele executa as atividades geram tensão, fadiga e a insatisfação, fatores prejudiciais à saúde. Se não bastasse, elas provocam, ainda, o absenteísmo, instabilidade no emprego e queda da produtividade[6].

Diante disso, é imprescindível a fiscalização dos ambientes de trabalho por parte dos auditores fiscais do trabalho (AFT), tendo em vista que, somente assim, poder-se-á identificar quem se utiliza do trabalho análogo ao escravo.

Dados do Ministério do Trabalho e Emprego demonstram que, em 2010, foram realizadas 141 operações, com a inspeção de 305 estabelecimentos. O resultado foi 2.617 *trabalhadores resgatados* e pagamento de indenizações no valor de cerca de R$ 9 milhões.

O lado positivo do atual quadro é que, se comparado a anos anteriores, o número de trabalhadores nessa condição vem diminuindo paulatinamente, segundo o MTE. Em 2008, na inspeção de 301 estabelecimentos, foram 5.016 libertações, enquanto que, em 2009, 350 estabelecimentos foram fiscalizados com 3.769 resgates de trabalhadores.

Infelizmente, percebe-se que, no Brasil, ainda é patente a utilização do trabalho análogo ao escravo, principalmente no meio rural, ganhando maiores proporções em locais de difícil acesso, normalmente onde a escolaridade é deficitária e o Índice de Desenvolvimento Humano (IDH) baixo. Por isso, são prementes ações para erradicar de vez esta violação à dignidade da pessoa humana.

Em função desses absurdos em pleno século XXI, entidades internacionais, como a Organização Internacional do Trabalho, ainda têm que promover campanhas de combate ao trabalho análogo ao escravo[7].

Em âmbito nacional, também, existe campanha nesse sentido, denominada *Plano Nacional para Erradicação do Trabalho Escravo*[8], com um conjunto de ações, gerais e específicas, para abolir essa forma degradante de exploração da pessoa humana[9].

---

(6) BARROS, Alice Monteiro de. *Curso de direito do trabalho*. 5. ed. São Paulo: LTr, 2009. p. 1063.

(7) A campanha de combate ao trabalho escravo desenvolvida pela OIT está disponível em: <http://www.oit.org.br/sites/all/forced_labour/index.php.>.

(8) O Plano Nacional para Erradicação do Trabalho Escravo está disponível em: <http://www.oit.org.br/sites/all/forced_labour/brasil/iniciativas/plano_nacional.pdf>.

(9) Segundo estimativa da Comissão Pastoral da Terra (CPT), pelo menos 25.000 trabalhadores entram anualmente no ciclo da escravidão, somente na Amazônia brasileira.

Apesar da complexidade para se eliminar o trabalho análogo ao escravo no país, o Brasil é considerado pela Organização Internacional do Trabalho exemplo mundial no combate à escravidão contemporânea, o que é atribuído à capacidade do governo de se articular com a sociedade civil, a iniciativa privada e os organismos internacionais.

Hodiernamente, a configuração do trabalho análogo ao escravo está prevista no artigo 149 do Código Penal Brasileiro, alterado pela Lei n. 10.803, de 11 de dezembro de 2003, que dispõe quanto a trabalhos forçados, jornada exaustiva, condições degradantes de trabalho e restrição de locomoção do trabalhador, em razão de dívida contraída com o empregador ou preposto.

Em 2002, a Medida Provisória n. 74, de 23 de outubro de 2002, foi convertida na Lei n. 10.608, de 20 de dezembro de 2002, acrescentando o artigo 2-c à Lei n. 7.998, de 11 de janeiro de 1990, que prevê a trabalhadores resgatados do trabalho análogo ao escravo direito a três parcelas do seguro-desemprego, cada parcela no valor de um salário mínimo.

Atualmente, tramita no Congresso Nacional a PEC n. 438/2001, que prevê a alteração do artigo 243 da Constituição Federal, estabelecendo pena de expropriação da terra onde for constatada exploração de trabalho análogo ao escravo, revertendo a área ao assentamento dos colonos que já trabalhavam na respectiva gleba.

A PEC n. 438/2001, conhecida como *PEC do Trabalho Escravo*, vem mobilizando setores da sociedade em prol de sua aprovação, tendo, inclusive, em 2010, sido entregues na Câmara dos Deputados em Brasília 280 mil assinaturas de apoio à referida PEC.

Já aprovada no Senado e na Câmara em primeiro turno, a PEC n. 438/2001 está em fase final de votação pelos deputados desde 2004. Contudo, mesmo com vários pedidos de deputados para a sua inclusão na Ordem do Dia, a PEC continua parada, cercada de interesses de classes, como a ruralista, que tem forte representatividade na casa.

Assim, não são apenas leis que irão resolver o problema da escravidão contemporânea no Brasil; há a necessidade de várias ações conjuntas para a solução efetiva do problema, como ressaltado pela OIT, no estudo denominado *Perfil dos principais atores envolvidos no trabalho escravo rural no Brasil*.

> A erradicação do trabalho escravo no Brasil depende de múltiplas ações desencadeadas tanto pelos órgãos públicos do executivo, judiciário e legislativo, como pela sociedade civil, com suas organizações de classe de trabalhadores e empregadores, entidades de direitos humanos, entre outras. As ações de combate a esse crime têm provocado, em alguma medida, alterações no quadro descrito. Entretanto, apesar dos avanços no combate à escravidão no país, ainda há um longo caminho para a sua erradicação.
>
> [...]

Torna-se necessário também manter e ampliar as campanhas educativas que informem os principais atores sociais envolvidos – trabalhadores, empreiteiros, empregadores –, bem como a população em geral, sobre o trabalho escravo, especialmente nas áreas de maior incidência. Deve-se incentivar e exigir dos empregadores a formalização das relações de trabalho dentro dos marcos legais, assegurando também condições de trabalho decente.

É necessário também ampliar as ações preventivas do trabalho escravo, tais como programas de qualificação profissional e elevação da escolaridade nas áreas de concentração de trabalhadores escravos; a geração de novos postos de trabalho nos municípios de origem e residência dos trabalhadores; a realização de programas de reforma agrária com apoio à agricultura familiar para que os trabalhadores se tornem menos vulneráveis, criando efetivamente alternativas para seu sustento e de sua família. Considera-se ainda importante manter registros e análises sistemáticas sobre os principais atores envolvidos no problema de forma a aprofundar o conhecimento da questão(10).

Trabalhadores sujeitos ao trabalho análogo ao escravo estão ainda mais distantes de condições dignas e justas de trabalho, com pouca informação sobre seus direitos, agravando sobremaneira essa exploração degradante.

O fato é que, para se falar em redução da duração do trabalho, é essencial que situações como o trabalho análogo ao escravo sejam definitivamente extirpadas dos cenários nacional e mundial. A duração justa do trabalho trata-se apenas de um dos fatores condicionantes à qualidade de vida do trabalhador; o conjunto de direitos sociais é essencial para que se alcance a saúde física e mental do obreiro e a plena garantia de dignidade humana.

3. A DURAÇÃO DO TRABALHO E SEUS IMPACTOS DE ACORDO COM A DENSIDADE DEMOGRÁFICA

O aumento da população mundial é outro fenômeno que impacta diretamente nas questões relacionadas ao tempo de trabalho e não trabalho, pois, segundo dados mais recentes da ONU, em 31 de outubro de 2011, o mundo alcançou a marca de sete bilhões de habitantes, com previsão de que em 2025 este número chegue a oito bilhões, nove bilhões em 2045 e, em 2085, dez bilhões de habitantes.

A ONU demonstra ainda que a população mundial alcançou o 1º bilhão em 1800 e, somente em 1930, 130 anos depois, chegou à marca de dois bilhões. Daí em diante, o que se percebe é um crescimento demográfico extremamente acelerado, pois apenas 30 anos depois, em 1960, a população mundial já contava com três

(10) OIT. *Perfil dos principais atores envolvidos no trabalho escravo rural no Brasil*. Disponível em: <http://www.oitbrasil.org.br/sites/default/files/topic/forced_labour/pub/perfil_atores_rev_632.pdf> Acesso em: 01 fev. 2012.

bilhões, sendo que, em 1974, já era de quatro bilhões, em 1987, cinco bilhões e, em 1999, seis bilhões de pessoas.

Diante do crescimento populacional, Masi (2003) faz uma interessante reflexão:

> A população africana aumenta 3% ao ano e por isso está destinada a dobrar em 23 anos. A população urbana cresce 6% ao ano e em 30 anos as cidades estarão cinco vezes mais populosas. Até 2015 se tudo continuar como hoje, a população africana em idade de trabalho será de 600 milhões e, em consequência, para garantir o mínimo de renda e de consumo serão necessários 350 milhões de novos empregos. Será que se pensa na possibilidade de atingir esses números criando novos postos de trabalho através de investimentos? Quanto investimento será necessário?
>
> A solução pode vir somente de um novo modelo de vida, capaz de reverter os vínculos em oportunidades, a *falta de trabalho* em *liberação do trabalho*[11]. (grifo do autor)

A reflexão de Domenico de Massi demonstra a magnitude da questão do aumento populacional, o desemprego e a necessidade dos Estados em manter a ordem social. Indubitavelmente, o crescimento da população mundial está trazendo consequências diversas à sociedade pós-moderna, desde questões relacionadas à alimentação até questões como o desemprego e garantia aos direitos sociais aos indivíduos.

No Brasil, a situação não é diferente. Nos últimos 140 anos, a população brasileira aumentou de 9.930.478, para 190.755.799, o que, sem dúvida alguma, causa impactos de toda ordem sobre o país. Esse crescimento demográfico acelerado pode ser acompanhado pelo levantamento histórico do Instituto Brasileiro de Geografia e Estatística (IBGE), que demonstra a evolução da densidade demográfica de 1872 a 2010, conforme Tabela 5, a seguir.

Tabela População nos Censos Demográficos, segundo as Grandes Regiões e as Unidades da Federação 1872/2010[12]

DATA	01.08.1872	31.12.1890	31.12.1900	01.09.1920	01.09.1940	01.07.1950
POPULAÇÃO	**9 930 478**	**14 333 915**	**17 438 434**	**30 635 605**	**41 236 315**	**51 944 397**
DATA	01.09.1960	01.09.1970	01.09.1980	01.09.1991	01.08.2000	01.08.2010
POPULAÇÃO	**70 992 343**	**94 508 583**	**121 150 573**	**146 917 459**	**169 590 693**	**190 755 799**

O ponto positivo do crescimento demográfico em análise é que, de modo geral, a expectativa de vida do ser humano vem aumentando paulatinamente e,

(11) MASI, Domenico de. *O futuro do trabalho*. Fadiga e ócio na sociedade pós-industrial. Trad. Yadyr A. Figueiredo. 8. ed. Rio de Janeiro: José Olympio, 2003. p. 279.

(12) A fonte da pesquisa é o Instituto Brasileiro de Geografia e Estatística (IBGE). Disponível em: <http://www.ibge.gov.br/home/estatistica/populacao/censo2010/tabelas_pdf/Brasil_tab_1_4.pdf>. Acesso: 27 nov. 2011.

ainda, segundo dados do IBGE, a expectativa média de vida dos brasileiros passou de 70 anos, em 1999, para 73,1 anos em 2009, o que representa um aumento de 3,1 anos em uma década.

Em países mais desenvolvidos, essa expectativa de vida é ainda maior, como no Japão que é de 83,6 anos, na França, 84,5 anos e, na Suíça, 84,2 anos. Algumas nações em desenvolvimento também estão com a expectativa de vida superior à do Brasil, como no caso de Cingapura, 79,7 anos e Argentina, 75 anos. Contudo, o grande desafio contemporâneo é satisfazer os anseios de uma população tão numerosa, com sustentabilidade e respeito à dignidade da pessoa humana, no que diz respeito a questões básicas, como alimentação, inclusive.

Por um lado, o momento atual é considerado de grande fartura, se comparado a outras épocas, em que se utilizava pouca ou nenhuma tecnologia para a produção de alimentos. Entretanto, esse mesmo avanço tecnológico, imprescindível para a sobrevivência da sociedade contemporânea, cria um contrassenso em relação à colocação da imensa massa de trabalhadores em atividade, visto que, indiscutivelmente, a automação reduz os postos de trabalho.

Nesse cenário, a redução da duração do trabalho surge como uma das possibilidades de se aumentar o número de postos de trabalho, partindo da premissa de que carga horária reduzida demanda mais trabalhadores para produção.

Todavia, outro grande problema da pós-modernidade que se origina desse crescimento demográfico intenso é o deslocamento nas grandes cidades, que dia após dia fica mais complicado e demorado.

Masi (2000), ao abordar o tema *ócio criativo*, destaca que a questão do deslocamento das pessoas nas grandes cidades se deve à necessidade da *sincronização* no trabalho, relatando:

> Se fôssemos artesão numa oficina de vasos, cada um fabricaria um vaso inteiro. Se, ao contrário trabalhássemos numa linha de montagem, você enroscaria um parafuso e, cinco segundos depois, eu deveria apertar outro: logo, deveríamos ambos estar presentes no instante em que a cadeia se inicia. E bastaria que um de nós dois falhasse para que fracassasse toda produção.
>
> A fábrica sincronizada requer uma cidade sincronizada: para que todos estejam presentes na mesma hora, na própria linha de montagem (seja ela autêntica cadeia de montagem das fábricas, seja a dos empregos burocráticos nos escritórios), todo mundo tem que sair e voltar para casa no mesmo horário.
>
> A cidade congestiona-se, bairro após bairro, devido ao deslocamento de todos os seus habitantes num só horário, e esse é um dos grandes desperdícios da sociedade industrial: em nome da eficiência, uma parte da cidade fica completamente deserta da manhã até a noite, nos dias úteis, e outra parte fica vazia de noite e nos feriados. Cada um de nós é obrigado a desenvolver atividades diferentes em dois ou três pontos afastados da cidade[(13)].

(13) MASI, Domenico de. *O ócio criativo*. Trad. Léa Manzi. Rio de Janeiro: Sextante, 2000. p. 62.

Nos dias atuais, é comum pessoas ficarem o tempo correspondente a sua carga horária de trabalho em transportes públicos ou no trânsito caótico a caminho de seu trabalho e, na volta pra casa, tempo considerado inútil, pois não serve para suprir nenhuma das necessidades do trabalhador relativas ao convívio social, lazer, estudo e descanso.

A pesquisa denominada *Retratos da sociedade brasileira*: locomoção urbana, realizada pela Confederação Nacional da Indústria (CNI) e pelo Instituto Brasileiro de Opinião Pública e Estatística (Ibope), publicada em agosto de 2011, demonstrou que "Para 24% da população a locomoção de sua residência para o trabalho ou escola leva mais de 1 hora por dia. Nos municípios com mais de 100 mil habitantes, esse percentual sobe para 32%"(14).

A pesquisa demonstrou ainda que, dentre os entrevistados, 68 por cento utilizam mais de um tipo de transporte para se locomover da residência ao local de sua atividade rotineira. O transporte coletivo é utilizado por 61 por cento dos brasileiros, mas apenas 42 por cento o utilizam como seu principal meio de locomoção de casa para a escola ou local de trabalho. O ônibus é o meio de locomoção mais utilizado: 34 cento da população o utilizam como seu principal meio de locomoção. Em seguida, tem-se a caminhada, principal meio de locomoção de 24 por cento da população, e o automóvel da família, com 16 por cento(15).

Um dos objetivos da Carta Magna brasileira é garantir ao cidadão mobilidade urbana, visando ao desenvolvimento socioeconômico dos municípios e dos territórios, na área sob sua influência. Nesse sentido, foi publicada a Lei n. 12.587, de 3 de janeiro de 2012, que instituiu as diretrizes da Política Nacional de Mobilidade Urbana, com vigência prevista para cem dias após a sua publicação.

A Lei n. 12.587/2012 dispõe, no artigo 1º, que: "A Política Nacional de Mobilidade Urbana é instrumento da política de desenvolvimento urbano de que tratam o inciso XX do art. 21 e o art. 182 da Constituição Federal"(16), com o objetivo de promover a integração entre os diferentes modos de transporte, bem como melhorar a acessibilidade e mobilidade das pessoas e cargas no território do município.

No artigo 5º, esse ordenamento traça os princípios, diretrizes e objetivos da Política Nacional de Mobilidade Urbana, com destaque para dois dos objetivos,

---

(14) CNI-IBOPE. *Retratos da sociedade brasileira*: locomoção urbana. Brasília: CNI, 2011. Disponível em: <http://www.ibope.com.br/download/locomocao_urbana.pdf> Acesso em: 16 set. 2011.

(15) CNI-IBOPE. *Retratos da sociedade brasileira*: locomoção urbana. Brasília: CNI, 2011. Disponível em: <http://www.ibope.com.br/download/locomocao_urbana.pdf> Acesso em: 16 set. 2011.

(16) O inciso XX do art. 21 da Constituição Federal dispõe que é competência da União *instituir diretrizes para o desenvolvimento urbano, inclusive habitação, saneamento básico e transportes urbanos;* e o art. 182 dispõe que *A política de desenvolvimento urbano, executada pelo Poder Público municipal, conforme diretrizes gerais fixadas em lei, tem por objetivo ordenar o pleno desenvolvimento das funções sociais da cidade e garantir o bem-estar de seus habitantes.*

pela consonância ao tema, a *eficiência, eficácia e efetividade na prestação dos serviços de transporte urbano* (inciso IV) e a *eficiência, eficácia e efetividade na circulação urbana* (inciso IX).

Inexoravelmente, um objetivo influencia o outro, pois se alcançando a eficiência, eficácia e efetividade na prestação dos serviços de transporte público, maior número de pessoas utilizarão esse meio de transporte e, por conseguinte, diminuirá a locomoção por transporte particular, melhorando a circulação urbana, principalmente nos grandes centros.

Entretanto, o que se vê na prática no Brasil é justamente o caminho inverso. Infelizmente, nas últimas décadas, o transporte público foi aviltado, com poucos investimentos; em contrapartida, ocorreram políticas de incentivo à aquisição de veículos automotivos, como a redução do Imposto sobre Produtos Industrializados, além da melhora na condição socioeconômica de parte da população.

Destarte, muito há que se fazer até que se alcance a mobilidade urbana em patamares de um desenvolvimento urbano, em que as funções sociais das cidades e o bem-estar de seus habitantes sejam contemplados. Percebe-se, portanto, um ponto extremamente relevante quanto à mobilidade urbana, relacionado à questão do tempo de deslocamento do trabalhador entre sua residência e o trabalho e vice-versa.

A CLT dispõe no artigo 4º que apenas deverá ser considerado "como de serviço efetivo o período em que o empregado esteja à disposição do empregador, aguardando ou executando ordens, salvo disposição especial expressamente consignada".

Há que se ressaltar que a Convenção Internacional sobre a duração do trabalho, realizada em 1919 em Washington, nos Estados Unidos da América, não contemplou este princípio; considerou duração do trabalho apenas o tempo efetivamente trabalhado. Essa visão foi duramente criticada por expoentes do Direito do Trabalho, como o mexicano De La Cueva: "el principio del trabajo efectivo puede hacer que el trabajador permaneza doce o catorze horas en lá negociación y es manifesto que aun cuando sólo trabaje efectivamente ocho horas, no se alcanzaria, de manera integral, el propósito de la ley."(17)

Todavia, logo foi consagrado pela maioria das legislações capitalistas que tempo de trabalho deveria ser o tempo à disposição do empregador, independentemente da execução, ou não, de serviços inerentes à relação de emprego. Contudo, importante discutir sobre o deslocamento do empregado, o trajeto entre a sua residência e o seu trabalho e vice-versa.

A regra é o empregado não receber pelas horas no trajeto, salvo quando se deslocar em transporte fornecido pelo empregador para local de difícil acesso ou não servido por transporte público, situação em que o obreiro terá direito às horas *in itinere*, conforme previsão no § 2º do artigo 58, da CLT, bem como na Súmula n. 90 do TST.

---

(17) DE LA CUEVA, Mario. *Derecho mexicano del trabajo*. 12. ed. México: Porrúa, 1970. p. 606, v. 1.

O direito às horas *in itinere* somente foi consolidado pela Lei n. 10.243, de 19 de junho de 2001, que inclui o § 2º do artigo 58 da CLT; antes disso, o TST se valia da Súmula n. 90, publicada originalmente no Diário do Judiciário de 26 de setembro de 1978.

Entretanto, essa discussão surgiu na seara trabalhista na década de 1940, paralelamente à edição da CLT, conforme se percebe em despacho do Ministro do Trabalho da época, Alexandre Marcondes Filho, transcrito por Süssekind (1950):

> Não nos parece que se deva computar no horário de trabalho o tempo gasto pelo empregado para chegar ao local de serviço. O contrato de trabalho pressupõe determinadas condições em que se há de realizar a prestação por parte do empregado. Entre estas, evidentemente, se acha a da apresentação no local do trabalho para a execução do serviço. É uma das obrigações do empregado, desde que o ajuste se caracteriza pela prestação de determinado local. O fato, pois, de o empregador fornecer o transporte para o local de trabalho, por não existir meio público de transporte, não altera a essência das obrigações contratuais decorrentes da relação de emprêgo. E, assim, não pode o empregador ser responsabilizado pelo tempo gasto com aquêle transporte, por êle fornecido gratuitamente, para o efeito de ser computado na duração do trabalho dos respectivos empregados. Essa há de ser a regra, confirmada, aliás, por uma única exceção prevista na Consolidação das Leis do Trabalho, ao tratar do trabalho especializado nas minas de subsolo, mandando computar, no art. 294, o tempo despendido pelo empregado da bôca da mina ao local de trabalho e vice-versa para efeito de pagamento de salário. (Proc. MTIC 218.867, DO de 28.11.44.)(18).

Percebe-se, portanto, que muitas vezes o não trabalho pode não significar tempo livre, que deveria ser dedicado ao desenvolvimento humano, pois o tempo de trajeto do empregado não serve a ninguém, ou seja, não serve ao empregador, que já o liberou de suas atividades, tampouco serve ao obreiro, pois é tempo inútil e, pior, tempo hodiernamente gerador de altos níveis de estresse.

Em um país de dimensões continentais, como o Brasil, a redução de duração do trabalho pode gerar consequências bastante diferentes, sob o prisma regional, ou seja, lugares de menor população, a carga horária diária de seis horas significará maior tempo livre para o trabalhador; em outros lugares, com maior população, a redução na carga horária poderá ser benéfica, porém, com pouca alteração efetiva na qualidade de vida do trabalhador, que continuará passando boa parte desse tempo livre em trajetos difíceis.

---

(18) SÜSSEKIND, Arnaldo. *Duração do trabalho e repousos remunerados*. Rio de Janeiro: Freitas Bastos, 1950. p. 110.

Destarte, esta situação passa a ter dimensões importantes, aumentando as discussões sobre formas de trabalho menos convencionais, como o trabalho em domicílio e o teletrabalho, que serão analisados mais adiante.

Diante dessa realidade, há que se pensar em hipóteses de negociações coletivas com soluções regionalizadas, visto que, conforme demonstrado, a densidade demográfica afeta sobremaneira a qualidade do tempo de não trabalho do empregado.

4. A REDUÇÃO DA DURAÇÃO DO TRABALHO COMO MECANISMO DE EFETIVAÇÃO DO PRINCÍPIO DA DIGNIDADE DA PESSOA HUMANA

O convívio em sociedade tem como uma de suas características a dominação de um indivíduo sobre o outro, o que, em alguns casos, coloca o dominado em condições de submissão, que lhe roubam a sua dignidade.

Quanto à evolução da valoração jurídica da dignidade da pessoa humana, Rocha (1999) relata:

> Tendo sede na filosofia, o conceito da dignidade da pessoa humana ganhou foros de juridicidade positiva e impositiva como uma reação a práticas políticas nazifascistas desde a Segunda Guerra Mundial, tornando-se, agora, nos estertores do século XX, uma garantia contra práticas econômicas identicamente nazifascistas, levadas a efeito a partir da propagação do capitalismo canibalista liberal globalizante sobre o qual se discursa e segundo o qual se praticam atos governativos submissos ao mercado: um mercado que busca substituir o Estado de Direito pelo não Estado, ou, pelo menos, pelo Estado do não Direito, que busca transformar o Estado Democrático dos direitos sociais em Estado autoritário sem direitos.
>
> Contra todas as formas de degradação humana emergiu como imposição do Direito justo o princípio da dignidade da pessoa humana. A degradação encontra sempre novas formas de se manifestar; o Direito há de formular, paralelamente, novas formas de se concretizar, assegurando que a Justiça não se compadeça do aviltamento do homem ou da desumanização da convivência[19].

O ponto central da imperatividade do princípio da dignidade da pessoa humana está no fato de que a vida em sociedade somente terá sentido se ao indivíduo forem garantidos os seus direitos civis, políticos, sociais econômicos e culturais.

Sob a égide do Estado Democrático de Direito, em 1988, foi promulgada a Carta Magna brasileira, conhecida como *Constituição Cidadã*, que traz como um de seus pilares a *dignidade da pessoa humana*; mais que um princípio é a razão de ser do Direito, como destaca Nery Jr. (2000), ao discorrer que: "Esse princípio não é

---

(19) ROCHA, Cármen Lúcia Antunes. O princípio da dignidade da pessoa humana e a exclusão social. Porto Alegre. *Revista Interesse Público*, n. 4, p. 24, 1999.

apenas uma arma de argumentação, ou uma tábua de salvação para a complementação de interpretações possíveis de normas postas. Ele é a razão de ser do Direito. Ele se bastaria sozinho para estruturar o sistema jurídico"[20].

Sarlet (2008) assevera que a Carta Magna "reconheceu categoricamente que é o Estado que existe em função da pessoa humana, e não ao contrário, já que o ser humano constitui a finalidade precípua, e não meio da atividade estatal"[21].

Não há dúvidas de que o trabalho está diretamente relacionado à dignidade da pessoa humana, uma vez que permite ao cidadão desenvolver perspectivas de melhoria da sua condição social e garantir a sua sobrevivência e a de sua família, enfim, de ter possibilidade de construir e realizar os seus sonhos. Entretanto, a discussão em questão visa abordar o outro lado da moeda, ou seja, a exploração do trabalho com jornadas que não observam o princípio da dignidade da pessoa humana.

A preservação da dignidade trata-se de um direito fundamental, a ser resguardado pelo Estado e pela sociedade em geral. O empregado, enquanto criatura humana e sujeito de direitos, deve ter garantido tratamento com respeito e fomentação de sua dignidade.

O problema quanto à efetiva garantia da dignidade do trabalhador surge com os conflitos de interesse das classes na relação de emprego na sociedade capitalista.

Nunes (2002) relata a dificuldade de se garantir a dignidade e o conflito entre interesses e direitos, alegando que "É inexorável: no meio social, como decorrência da garantia da dignidade a todas as pessoas e tendo em vista a natural colisão de interesses e direitos, ocorrerá, no limite, o embate entre dignidades"[22].

Infelizmente, na ânsia de satisfazer os interesses pessoais, muitas vezes, se violam os direitos humanos fundamentais das pessoas, com menor conhecimento ou sem condição sequer de lutar por seus direitos. Essa realidade, por vezes, beira ao caos social e tem por consequência injustiças sociais, que privam a classe operária de direitos elementares, como acesso ao sistema de ensino, ao esporte, ao lazer, à saúde, ao convívio social e familiar, à cultura e à profissionalização, todos previstos na Constituição Federal.

Moraes (2005) conceitua os direitos humanos fundamentais como o conjunto institucionalizado de direitos e garantias do ser humano, cuja finalidade básica consiste no respeito à sua dignidade, na proteção contra o arbítrio do poder estatal e o estabelecimento de condições mínimas de vida e desenvolvimento da personalidade humana[23].

---

(20) NERY JUNIOR, Nelson; NERY, Rosa Maria de Andrade. *Constituição Federal comentada e legislação constitucional*. 2. ed. São Paulo: Revista dos Tribunais, 2009. p. 151.

(21) SARLET, Ingo Wolfgang. *Dignidade da pessoa humana e direitos fundamentais na Constituição de 1988*. 6. ed. rev. e atual. Porto Alegre: Livraria do Advogado, 2008. p. 70.

(22) NUNES, Luiz Antônio Rizzatto. *O princípio constitucional da dignidade da pessoa humana*. São Paulo: Saraiva, 2002. p. 56.

(23) MORAES, Alexandre de. *Direitos humanos fundamentais*. 6. ed. São Paulo: Atlas, 2005. p. 21.

Não há dúvidas de que é dever do Estado garantir o máximo possível de justiça social e, consequentemente, resguardar ao cidadão o conjunto de direitos humanos que, por sua vez, envolve uma série de direitos interligados, conforme enfatiza Reimann (2002):

> Os direitos humanos, entretanto, não existem dissociados. Estão todos interligados, civis, políticos, econômicos, sociais e culturais. Na construção da cidadania que, em nossa visão, é essencial para o desenvolvimento, assim, como deve ser uma decorrência natural dele, caminham juntos, interligam-se, combinam-se, complementam-se, etc.[24].

Percebe-se que jamais se alcançará a plenitude dos direitos humanos, enquanto a sociedade não se conscientizar de que ao utilizar o trabalho humano devem ser observados os direitos básicos do indivíduo; caso contrário, haverá consequências nefastas ao futuro da humanidade, que vão, desde uma sociedade mais violenta, até uma sociedade despreparada para enfrentar os problemas da humanidade, cada vez mais complexos.

Problemas sociais e econômicos não podem, em hipótese alguma, servir de argumentos para o desrespeito aos direitos humanos fundamentais de qualquer ser humano, tampouco da classe operária. A garantia dos direitos humanos fundamentais é inerente ao regime democrático; onde não se respeitam os direitos humanos fundamentais não se pode dizer que há uma democracia plena, pois, para que haja a paz social, deverá sempre haver a observância dos pilares da democracia.

Diante dessa situação real ocorrem as mais cruéis formas de exploração do ser humano, visando prioritariamente ao lucro, que destroem a dignidade da pessoa humana. Um exemplo atual e cruel de exploração do ser humano é a utilização do trabalho análogo ao escravo, analisado no item anterior.

Destarte, a redução da duração do trabalho sem redução de salários pode ser um dos elementos para a efetivação da dignidade da pessoa humana, desde que complementada pelos demais direitos fundamentais do indivíduo, previstos na Carta Soberana.

Entretanto, em um país onde grande parte da população vive sem sequer saber como irá se alimentar diariamente, é extremamente complexo tratar dos temas dignidade da pessoa humana e justiça social. Apesar disso, há que se reconhecer que somente com um novo pensar social e a participação da sociedade poderá haver a efetivação dos direitos previstos na Constituição Federal.

---

(24) REIMANN, Marcos Francisco. *Cidadania e contratos atípicos de trabalho*: as políticas sociais e o ordenamento do trabalho. Porto Alegre: Sergio Antonio Fabris Editor, 2002. p. 120.

5. OS ACIDENTES DO TRABALHO E O ADOECIMENTO DO TRABALHADOR NO MUNDO PÓS-MODERNO E SUA RELAÇÃO COM A DURAÇÃO DO TRABALHO

O trabalho, quando realizado de forma e em ambiente inadequados, sem observância de normas de saúde e segurança pode ocasionar acidentes, cujas consequências serão as mais diversas para o trabalhador, para o empregador e para o Estado, tornando-se, sem dúvida alguma, um dos maiores problemas na seara trabalhista, combatido, ao longo dos anos, desde o surgimento do emprego.

Inicialmente, para se evitarem acidentes do trabalho e doenças ocupacionais deve-se observar um meio ambiente de trabalho que proporcione segurança para o empregado, conforme ressalta com propriedade Melo (2010):

> O meio ambiente do trabalho adequado e seguro é um direito fundamental do cidadão (*lato sensu*). Não é um mero direito trabalhista vinculado ao contrato de trabalho, pois a proteção daquele é distinta da assegurada ao meio ambiente do trabalho, porquanto esta última busca salvaguardar a saúde e a segurança do trabalhador no ambiente em que desenvolve as suas atividades[(25)].

Importante salientar que o ambiente de trabalho seguro varia de atividade para atividade. Nesse sentido, o Ministério do Trabalho e Emprego edita normas regulamentadoras destinadas a definir como deve ser o ambiente de trabalho adequado a cada atividade laboral, como, a NR n. 18, que estabelece "condições e meio ambiente de trabalho na indústria da construção", ou a NR n. 34, que estabelece "condições e meio ambiente de trabalho na indústria da construção e reparação naval".

De um modo geral, Fiorillo (2000) assim define o meio ambiente do trabalho:

> O meio ambiente do trabalho pode ser definido como local onde as pessoas desempenham suas atividades laborais, sejam remuneradas ou não, cujo equilíbrio está baseado na salubridade do meio e na ausência de agentes que comprometam a incolumidade físico-psiquica dos trabalhadores, independentemente da condição que ostentam (homens ou mulheres ou menores de idade, celetistas, servidores públicos, autônomos, etc.)[(26)].

Entretanto, paralelamente ao meio ambiente adequado para o trabalho em qualquer atividade, há outros fatores que podem ser determinantes para a saúde do trabalhador.

---

(25) MELO, Raimundo Simão de. *Direito ambiental do trabalho e a saúde do trabalhador*. 4. ed. São Paulo: LTr, 2010. p. 34.

(26) FIORILLO, Celso Antônio Pacheco. *Curso de direito ambiental brasileiro*. São Paulo: Saraiva, 2000. p. 19.

A realidade atual demonstra um novo contexto dos acidentes do trabalho, visto, principalmente, o avanço tecnológico. Nesse sentido, a Organização Internacional do Trabalho (OIT), em comemoração ao "dia mundial de la seguridade y la salud en el trabajo (28 abril 2010), publicou trabalho intitulado Riesgos emergentes y nuevos modelos de prevención en un mundo de trabajo en transformación", que dispõe inicialmente sobre o tema da seguinte forma:

> En las últimas décadas han tenido lugar importantes avances tecnológicos en el lugar de trabajo, los cuales, junto con la rápida globalización, han transformado el trabajo para muchas personas en todo el mundo. Los efectos de dichos cambios en la seguridad y la salud en el trabajo (SST) también han sido notorios. En algunos casos, se han reducido o eliminado peligros y riesgos mas tradicionales, por ejemplo, a través de la automatización industrial, pero las nuevas tecnologías también han creado nuevos riesgos. Muchos de los riesgos tradicionales del lugar de trabajo persisten sin embargo, y el número de enfermedades y accidentes relacionados con el trabajo sigue siendo inaceptablemente elevado.
>
> Al mismo tiempo, muchos trabajadores están expuestos a "nuevos" riesgos generados por las características cambiantes del trabajo, por ejemplo, debido a las condiciones derivadas del empleo precario y a la creciente presión para satisfacer las exigencias de la vida laboral moderna. Los perfiles de edad de la fuerza de trabajo también están cambiando, al igual que el equilibrio de género en muchos lugares de trabajo. Estos cambios en las características del empleo han creado riesgos manifiestos que anteriormente eran menos destacados o menos evidentes(27).

Além de condições de trabalho adequadas, que efetivamente contribuem para diminuição dos riscos de acidentes do trabalho, deve ser observada a razoável duração do trabalho, tendo em vista que uma das consequências da duração de trabalho extenuante é o impacto direto na saúde do trabalhador, que pode resultar em acidentes do trabalho e doenças ocupacionais ou profissionais(28).

---

(27) OIT. *Riesgos emergentes y nuevos modelos de prevención en un mundo de trabajo en transformación*. Disponível em: <http://www.oit.org.br/sites/default/files/topic/safework/doc/safeday10a_149.pdf> Acesso em: 01 fev. 2012.

(28) Define-se acidente do trabalho aquele que ocorre pelo exercício do trabalho a serviço da empresa ou pelo exercício do trabalho dos segurados especiais, provocando lesão corporal ou perturbação funcional, permanente ou temporária, que cause a morte, a perda ou a redução da capacidade para o trabalho. Consideram-se acidente do trabalho a doença profissional e a doença do trabalho. Equiparam-se também ao acidente do trabalho: o acidente ligado ao trabalho que, embora não tenha sido a causa única, haja contribuído diretamente para a ocorrência da lesão; certos acidentes sofridos pelo segurado no local e no horário de trabalho; a doença proveniente de contaminação acidental do empregado no exercício de sua atividade; e o acidente sofrido a serviço da empresa ou no trajeto entre a residência e o local de trabalho do segurado e vice-versa. (MPAS. *Anuário*

A história trabalhista demonstra que os acidentes de trabalho, muitas vezes, são resultado da fadiga[(29)] pelo trabalho, até porque se considera que acidentes do trabalho não são eventos acidentais, mas, sim, eventos socialmente determinados, previsíveis.

Na fase áurea da maquinofatura inglesa, quando a exploração do trabalhador ganhava contornos de semiescravidão, eram comuns os acidentes de trabalho, em virtude do esgotamento físico e mental.

Nesse sentido, Süssekind (1950) assim discorre:

> E se ao trabalhador não fôr assegurado repouso compensador que lhe permita retemperar as energias físicas, revigorar o sistema nervoso e dedicar-se à prática de atividades diversas da que executa em serviço – é óbvio que os fenômenos patológicos produzidos pela fadiga concorrerão para destruir seu organismo, torná-lo um eterno exaltado, exterminar-lhe a alegria de viver e de trabalhar, aumentar o número de acidentes, prejudicar a execução do serviço, reduzir o rendimento do trabalho, criando, enfim, uma série de males sociais que tanto afligem àqueles que crêem no surgimento de um mundo melhor.
>
> Como já tive o ensêjo de recordar, quando o trabalho é excessivo ou parte das horas destinadas ao repouso não é empregada em atividades que concorrem para eliminar os resíduos da fadiga, impossível será evitar a acumulação das toxinas oriundas das transformações psicofisiológicas geradas pelo trabalho[(30)].

Jornadas extenuantes levam o trabalhador à fadiga física e mental, pois todo ser humano tem seu limite quanto ao tempo dedicado a determinada atividade laborativa. É certo que algumas atividades podem ser suportadas por mais tempo, enquanto outras têm que ser reduzidas, conforme se verificou ao se tratar de atividade com duração do trabalho diferenciada. Porém, o que se discute é o respeito aos limites físicos e psicológicos do trabalhador e suas consequências, relacionadas ao excesso na duração de trabalho.

Atividades que demandam força física tendem a ser interpretadas como as que devem ter a limitação mais severa, pois é indiscutível que, a partir de certo

---

Estatístico da Previdência Social 2010. Disponível em: <http://www.mp as.gov.br/conteudoDinamico.php?id=1162> Acesso em: 28 nov. 2011.).

(29) Segadas Vianna dispõe que "Quando se verifica o esgotamento das energias seja pelo excesso de trabalho, pela monotonia do trabalho ou pelo trabalho executado em condições penosas, aparece o fenômeno que se denomina *fadiga* e que é o esfalfamento físico resultante de uma atividade continuada, manifestada pela desobediência dos músculos às excitações nervosas e por uma sensação desagradável e indefinida." SÜSSEKIND, Arnaldo *et al*. *Instituições de direito do trabalho*. 19. ed. São Paulo: LTr, 2000. p. 1011, v. 2.

(30) SÜSSEKIND, Arnaldo. *Duração do trabalho e repousos remunerados*. Rio de Janeiro: Freitas Bastos, 1950. p. 86.

momento, o empregado não consegue mais executar com a mesma força o trabalho que lhe é atribuído, o que pode acarretar acidentes do trabalho.

Nesse tipo de atividade, o Brasil ainda registra altos índices de acidentes, principalmente na indústria, com 210.831 acidentes típicos em 2010, e na construção civil, onde foram registrados 36.379 acidentes típicos em 2010[(31)].

Em contrapartida, atividades que demandam maior esforço intelectual tendem a apresentar maior suportabilidade, em termos de tempo da duração do trabalho, o que, muitas vezes, leva o obreiro à fadiga mental, que pode culminar em doenças de cunho psicológico/psiquiátrico.

Portanto, fadiga física ou mental trata-se de um problema extremamente complexo, que Süssekind (2000) assim pondera:

> Pouco estudado, ainda, entre nós, o problema da fadiga deveria merecer maior atenção, sobretudo porque ele repercute não apenas na produção, como veremos, mas na própria vida social do trabalhador, a ponto de estudiosos do problema, na Europa e nos Estados Unidos, afirmarem que ele chega a ser causa da anormalidade infantil, da diminuição da natalidade, da degeneração da raça etc.[(32)].

Algumas atividades, como as insalubres, em regra, têm a duração do trabalho reduzida em relação à dos demais trabalhadores, pois independentemente do esforço físico ou mental, esses trabalhadores poderão, com o tempo, ser acometidos de doenças oriundas de seu labor, como os profissionais da área de radiologia.

Há ainda as atividades que demandam esforço repetitivo, também com estreita relação à duração do trabalho, as chamadas Lesões por Esforços Repetitivos (LER), atualmente, chamadas Distúrbios Osteomusculares Relacionadas ao Trabalho (Dort), muitas vezes, por causa de má postura, do estresse ou do trabalho excessivo, causando tenossinovite, tendinite, bursite, dentre outras doenças.

Para se evitarem lesões por esforços repetitivos ou os distúrbios osteomusculares, o Ministério do Trabalho e Emprego (MTE) atua preventiva e punitivamente.

A atuação preventiva consiste em orientar os empregadores sobre as normas de saúde e segurança do trabalhador, além de editar normas regulamentadoras (NR), como a NR n. 17, que "visa a estabelecer parâmetros que permitam a adaptação das condições de trabalho às características psicofisiológicas dos trabalhadores, de modo a proporcionar um máximo de conforto, segurança e desempenho eficiente".

---

(31) **Acidentes Típicos** são os acidentes decorrentes da característica da atividade profissional desempenhada pelo acidentado. Os dados são do Ministério da Previdência e Assistência Social. Disponível em: <http://www.mpas.gov.br/conteudoDinamico.php?id=1162> Acesso em: 28 nov. 2011.

(32) SÜSSEKIND, Arnaldo *et al.* *Instituições de direito do trabalho*. 19. ed. São Paulo: LTr, 2000. p. 1011, v. 2.

Quanto à atuação punitiva, o Ministério do Trabalho e Emprego aplica sanções administrativas, de multas até o fechamento do estabelecimento em casos extremos, conforme estabelecido na legislação pertinente.

Por outro lado, há a importante atuação do Ministério Público do Trabalho (MPT) no sentido de promover os Termos de Ajustamento de Conduta (TAC), visando ao compromisso dos empregadores em manter o meio ambiente do trabalho adequado e seguro. Demais disso, o MPT ajuíza diversas ações, principalmente civis públicas, visando à proteção dos direitos dos trabalhadores, em relação ao meio ambiente do trabalho.

Melo (2010) ressalta a importância do Ministério Público do Trabalho:

> A cada dia ganha importância o papel do Ministério Público do Trabalho, processual e extraprocessualmente, na solução dos conflitos sociais na área trabalhista, sobretudo em momentos de crise, quando os sindicatos, como legitimados mais vocacionados à defesa dos interesses trabalhistas, estão fragilizados diante das rápidas transformações no mundo do trabalho e do fantasma do desemprego que inibe trabalhadores e suas entidades representativas na busca de novas conquistas e manutenção de condições adequadas de trabalho. Enquanto isso, o Ministério Público, imune a tais ameaças e, como defensor da ordem jurídica, do Estado Democrático de Direito e dos interesses indisponíveis da sociedade, não pode omitir-se na busca do cumprimento das suas funções institucionais[33].

Estudo publicado em fevereiro de 1981 demonstrou que as horas de trabalho estão diretamente relacionadas ao aumento no número de acidentes do trabalho, conforme se pode verificar no Gráfico 1, a seguir [34]:

Fig. 2 – Distribuição percentual dos acidentes conforme o número de horas decorridas após o início do serviço.

---

(33) MELO, Raimundo Simão de. *Direito ambiental do trabalho e a saúde do trabalhador*. 4. ed. São Paulo: LTr, 2010. p. 96-97.

(34) NOGUEIRA, Diogo Pupo; GOMES, Jorge da Rocha; SAWAIA, Naim. Acidentes graves do trabalho na capital do Estado de São Paulo (Brasil). *Revista Saúde Pública*, v.15, n.1, p. 3-13, fev. 1981.

O gráfico leva a algumas conclusões importantes sobre as horas de trabalho e os acidentes no ambiente laboral. Observa-se que o maior número de acidentes graves ocorre na primeira hora de trabalho, o que pode estar relacionado ao período de adaptação fisiológica, *aquecimento*, que tem lugar no organismo quando se inicia a jornada de trabalho ou esporte.

Após a primeira hora, há uma diminuição paulatina até que tenham transcorrido quatro horas de trabalho, o que demonstra relação com a pausa para o almoço. Posteriormente, se verifica uma elevação de incidência nas duas últimas horas de expediente usual de oito horas, possivelmente relacionada a problemas de fadiga.

Vale ressaltar que a maioria dos acidentes ocorreu depois de transcorridas nove horas de trabalho, grande parte após a décima segunda hora, o que demonstra que longa duração do trabalho é desaconselhável, pois cria situações francamente favoráveis à ocorrência de acidentes do trabalho.

Estudo mais recente realizado pela Fundação Jorge Duprat Figueiredo de Segurança e Medicina do Trabalho (Fundacentro), publicado em agosto de 2007, com dados colhidos entre os anos de 2002 e 2004, demonstra uma situação interessante sobre os acidentes de trabalho nas indústrias de confecções, conforme Gráfico 2, a seguir:

Acidentes do Trabalho em MPE – Indústria de Confecções

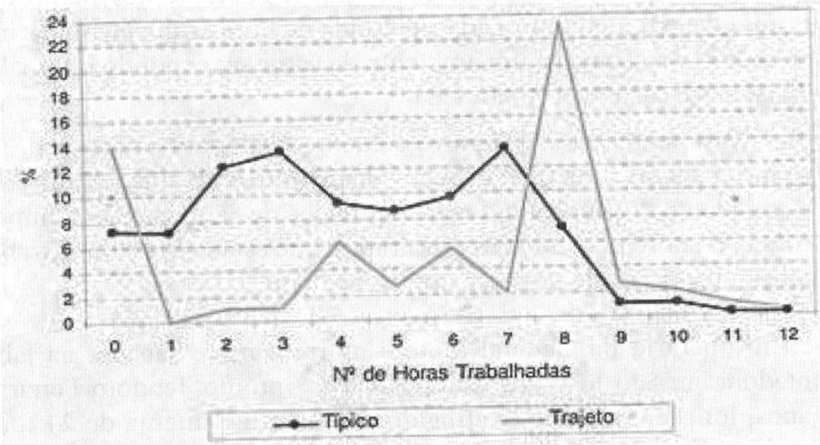

Gráfico 5 – Indústria de confecções: acidentes do trabalho nas MPE segundo número de horas trabalhadas e tipo de acidente nas áreas selecionadas – 2002-2004

Fonte: Fundacentro; Sesi; INSS.

Observa-se que os acidentes de trabalho estão distribuídos ao longo da jornada, contudo, apresentam altos índices no início do horário de trabalho, com um pico após um período de três horas e outro logo após se passarem sete horas trabalhadas, sendo que, após nove horas de trabalho, a ocorrência de acidentes é mínima, o que pode ser explicado pelo menor número de trabalhadores em atividade em horas extraordinárias neste ramo de atividade[35].

Há registros importantes, e recentes, do Sindicato dos Metalúrgicos de São José dos Campos, que vai ao encontro do tema aqui tratado, evidenciando o risco a que o trabalhador se expõe, em um ambiente de pressão psicológica contínua, ao trabalhar horas suplementares ao horário padrão, sob a ameaça do desemprego.

> O trabalhador Aparecido Constantino de 42 anos de idade e há 13 anos operário na General Motors em São José dos Campos/SP, morreu no último sábado vítima de acidente provocado pelas péssimas condições de trabalho.
>
> Num local onde *antes das demissões trabalhavam 2 trabalhadores, Aparecido estava sozinho num sábado de hora extra imposto pela empresa como mais um dia normal de trabalho.* 700 kilos de placas atingiram Aparecido que morreu algumas horas depois.
>
> A situação irregular e más condições de trabalho nesse setor foram denunciadas tempos atrás pelos cipeiros, à empresa simplesmente ignorou[36]. (grifo nosso)

Esse acidente ocorreu no dia 25 de maio de 2009 na fábrica da General Motors em São José dos Campos, interior paulista, e, pelo relato do representante do sindicato, por causa da extenuante jornada, acrescida de horas suplementares impostas pela empresa, foi acrescentado um ambiente de estresse, expondo o trabalhador a graves riscos, neste caso, da própria vida.

No dia 24 de março de 2012, novo acidente fatal, com características semelhantes na mesma fábrica da GM, tirou a vida de outro trabalhador, oportunidade em que o presidente do sindicato dos metalúrgicos de São José dos Campos reiterou as denúncias sobre as condições precárias, a que estão expostos os trabalhadores, em constantes riscos de novos, e graves, acidentes:

> Um operário da General Motors morreu, neste sábado, na fábrica da montadora em São José dos Campos (SP). Antonio Teodoro Pereira Filho, 60 anos, foi prensado ao ser atingido por uma ferramenta de 24 toneladas, segundo informações do Sindicato dos Metalúrgicos de São José dos Campos.
>
> Ele foi encontrado desacordado, por volta das 9 horas, por companheiros, e levado pelo resgate ao Pronto-Socorro da Vila Industrial. Pereira Filho,

(35) Estudo realizado pela Fundacentro, coordenado por Celso Amotim Salim: *Relatório técnico 3, indústria de confecções*, 2007, p. 34. Disponível em: <http://www.fundacentro.gov.br/dominios/ctn/anexos/AcervoDigital/R-3.pdf> Acesso em: 6 mar. 2012.

(36) INTERSINDICAL. *O capital segue matando nossa classe*: operário na GM morre vítima de acidente durante hora extra. Disponível em: <http://intersindical.org.br/noticias_det.php-id=45.htm> Acesso em: 24 mar. 2012.

que trabalhava há 32 anos na General Motors, morreu após sofrer três paradas cardíacas. *No momento do acidente, ele estava realizando hora extra no setor Prensa – linha A.*

Trata-se do segundo acidente fatal ocorrido na fábrica em apenas três anos, segundo o sindicato. *Em 2009, o trabalhador Aparecido Constantino morreu em acidente na GM também enquanto fazia hora extra.*

O presidente do Sindicato, Vivaldo Moreira Araújo, criticou, em nota, o ritmo de produção acelerado que, de acordo com ele, tem submetido os funcionários a situações que colocam "em risco a segurança dos trabalhadores". "Mais uma vez a GM foi negligente. Vamos exigir que a montadora responda por mais esta tragédia", destacou ele, por meio de comunicado à imprensa[37]. (grifos nossos)

Pode-se concluir que jornadas mais longas, sejam elas padrão, sejam estendidas por horas extras, é um fator que contribui para o aumento no número de acidentes do trabalho e reduzem, ou mesmo, anulam, qualquer vantagem que se possa auferir das chamadas horas suplementares.

É legítima a preocupação de juristas, estudiosos e operadores do Direito Trabalhista quando põem em dúvida as vantagens dessas jornadas extenuantes, impostas pelas empresas, sob pena velada de demissão para que se mantenha um questionável banco de horas. Modelo de compensação que desconsidera o desgaste do obreiro, que trabalha em turnos extras, em condições físicas e psicológicas prejudicadas, sem qualquer retorno financeiro, sequer os 50 por cento sobre o valor da hora normal, determinado pela Constituição Federal de 1988.

Com o banco de horas, instituído pela Lei n. 9.601/1998, cujo artigo 6º alterou o § 2º do artigo 59 da CLT, foi banida a vantagem pecuniária do trabalhador garantida pela Carta Magna de 1988, no mínimo, 50 por cento de acréscimo ao valor da hora da jornada padrão. E o avanço tecnológico, pressiona o trabalhador, já que a mão de obra perde espaço para a tecnologia, daí se conclui que a única saída para se preservar a saúde física e mental do obreiro seja a redução da duração do trabalho.

Ocorrências como essas da General Motors, conhecidas, mas não únicas, revelam o quanto o modelo ideal de duração do trabalho está distante da realidade do trabalhador brasileiro.

---

(37) AGÊNCIA ESTADO. *Operário morre em acidente em fábrica no interior de SP*. Disponível em: <http://www.dgabc.com.br/News/5948730/operario-morre-em-acidente-em-fabrica-no-interior-de-sp.aspx> Acesso em: 24 mar. 2012.

Estudo realizado pelo Instituto de Pesquisa Econômica Aplicada – Ipea, com a assistência e colaboração de AMORIM *et al*. *Carga horária de trabalho*: evolução e principais mudanças no Brasil, 2009, n. 24, p. 3. Disponível em: <http://www.ipea.gov.br/sites/000/2/comunicado_presidencia/09_07_29_ComunicaPresi_24_CargaHoraria.pdf> Acesso em: 6 mar. 2012.

É importante ressaltar que dados do Instituto de Pesquisa Econômica Aplicada – Ipea demonstram que, de um modo geral, a duração semanal do trabalho teve uma diminuição de aproximadamente 10,7% entre os anos de 1988 e 2007[38], o que pode explicar a diminuição dos acidentes do trabalho após a oitava hora, no comparativo entre os gráficos publicados nos estudos de fevereiro de 1981 e de agosto de 2007.

Um relevante ponto a se destacar é que os acidentes do trabalho nas atividades informais, que abarcam grande parte da população economicamente ativa, não são contabilizados nessas fontes de dados. Ainda assim, percebe-se, pelo anuário em destaque, é considerável diminuição, nos últimos anos, dos acidentes do trabalho; em contrapartida, houve um aumento substancial das doenças ocupacionais, diretamente relacionadas à nova realidade, inerente ao avanço tecnológico, e às cobranças impostas pelo capitalismo.

Os sindicatos que representam os empregados de instituições financeiras no Brasil vêm afirmando reiteradamente que, mesmo se tratando de uma categoria, cuja atividade tem duração do trabalho de seis horas, ou seja, reduzida em relação aos que trabalham na *jornada padrão de trabalho*, os empregados estão adoecendo em razão de cobranças por metas. Segundo o Sindicato dos Bancários de São Paulo, entre 1996 e 2005, o Ministério da Saúde registrou o suicídio de 181 bancários, média de um a cada 20 dias.

Nesse sentido, em estudo, a OIT observou o seguinte:

> Existen numerosos ejemplos ilustrativos de empresas que reconocen que el estrés constituye un problema en el lugar de trabajo y que prestan asistencia a las personas para identificar y abordar el problema básico. Asimismo, se están llevando a cabo investigaciones y otras intervenciones en el lugar de trabajo en muchos países en desarrollo – como Argentina, Botswana, Brasil, Colômbia, Filipinas, Ghana, Índia, Kenya, México y Uganda – para hallar formas innovadoras de afrontar la prevención del estrés relacionado con el trabajo y de evaluar los efectos de otros factores psicosociales. Algunos sindicatos también han expresado su preocupación por los efectos del estrés relacionado con el trabajo y han elaborado sus propios métodos de evaluación de riesgos. Es esencial evaluar con mayor detenimiento las condiciones y prácticas nacionales, con objeto de tener una visión más clara y una mayor comprensión de este problema a nivel mundial, y de mejorar las prácticas preventivas[39].

Maria José Gianella Cataldi menciona pesquisa patrocinada pela *International Stress Management Association* (Isma), realizada nos Estados Unidos, Alemanha,

(38) Ipea analisa o impacto do limite de 44 horas semanais. Disponível em : <http://www.ipea.gov.br/portal/index.php?option=com_content&view=article&id=59&catid=4&Itemid=2>. Acesso em: 01 fev. 2012.

(39) Trecho retirado do texto da Organização Internacional do Trabalho intitulado: *Riesgos emergentes y nuevos modelos de prevención en un mundo de trabajo en transformación*. Disponível em: <http://www.oit.org.br/sites/default/files/topic/safework/doc/safeday10a_149.pdf> Acesso em: 01 fev. 2012.

França, Brasil, Israel, Japão, China, Hong Kong e Fuji, na qual se concluiu que o Brasil ocupa o segundo lugar em número de trabalhadores com *Síndrome de Burnout*[(40)], doença relacionada ao estresse ocupacional[(41)].

Em setembro de 2011, a OIT realizou em Istambul, Turquia, o XIX Congresso sobre Segurança e Saúde no Trabalho, considerado a maior reunião de especialistas de saúde e segurança em âmbito mundial, quando as tendências mundiais e desafios da segurança e saúde no trabalho constituíram a pauta das discussões.

O relatório da OIT demonstrou que o número total de acidentes e enfermidades mortais relacionados ao trabalho aumentou entre 2003 e 2008. Segundo o relatório, enquanto o número de acidentes mortais caiu de 358.000 para 321.000 nesse período, o número de enfermidades mortais aumentou de 1,95 milhão para 2,02 milhões, equivalente a uma média de mais de 6.300 mortes diárias relacionadas ao trabalho e cerca de 317 milhões de trabalhadores feridos em acidentes de trabalho a cada ano, o que representa uma média de 850.000 lesões diárias, com quatro ou mais dias de ausência do trabalho[(42)].

Esses acidentes de trabalho que, infelizmente, levam à morte ou deixam sequelas no trabalhador, têm como característica a irreparabilidade, que Melo (2010) acentua "isto decorre do fato de que é impossível devolver-se a vida ceifada de uma pessoa, um braço ou uma perna mutilada ou a audição perdida em razão do barulho de uma fábrica"[(43)].

No que tange às doenças em decorrência do trabalho, a situação é bem mais complexa, visto que a resolução do problema não é apenas o tempo de duração do trabalho. Há que se ter consciência sobre as doenças que se tornam cada vez mais comuns na sociedade capitalista contemporânea.

Na década de 1970, o Brasil foi considerado pela Organização Internacional do Trabalho um dos países com maior número de acidentes do trabalho do mundo. Diante disso, políticas públicas foram adotadas no sentido de melhorar essa realidade, o que efetivamente ocorreu, conforme se verifica em levantamento anual, realizado pelo MPAS, no Quadro 1, a seguir:

---

(40) A síndrome de Burnout (do inglês *to burn out*, queimar por completo), também chamada de síndrome do esgotamento profissional, é um distúrbio psíquico de caráter depressivo, precedido de esgotamento físico e mental intenso. Foi assim denominada pelo psicanalista nova-iorquino, Freudenberger, após constatá-la em si mesmo, no início dos anos 1970. Disponível em: <http://pt.wikipedia.org/wiki/S%C3%ADndrome_de_Burnout> Acesso em: 6 fev. 2012.

(41) CATALDI, Maria José Gianella. Stress e *fadiga mental no âmbito do trabalho*. Palestra. In: I Congresso Internacional sobre Saúde Mental no Trabalho. Goiânia: Instituto Goiano de Direito do Trabalho, 2004.

(42) *OIT*. XIX Congresso sobre Segurança e Saúde no Trabalho discute a construção de locais de trabalho mais seguros e saudáveis. Disponível em: <http://www.oit.org.br/content/xix-congresso-sobre-seguran%C3%A7a-e-sa%C3%BAde-no-trabalho-discute-constru%C3%A7%C3%A3o-de-locais-de-trabalho-m> Acesso em: 1 fev. 2012.

(43) MELO, Raimundo Simão de. *Direito ambiental do trabalho e a saúde do trabalhador*. 4. ed. São Paulo: LTr, 2010. p. 269.

Quadro 1 – A evolução dos acidentes do trabalho e doenças ocupacionais entre os anos de 1970 e 2009[44]

Relatório Estatístico de Acidentes e Doenças do Trabalho						
Anos de 1970 a 2009						
Ano	Massa Segurada	Típicos	De Trajeto	Doenças	Total	Total de Óbitos
1970	7,284,022	1,199,672	14,502	5937	1,220,111	2232
1971	7,553,472	1,308,335	18,138	4050	1,330,523	2587
1972	8,148,987	1,479,318	23,389	2016	1,504,723	2854
1973	10,956,956	1,602,517	28,395	1784	1,632,696	3173
1974	11,537,024	1,756,649	38,273	1839	1,796,761	3833
1975	12,996,796	1,869,689	44,307	2191	1,916,187	4001
1976	14,945,489	1,692,833	48,394	2598	1,743,825	3900
1977	16,589,605	1,562,957	48,780	3013	1,614,750	4445
1978	16,638,799	1,497,934	48,511	5016	1,551,461	4342
1979	17,637,127	1,388,525	52,279	3823	1,444,627	4673
1980	18,686,355	1,404,531	55,967	3713	1,464,211	4824
1981	19,188,536	1,215,539	51,722	3204	1,270,465	4808
1982	19,476,362	1,117,832	57,874	2766	1,178,472	4496
1983	19,671,128	943,110	56,989	3016	1,003,115	4214
1984	19,673,915	901,238	57,054	3233	961,525	4508
1985	21,151,994	1,010,340	63,515	4006	1,077,861	4384
1986	22,163,827	1,129,152	72,693	6014	1,207,859	4578
1987	22,617,787	1,065,912	64,830	6382	1,137,124	5738
1988	23,661,579	927,424	60,284	5029	992,737	4616
1989	24,486,553	825,081	58,424	4838	888,343	4554
1990	23,198,656	632,012	56,343	5217	693,572	5355
1991	23,004,264	587,560	46,679	6281	640,520	4464
1992	22,272,843	490,916	33,299	8299	532,514	3634
1993	23,165,027	374,167	22,709	15417	412,293	3110
1994	23,667,241	350,210	22,824	15270	388,304	3129
1995	23,755,736	374,700	28,791	20646	424,137	3967
1996	23,830,312	325,870	34,696	34,889	395,455	4488
1997	24,104,428	347,482	37,213	36,648	421,343	3469
1998	24,491,635	347,738	36,114	30,489	414,341	3793
1999	24,993,265	326,404	37,513	23,903	387,820	3896
2000	26,228,629	304,963	39,300	19,605	363,868	3094
2001	27,189,614	282,965	38,799	18,487	340,251	2753
2002	28,683,913	323,879	46,881	22,311	393,071	2968
2003	29,544,927	325,577	49,642	23,858	399,077	2674
2004	31,407,576	375,171	60,335	30,194	465,700	2839
2005	33,238,617	398,613	67,971	33,096	499,680	2766
2006	35.155.249	407.426	74.636	30.170	512.232	2.798
2007	37.607.430	417.036	79.005	22.374	659.523	2.845
2008	39.441.566	441.925	88.742	20.356	755.980	2.817
2009	41.207.546	421.141	89.445	17.693	723.452	2.496

(44) Os dados informativos são do Ministério da Previdência e Assistência Social (MPAS).

Observa-se que, mesmo com o aumento vertiginoso da massa segurada, houve uma redução nos acidentes típicos, ao passo que as doenças oriundas do trabalho aumentaram sobremaneira, o que demonstra que nos dias atuais há uma nova realidade a ser observada no ambiente de trabalho.

Percebe-se que nos dias atuais a duração do trabalho é apenas um dos componentes para o adoecimento do trabalhador, pois a fadiga física e mental atribuída a outros fatores é, sem dúvida alguma, propulsora de acidentes do trabalho.

Os custos gerados pelo adoecimento do trabalhador vão muito além do simples prejuízo financeiro do empregador ou à previdência social. Isto porque esta situação gera cada vez mais uma sociedade improdutiva e infeliz.

Sobre a saúde física e psicológica do trabalhador, já tivemos a oportunidade de discorrer o seguinte:

> Ao contrário do que se aplicava antes das revoluções de classes ocorridas nos séculos XVIII e XIX, com destaque para a Revolução Industrial inglesa, percebeu-se que o empregado somente irá produzir com qualidade se houver uma harmonia entre sua saúde física e psicológica, o que se alcançará com jornadas compatíveis ao trabalho, descanso intrajornadas, repouso semanal, bem como várias outras condutas preventivas relacionadas à Saúde Ocupacional, práticas que a história nos mostra que vêm evoluindo dia após dia[(45)].

Oliveira (2002) pondera sobre a importância do trabalho e da saúde do trabalhador, destacando que "O trabalho que constrói riquezas e impulsiona o progresso não pode destruir o homem, ou apressar sua morte"[(46)]. Contudo, quando há o desemprego, consequentemente, há o *exército de reserva* de trabalhadores, que, muitas vezes, favorece o empregador a simplesmente substituir o empregado que não serve mais à sua pretensão.

Os acidentes do trabalho afetam diretamente a dignidade da pessoa humana, pois além dos traumas imediatos, em muitos casos, deixam sequelas que irão modificar completamente a vida do obreiro.

---

(45) BARBOSA, Magno Luiz. *AIDS, o direito e algumas reflexões sobre seus impactos na relação de emprego*. Curitiba: Juruá, 2007. p. 124.

(46) OLIVEIRA, Sebastião Geraldo de. *Proteção jurídica à saúde do trabalhador*. 4. ed. ampl. e atual. São Paulo: LTr, 2002. p. 102.

Capítulo IV

Adaptações Contemporâneas, Perspectivas e Conjeturas sobre Empregabilidade com a Redução da Duração do Trabalho

1. A FLEXIBILIZAÇÃO LABORAL E REFLEXOS NA DURAÇÃO DO TRABALHO NO BRASIL

O termo flexível vem do latim *flexibile,* que significa que se pode dobrar ou curvar; arqueável; vergável; flexo; que se arqueia ou se distende com facilidade; elástico; fácil de manejar, de moldar; maleável[(1)]; portanto, flexibilizar é o ato de promover a flexibilização.

Barbagelata (2004) assim dispõe sobre a flexibilização do Direito do Trabalho:

> En un sentido amplio, la flexibilización del derecho del trabajo y consiguientemente de las relaciones laborales, se presenta como una operación dirigida a dotar a su sistema normativo normativo de una mayor capacidad de adecuación a las cambiantes exigencias de las empresas e del mercado. O sea, que podría ser vista como un proceso de eliminación de las rigideces del sistema, que se supone que dificutan o impiden tal adapitación y que, muchas veces, tampoco servirían a la proteción del trabajo[(2)].

De um modo geral, as normas trabalhistas são rígidas e, de acordo com Süssekind (2000), *imperativas* ou *proibitivas*, e devem ser observadas tal como foram instituídas[(3)]. Porém, quando surgem normas prevendo opção entre situações dis-

(1) FERREIRA, Aurélio Buarque de Holanda. *Novo Aurélio Século XXI*: o dicionário da língua portuguesa. 3. ed. Rio de Janeiro: Nova Fronteira, 1999.

(2) BARBAGELATA, Héctor-Hugo. *Riesgo, flexibilización laboral, transformaciones y derecho laboral.* Disponível em: <http://www.rau.edu.uy/universidad/inst_derecho_del_trabajo/barbagelata.pdf> Acesso em: 21 out. 2011.

(3) SÜSSEKIND, Arnaldo *et al. Instituições de direito do trabalho*. 19. ed. São Paulo: LTr, 2000. p. 205, v. 1.

tintas, que anteriormente só poderiam ser tratadas de uma forma, ocorre o fenômeno chamado flexibilização. Indubitavelmente, o tema flexibilização está entre os mais discutidos atualmente no Direito do Trabalho brasileiro em virtude de uma série de fatores, como a própria necessidade de atualização da CLT, com capítulos fora realidade hodierna.

A Consolidação das Leis do Trabalho é composta por inúmeras regras que não permitem aplicação em situação diversa, a exemplo da obrigatoriedade de anotação do contrato de trabalho na CTPS, conforme previsto no seu artigo 29, a imprescindibilidade de observância dos prazos para acerto rescisório, previstos no § 6º do artigo 477, que se não observados pelo empregador, ensejarão multa, prevista no § 8º do mesmo artigo.

Outro exemplo de rigidez da norma diz respeito às férias, direito indisponível do trabalhador. Contudo, o artigo 143 da CLT faculta ao obreiro converter um terço do período de férias em abono pecuniário, logo, apesar da rigidez da norma, verifica-se situação de exceção à regra protetiva do trabalhador.

Há que se ressaltar que é perfeitamente possível a flexibilização para se beneficiar o trabalhador, por motivos previstos em lei e, até mesmo, sem previsão legal, com fundamento no princípio da norma mais favorável ou da condição mais benéfica. Um exemplo, com previsão legal, é o valor da remuneração da hora extra, que, conforme o artigo 7º, XVI, será superior, no mínimo, em 50 por cento ao da hora normal.

Percebe-se neste contexto que a norma é dispositiva fixando um mínimo, deixando em aberto possibilidade para negociação, com vistas a algo mais favorável ao trabalhador.

Às vezes, ocorre a flexibilização favorável ao trabalhador, ultrapassando o dispositivo legal que, em tese, fixa o máximo, como no caso da garantia de emprego a empregada gestante, que, no artigo 10, inciso II, alínea *b* do Ato das Disposições Constitucionais Transitórias (ADCT) prevê que seja, desde a confirmação da gravidez até cinco meses após o parto; porém, é comum encontrar norma coletiva, prevendo para a gestante garantia de emprego superior a esse período legal.

No presente exemplo, a princípio, poderia se imaginar a *quebra* na posição hierárquica das normas. Contudo, neste caso, cabe observar algumas peculiaridades do Direito do Trabalho, no que diz respeito à interpretação das normas(4).

---

(4) Sobre a interpretação das normas no Direito do Trabalho, o professor Mauricio Godinho Delgado, destaca: "O critério normativo hierárquico vigorante no Direito do Trabalho opera da seguinte maneira: a pirâmide normativa constrói-se de modo plástico e variável, elegendo para seu vértice dominante a norma que mais se aproxime do caráter teleológico dos ramos justrabalhistas. À medida que a matriz teleológica do Direito do Trabalho aponta na direção de conferir solução às relações empregatícias segundo um sentido social de restaurar, hipoteticamente, no plano jurídico, um equilíbrio não verificável no plano da relação econômico-social de emprego –, objetivando, assim, a melhoria das condições socioprofissionais do trabalhador –, prevalecerá, tendencialmente,

Percebe-se que a flexibilização pode ser autônoma, quando ocorre por meio de acordos e convenções coletivas, alicerçadas na autonomia coletiva do trabalho, prevista no artigo 7º, inciso XXVI da Constituição Federal, ou heterônoma, imposta unilateralmente pelo Estado, via decreto ou medida provisória, geralmente, em prejuízo do trabalhador.

No que concerne à flexibilização autônoma, é imprescindível observar que, apesar de ter reconhecimento constitucional, as convenções e acordos coletivos jamais poderão suprimir direitos do trabalhador, podendo apenas reduzir direitos quando previstos em lei e visando, principalmente à preservação do emprego, como no caso da redução de salário constante no artigo 7º, VI, da Constituição Federal.

Nesse sentido, Silva (2002) dispõe "que a convenção coletiva, embora tendo sede constitucional, não pode revogar direitos constitucionalmente garantidos, a não ser quando expressamente autorizada"(5).

Quando a flexibilização advém de forma negativa para o trabalhador, é chamada desregulamentação(6), visto que *quebra* a norma rígida, causando algum tipo de prejuízo ao obreiro, como no caso da substituição do pagamento das horas extras pela compensação de horários. Os argumentos para essa flexibilização negativa se alicerçam geralmente nas crises econômicas e na possibilidade de aumento da empregabilidade no país.

---

na pirâmide hierárquica aquela norma que melhor expresse e responda a esse objetivo teleológico central justrabalhista. Em tal quadro, a hierarquia de normas jurídicas não será estática e imutável, mas dinâmica e variável, segundo o princípio orientador de sua configuração e ordenamento.
O princípio direcionador basilar do Direito do Trabalho, que melhor incorpora e expressa seu sentido teleológico constitutivo, é, como visto, o princípio da norma mais favorável ao trabalhador. Assim, aplicar-se-á ao caso concreto – sendo naquele caso hierarquicamente superior – a norma mais favorável ao empregado. O vértice da pirâmide normativa variável e mutável – ainda que apreendido segundo um critério permanente –, não será a Constituição Federal ou a lei federal necessariamente, mas a norma mais favorável ao trabalhador. Não há assim, contradição inconciliável entre as regras heterônomas estatais e regras autônomas privadas coletivas (entre o Direito do Estado e o Direito dos grupos sociais), mais uma espécie de harmoniosa concorrência: a norma que disciplinar uma dada relação de modo mais benéfico ao trabalhador prevalecerá sobre as demais sem derrogação permanente, mas mero preterimento, na situação concreta enfocada.
Há, entretanto, limites à incidência desse critério hierárquico especial ao Direito do Trabalho – fronteira a partir da qual mesmo no ramo justrabalhista se respeita o critério rígido e inflexível do Direito Comum. Tais limites encontram-se nas normas proibitivas oriundas do Estado. De fato, o critério justrabalhista especial não prevalecerá ante normas heterônomas estatais proibitivas, sempre preservarão sua preponderância, dado revestirem-se do *imperium* específico à entidade estatal. Tais normas – como dito – encouraçam-se em sua incidência de um inarredável matiz soberano". (DELGADO, *op. cit.*, 2011, p. 174-175).

(5) SILVA, Antônio Álvares da. *Flexibilização das relações de trabalho*. São Paulo: LTr, 2002. p. 81.

(6) Segundo Paulo Santos Rocha, na desregulamentação "simplesmente há a rígida e legislativa derrogação de benefícios trabalhistas já entronizados na norma anterior, ou a substituição pura e simples destes por outros inferiores, ou seja, menos vantajosos para os empregados." (ROCHA, Paulo Santos. *Flexibilização e desemprego*. Rio de janeiro: Forense, 2006. p. 51.)

Um exemplo de flexibilização para incentivo ao emprego é encontrado no § 7º do artigo 15 da Lei n. 8.036, de 11 de maio de 1990, Lei do Fundo de Garantia por Tempo de Serviço (FGTS), em que se dispõe "Os contratos de aprendizagem terão a alíquota a que se refere o *caput* deste artigo reduzida para dois por cento", sendo que, no *caput* do referido artigo, a alíquota a ser recolhida para o FGTS é de oito por cento. Com isso, a norma flexibilizadora busca incentivar a inserção do jovem no mercado formal de trabalho, visto que estudos demonstram alto índice de desemprego entre os jovens do país.

Algumas alterações históricas ocorridas na legislação brasileira foram consideradas flexibilizadoras, como a criação do FGTS, pela Lei n. 5.107, de 13 de setembro de 1966, inicialmente de forma paralela e facultativa à estabilidade decenal, prevista no artigo 492 da CLT, tornando-se posteriormente o regime único e obrigatório, com o advento da Constituição Federal de 1988.

Outro exemplo de flexibilização foi a instituição do trabalho temporário, em contrapartida ao trabalho por prazo indeterminado, que sempre foi a regra rígida da legislação trabalhista, inserida na Lei n. 6.019, de 3 de janeiro de 1974.

No que tange especificamente à flexibilização da duração do trabalho, o assunto é debatido há tempos em escala mundial. Nesse sentido, Romita (1993) fez importante estudo sobre essa situação na Alemanha, Espanha, França e Itália. O autor dispõe que na Alemanha ocorreu o seguinte:

> A lei sobre a promoção do emprego (BeschFG 1985, ou seja, *Beschäftigunggförderungsgesetz*, de 26.1.1985) regula o horário de trabalho variável de acordo com as necessidades da empresa – *Kapazitaätsorientierte variable Arbeitszeit*, conhecido pela sigla KAPOVAZ. [...]
>
> Caso tenha sido pactuada a prestação dos serviços em função do volume de trabalho exigido pela necessidade da empresa, KAPOVAZ, a lei em questão impõe três obrigações: 1ª – o contrato de trabalho deve determinar a duração do trabalho, já que não se trata de trabalho "a chamado"; 2ª – o empregado deve ser prevenido com quatro dias de antecedência, pois na falta desta comunicação, ele não será obrigado a atender à convocação, ressalvada, é claro, sua anuência; 3ª – cada prestação de trabalho deve ter a duração de pelo menos três horas consecutivas, a fim de evitar que o empregado seja chamado para períodos de trabalho muito curtos(7).

Entretanto, o autor esclarece que a legislação alemã causa problemas para o trabalhador, diante da incerteza do salário e do tempo que o empregado ficará à disposição do empregador, o que impossibilita o obreiro de organizar o seu tempo livre, ferindo, por exemplo, a proteção da dignidade do trabalhador.

---

(7) ROMITA, Arion Sayão. Horas extraordinárias: base diária ou anual. *Revista de Direito do Trabalho*, São Paulo: Revista dos Tribunais, n. 84, p. 10, dez. 1993.

Quanto à Espanha, suas principais considerações são as seguintes:

O horário flexível é regulado pelo art. 36, 1ª alínea, do Estatuto dos Trabalhadores, (Lei n. 8, de 10 de março de 1980). A lei, porém, não o define. Reza o citado dispositivo que a fixação do horário flexível é facultada ao empresário, mediante prévia manifestação favorável dos representantes legais dos trabalhadores no estabelecimento, sem prejuízo do estabelecido em convenção coletiva.

Diferentemente do que ocorre nos casos de horário rígido e único para todos os trabalhadores, estes podem, caso adotado o horário flexível, adaptar o início e o término de seu trabalho ou a distribuição das horas de jornada a suas conveniências pessoais, familiares ou sociais[(8)].

Na França, há uma característica de acentuada luta dos trabalhadores em relação a uma duração do trabalho justa. Prova disso é que no século XIX, juntamente com a Inglaterra, foram considerados países pioneiros, ao adotarem duração diária do trabalho de dez horas. No que concerne à flexibilização da duração do trabalho, Romita (1993) relata:

> A reforma de 1936 instituiu a semana de 40 horas. No início dos anos 80, os trabalhadores intensificaram a reivindicação pela adoção de horários individualizados, também chamados horários variáveis ou flexíveis. Os empregadores, por seu turno, tentavam obter uma responsabilidade maior do tempo de trabalho. A fórmula de um horário rígido e coletivo, fixado para todas as semanas do ano, foi progressivamente abandonada em favor de uma pluralidade de horários e de horários modulados de acordo com os períodos do ano e as necessidades das empresas.
>
> A ordenança de 16 de janeiro de 1982 fixou a duração legal do trabalho em 39 horas por semana e em 10 horas por dia (Código do Trabalho, art. L. 212-1). A duração legal não constitui, porém, nem um máximo nem um mínimo.
>
> A lei de 28 de fevereiro de 1986, seguida pela lei de 19 de junho de 1987, autoriza os atores sociais a derrogarem as disposições legais de ordem pública por meio de acordos coletivos celebrados com a finalidade de estabelecer a distribuição do tempo de trabalho durante o ano, chamada modulação anual dos horários de trabalho.
>
> [...]
>
> No regime introduzido em 1982, a flexibilidade é cara para o empregador, pois este deve pagar um adicional sobre as horas que excedem o limite de 39 semanais e ainda conceder uma folga compensatória. A Lei de 1986 tem

(8) ROMITA, Arion Sayão. Horas extraordinárias: base diária ou anual. *Revista de Direito do Trabalho*, São Paulo: Revista dos Tribunais, n. 84, p. 10, dez. 1993.

por finalidade evitar que variações semanais acarretem aqueles ônus ao empregador: ela autoriza a prática do horário anual, mediante a observância de três exigências: a conclusão de um acordo coletivo, a presença neste acordo de cláusulas obrigatórias e a extensão do mesmo acordo(9).

Na Itália, percebe-se que uma das principais formas de flexibilização da duração do trabalho foi a adoção do trabalho em tempo parcial (*part-time*), conforme se observa pela narração de Romita (1993):

> A lei não adotou formas de desregulação pura e simples dos horários, e sim promoveu formas de flexibilidade controladas ou negociadas. Pode-se dizer que o horário de prestação dos serviços é estabelecido pela contratação coletiva de categoria ou de empresa e, às vezes, pelo regulamento interno. A crise econômica e as recentes inovações tecnológicas determinaram a necessidade de reduzir o horário de trabalho, não mais como exigências de proteção da saúde do trabalhador, porém, a título de medidas destinadas a remediar o crescente desemprego, ainda que a preço de redução salarial. As empresas movidas por necessidades de incrementar a produtividade, adotam, com o assentimento dos sindicatos, novos regimes de trabalho que aumentam o grau de utilização da força de trabalho.
>
> O trabalho a tempo parcial (*part-time*) constitui uma das mais importantes manifestações da tendência à diversificação e à flexibilização da relação de trabalho em face do modelo tradicional. Inicialmente, os sindicatos de trabalhadores o encaravam com desconfiança, porém, aos poucos o aceitaram sob condições de efetivo controle, com o objetivo de manter em atividade indivíduos ou grupos que de outra forma permaneceriam à margem do mercado formal de trabalho. Esta foi a diretiva que inspirou o acordo interconfederal de 22 de janeiro de 1983, presente também no protocolo de 14 de fevereiro de 1984.
>
> Considera-se de tempo parcial a relação de trabalho caracterizada por uma considerável redução da jornada normal. As formas de organização do *part-time* são muitas, podendo o horário ser distribuído por todos os dias da semana (*part-time* horizontal) ou concentrado em alguns dias (*part-time* vertical). Algumas leis se ocuparam do assunto, como as de 1977 e de 1983(10).

De um modo geral, percebe-se que os países vão paulatinamente flexibilizando a duração do trabalho, outrora rígida para todas as categorias. Verifica-se, também, que essa flexibilização ocorre pelos mais variados motivos, que vão desde a busca por aumento do número de postos trabalho até apenas atender aos anseios dos empregadores.

---

(9) ROMITA, Arion Sayão. Horas extraordinárias: base diária ou anual. *Revista de Direito do Trabalho*, São Paulo: Revista dos Tribunais, n. 84, p. 11-12, dez. 1993. *Id.*, p. 11-12.

(10) *Id.*, p. 13.

Martins Filho (2008) sustenta com veemência a necessidade de flexibilização nos períodos de crise econômica e em decorrência do avanço tecnológico:

> A necessidade de *flexibilização* das normas trabalhistas colocadas tanto nos períodos de crise na economia como em decorrência do progresso tecnológico, que torna supérflua parte da mão de obra empregada. Nesses períodos, verifica-se a impossibilidade prática de as empresas arcarem com todos os ônus trabalhistas, sob pena de perderem competitividade no mercado internacional, numa economia globalizada, sendo que a *rigidez* do Direito do Trabalho, como elemento protetivo do polo mais fraco na relação laboral, pode conduzir à desagregação dos fatores produtivos: falência da empresa acarreta prejuízo não somente ao empresário, mas também ao trabalhador, que perde sua fonte de sustento[11].

No Brasil, as principais normas flexibilizadoras da duração do trabalho foram as referentes à possibilidade de compensação de horas extraordinárias, em detrimento de seu pagamento, o trabalho em tempo parcial (*part-time*), com possibilidade de redução no salário, proporcionalmente ao tempo de trabalho e a aceitação pela jurisprudência do trabalho em escalas de 12 x 36, em que o obreiro trabalha 12 horas e folga 36 consecutivas, assuntos que serão abordados na sequência deste capítulo.

O fato é que a flexibilização, que anula ou propõe compensação de direitos trabalhistas, não tem sido bem recebida na seara laboral de modo geral, como bem assevera o professor uruguaio Barbagelata (2011):

> No está demonstrado que la flexibilización laboral haya tenido efectos positivos allí donde se ha difundido. Las experiencias de muchos países muestran lo contrario, al punto que, en algunos, se tiende a dar marcha ré atrás en las reformas orientadas en essa direción.
>
> En un mundo globalizado, las pretendidas vantajas comparativas, resultantes de un cúmulo de factores y basicamente de condiciones de extrema explotación del trabajo, – que habilitan formas de dumping social –, no pueden ser anuladas e compensadas a través del abatimento de las normas laborales y de seguridad social en los países que sufren esa competencia desleal. Antes bien, para neutralizar los efectos de tales prácticas, deberían extremarse los esfuerzos tendientes al logro de una efectiva mundialización de la proteción social[12].

---

(11) MARTINS FILHO, Ives Gandra da Silva. *Manual esquemático de direito e processo do trabalho*. 16 ed. São Paulo: Saraiva, 2008. p. 21.

(12) BARBAGELATA, Héctor-Hugo. *Riesgo, flexibilización laboral, transformaciones y derecho laboral*. Disponível em: <http://www.rau.edu.uy/universidad/inst_derecho_del_trabajo/barbagelata.pdf> Acesso em: 21 out. 2011.

Os direitos dos trabalhadores que, de um modo geral, foram conquistados à custa de revoltas e revoluções, quando manejados de forma a prejudicá-los, ferem o princípio básico da proteção ao trabalhador. E a flexibilização, negativa por vezes, pode resultar em situações nefastas ao obreiro.

O Direito do Trabalho não pode ser responsabilizado pelos transtornos econômicos e, consequentemente, não se podem adotar medidas flexibilizadoras das normas laborais para garantir a manutenção do lucro dos que detêm os meios de produção.

Nesse sentido, a flexibilização continua sendo objeto de batalha entre empregados e empregadores, ante as constantes crises mundiais da economia e desemprego globalizado, sem demonstrar ser a solução plausível, que irá efetivamente contribuir para resolução dos problemas oriundos, principalmente, do desemprego mundial.

1.1. O trabalho em tempo parcial (*part-time*)

O trabalho em tempo parcial (*part-time*), em âmbito mundial, foi oficializado pela Organização Internacional do Trabalho – OIT, por meio da Convenção n. 175, adotada em junho de 1994, na 81 Conferência Internacional do Trabalho de Genebra.

O artigo 1º da referida convenção dispõe:

> Artigo 1º
>
> Para os fins da presente Convenção:
>
> a) A expressão "trabalhador a tempo parcial" designa um trabalhador assalariado cuja duração normal do trabalho é inferior à dos trabalhadores a tempo completo e que se encontram numa situação comparável;
>
> b) A duração normal do trabalho visada na alínea a) pode ser calculada numa base semanal ou em média no decurso de um dado período de emprego;
>
> c) A expressão "trabalhador a tempo completo que se encontre numa situação comparável" refere-se a um trabalhador a tempo completo:
>
> i) Que tenha o mesmo tipo de relação de emprego;
>
> ii) Que efetue o mesmo tipo de trabalho, ou um tipo de trabalho similar, ou que exerça o mesmo tipo de profissão, ou um tipo de profissão similar; e
>
> iii) Empregado no mesmo estabelecimento ou, na falta de trabalhadores a tempo completo que se encontrem numa situação comparável nesse estabelecimento, na mesma empresa ou, na falta de trabalhadores a tempo completo que se encontrem numa situação comparável nessa empresa [...].[13]

---

(13) OIT. *Sobre o trabalho a tempo parcial*. Disponível em: <http://www.oitbrasil.org.br/content/sobre-o-trabalho-tempo-parcial> Acesso em: 13 out. 2011.

A concepção básica do trabalho em tempo parcial é a duração do trabalho menor de determinados empregados, em relação a outros que laboram na chamada "jornada padrão de trabalho" e que estejam na mesma relação de emprego, exercendo a mesma atividade.

Em contrapartida a países, como Portugal, que adotou e retificou a Convenção n. 175 da OIT, o Brasil ainda não a ratificou, porém, adotou em sua legislação o trabalho em tempo parcial.

O trabalho em tempo parcial (*part-time*) surgiu no Brasil com a Medida Provisória n. 1.709-1, de 3 de setembro de 1998, reeditada 41 vezes e hoje vigora sob a égide da Medida Provisória n. 2.164-41, de 24 de agosto de 2001 e pode indubitavelmente ser considerada um exemplo de flexibilização de norma rígida da CLT.

Atualmente, a previsão legal do trabalho em tempo parcial no Brasil está disposta no artigo 58-A da Consolidação das Leis do Trabalho e consiste em contrato de trabalho, cuja carga horária semanal não pode ultrapassar 25 horas. A carga horária semanal máxima de 25 horas vige paralelamente à carga horária da *jornada padrão de trabalho*, trazendo implicações diversas para o trabalhador, que labora em regime de tempo parcial.

A primeira consequência decorrente do trabalho em tempo parcial diz respeito ao salário que, de acordo com o § 1º do artigo 58-A da CLT, será proporcionalmente menor ao dos empregados que exerçam as mesmas funções em tempo integral.

Inicialmente, surgiu a discussão se quando os empregados que laboram em carga horária integral tiverem o salário mínimo, como piso salarial, aqueles que exercerem a mesma função para o mesmo empregador, em regime de tempo parcial, poderiam receber salário inferior ao salário mínimo, contudo, o Tribunal Superior do Trabalho logo foi se posicionando positivamente, até que em 2008 publicou a Orientação Jurisprudencial n. 358 da Seção de Dissídios Individuais n. 1, dispondo que "havendo contratação para cumprimento de jornada reduzida, inferior à previsão constitucional de oito horas diárias ou quarenta e quatro semanais, é lícito o pagamento do piso salarial ou do salário mínimo proporcional ao tempo trabalhado".

Outras questões surgem quando não há a previsão de salário básico ao obreiro e este se encontre em situação específica, como de trabalho, cuja remuneração seja por peça ou tarefa.

Na Convenção n. 175 da OIT, o artigo 5º dispõe que deverão ser tomadas medidas adequadas à legislação e à prática nacionais para que os trabalhadores a tempo parcial não sejam prejudicados, quando um salário-base, calculado proporcionalmente por hora, rendimento ou peça, fique inferior ao salário-base calculado, segundo o mesmo método dos trabalhadores, a tempo completo, que se encontrem numa situação comparável.

Em análise à situação ora prevista, Villatore (1999) dispõe que "Deverá ser assegurado aos trabalhadores em tempo parcial, que não percebam um salário básico, um cálculo proporcional sobre base horária dos trabalhadores a tempo integral, que estejam em situação comparável"[14]. Outra questão importante a ser observada no artigo 10 da Convenção n. 175 da OIT é que a mudança de um trabalho a tempo integral para um trabalho a tempo parcial somente deverá ocorrer mediante garantias de que seja forma voluntária.

No Brasil, em relação ao trabalho em tempo parcial e com vistas ao princípio da inalterabilidade dos contratos de trabalho e às restrições à redução de salário, é importante observar que empregados que trabalhem em *jornada padrão de trabalho* somente poderão optar pelo trabalho em tempo parcial mediante previsão em instrumento normativo coletivo.

Entretanto, caso haja nova contratação, o empregado poderá ser contratado pelo regime de tempo parcial sem a necessidade da precedência de norma coletiva prevendo esta situação, pois, nesse caso, ocorre o princípio da autonomia da vontade das partes.

O instituto das férias também recebeu tratamento diferenciado no regime de trabalho em tempo parcial, pois o princípio da proporcionalidade das férias, para o trabalhador em *jornada padrão de trabalho,* observa as faltas injustificadas do obreiro no período aquisitivo; quando se trata de trabalho em tempo parcial, a regra de faltas é única, sendo que o empregado nesse regime, com mais de sete faltas injustificadas no período aquisitivo, terá seu período de férias reduzido pela metade. Por outro lado, o período de férias do trabalhador em tempo parcial será computado conforme a sua carga horária semanal.

O artigo 130-A da CLT dispõe que, para a duração do trabalho semanal superior a 22 horas até 25 horas, as férias serão de 18 dias; para a duração do trabalho semanal superior a 20 horas até 22 horas férias de 16 dias; para a duração do trabalho semanal superior a 15 horas até 20 horas, 14 dias; para a duração do trabalho semanal superior a 10 horas até 15 horas, doze dias; para a duração do trabalho semanal superior a 5 horas até 10 horas, dez dias e, para a duração do trabalho semanal igual ou inferior a cinco horas, oito dias.

Portanto, a proporcionalidade das férias no regime de tempo parcial está relacionada à quantidade de horas laboradas por semana e não ao número de faltas injustificadas do trabalhador, no período aquisitivo das férias.

Ainda em relação às férias, no caso do trabalho em tempo parcial, o empregado não poderá converter em abono pecuniário um terço do período de férias a que tiver direito.

Outra peculiaridade do trabalho em tempo parcial é que a Medida Provisória n. 2.164-41 acrescentou o § 4º no artigo 59 da CLT, em que está previsto que os empregados não poderão prestar horas extras.

---

(14) VILLATORE, Marco Antônio César. Trabalho a tempo parcial no direito comparado. *Revista do Direito do Trabalho,* Curitiba: Genesis, v. 13, n. 76, p. 539, abr./1999.

Portanto, não resta dúvida de que a possibilidade do trabalho em tempo parcial e suas consequências jurídicas foram uma forma de flexibilizar a duração legal do trabalho para os trabalhadores com carga horária *padrão*, assim como foi flexibilizada a questão das horas extraordinárias, pela criação do *banco de horas*, conforme a Lei n. 9.601, de 21 de janeiro de 1998, que será analisada ainda neste capítulo.

Como visto anteriormente, quando foram tratados a flexibilização laboral e os reflexos na duração do trabalho no Brasil, na legislação pátria, muitas vezes, esses temas surgem com a promessa de novas formas paliativas de se aumentar a empregabilidade formal no país; entretanto, apesar de recentes, ainda não demonstraram efetivamente efeito substancial quanto ao aumento nos postos de trabalho.

Destarte, por tudo o que foi analisado sobre o trabalho em tempo parcial, que se refere a uma nova possibilidade de contratação com natureza jurídica especial, visto que tem normas próprias, apesar de sujeito a todos os princípios e regras que regulamentam o contrato de trabalho de relações de emprego tradicionais.

Diante disso, a condição especial de trabalho em tempo parcial deve ser anotada na CTPS do trabalhador, com observância a todas as normas convencionais ou legais referentes à categoria profissional a que pertença o trabalhador, assim como o cumprimento de todas as exigências referentes à saúde e segurança no trabalho.

1.2. O trabalho em escalas 12 x 36

Conforme visto anteriormente, por uma série de fundamentos voltados para uma condição digna ao trabalhador, a duração do trabalho foi limitada em oito horas diárias. Contudo, alguns tipos de atividade laboral utilizam carga horária diária mais extensa, como no caso dos trabalhos realizados em escalas de 12 x 36, em que o obreiro trabalha doze horas e folga 36 consecutivas.

No setor privado, sobremaneira, os profissionais que mais são requisitados para essa escala de trabalho são vigias, porteiros, profissionais de saúde e empregados de empresas que exploram a atividade de conservação e limpeza.

Inicialmente, tem-se que a referida condição de trabalho fere frontalmente o disposto no artigo 58 da CLT e no artigo 7º, XIII, da Constituição Federal de 1988, pois extrapola em quatro horas o limite diário de duração do trabalho. Ainda que se considere o artigo 59 da CLT, que prevê a prorrogação da duração do trabalho em duas horas diárias, que seriam as horas extraordinárias, o trabalho no sistema 12 x 36 continuaria ferindo a legislação vigente.

O certo é que o ordenamento jurídico brasileiro não prevê a duração diária de trabalho de doze horas. Contudo, o Direito é uma ciência social aplicada, que se molda de acordo com as necessidades da sociedade e, nesse sentido, já se encontra vasta jurisprudência acerca do tema na Corte Superior Trabalhista.

O argumento mais utilizado para aceitação do sistema de trabalho 12 x 36 é a *compensação de carga horária de trabalho semanal*, prevista na parte final do inciso

XIII do artigo 7º da Constituição Federal, que, ao limitar a duração diária de trabalho em oito horas diárias, faculta a compensação de horários e a redução da jornada mediante acordo ou convenção coletiva de trabalho.

Diante disso, esse sistema de trabalho 12 x 36 está previsto normalmente nos acordos e convenções coletivas das categorias que se utilizam dessa escala de trabalho. Entretanto, o Colendo Tribunal Superior do Trabalho tem admitido acordo individual de compensação de jornada, conforme disposto nos itens I e II da já mencionada Súmula n. 85 da Egrégia Corte Trabalhista.

Para se entender por que o sistema 12 x 36 tem sido aceito pelo Judiciário trabalhista, é necessário conhecer o divisor mensal para cálculo de carga horária de trabalho.

Com o advento da Carta Magna de 1988, o divisor mensal para cálculo da carga horária de trabalho que, até então, era de 240 passou a ser de 220. Isto porque considera-se o número máximo de horas semanais, 44, e divide-se pelo número de dias úteis para o trabalho, que são 6, obtendo-se um resultado de 7.33, que multiplicado por 30 dias é igual a 220.

No sistema 12 x 36, imagine-se que o mês se inicie na segunda-feira. Nesta primeira semana, irá ocorrer que o empregado irá trabalhar nos dias 1º, 3, 5 e 7, que corresponderia respectivamente à segunda-feira, quarta-feira, sexta-feira e domingo, portanto, o empregado trabalharia 48 horas na semana, que, divididas por seis dias, representam oito horas diárias.

Na segunda semana, o empregado irá trabalhar nos dias 9, 11 e 13, respectivamente terça-feira, quinta-feira e sábado, ou seja, nessa semana o empregado trabalha 36 horas, que, divididas por seis dias, serão seis horas diárias.

Destarte, na primeira e terceira semanas do mês, o empregado trabalhou considerando-se uma média de oito horas diárias e, na segunda e quarta semanas, o empregado trabalhou em média seis horas diárias. Portanto, deve se sopesar a média diária de cada semana, que seria respectivamente oito, seis, oito e seis horas, somá-las, resultando vinte e oito, e dividir vinte e oito por quatro semanas, resultando média de sete horas diárias, que multiplicadas por 30 dias é igual 210, que então é o divisor para cálculos das horas no sistema 12 x 36.

Assim sendo, considerando o mês completo, tem-se que no sistema 12 x 36, a duração mensal do trabalho é mais benéfica para o trabalhador, apesar de em algumas semanas extrapolar o limite legal de 44 horas.

Outra questão que fundamenta a defesa de que, o sistema de trabalho 12 x 36 seria mais benéfico para o trabalhador é no sentido de que lhe garante maior tempo de descanso, considerado de extrema importância para reposição das suas energias.

Diante disso, o Tribunal Superior do Trabalho tem entendido que, nas semanas em que a duração do trabalho em sistema 12 x 36 ultrapassa as 44 horas semanais, não são devidas horas extraordinárias.

RECURSO DE REVISTA. REGIME DE TRABALHO DE 12 X 36. HORAS EXCEDENTES À 8ª DIÁRIA. HORAS EXTRAS. NÃO OCORRÊNCIA. A C. SBDI-1. Já decidiu, sobre o regime de trabalho de 12 x 36 horas, pela sua validade quando previsto em norma coletiva, não havendo falar, nessas condições, em trabalho extraordinário no cumprimento da jornada convencionada. HORA EXTRA – DURAÇÃO DA CARGA HORÁRIA MENSAL MÁXIMA ESTIPULADA EM CONVENÇÃO COLETIVA – REPERCUSSÃO NO DIVISOR. 1. Segundo a jurisprudência do Eg. TST, o divisor de horas extras deve corresponder à carga horária mensal relativa ao trabalho ordinário do empregado. Assim, por exemplo, ao empregado que não trabalha aos sábados é assegurado o divisor 200. 2. Na presente hipótese, a própria convenção coletiva, embora tenha autorizado a jornada em regime de revezamento 12 x 36, estipulou como teto da carga horária mensal o montante de 190 h e 40 m, sendo pagas como extras as horas trabalhadas além do limite. 3. Fixado o limite mensal de trabalho ordinário inferior ao máximo legal, o divisor de horas extras deve ser redimensionado, não havendo falar em aplicação do divisor 220. ADICIONAL – REPOUSO SEMANAL REMUNERADO E FERIADOS LABORADOS. O apelo não atende aos requisitos do art. 896 da CLT, no particular. INTERVALO INTRAJORNADA – ORIENTAÇÃO JURISPRUDENCIAL N. 342 DA SBDI-1 DO TST. É inválida a cláusula de norma coletiva que contempla a redução ou a não concessão do intervalo intrajornada. Inteligência da Orientação Jurisprudencial n. 342 da SBDI-I do TST. Recurso de Revista parcialmente conhecido e provido[15].

No caso em destaque, não se poderia esperar entendimento contrário do Tribunal Superior do Trabalho, pois a Egrégia Corte Trabalhista já se manifestou expressamente pela aceitação do sistema denominado *semana espanhola*, que muito se assemelha ao sistema 12 x 36, porém, prevendo alternância de duração de trabalho de 48 horas em uma semana e 40 horas em outra, ou seja, em tese, o sistema seria ainda mais desfavorável ao trabalhador que o regime 12 x 36 e está autorizado, de acordo com a Orientação Jurisprudencial n. 323, Seção de Dissídios Individuais n. 1 do TST.

OJ-SDI-1-323 ACORDO DE COMPENSAÇÃO DE JORNADA. "SEMANA ESPANHOLA". VALIDADE. DJ 09.12.2003

É válido o sistema de compensação de horário quando a jornada adotada é a denominada "semana espanhola", que alterna a prestação de 48 horas em uma semana e 40 horas em outra, não violando os arts. 59, § 2º, da CLT e 7º, XIII, da CF/1988 o seu ajuste mediante acordo ou convenção coletiva de trabalho.[16]

Outra questão importante a se observar no sistema de trabalho 12 x 36 é que, mesmo ocorrendo labor aos domingos e feriados, o obreiro não terá direito

(15) TST, RR n. 140/2001-402-04-00.0, Oitava Turma, Relª Min. Maria Cristina Irigoyen Peduzzi, DEJT 12.12.2008, p. 1561.

(16) *Livro de Jurisprudência do TST*. Disponível em: <http://www.tst.gov.br/web/guest/livro-de-jurisprudencia> Acesso em: 23 out. 2011.

à dobra salarial prevista na Lei n. 605/49. Nesse sentido, também já se manifestou a Corte Superior Trabalhista.

> RECURSO DE REVISTA. 1. Regime 12 x 36. Feriados trabalhados. Pagamento em dobro. Indevido. Este colendo tribunal superior tem firmado o entendimento no sentido de que o trabalho no regime de 12 horas de trabalho por 36 de descanso resulta na compensação de eventual serviço prestado em domingos e feriados. Em razão disso, o empregado sujeito a esse regime não tem direito à dobra salarial relativa ao labor realizado nestes dias. Precedentes da c. SBDI-1. Recurso de revista conhecido e provido[17].

No sistema de trabalho 12 x 36, levanta-se, ainda, a discussão acerca do intervalo para repouso e alimentação, tendo em vista que algumas convenções coletivas tentam suprimir esse direito. Contudo, o Egrégio Tribunal Superior do Trabalho já se manifestou sobre o tema, por meio das Orientações Jurisprudenciais ns. 307 e 342, item I, da Seção de Dissídios Individuais 1:

> OJ-SDI-1-307 INTERVALO INTRAJORNADA (PARA REPOUSO E ALIMENTAÇÃO). NÃO CONCESSÃO OU CONCESSÃO PARCIAL. LEI N. 8.923/1994. DJ 11.08.03
>
> Após a edição da Lei n. 8.923/1994, a não concessão total ou parcial do intervalo intrajornada mínimo, para repouso e alimentação, implica o pagamento total do período correspondente, com acréscimo de, no mínimo, 50% sobre o valor da remuneração da hora normal de trabalho (art. 71 da CLT).[18]
>
> OJ-SDI-1-342 INTERVALO INTRAJORNADA PARA REPOUSO E ALIMENTAÇÃO. NÃO CONCESSÃO OU REDUÇÃO. PREVISÃO EM NORMA COLETIVA. INVALIDADE. EXCEÇÃO AOS CONDUTORES DE VEÍCULOS RODOVIÁRIOS, EMPREGADOS EM EMPRESAS DE TRANSPORTE COLETIVO URBANO (alterada em decorrência do julgamento do processo TST IUJ-EEDEDRR 1226/2005-005-24-00.1) – Res. 159/2009, DEJT divulgado em 23, 24 e 25.11.2009
>
> I – É inválida cláusula de acordo ou convenção coletiva de trabalho contemplando a supressão ou redução do intervalo intrajornada porque este constitui medida de higiene, saúde e segurança do trabalho, garantido por norma de ordem pública (art. 71 da CLT e art. 7º, XXII, da CF/1988), infenso à negociação coletiva[19].

Houve outra polêmica no que concerne ao trabalho realizado em escalas de 12 x 36, agora, no que tange ao trabalho noturno, ou seja, como seriam pagas as horas do trabalho realizado durante todo o horário noturno, considerado entre as 22 horas de um dia e 5 horas do dia seguinte, e o trabalho continuasse no horário diurno?

---

(17) TST, RR n. 158000-64.2003.5.02.0050, Segunda Turma, Rel. Min. Guilherme Augusto Caputo Bastos, DEJT 03.06.2011, p. 716.

(18) *Livro de Jurisprudência do TST*. Disponível em: <http://www.tst.gov.br/web/guest/livro-de-jurisprudencia> Acesso em: 20 out. 2011. Acesso em: 23 out. 2011.

(19) *Id., ibid.*

Um exemplo prático seria o caso do empregado que inicie o trabalho às 18 horas de um dia às 6 horas da manhã seguinte. Nesse caso, o Tribunal Superior do Trabalho já definiu que a carga horária, sendo realizada em todo o período considerado noturno e avançando para o período diurno seguinte, o obreiro faz *jus* a que a hora que avançou no horário diurno seja paga com o devido adicional noturno, conforme se verifica na Orientação Jurisprudencial n. 388 da Seção de Dissídios Individuais 1:

> OJ-SDI-1-388-JORNADA 12 X 36. JORNADA MISTA QUE COMPREENDA A TOTALIDADE DO PERÍODO NOTURNO. ADICIONAL NOTURNO. DEVIDO. (DEJT divulgado em 9, 10 e 11.06.2010)
>
> O empregado submetido à jornada de 12 horas de trabalho por 36 de descanso, que compreenda a totalidade do período noturno, tem direito ao adicional noturno, relativo às horas trabalhadas após as 5 horas da manhã.(20)

Por tudo isso, ora analisado acerca do sistema de trabalho 12 x 36, percebe-se tratar-se de um assunto bastante polêmico e que, de algum modo, colabora para refletir na construção de outras formas de duração do trabalho, além das que estão presentes na legislação pátria, de acordo com as necessidades e especificidades de cada atividade laboral.

1.3. O trabalho em domicílio e o teletrabalho

O trabalho em domicílio é uma forma paralela de relação de emprego, com a característica essencial de o empregado não laborar sob as vistas do empregador, gerando uma situação especial.

Moraes Filho (1994), ao escrever sobre o assunto, expressou com clareza que "o trabalho a domicílio, ao contrário do artesão, é um legítimo assalariado, já que não possui, em geral, os instrumentos de trabalho, recebe a matéria-prima do seu empresário e trabalha para ele e por sua conta, dele recebendo salário"(21).

Na mesma linha de entendimento De La Cueva (1970) discorre que: "El trabajador a domicilio, en la vida real, se encuentra subordinado al patrono, igual que el trabajador de la fábrica: Tiene la obrigación de entregar el produto que se le solicita; [...](22)."

A legislação brasileira até 16 de dezembro de 2011previa, expressamente, no artigo 6º da CLT, que: "Não se distingue entre o trabalho realizado no estabelecimento do empregador e o executado no domicílio do empregado, desde que esteja

(20) *Livro de Jurisprudência do TST*. Disponível em: <http://www.tst.gov.br/web/guest/livro-de-jurisprudencia> Acesso em: 20 out. 2011. Acesso em: 23 out. 2011.

(21) MORAES FILHO, Evaristo de. *Trabalho a domicílio e contrato de trabalho*. São Paulo: LTr, 1994. p. 55.

(22) DE LA CUEVA, Mario. *Derecho mexicano del trabajo*. 12. ed. México: Porrúa, 1970. p. 867, v. 1.

caracterizada a relação de emprego." No artigo 83 garante, ainda, que: "É devido o salário mínimo ao trabalhador em domicílio, considerado este como o executado na habitação do empregado ou em oficina de família, por conta de empregador que o remunere."

A relação de emprego se caracteriza quando um dos sujeitos, o empregado, tratar-se de pessoa física, trabalhar de forma pessoal (*intuitu presonae*), com subordinação, não eventualmente e gerar onerosidade ao empregador. Todavia, no trabalho em domicílio algumas dessas características não são de fácil controle, como a pessoalidade e a subordinação, pois a execução dos serviços ocorre sem o acompanhamento direto do empregador.

Diante disso, percebe-se a importância da parte final da redação original do artigo 6º da CLT, pois a situação somente será incontroversa quando houver a relação formal de trabalho entre as partes, em que, além da formalidade se estabeleça uma relação de confiança, quando se espera que o empregado realize efetivamente as tarefas que lhe são conferidas.

Outra questão muito peculiar ao trabalho em domicílio é justamente quanto ao controle da duração de trabalho, visto que, em regra, o empregado não está sujeito à fiscalização direta do empregador, como no caso de costureiras que trabalham como empregadas em domicílio.

Diante dessa dificuldade, especificamente, além da necessidade de atualização do texto celetista, em função da realidade tecnológica hodierna, foi editada a Lei n. 12.551, de 15 de dezembro de 2011[(23)], que alterou o artigo 6º da CLT, passando a ter a seguinte redação:

> Art. 6º Não se distingue entre o trabalho realizado no estabelecimento do empregador, o executado no domicílio do empregado e o realizado a distância, desde que estejam caracterizados os pressupostos da relação de emprego.
>
> Parágrafo único. Os meios telemáticos e informatizados de comando, controle e supervisão se equiparam, para fins de subordinação jurídica, aos meios pessoais e diretos de comando, controle e supervisão do trabalho alheio.

As alterações no artigo 6º da CLT ocorreram inicialmente no *caput*, em que foi acrescentado, além do trabalho em domicílio, o *trabalho realizado a distância*, ou seja, aquele que é relação de emprego, porém, em local diverso do domicílio do empregado e do ambiente empresarial, contemplando, de certa forma, o teletrabalho que será analisado ainda neste item.

No parágrafo acrescentado ao artigo 6º da CLT, observa-se claramente uma tentativa de adequação legislativa à realidade tecnológica atual, tendo em vista a situação de inúmeros empregados que, hodiernamente, laboram em jornadas

---

(23) A referida lei entrou em vigor a partir de sua publicação no Diário Oficial da União (DOU), em 16 de dezembro de 2011.

extenuantes, mesmo que fora do ambiente de trabalho, conectados aos mais variados aparatos tecnológicos, conforme analisado no item 3 do Capítulo I deste estudo.

De algum modo, a alteração do artigo em destaque veio contemplar o *direito à desconexão*, posto que o novo texto oficializa o direito às horas extraordinárias quanto ao labor realizado nesse momento de *revolução tecnológica*, com situações de trabalho de duração extremante longas, semelhantes ao que aconteceu na Revolução Industrial.

Indubitavelmente, a alteração legal em apreço trouxe, também, dúvidas quanto ao efetivo efeito sobre as horas extraordinárias, o que somente com o tempo poderá delinear.

Seja pela redação anterior seja pela atual do artigo 6º da CLT, é imprescindível salientar que, apesar da dificuldade do controle da duração do trabalho, caso se comprove, de alguma maneira, que o empregado tenha trabalhado horas extraordinárias em seu domicílio, fará jus ao pagamento do respectivo adicional de horas suplementares ou da compensação de horários.

Süssekind (2000), ao comentar a redação original do artigo 6º da CLT defende que a possibilidade do obreiro compensar os horários elide o direito a horas extraordinárias:

> Entendemos, contudo, não obstante o disposto no artigo 6º da Consolidação que os dispositivos atinentes à limitação da jornada de trabalho não se aplicam ao trabalho a domicílio – o que não ocorre com o repouso semanal e as férias remuneradas. É que o trabalhador a domicílio, embora na condição de empregado executa o serviço na sua própria residência, longe da fiscalização direta do empregador, no horário que melhor convém aos seus interêsses. A remuneração que recebe é paga de acordo com o número de peças produzidas e, sem embargo do limite mínimo de produção que geralmente é ajustado no contrato de emprêgo, certo é que nada obsta que trabalhe dez horas um dia, quatro no outro, etc. etc.(24).

Pelos princípios que norteiam o Direito do Trabalho, bem como pelo fato de a lei não excepcionar quanto ao direito às horas extras ao empregado em domicílio, deve-se considerar que o direito é garantido a esses trabalhadores, apesar de ressalvada a dificuldade de comprovação, em face das peculiaridades do trabalho.

Ressalte-se que o empregador poderá dispor de meios próprios para aferição do tempo de trabalho, como o controle de produção ou tarefa, de maneira que seja exigido do empregado em domicílio produção diária igual à do obreiro, que exerce a sua atividade na sede da empresa.

---

(24) SÜSSEKIND, Arnaldo. *Duração do trabalho e repousos remunerados*. Rio de Janeiro: Freitas Bastos, 1950. p. 143.

Nesse sentido, Moraes Filho (1994) ressalta que: "O trabalhador a domicílio distingue-se do trabalhador interno de fábrica somente pelo local de trabalho, nada mais. A relação que se forma entre ambos e o empregador é idêntica"(25).

Percebe-se que, apesar de a duração do trabalho no Brasil ser considerada rígida, devendo seguir os padrões da Constituição Federal ou da legislação especial de cada atividade específica, pode-se dizer que o trabalho em domicílio e a distância são, sem dúvida alguma, as formas de trabalho que mais se aproximam da possibilidade da duração do trabalho flexível.

Certo é, indubitavelmente, tratar-se de uma forma de trabalho, cujo tempo efetivo de labor fica muito mais a critério do empregado do que do empregador, inclusive no que diz respeito aos horários de intervalo para repouso e alimentação.

São consideradas vantagens do trabalho em domicílio o fato de o trabalhador não estar sujeito a deslocamentos entre a sua casa e o local de trabalho, principalmente nos grandes centos urbanos, bem como o fato de não estar o tempo todo sob os olhares de seu empregador, o que lhe garante maior liberdade. Este é o argumento principal de De La Cueva (1970), ao narrar que os defensores do sistema aduzem que "El trabajo a domicilio libera al obrero de la vigilancia constante del patrono y le hace sentirse libre"(26).

Quanto aos argumentos contrários, o principal é quanto ao isolamento do empregado, o que dificulta a socialização em sua categoria de trabalho, bem como a sindicalização, que também fica extremamente prejudicada, enfraquecendo esses trabalhadores.

De La Cueva (1970) acrescenta que: "Por regla general, escriben los atores, se pagan salarios muy reducidos; como no existe control sobre la forma de pago los salarios, pagan los patronos precios extraordinariamente bajos por cada pieza que reciben"(27).

Outro ponto relevante sobre o trabalho em domicílio é que, por vezes, esse tipo de trabalho não é formalizado, prejudicando o trabalhador, que não se beneficia de direitos trabalhistas, como 13º salário, férias, repouso semanal remunerado e, ainda, fica excluído do sistema previdenciário e do regime do Fundo de Garantia por Tempo de Serviço. Para o Estado, as consequências do trabalho em domicílio informal são diminuição da arrecadação de verbas, previdenciárias, do FGTS e demais encargos trabalhistas.

Diferente modalidade de relação de emprego pode ocorrer fora da empresa, o chamado teletrabalho, que vem ganhando força nos tempos modernos, principalmente em viturde do avanço tecnológico.

---

(25) MORAES FILHO, Evaristo de. *Trabalho a domicílio e contrato de trabalho*. São Paulo: LTr, 1994. p. 148.

(26) DE LA CUEVA, Mario. *Derecho mexicano del trabajo*. 12. ed. México: Porrúa, 1970. p. 869, v. 1.

(27) DE LA CUEVA, Mario. *Derecho mexicano del trabajo*. 12. ed. México: Porrúa, 1970. p. 869, v. 1.

O teletrabalho[28] é realizado quando se utilizam equipamentos que permitem desenvolver o trabalho em um lugar diverso da sede empresa, um local criado para esse fim ou no domicílio do empregado. Segundo o Jornal Estado de São Paulo, de julho de 2008, o Brasil já conta com 10,6 milhões de teletrabalhadores, sendo que, em 2001, eram apenas 500 mil[29].

Conforme visto anteriormente, o parágrafo único do artigo 6º da CLT veio, de certa forma, contemplar o teletrabalho, posto que ficou expresso em sua nova redação o trabalho *realizado a distância*, o que certamente poderá fundamentar para essa nova modalidade de trabalho, enquanto não surgir legislação específica sobre o tema.

Tramita no Congresso Nacional o Projeto de Lei n. 4.505/2008, de autoria do Deputado Luiz Paulo Vellozo Lucas do PSDB/ES, que dispõe sobre o teletrabalho:

> Sob controle de um empregador ou para um cliente, por um empregado ou trabalhador autônomo de forma regular e por uma cota superior a quarenta por cento do tempo de trabalho em um ou mais lugares diversos do local de trabalho regular, sendo utilizadas para realização das atividades laborativas, tecnologias informáticas e de telecomunicações[30].

Portanto, verifica-se a possibilidade do teletrabalho, como relação de trabalho, que não se aplica aos interesses do presente estudo, visto não haver qualquer controle quanto à duração do trabalho, e como relação de emprego, em que se observa uma situação bastante diversa do simples trabalho em domicílio, pois, em regra, o teletrabalho implica realização de tarefas mais complexas, conforme dispõe Barros (2009):

> O teletrabalho distingue-se do trabalho em domicílio tradicional não só por implicar, em geral, a realização de tarefas mais complexas, do que as manuais, mas também porque abrange setores diversos: como tratamento, transmissão e acumulação de informação; atividade de investigação; secretariado, consultoria, assistência técnica e auditoria; gestão de recursos, vendas e operações mercantis em geral; desenho, jornalismo, digitação, redação, edi-

---

(28) VALTERCIDES, Rubens narra que: "Em termos de teletrabalho, o trabalhador exerce suas atividades fora do *habitat* tradicional da empresa – novos tempos – pois estava acostumado a viver dentro de uma geração que separava nitidamente vida doméstica, lazer e trabalho." Disponível em: <http://www.diritto.it/docs/30998-natureza-jur-dica-do-teletrabalho-no-brasil?page=2> Acesso em: 22 out. 2011.

(29) AGÊNCIA ESTADO. *Empresa estimula funcionários a trabalhar em casa*. Disponível em: <http://www.estadao.com.br/noticias/geral,empresa-estimula-funcionarios-a-trabalhar-em-casa,182110,0.htm> Acesso em: 22 out. 2011.

(30) CÂMARA DOS DEPUTADOS. Disponível em: <http://www.camara.gov.br/proposicoesWeb/fichadetramitacao?idProposicao=420890> Acesso em: 22 out. 2011.

ção, contabilidade, tradução, além da utilização de novas tecnologias, como informática e telecomunicações, afetas ao setor terciário[(31)].

Essa situação peculiar do teletrabalho, em relação ao trabalho em domicílio, pode contribuir para maior facilidade no controle da duração de trabalho, visto que as atividades relacionadas ao uso de informática podem perfeitamente ser monitoradas a distância, inclusive, no que tange ao tempo de efetivo trabalho.

Interessante registrar que, no mencionado Projeto de Lei n. 4.505/2008, o artigo 6º garante aos teletrabalhadores os mesmos direitos assegurados aos demais trabalhadores celetistas. Contudo, o parágrafo único do referido artigo dispõe que "Em razão do caráter de controle de jornada aberta e, via de regra, de forma virtual, aos empregados teletrabalhadores não será contemplado o direito às horas extras, devendo a remuneração ajustar-se às horas normais de trabalho".

Com isso, o empregado em teletrabalho estaria no rol de trabalhadores excluídos do regime legal de duração do trabalho, assim como os trabalhadores externos, os que exercem cargo de gestão nos termos do artigo 62 da CLT e os domésticos, que não foram contemplados com esse direito.

Indiscutivelmente, verificam-se vantagens do teletrabalho para o empregador, seja no que diz respeito à redução do espaço imobiliário, com diminuição de custos inerentes à aquisição de locais, aluguéis, manutenção, transporte[(32)], seja, caso aprovado o mencionado projeto de lei, na redução de despesas trabalhistas, como as horas extraordinárias.

Em contrapartida, para o trabalhador, é discutível se a flexibilidade de horários é vantajosa, visto que, enquanto se cria a possibilidade de conciliar melhor o tempo de trabalho e o convívio familiar, corre-se também o risco de o empregado se tornar um *telescravo*, tendo que cumprir metas inalcançáveis, sem encontrar um meio-termo entre as suas atividades laborativas e o seu tempo livre; nessas condições, não se estaria observando o direito básico à saúde do trabalhador.

Por outro lado, há que se admitir que tanto o trabalho em domicílio quanto o teletrabalho constituem formas incipientes de contribuição na atenuação de um dos maiores problemas do mundo pós-moderno, a difícil locomoção nos grandes centros urbanos, além de se constituir em opção para diminuir o impacto ambiental decorrente desses deslocamentos.

Entretanto, frise-se que o maior cuidado a ser tomado em relação ao trabalho em domicílio e o teletrabalho é o isolamento decorrente da falta de contato com outros trabalhadores, a eliminação da possibilidade de progressão na carreira e, principalmente, menores níveis de proteção social e de tutela sindical, em virtude dessa individualização, como ocorre com o trabalhador doméstico, categoria

---

(31) BARROS, Alice Monteiro de. *Curso de direito do trabalho*. 5. ed. São Paulo: LTr, 2009. p. 327.

(32) BARROS, Alice Monteiro de. *Curso de direito do trabalho*. 5. ed. São Paulo: LTr, 2009. p. 328.

notoriamente isolada, que, em pleno século XXI, ainda não tem todos os direitos dos demais trabalhadores.

2. O TRABALHO INFORMAL E A PRESTAÇÃO DE SERVIÇOS EM DETRIMENTO DO EMPREGO FORMAL

Conforme mencionado reiteradamente no presente estudo, um dos objetivos da redução da duração do trabalho é a possibilidade de empregabilidade, visto que o desemprego é um problema social, que assola grande parte do mundo capitalista.

Destarte, além das formas de relação de emprego menos convencionais, como o trabalho em domicílio e o teletrabalho, há que se ponderar sobre o grande avanço da prestação de serviços, em detrimento do emprego formal.

Imprescindível salientar a diferença entre trabalho informal e prestação de serviço formalizada, ou seja, trabalho informal, em regra, não é revestido das regularidades que garantam os direitos básicos ao trabalhador, como previdência social. Também não há anotação da Carteira de Trabalho e Previdência Social (CTPS) do trabalhador, que desenvolve o seu labor à margem das leis trabalhistas.

Geralmente, o trabalho informal é utilizado em relações de emprego mascaradas, para desonerar a carga tributária e encargos sociais do empregador, causando prejuízos ao empregado, ao Estado e à sociedade em geral, visto que os valores destinados aos tributos e encargos sociais poderiam/deveriam ser aplicados em benefícios, como educação, lazer, saneamento básico, moradia, saúde, segurança, etc. Na visão de Pastore (2000), "A informalidade tem recebido diferentes tratamentos, desde os que consideram o trabalho informal como a salvação da nova economia até os que veem nele uma grave ameaça à ordem social"[(33)].

Segundo Pesquisa Mensal de Emprego (PME), do Instituto Brasileiro de Geografia e Estatística (IBGE), nas regiões metropolitanas de Recife, Salvador, Belo Horizonte, Rio de Janeiro, São Paulo e Porto Alegre, no mês de outubro de 2011, o número de empregados na iniciativa privada sem carteira assinada foi correspondente a aproximadamente 22 por cento do número de empregados na iniciativa privada com carteira assinada[(34)].

O trabalho informal é, sem dúvida, extremamente nefasto para o país. Porém, muitas vezes, é um recurso utilizado pelo empregador brasileiro para escapar do peso da carga tributária, que lhe é imposta. Por outro lado, a prestação de serviços regularizada garante ao trabalhador direitos e obrigações que o inserem em benefícios previdenciários, relacionados à maternidade, ao auxílio acidentário e à aposentadoria.

---

(33) PASTORE, José. *A questão da informalidade*. Disponível em: <http://www.josepastore.com.br> Acesso em: 24 nov. 2011.

(34) Pesquisa Mensal de Emprego do Instituto Brasileiro de Geografia e Estatística. Disponível em: <http://www.ibge.gov.br/home/estatistica/indicadores/trabalhoerendimento/pme_nova/pme_201110tm_01.shtm> Acesso em: 24 nov. 2011.

O grande problema da prestação de serviços é conseguir evitar que ela também se realize de maneira informal, pois o prestador de serviços é um trabalhador com obrigações tributárias e encargos sociais; afinal deve recolher os impostos inerentes a sua prestação de serviços, bem como será um contribuinte obrigatório da previdência, seja na condição de autônomo, de eventual, de trabalhador avulso seja na condição de firma individual.

Diante disso, o grande desafio contemporâneo do Estado é tornar cada vez mais atrativa a formalização da prestação de serviços, que, por vezes, tem substituído o emprego formal na população economicamente ativa, pois o trabalhador passa a desenvolver atividades em sua própria casa, visando a maior liberdade, no que diz respeito, inclusive, ao seu tempo de trabalho.

Uma das ações do Estado foi o advento da Lei Complementar n. 128, de 19 de dezembro de 2008, que passou a produzir efeitos a partir de julho de 2009, que prevê, paralelamente ao incentivo reservado às microempresas e empresas de pequeno porte, também a garantia da implementação do microempreendedor individual (MEI).

A Lei do Microempreendedor Individual (MEI) traz inúmeros incentivos ao trabalhador, que opta por formalizar a sua atividade, como a proteção social no presente e no futuro, pois o recolhimento mensal das contribuições previdenciárias garante ao empreendedor um seguro, com renda para si e para a sua família, em casos de doença, gravidez, prisão, morte e velhice.

Alguns dos benefícios garantidos ao microempreendedor individual estão disponíveis desde a sua adesão, como a pensão por morte e o auxílio-reclusão, enquanto, para outros, é necessário determinado tempo de contribuição, como salário-maternidade, dez contribuições mensais, auxílio-doença e aposentadoria por invalidez, doze contribuições mensais e aposentadoria por idade, 180 contribuições mensais.

Ainda pode ser atribuída à regularização do microempreendedor individual a possiblidade maior de acesso ao crédito bancário, em virtude da comprovação do trabalhador de que tem um negócio próprio regularizado.

De acordo com a redação original da Lei Complementar n. 128/2008, considera-se MEI o empresário individual a que se refere o art. 966 do Código Civil, que tenha auferido receita bruta, no ano-calendário anterior, de até R$ 36.000,00 (trinta e seis mil reais), optante pelo Simples Nacional e que não esteja impedido de optar pela sistemática prevista na lei em questão.

Diante da situação ora delineada, o MEI, na condição de pessoa jurídica equiparada, deverá recolher mensalmente INSS no valor fixo de 56 reais, ICMS de um real e cinco reais de ISS, mas é isento do IRPJ, e de outros tributos, como PIS, Cofins, CSLL e IPI.

Situações como a do microempreendedor individual surgem como uma proposta paralela ao desemprego, com o Estado, de certo modo, agindo para incentivar o trabalho, ainda que não seja uma relação de emprego, mas, pelo menos, garantindo a participação do trabalhador no custeio da previdência social.

Observa-se que, tanto no trabalho informal quanto no microempreendedorismo, a duração do trabalho é um assunto de segundo plano. Isto porque, no primeiro caso, trata-se de contratação de trabalho irregular e ilegal, logo, qualquer que seja a duração do trabalho, estará viciada em sua origem, em razão do tipo de contratação.

No segundo caso, o microempreendedor individual irá *comandar* o seu tempo de trabalho, o que nem sempre poderá ser considerado vantagem para o trabalhador, pois, muitas vezes, para conseguir um rendimento financeiro razoável, o trabalhador terá que estender por horas sua duração diária de trabalho.

Fomentar o trabalho por meio de prestação de serviços formalizada nada mais é que valorar a eficácia horizontal dos direitos fundamentais, pois os particulares começam a agir para proteger e promover os seus basilares direitos, além do que é realizado pelo Estado, por meio da eficácia vertical dos direitos fundamentais.

Leite (2011) aborda o assunto da seguinte forma:

> A eficácia horizontal dos direitos fundamentais, também chamada de eficácia dos direitos fundamentais entre terceiros ou de eficácia dos direitos fundamentais nas relações privadas, decorre do reconhecimento de que as desigualdades estruturantes não se situam apenas na relação entre o Estado e os particulares, como também entre os próprios particulares, o que passa a empolgar um novo pensar dos estudiosos da ciência jurídica a respeito da aplicabilidade dos direitos fundamentais no âmbito das relações entre os particulares(35).

A ideia de que os direitos fundamentais devem ser providos sob a responsabilidade única do Estado ganha novos contornos, e as relações entre particulares passam a gerar novas perspectivas. Ao tratar dessa questão, Sarmento (2006) considera que:

> O Estado e o Direito assumem novas funções promocionais e se consolida o entendimento de que os direitos fundamentais não devem limitar o seu raio de ação às relações políticas, entre governantes e governados, incidindo também em outros campos como o mercado, as relações de trabalho e família(36).

(35) LEITE, Carlos Henrique Bezerra. Eficácia horizontal dos direitos fundamentais na relação de emprego. Revista LTr, São Paulo, p. 25, jan./2011.

(36) SARMENTO, Daniel. *Direitos fundamentais e relaçoes privadas*. 2. ed. Rio de Janeiro: Lumen Juris, 2006. p. 323.

Desse modo, percebe-se que a eficácia horizontal dos direitos fundamentais pode ser visualizada entre particulares. Na busca pela garantia, há alguns direitos de segunda geração, como o direito ao trabalho e previdência social, pois, no caso da prestação de serviços formal, por exemplo, o indivíduo irá se organizar para o seu trabalho, com a mínima intervenção estatal possível.

É certo que, na sociedade contemporânea, algumas adaptações são essenciais para a manutenção da massa trabalhadora, exercendo alguma atividade, nem sempre atividade de emprego. Nesse caso, é necessária a implementação de um novo pensar social: a cultura do trabalho subordinado é extremamente forte e somente novas perspectivas poderão levar, de fato, a uma situação em que o emprego deixe de ser imprescindível para a paz social.

3. TERCEIRIZAÇÃO E DURAÇÃO DO TRABALHO

A terceirização, na acepção da palavra, é o ato de transferir a terceiros; no Direito do Trabalho, significa que uma empresa transfere, parte de suas atividades, a outra empresa.

A terceirização constitui uma relação jurídica triangular, em que se verificará a figura da empresa tomadora dos serviços, a empresa irá fornecer o trabalho dito *terceirizado* e o trabalhador irá prestar serviços para a empresa tomadora, porém, sob vínculo empregatício com a empresa *terceirizada*.

Sobre o fato de a empresa prestadora de serviço ser denominda *terceirizada*, Romita (1992) ressalta que terceiro não é parte da relação jurídica e indaga: "No contrato entre a empresa de prestação de serviços e a empresa tomadora, há apenas o *primus* e o *secundus*. Onde está o *tertius*?..." E conclui:

> O vocábulo *terceiro*, utilizado neste contexto para designar a empresa prestadora de serviços, denota uma preocupação com a possível existência de relação empregatícia entre a empresa tomadora e os empregados da empresa prestadora dos serviços. Mas, se se afirma a autonomia e a plena validade jurídica do contrato (de natureza civil) de prestação de serviços, então não teria sentido atribuir ao prestador dos serviços a qualidade de *terceiro*[37]. (grifos do autor)

Esse tipo de contratação descaracteriza o vínculo empregatício direto, que, sem dúvida alguma, é o objetivo principal do Direito do Trabalho. Nesse sentido, Teixeira Filho (2000) na obra com Süssekind, dispõe: "constitui exceção ao estabelecimento do vínculo empregatício diretamente entre quem exerce o poder de comando e aquele que executa, mediante salário, uma atividade laboral de que se representa empresa tomadora[38]."

---

(37) ROMITA, Arion Sayão. A terceirização e o direito do trabalho. *Revista LTr,* São Paulo, p. 273, mar./1992.

(38) SÜSSEKIND, Arnaldo *et al. Instituições de direito do trabalho*. 19. ed. São Paulo: LTr, 2000. p. 280, v.1.

Delgado (2011) dispõe que terceirização é um neologismo, oriundo da palavra terceiro, construído pela área de administração de empresas, fora da cultura do Direito, visando enfatizar a descentralização empresarial de atividades para outrem, um terceiro, a empresa[39].

Há que se ressaltar que, no Brasil, a terceirização somente é permitida em atividades consideradas de segundo plano, dentro de determinada atividade empresarial, conforme posicionamento de Barros (2009), ao dissertar que "o fenômeno da terceirização consiste em transferir para outrem atividades secundárias, ou seja, de suporte, atendo-se a empresa à sua atividade principal. Assim, a empresa se concentra na sua atividade-fim, transferindo as atividades-meio"[40].

Oficialmente, as primeiras formas de terceirização no Brasil devem-se aos artigos 455 e 652, "a", III da CLT, que previam duas figuras de subcontratação, a empreitada e a subempreitada. Posteriormente, foram promulgados o Decreto-Lei n. 200/1967 e a Lei n. 5.645/1970, legislações voltadas à administração pública, com possiblidade de subcontratação de serviços, ainda sem a denominação de terceirização.

Em 1974, é editada a Lei n. 6.019, primeira lei voltada ao setor privado, tratando especificamente de uma forma de terceirização, o trabalho temporário, que garante às empresas tomadoras requisitarem de empresas de trabalho temporário, em caráter provisório, empregados a elas vinculados, com habilidades definidas para atender necessidade transitória e substituição de pessoal permanente da empresa tomadora.

Quase dez anos depois adveio a Lei n. 7.102, de 1983, posteriormente alterada pela Lei n. 8.863, de 1994, autorizando a contratação, em caráter permanente, e não apenas provisório, de empresa interposta de segurança privada, com a finalidade de proceder à vigilância patrimonial das instituições financeiras e de outros estabelecimentos, públicos ou privados, bem como a segurança de pessoas físicas e a realizar o transporte de valores ou a garantir o transporte de qualquer outro tipo de carga.

Em virtude da divergência jurisprudencial acerca do tema, em 1986, o Tribunal Superior do Trabalho consolidou a sua jurisprudência, editando inicialmente a Súmula n. 256, em que prevê: "Salvo os casos de trabalho temporário e de serviço de vigilância, previstos nas Leis ns. 6.019, de 03.01.1974, e 7.102, de 20.06.1983, é ilegal a contratação de trabalhadores por empresa interposta, formando-se o vínculo empregatício diretamente com o tomador dos serviços".

Posteriormente, a Súmula n. 256 foi revista e cancelada pelo Tribunal Superior do Trabalho, passando a vigorar a Súmula n. 331, que, em maio de 2011, sofreu alterações em sua redação original de 1993, passando a dispor o seguinte:

---

(39) DELGADO, Mauricio Godinho. *Curso de direito do trabalho*. 10. ed. São Paulo: LTr, 2011. p. 426.

(40) BARROS, Alice Monteiro de. *Curso de direito do trabalho*. 5. ed. São Paulo: LTr, 2009. p. 452.

SÚM-331-CONTRATO DE PRESTAÇÃO DE SERVIÇOS. LEGALIDADE

I – A contratação de trabalhadores por empresa interposta é ilegal, formando-se o vínculo diretamente com o tomador dos serviços, salvo no caso de trabalho temporário (Lei n. 6.019, de 03.01.1974).

II – A contratação irregular de trabalhador, mediante empresa interposta, não gera vínculo de emprego com os órgãos da Administração Pública direta, indireta ou fundacional (art. 37, II, da CF/1988).

III – Não forma vínculo de emprego com o tomador a contratação de serviços de vigilância (Lei n. 7.102, de 20.06.1983) e de conservação e limpeza, bem como a de serviços especializados ligados à atividade-meio do tomador, desde que inexistente a pessoalidade e a subordinação direta.

IV – O inadimplemento das obrigações trabalhistas, por parte do empregador, implica a responsabilidade subsidiária do tomador dos serviços quanto àquelas obrigações, desde que haja participado da relação processual e conste também do título executivo judicial.

V – Os entes integrantes da Administração Pública direta e indireta respondem subsidiariamente, nas mesmas condições do item IV, caso evidenciada a sua conduta culposa no cumprimento das obrigações da Lei n. 8.666, de 21.06.1993, especialmente na fiscalização do cumprimento das obrigações contratuais e legais da prestadora de serviço como empregadora. A aludida responsabilidade não decorre de mero inadimplemento das obrigações trabalhistas assumidas pela empresa regularmente contratada.

VI – A responsabilidade subsidiária do tomador de serviços abrange todas as verbas decorrentes da condenação referentes ao período da prestação laboral(41).

Verifica-se que, além do trabalho temporário previsto em lei específica, a terceirização continua sendo aceita apenas nos casos serviços de vigilância (Lei n. 7.102, de 20.06.1983) e de conservação e limpeza, bem como a de serviços especializados ligados à atividade-meio do tomador, desde que inexistentes a pessoalidade e a subordinação direta. Diante disso, a Justiça do Trabalho e o Ministério Público do Trabalho vêm combatendo de forma contundente as formas de terceirização fraudulenta que destoam do que prevê a Súmula n. 331 do Tribunal Superior do Trabalho.

Observa-se que, ao se possibilitar a terceirização, ocorre consequentemente uma exclusão de trabalhadores aos direitos reservados à determinada categoria. Um exemplo disso foi o que ocorreu na administração pública, ou seja, antes da possibilidade de terceirização dos serviços de vigilância, os *campus* universitários tinham a sua segurança garantida por vigilantes concursados, que gozavam de todos os direitos dos servidores públicos, a estabilidade no emprego, inclusive, o que foi substituído por contratação interposta, desonerando sobremaneira a administração pública, no que tange a encargos trabalhistas e questões previdenciárias.

(41) *Livro de Jurisprudências do TST*. Disponível em: <http://www.tst.gov.br/web/guest/livro-de-jurisprudencia> Acesso em: 20 jan. 2012.

Para muitos autores, como Teixeira Filho (2000), a terceirização foi muito utilizada para explorar o trabalhador, a baixo custo e sem lhe oferecer as garantias básicas:

> Vasta produção jurisprudencial se formou em torno da extensa gama de hipóteses de subministração de mão de obra a baixo custo e de exploração da energia de trabalho, por um terceiro, como se mercadoria fosse (*marchandage*), burlando a legislação do trabalho. Contemplava-se desde a contratação de mão de obra por meio de empresas inidôneas até a escancarada substituição de trabalhadores próprios por vinculados a empresa interposta, inobservando a legislação especial editada naquele então[(42)].

Manus (2007), quando trata do assunto, ressalta com propriedade que "o que motiva o empresário a buscar o concurso desse terceiro, é óbvio, é diminuir o custo da mão de obra, o que lhe permite ampliar seu lucro, ou no mínimo, manter-se no mercado de forma competitiva, garantindo preço razoável a seu produto"[(43)].

O certo é que a terceirização ainda é campo fértil para discussão sobre a garantia dos direitos básicos ao trabalhador. Afinal, quando uma empresa opta por utilizar a terceirização de algum serviço, o faz com a intenção de migrar dos contratos de relação direta de emprego para os contratos de natureza civil com a empresa interposta, a fim de diminuir os seus custos e as suas responsabilidades.

Gandra Filho (2008) elenca os efeitos da terceirização na relação de emprego, como benéficos para a empresa, pois possibilita a concentração da empresa em sua atividade-fim, proporcionando redução dos encargos sociais, economia de custos, simplificação da estrutura da empresa e sua horizontalização, permitindo maior competitividade, o que poderá gerar maior lucratividade.

Com relação ao empregado, elenca os efeitos da terceirização, como danosos, pois, ao passo que reduz o salário do empregado terceirizado, deteriora as condições de higiene e segurança do trabalho, gera maior rotatividade dos empregados, ocasionando desemprego periódico, causa a pulverização sindical, que impossibilita a integração do empregado na empresa[(44)].

Não há dúvidas de que a terceirização é um instrumento de precarização da relação de emprego, visto que os seus efeitos somente são positivos para os detentores do capital, que tem nesse tipo de trabalho a possibilidade de diminuição de custos e encargos, sociais, trabalhistas e tributários.

---

(42) SÜSSEKIND, Arnaldo *et al. Instituições de direito do trabalho*. 19. ed. São Paulo: LTr, 2000. p. 281-282, v. 1

(43) MANUS, Pedro Paulo Teixeira. *Direito do trabalho*. 11. ed. São Paulo: Atlas, 2007. p. 127.

(44) MARTINS FILHO, Ives Gandra da Silva. *Manual esquemático de direito e processo do trabalho*. 16 ed. São Paulo: Saraiva, 2008. p. 61-62.

Hodiernamente, com o fenômeno da globalização, os grandes grupos econômicos procuram se instalar nos países onde terão menos encargos e, consequentemente, menores custos de produção.

Assim, países que adotam a terceirização são alvos de empresas multinacionais, que buscam aumentar a lucratividade à custa do achatamento dos direitos dos trabalhadores.

Há países, como a França, que vedam a contratação de trabalhadores por meio da intermediação de mão de obra, exceto para o exercício do trabalho temporário (cf. art. 125-3 do Código do Trabalho francês)[(45)].

Sobre o fenômeno da terceirização, o Ministro do Superior Tribunal do Trabalho, Pedro Paulo Teixeira Manus, faz uma interessante abordagem:

> É fato que, não existindo contrato de trabalho, os encargos do empregador desaparecem e, portanto, de imediato, pode-se até pagar mais pelo serviço prestado. Todavia, as garantias do contrato de trabalho desaparecem, porque esse instituto deixa de existir.
>
> Lembre-se de que a terceirização é situação imposta pelo fenômeno da globalização, à medida que a competitividade aumenta com esse processo que introduz entre nós outros competidores, como as empresas multinacionais, tornando o mercado altamente difícil para a empresa nacional, impondo-lhe medidas drásticas para poder manter-se em atividade[(46)].

Importante salientar que, conforme verificado no item IV da Súmula n. 331 do Tribunal Superior do Trabalho, a terceirização não pode, em hipótese alguma, significar uma blindagem ao empregador, que opte por essa forma de contratação, pois o descumprimento das obrigações trabalhistas, pela empresa interposta, responsabiliza, subsidiariamente, o tomador dos serviços, perante o obreiro que prestou os serviços.

Assim, empresas que se utilizam dessas contratações têm o dever de fiscalizar as empresas que oferecem a prestação de serviço. O trabalhador, por sua vez, ao ingressar na Justiça do Trabalho, pleiteando verbas trabalhistas não pagas na relação de emprego, deve necessariamente colocar no polo passivo da demanda a empresa tomadora do serviço, conforme previsto no referido item IV da Súmula n. 331 do TST.

Giglio (2011) pondera que "provavelmente tenhamos que nos adaptar à terceirização, como resposta natural e espontânea da sociedade às novas imposições das atividades produtivas modernas". E acrescenta que deverá haver melhor regulação da terceirização para que se diminuam os malefícios aos trabalhadores[(47)].

---

(45) BARROS, Alice Monteiro de. *Curso de direito do trabalho*. 5. ed. São Paulo: LTr, 2009. p. 457.

(46) MANUS, Pedro Paulo Teixeira. *Direito do trabalho*. 11. ed. São Paulo: Atlas, 2007. p. 127.

(47) GIGLIO, Wagner D. Terceirização. *Revista LTr*, São Paulo, p. 394, abr./2011.

No que tange especificamente à duração de trabalho e à terceirização, há que se observar que, indubitavelmente, o empregado que labora por meio de empresa interposta não terá os direitos reservados aos empregados contratados diretamente pela empresa tomadora. Por exemplo, quando uma instituição financeira contrata uma empresa interposta para lhe fornecer o serviço de segurança, o empregado *terceirizado*, apesar de estar nas dependências dessa empresa tomadora, não terá a duração do seu trabalho diferenciada, reservada aos bancários.

Aliás, verifica-se que a duração diária do trabalho nos serviços de segurança está entre as mais elevadas no ramo de serviços. Geralmente, utiliza-se, neste caso, o sistema de escala de 12 x 36, em que o obreiro trabalha doze horas e folga 36 horas consecutivas, sistema analisado no item 1.2 deste capítulo. Tal fato se deve também ao trabalho de vigilância estar relacionado ao trabalho intermitente.

Independente da atividade em que o obreiro esteja prestando os seus serviços, em regra, trabalhadores das empresas de intermediação de mão de obra têm apenas a garantia dos direitos básicos previstos na Constituição Federal e na CLT, como a duração semanal do trabalho de 44 horas, com pequenas vantagens eventualmente previstas em convenções coletivas de trabalho.

Destarte, é indiscutível que a redução da duração padrão de trabalho seria benéfica aos trabalhadores de empresas interpostas, o que poderia também culminar na necessidade de novas contratações, aumentando o número de postos formais de trabalho. Entretanto, o ponto crucial quanto à terceirização está relacionado às questões de representação coletiva.

O modelo de trabalho, por meio de empresa interposta, faz com que o trabalhador seja colocado em um ambiente alheio à sua representatividade coletiva, ou seja, os empregados da empresa tomadora, como bancários, por exemplo, estão vinculados a normas coletivas que não se aplicam aos empregados terceirizados daquela instituição financeira, colocando os terceirizados em flagrante condição de inferioridade, sem a garantia de direitos básicos do outro trabalhador, que presta serviços no mesmo ambiente.

Nesse sentido, Coura (2011) acentua que: "por todos os ângulos que se analise a terceirização, ela parece ser um instrumento de efetivação da máxima maquiavélica: a terceirização dividiu os trabalhadores, ruiu valiosas conquistas e criou muralhas entre eles"(48).

Destarte, no caso da terceirização, um dos fatores mais expressivos em relação à valorização do trabalho por meio de empresas interpostas, está em uma representatividade coletiva forte, capaz de alcançar direitos para os terceirizados, equiparados aos direitos dos empregados que trabalham na empresa tomadora de serviços.

---

(48) COURA, Solange Barbosa de Castro. O capitalismo contemporâneo e suas transformações – o impacto da terceirização trabalhista. *Revista LTr*, São Paulo, p. 1460, dez./2011.

4. PAÍSES QUE ADOTAM DURAÇÃO DO TRABALHO INFERIOR A OITO HORAS DIÁRIAS

Sendo o tema central deste trabalho a redução da duração do trabalho, imprescindível observar as características de alguns países, que adotam duração do trabalho no patamar de 35 horas semanais[49].

Um dos primeiros pontos a se destacar é a alta proporção do trabalho com duração reduzida, em muitos países, como na Geórgia, onde mais de 40 por cento dos trabalhadores trabalham menos de 35 horas semanais, sendo que destes 34 por cento são empregados assalariados e 47 por cento trabalhadores autônomos.

Na Holanda, cerca de 40 por cento dos empregados assalariados e perto de 36 por cento dos autônomos laboram com duração semanal de até 35 horas. Situação parecida pode ser observada no Sri Lanka e na Suíça, onde cerca de 33 por cento dos assalariados e 40 por cento dos autônomos estão nessa situação.

No Japão, o percentual de trabalhadores com duração semanal de até 35 horas é de 23,7% entre os empregados assalariados e de 25,3% para os trabalhadores autônomos e, na Guatemala, de 17,7% para empregados remunerados e 35,8% para autônomos.

Há situações em que se percebe uma grande discrepância entre empregados assalariados e autônomos que têm duração semanal de trabalho de até 35 horas, como no caso de Portugal, onde os assalariados são 6,9% e os autônomos, 30,2%, o que ocorre também na Romênia, cuja proporção é de 1,9% e 22,6%, respectivamente.

Lee *et al.* (2009) observam que "as jornadas curtas também são comuns em países de renda elevada, onde amiúde são recomendadas como forma de conciliar o trabalho com a vida familiar"[50].

Outro ponto interessante a ser destacado nos países analisados sobre o trabalho com duração reduzida é quanto à questão do gênero, pois se verifica a predominância de mulheres, em comparação aos homens, por exemplo, na Geórgia, país em que, entre os empregados assalariados, 46% são mulheres e 22% homens e, entre os autônomos, 51,8% são mulheres e 42,5 homens.

Na Holanda, entre os empregados remunerados que laboram até 35 horas semanais, 13,6% são homens e 73,3% mulheres; entre os autônomos, 70,3% mulheres e 17,6% homens.

---

(49) Todos os dados estatísticos que virão a seguir foram retirados da obra: LEE, Sangheon *et al.* *Duração do trabalho em todo o mundo*: tendências de jornadas de trabalho, legislação e políticas numa perspectiva global comparada. Trad. por Oswaldo de Oliveira Teófilo. Secretaria Internacional de Trabalho. Brasília: OIT, 2009. p. 56-59.

(50) LEE, Sangheon *et al.* *Duração do trabalho em todo o mundo*: tendências de jornadas de trabalho, legislação e políticas numa perspectiva global comparada. Trad. por Oswaldo de Oliveira Teófilo. Secretaria Internacional de Trabalho. Brasília: OIT, 2009. p. 56.

No Sri Lanka, a proporção é 36,2% mulheres para 31,4% de homens assalariados; entre os autônomos a proporção aumenta de 58,7% de mulheres para 36,7% de homens.

Na Suíça, há uma imensa discrepância nessa proporção, já que entre os assalariados 58% são mulheres e 12,8% homens; entre os autônomos 61,4% mulheres e 21,1% homens.

O Japão mantém essa diferença elevada, já que 40% dos empregados assalariados são mulheres e apenas 12,3% homens; entre os autônomos, 41,4% são mulheres e 14,1% homens.

A situação é semelhante na Guatemala. Entre os assalariados com duração de trabalho até 35 horas semanais, 32% são mulheres e 11,2% homens; quanto aos autônomos, enquanto 61,8% das mulheres guatemalenses estão nessa situação, os homens somam apenas 19%.

A predominância das mulheres em duração do trabalho reduzida se deve muito à necessidade do trabalho familiar não remunerado, conforme salientam Lee *et al.* (2009):

> Apesar do aumento de sua participação no trabalho remunerado, as mulheres continuam a arcar com a responsabilidade básica do trabalho familiar *não remunerado,* tanto nas tarefas domésticas (por exemplo, cozinhar, limpar) quanto na prestação de cuidados aos membros da família. No que tange a esses cuidados, por exemplo, pesquisa recente baseada em estudos sobre a utilização do tempo em países industrializados indica que as mulheres continuam a exercer, ampla e majoritariamente, a assistência à infância no seio das famílias (COMISSÃO EUROPEIA e EUROSTAT, 2003; ILAHI, 2001). E apesar de os dados abrangentes sobre a utilização do tempo não estarem disponíveis na maioria dos países em desenvolvimento, quando eles existem os resultados podem ser realmente esclarecedores. Por exemplo, no Brasil, um levantamento de âmbito nacional sobre as mulheres realizado em 2001 pela Fundação Perseu Abramo verificou que em 96% de todas as famílias brasileiras cabia às mulheres a responsabilidade primária pela execução das tarefas domésticas e que 57% das mulheres com parceiros (casadas ou não) foram entrevistadas disseram que eles não tinham realizado *nenhuma* tarefa doméstica na semana anterior (SORJ, 2004: 25). A diferença de horas médias que as mulheres tinham devotado às tarefas domésticas, em comparação com os parceiros, era surpreendente: as mulheres declararam despender uma média de 48 horas por semana em tarefas domésticas, enquanto seus parceiros homens empregaram apenas 5,6 horas em tais afazeres – e, portanto, a diferença em trabalho doméstico equivale a uma jornada semanal remunerada (44 horas) naquele país (*ibid.*)[(51)].

(51) LEE, Sangheon *et al. Duração do trabalho em todo o mundo*: Tendências de jornadas de trabalho, legislação e políticas numa perspectiva global comparada. Trad. por Oswaldo de Oliveira Teófilo. Secretaria Internacional de Trabalho. Brasília: OIT, 2009. p. 67.

Também se pode observar que a maior incidência de duração do trabalho reduzida vigora entre os trabalhadores autônomos, o que, segundo Lee *et al.* (2009), "demonstra que, nos países em desenvolvimento, jornadas curtas tendem a concentrar-se em empregos informais" e acrescenta "Isso reflete o fato de que muitos empregos informais nesses países não são mais do que uma estratégia de curto prazo para manter a sobrevivência ou enfrentar o subemprego"(52).

A duração mais curta do trabalho pode não significar exatamente benefícios ao trabalhador. Conforme abordado anteriormente, o trabalho em tempo parcial é uma forma de reduzir a duração do trabalho e, consequentemente, reduzir o salário, fazendo com que o trabalhador busque mais trabalho para complementar a sua renda. Por isso, não é incomum empregados exercendo atividades com duração de trabalho reduzida, por falta de opção de um emprego pleno, que lhes garanta melhores condições de vida.

O trabalho, com duração reduzida e redução dos salários, pode também servir para mascarar o índice de desemprego, como bem delineado por Lee *et al.* (2009):

> De acordo com a resolução de 1998 da Conferência Internacional de Estatísticos do Trabalho, "existe o subemprego ligado à duração de trabalho quando a jornada de uma pessoa empregada é insuficiente se comparada com a de um emprego alternativo que ela deseja assumir e para cujo exercício está disponível" (parágrafo 7). Em outras palavras, trabalhadores que estão em situação de subemprego relacionado com a duração de trabalho estão cumprindo jornadas curtas "involuntariamente". Assim, esse indicador, juntamente com os índices de desemprego, pode fornecer uma informação útil a respeito de quão eficaz é o mercado de trabalho para prover pleno emprego àqueles que gostariam de tê-lo. Por exemplo, em muitos países em desenvolvimento taxas de desemprego relativamente baixas, não raro devam-se simplesmente ao fato de que o desemprego não é opção válida para muitos trabalhadores, que, por isso, assumem qualquer emprego disponível, ainda que com jornada reduzida e baixo salário(53).

Destarte, o que se percebe é que não basta apenas o país fomentar dados, exaltando a duração do trabalho mais curta; é necessário que a redução da duração do trabalho alcance efetivamente os seus objetivos, que vão desde maior qualidade de vida do trabalhador até o aumento efetivo do número de postos de trabalho.

O desafio, portanto, deriva não apenas de redução da duração do trabalho, mas também do grau de intervenção social, que pode variar desde a elaboração da

---

(52) *Id.*, p. 59.

(53) LEE, Sangheon *et al.* *Duração do trabalho em todo o mundo*: Tendências de jornadas de trabalho, legislação e políticas numa perspectiva global comparada. Trad. por Oswaldo de Oliveira Teófilo. Secretaria Internacional de Trabalho. Brasília: OIT, 2009. p. 60.

legislação até o efetivo incentivo trabalhista, fiscal e financeiro, que alcance uma duração do trabalho socialmente desejável.

5. DURAÇÃO DO TRABALHO E NEGOCIAÇÃO COLETIVA – DIREITO NEGOCIADO EM FACE DO DIREITO LEGISLADO

A intervenção estatal foi fundamental para garantir direitos básicos ao trabalhador empregado, visto que a Revolução Industrial do século XVIII colocou a classe proletária em grande desvantagem, em relação aos detentores do capital, que impunham as suas regras explorando homens, mulheres e crianças, com salários miseráveis e extenuante duração do trabalho.

Por outro lado, é importante que a intervenção estatal tenha limites, vez que a partir de certo ponto deve garantir a possibilidade da negociação coletiva, um instrumento muito importante no Direito do Trabalho, visando à adequação em cada realidade de trabalho.

Países que tiveram como fundamento exclusivo o modelo da autoridade estatal, em que o Estado busca normatizar as relações entre particulares de modo a não dar margem a desdobramentos autônomos, como no caso de Itália e Alemanha no início do século XX, demonstraram que a opressão à atuação dos sindicatos dos operários é maléfica para a sociedade em geral, podendo culminar no caos social, em razão desse autoritarismo.

Delgado (2011) elenca dois modelos trabalhistas democráticos essenciais, a *Normatização Autônoma e Privatística* e a *Normatização Privatística Subordinada*:

> **A) Normatização Autônoma e Privatística** – O padrão de normatização autônoma e privatística supõe a plena legitimação do conflito entre particulares. A ampla realização do conflito gesta meios de seu processamento no âmbito da própria sociedade civil, através dos mecanismos de negociação coletiva autônoma, hábeis a induzir à criação da norma jurídica. A norma produz-se, de fato, a partir da sociedade civil, mediante a dinâmica conflituosa e negocial estabelecida entre os sindicatos, associações profissionais e empregadores. Generaliza-se a norma jurídica nesses casos, muitas vezes independentemente de ser ainda absorvida legislativamente pelo Estado.
>
> Os exemplos mais clássicos desse padrão residem nas experiências dos sistemas inglês e norte-americano, em que a normatização jurídica deflui, fundamentalmente, na criatividade privatística manifestada em especial através das convenções e acordos coletivos.
>
> **B) Normatização Privatística Subordinada** – No modelo ora considerado (da *normatização privatística, mas subordinada)*, a criação e reprodução da norma jurídica faz-se mediante uma dinâmica em que o peso básico é

conferido pelos particulares, mas segundo um processo heteronomamente regulamentado pelo Estado. A normatização tende a ser privatística, contudo, sem a margem de criatividade autônoma da vertente anterior.

Na verdade, esse segundo padrão pode ser considerado, em sua essência, uma variante do primeiro modelo de dinâmica jurídico-trabalhista. A distinção, contudo, se estabelece à medida que, na hipótese variante, o Estado delimita, de maneira importante, a atuação dos agentes particulares, subordinando sua criatividade normativa. A França configura claramente essa hipótese. Na mesma linha, a Alemanha pós-Segunda Guerra Mundial(54).

O primeiro modelo delineado retrata uma situação em que as partes envolvidas na relação, representantes de empregados e empregadores, precisam ter maturidade suficiente para normatizar o que efetivamente seja melhor para os representados e para a sociedade e, assim, alcançar a justiça e a paz social.

O outro modelo apresentado por Delgado demonstra menor liberdade para as partes, em que o papel legiferante ainda é exercido, em grande parte, pelo Estado, justamente para que se garanta que a intervenção das partes seja limitada, a fim de resguardar direitos básicos da classe operária.

No Brasil, a Carta Magna de 1988 dispõe no artigo 22, inciso I, que compete privativamente à União legislar sobre o Direito do Trabalho, o que demonstra uma forte intervenção Estatal na construção do direito laboral. Entretanto, a Constituição expressa inúmeras possibilidades de negociação coletiva, para determinar regras sobre o Direito do Trabalho, garantindo no artigo 7º, inciso XXVI, inclusive o reconhecimento das convenções e acordos coletivos de trabalho, instrumentos normativos entre particulares.

Entre as possibilidades expressas de negociação coletiva, há que se destacar, no artigo 7º da Carta Soberana, a permissão de redução do salário, conforme inciso VI, bem como no inciso XIII a "compensação de horários e a redução da jornada".

Ressalte-se que, em relação especificamente aos contratos individuais de emprego celebrados entre particulares, a CLT dispõe no artigo 444 que "As relações contratuais de trabalho podem ser objeto de livre estipulação das partes interessadas em tudo quanto não contravenha às disposições de proteção ao trabalho, aos contratos coletivos que lhes sejam aplicáveis e às decisões das autoridades competentes".

Paralelo a isso, há que se advertir que um dos princípios que norteiam o Direito do Trabalho no Brasil é o *princípio da irrenunciabilidade dos direitos trabalhistas*, que visa proteger o trabalhador de transigir em direitos indisponíveis, tal como o aviso-prévio.

---

(54) DELGADO, Mauricio Godinho. *Curso de direito do trabalho*. 10. ed. São Paulo: LTr, 2011. p. 1304.

Assim sendo, nos contratos de relação de emprego, a autonomia da vontade das partes tem como limitador as disposições protetivas, sejam elas prolatadas por meio de lei, convenções e acordos coletivos ou, ainda, por autoridades competentes de órgãos, como o Ministério do Trabalho e Emprego – MTE.

Percebe-se, portanto, que no Brasil vigora o modelo de normatização privatística subordinada, em que o Estado garante direitos básicos e irrenunciáveis aos empregados da iniciativa privada, porém, permite a negociação coletiva em situações específicas, que não versem sobre normas cogentes ou de ordem pública, como no caso de questões de saúde e segurança do trabalhador, ressalvadas as exceções do artigo 7º, incisos VI, XIII e XIV, da Constituição Federal.

Sobre o modelo de normatização privatística subordinada, Delgado (2011) acrescenta:

> O modelo de *normatização privatística mas subordinada* mantém-se democrático, ainda que autorizando a fluência de uma relevante legislação heterônoma estatal. Isso ocorre pela circunstância de o modelo não inviabilizar, como visto, a auto-organização coletiva dos trabalhadores e autoadministração dos conflitos que resultam de sua atuação coletiva[(55)].

Nota-se, paralelamente, na seara trabalhistas, a força do direito legislado, em relação às normas cogentes ou de ordem pública, não passíveis de negociação entre as partes, e a possibilidade do direito negociado, desde que beneficie o empregado, ou em situações específicas, que visem antes preservar o emprego e a paz social, quando, por exemplo, se reduz salário em tempos de crise econômica, a fim de evitar demissões.

Destarte, pela considerável influência estatal na normatização trabalhista, quanto às relações entre particulares, bem como pelo fato de que as convenções e acordos coletivos em regra não podem dispor em detrimento de direitos previstos em lei, considera-se que no Brasil o direito legislado, no qual a lei tem predominância sobre acordos e convenções coletivas, vigorando a norma sobre o direito negociado, quando há a prevalência da concepção autotutelar do Direito do Trabalho, em que a intervenção estatal na normatização é mínima.

Sobre o tema, Mascaro faz as seguintes considerações:

> É quase redundante falar em modelo legislado de ordenamento como se na substância do ordenamento já não estivesse incluído, como o seu principal, mas não exclusivo, componente, um complexo de normas estatais. Assim, o que se quer focalizar é a posição atribuída no ordenamento às normas jurídicas segundo a sua fonte. Não faltam concepções institucionais e sociológicas que dão maior importância ao fato sociológico. São os sistemas de positivismo sociológico. A perspectiva agora examinada leva em conta a característica de

---

(55) DELGADO, Mauricio Godinho. *Curso de direito do trabalho*. 10. ed. São Paulo: LTr, 2011. p. 1307.

realce do modelo comparada com a dos demais quanto ao tipo de norma que ocupa o papel mais destacado em sua construção, a lei, a convenção coletiva ou a combinação adequada desses dois tipos de fontes formais do direito[(56)].

Para Barros (2009), os artigos 9º e 444 da CLT são suficientes para garantir a primazia da lei sobre acordos e convenções coletivas, visto que traduzem a intervenção estatal na ânsia de corrigir as desigualdades[(57)]. Contudo, há tempos vem se discutindo no Brasil a possibilidade de alteração dessa norma, no sentido de que o direito negociado efetivamente prevaleça sobre o direito legislado.

O artigo 618 da CLT dispõe que: "As emprêsas e instituições que não estiverem incluídas no enquadramento sindical a que se refere o art. 577[(58)] desta Consolidação poderão celebrar Acôrdos Coletivos de Trabalho com os Sindicatos representativos dos respectivos empregados, nos têrmos dêste Título."

Entretanto, em 2001, o governo federal apresentou no Congresso Nacional o Projeto de Lei n. 5.483, cuja premissa seria alterar o artigo 618 da CLT, garantindo prevalência do direito negociado sobre o legislado, no que tange à legislação infraconstitucional.

A questão é extremamente polêmica, pelos pontos positivos e negativos, conforme delineado por Nascimento (2011), que discorre, essencialmente, sobre duas vantagens do modelo negociado:

> A primeira é de natureza estrutural, na medida em que permite a edificação de um sistema de relações de trabalho fruto da livre concepção dos próprios integrantes deste, com um mínimo de interferência estatal refletindo-se sobre as formas de representação dos grupos e os tipos de instrumentos jurídicos utilizados para compor as suas relações.
>
> É um modelo democrático, pluralista, compatível com o Estado de Direito, que nele encontra uma forma adequada de realização.
>
> A segunda é de eficácia do sistema, uma vez que o que é consentido conta com a probabilidade de ser cumprido de modo heterônomo. De nada adiantaria o ordenamento jurídico repleto de leis elaboradas pelo Estado e vazio de conteúdo efetivo, com elevados índices de descumprimento das leis e de trabalho informal, provocando um volume de processos judiciais que, pela sua quantidade, não pode ser solucionado com brevidade e só muito tempo depois da ocorrência do conflito[(59)].

(56) NASCIMENTO, Amauri Mascaro. *Direito contemporâneo do trabalho*. São Paulo: Saraiva, 2011. p. 47.

(57) BARROS, Alice Monteiro de. *Curso de direito do trabalho*. 5. ed. São Paulo: LTr, 2009. p. 1267.

(58) O art. 577 da CLT dispõe sobre o Quadro de Atividades e Profissões em vigor no Ministério do Trabalho e Emprego, que fixa o plano básico do enquadramento sindical.

(59) NASCIMENTO, Amauri Mascaro. *Direito contemporâneo do trabalho*. São Paulo: Saraiva, 2011. p. 53.

É inegável que há vantagens no modelo negociado, principalmente pelo fato de que se torna possível se estabelecerem regras mais específicas para cada região de abrangência dos sindicatos representantes dos empregados e empregadores, resultando maior eficácia do direito a ser aplicado. Afinal, em um país com a extensão territorial do Brasil, as patentes diferenças culturais, econômicas e sociais, vislumbradas dentro de um único ente federativo, já são motivo suficiente para uma normatização regionalizada.

Atualmente, isto já ocorre pela atuação sindical regionalizada. Entretanto, essa atuação deve sempre obedecer a preceitos legais gerais, que norteiam as relações entre empregados e empregadores, mas que poderia ser diferente, a partir da adoção do modelo negociado como prevalente.

Por outro lado, Nascimento (2011) também elenca os efeitos maléficos da mencionada alteração:

> É a sacralização do dogma da autonomia da vontade com suas sequelas, isto é, a faculdade das partes de fixar, por si próprias, o conteúdo das relações individuais de trabalho com a abstenção do Estado mesmo onde possa haver situações de desequilíbrio de forças que, sendo soltas para livre composição segundo as exigências do mercado, podem não resolver as questões trabalhistas de forma justa e equitativa.
>
> Outra crítica é a exposição do trabalhador ao poder do empregador e a precarização do trabalho facilitada pela omissão do poder público. Quando o Estado defende a parte fraca da questão social e promove a elevação social e econômica dos menos favorecidos, atende a imperativos de justiça social mais necessária nos países de economia menos desenvolvida[60].

Aliado a essas observações, há ainda que se ressaltar a necessidade de maturidade dos gestores das organizações sindicais, no sentido de primarem o bem comum, em detrimento de interesses particulares, tal como busca fazer o Estado, em nome de seu povo.

A proteção que se defende ao trabalhador, por meio da superioridade jurídica em face da superioridade econômica do empregador, não pode ser elidida em eventual alteração de modelo a ser aplicado.

No que concerne especificamente à redução da duração do trabalho, incontestavelmente um tema de extrema complexidade, pelas inúmeras vertentes que abrange, aspectos sociais, jurídicos, econômicos e possibilidades de empregabilidade, a participação sindical é de suma relevância.

---

(60) NASCIMENTO, Amauri Mascaro. *Direito contemporâneo do trabalho*. São Paulo: Saraiva, 2011. p. 53-54.

Demais disso, conforme analisado anteriormente, a realidade quanto à duração do trabalho pode variar, sobremaneira, em dois aspectos, a densidade demográfica e a atividade laboral exercida pelo trabalhador empregado.

No que diz respeito à densidade demográfica, quanto mais numerosa a população maior será a dificuldade de mobilidade urbana, exigindo do empregado mais tempo dedicado ao seu trabalho, ainda que indiretamente, para a sua locomoção do ambiente de trabalho e na volta pra casa, o que impacta questões de cunho social do obreiro.

Quanto à atividade laboral exercida, devem ser observadas peculiaridades que extrapolem as questões de cunho social, abrangendo também a saúde e a segurança do trabalhador.

Ambas as situações podem ter como parte da solução justamente a prevalência do direito negociado, perante o legislado, por meio da negociação coletiva que surgiria para regular, de forma regionalizada, uma duração do trabalho justa e que atenda aos anseios sociais, jurídicos e econômicos da classe operária.

Entretanto, conforme foi visto em itens anteriores deste capítulo, várias são as formas de trabalho que, pelos mais variados motivos, vêm ganhando força na sociedade pós-moderna, como o trabalho em domicílio e o teletrabalho. Tal fato pode ocorrer por questões que vão desde a redução do custo de produção até questões relacionadas à mobilidade urbana.

Asseverou-se nesses tipos de trabalho que se corre o risco de muito se perder, no que diz respeito à representatividade coletiva dos trabalhadores, tendo em vista a individualização do trabalhador, que muitas vezes fica isolado em seu ambiente de trabalho, criando-se uma situação perniciosa para o avanço do Direito Negociado.

Sobre essa nova realidade, mais identificada com o avanço tecnológico, Paulo Merçon (2011) faz interessante ponderação:

> Se na sociedade da informação o capital se desmaterializa, o sindicato, que sempre espelhou a empresa, talvez deva seguir essa tendência, infiltrando-se nos fluxos de informação e conhecimento que se irradiam pela rede. Pode-se, então, vislumbrar um novo e mais dinâmico modelo de solidariedade e cooperação intra e intersindical, já não mais limitado pelo tempo e espaço, para interagir, inclusive, com os movimentos sociais na velocidade e instantaneidade da *web*[(61)].

Sem dúvida, haverá que se trabalhar para um novo paradigma sindical, moderno e dinâmico, com propostas para agregar os trabalhadores, isolados pelos novos modelos de trabalho. Há que se pensar que, em muitos casos, as assembleias

---

(61) MERÇON, Paulo Gustavo de Amarante. Direito do trabalho novo. *Revista LTr,* São Paulo, p. 93, jan./2011.

sindicais deverão ocorrer por meio virtual, ou seja, nos moldes das teleconferências nas empresas.

Esses avanços são imprescindíveis para a evolução do Direito Negociado e sua prevalência; afinal, qualquer proposta de Direito Negociado sobre o Legislado dependerá de uma robusta representatividade da classe trabalhadora, com efetivo poder de negociação com a classe detentora do capital.

6. PROJETOS DE LEI EM TRAMITAÇÃO SOBRE REDUÇÃO DA DURAÇÃO DO TRABALHO E PROPOSTAS DE EMENDA CONSTITUCIONAL N. 231, DE 1995 E N. 75, DE 2003

É certo que o tema redução da duração de trabalho é recorrente nas casas legislativas federais do Brasil, visto que, apesar de se ter admitido como padrão a duração diária de oito horas, muito ainda se discute quanto à possibilidade e, até, à necessidade de diminuição dessa carga horária.

Existem atualmente no Brasil, inúmeros projetos de lei em tramitação no Congresso Nacional, propondo a redução da duração do trabalho, pelos mais diversos motivos, desde projetos que visam apenas a interesses de determinadas categorias de trabalhadores até aqueles que visam à redução da *jornada padrão de trabalho*.

Alguns desses projetos na Câmara dos Deputados dispõem o seguinte(62):

> **PL n.** 6232/2009, de autoria do Deputado Marco Maia do PT/RS, que dispõe sobre a redução da jornada de trabalho como fator de prevenção de doenças ocupacionais nas indústrias de alimentação, com a justificativa de que trabalhadores do setor avícola são expostos aos riscos ergonômicos, com maior intensidade, ao cumprirem jornadas superiores às seis horas em indústrias com linha de produção automatizada, o que é comprovado pela elevada incidência e prevalência de doenças ocupacionais, que os afetam psíquica e fisicamente, além de conferir maior carga à sociedade brasileira, em virtude de fato incontroverso: as estatísticas da Previdência Social.
>
> **PL n. 5293/2009**, de autoria do Deputado Dr. Ubiali do PSB/SP, que acrescenta o art. 58-B à Consolidação das Leis do Trabalho para permitir a redução da jornada de trabalho com a respectiva redução salarial, que traz como principal fundamentação casos de necessidade de redução da carga horária de trabalho em que ocorre também a redução de salários, visando à preservação do bem maior, no caso, o emprego, com uma redução salarial que pode ser duradoura ou momentânea.
>
> **PL n. 5019/2009**, de autoria do Deputado Júlio Delgado do PSB/MG, que prevê a alteração do art. 2º da Lei n. 4.923, de 23 de dezembro de 1965.

---

(62) Os projetos de lei e suas informações foram retirados do *site* da Câmara dos Deputados. Disponível em: <http://www2.camara.gov.br/> Acesso em: 15 set. 2011.

Na realidade, a Lei 4.923/65 já prevê redução de duração do trabalho e de salários no artigo 2º, quando a empresa, em face de conjuntura econômica, devidamente comprovada, se encontrar em condições que recomendem, transitoriamente, essa situação diversa.

Entretanto, na justificativa do projeto de lei está colocado que o problema na atual redação do artigo 2º recai no fato de não haver critério objetivo para se chegar a uma comprovação rigorosa da dificuldade econômica da empresa, o que instiga demissão em momentos em que esta não deveria ocorrer.

Assim, o projeto propõe que a redução da duração do trabalho e de salários seja possível quando a empresa comprovar queda média de 20 por cento ou mais em suas vendas nos três meses anteriores quando comparadas com igual período do ano anterior.

PL n. 3610/2008, de autoria do Deputado Juvenil do PRTB/MG, que dispõe sobre a redução em 20% (vinte por cento) da jornada de trabalho de mulheres que tiverem, sob a guarda, filhos legítimos ou adotados, de até doze anos de idade, na forma que especifica, com a justificativa de que a presença mais constante e efetiva da mãe com os filhos é condição única para salvar a "quase falida" instituição FAMILIAR.

No que diz respeito às Propostas de Emenda à Constituição na Câmara dos Deputados, tramita a *Proposta de Emenda Constitucional de n. 231/1995*, de autoria do Deputado Inácio Arruda do PCdoB/CE, que propõe a alteração dos incisos XIII e XVI do art. 7º da Constituição Federal, para que a duração máxima do trabalho passe para 40 horas semanais e aumente para 75 por cento a remuneração de serviço extraordinário.

A comissão especial, destinada a proferir parecer, aprovou a PEC n. 231/1995, que se encontra em fase de votação na Câmara, com inúmeros pedidos de inclusão na *ordem do dia*.

No Senado Federal, há que se destacar a **Proposta de Emenda Constitucional de n. 75/2003**, de autoria do Senador Paulo Paim do PT/RS, que havia sido arquivada em janeiro de 2011, mas foi desarquivada e voltou à discussão em março do mesmo ano.

A PEC n. 75/2003 propõe a alteração do inciso XIII do art. 7º da Constituição Federal para reduzir a duração do trabalho semanal de 44 para 36 horas, sendo que a duração diária continuaria com o limite de oito horas e também permaneceria a possibilidade de compensação de horários, mediante acordo ou convenção coletiva de trabalho.

A principal justificativa para redução da duração do trabalho é a possibilidade de aumento na criação de postos de trabalho, conforme se verifica logo no início da justificação do Senador Paulo Paim:

> A presente emenda constitucional reflete o anseio popular e a evolução nas relações trabalhistas devidamente debatidos nos fóruns nacionais do tra-

balho, evolução esta que é fato concreto em outros países que dispõem de uma carga horária de trabalho anual em torno de 1.400 horas enquanto que no Brasil esta carga horária de trabalho chega a 2.100 horas, redução esta que, notoriamente, influenciará na criação de inúmeras novas vagas de trabalho, atingindo, positivamente, uma ferida social(63).

Justifica-se também, segundo o Senador, no sentido de que em outros países, principalmente na Europa, é adotada a duração semanal de trabalho inferior a 40 horas, sendo que, na França, essa redução já resultou em aumento no *nível de emprego*.

Apresenta, ainda, como argumento, estudos que demonstram ser o interesse na redução da duração da carga horária de trabalho tanto de empregadores quanto de empregados, visto que para os empregadores seria um meio de reduzir os custos, ajustando a utilização de mão de obra às necessidades da empresa, sobretudo, evitando as horas extras. Com relação aos empregados, seria para atender os mais diversos anseios, com destaque para jovens e pais com filhos pequenos.

A PEC se fundamenta como a expressão maior do movimento sindical brasileiro, que luta por uma jornada de trabalho não superior a 36 semanais. No seu artigo 2º, há a previsão de como será implantada a nova duração de trabalho:

> Art. 2º A implantação da duração da jornada de trabalho de que se trata o inciso XIII do art. 7º da Constituição federal, na redação dada pelo art. 1º desta Emenda se dará da seguinte forma:
>
> I – A partir de 01 de janeiro do exercício seguinte ao do exercício em que for aprovada esta emenda a jornada de trabalho normal não poderá ser superior a quarenta horas semanais, diminuindo gradativamente e anualmente em uma hora por ano até o limite mínimo de 36 horas.
>
> II – Até a implantação de que se refere o inciso anterior a jornada de trabalho normal não poderá ser superior a 44 horas semanais;

Algumas considerações devem ser feitas em relação à referida proposta, primeiro no que concerne ao número de horas a serem laboradas por dia, pois, sendo a duração semanal de 36 horas, as empresas que utilizem o trabalho aos sábados poderiam, então, estabelecer duração diária de seis horas, de segunda a sábado. Nas atividades em que não se utilize mão de obra aos sábados, a duração diária do trabalho seria de sete horas e doze minutos, vez que continuaria vigente o permissivo de compensação de horários.

Outra questão a se observar diz respeito ao tempo total para implantação da duração de trabalho prevista no novo modelo, que seria de cinco anos, sendo que,

(63) As informações sobre o disposto na PEC n. 75/2003 e sua justificativa foram retiradas do *site* do Senado Federal. Disponível em: <http://legis.senado.gov.br/mate-pdf/542.pdf> Acesso em: 15 set. 2011.

no primeiro ano após a aprovação da Emenda Constitucional, a duração semanal do trabalho passaria a ser de 40 horas semanais, no ano seguinte, 39, e, assim, sucessivamente, até fixar-se em 36 horas semanais.

Por um lado, parece interessante o modelo proposto em virtude da necessidade de adequação dos empregados e empregadores à nova situação.

É indubitável que, caso siga o que dispõe o inciso I do artigo 2º da PEC, o empregador passará por transtornos, visto que todo ano deverá ocorrer uma alteração contratual, dispondo de como serão distribuídas as horas semanais de trabalho.

Por sua vez, a solução do imbróglio está na própria PEC, no inciso II do artigo 2º, que dispõe que, no período de transição entre a anterior e nova carga horária de trabalho, a duração normal do trabalho não poderá ultrapassar 44 horas semanais. Portanto, em termos práticos, torna-se inócuo o período quinquenal de transição, vez que, nesse período, o empregador poderá continuar utilizando a mesma duração semanal de trabalho.

Em suma, pela realidade hodierna no país, é mais plausível que seja aprovada a PEC n. 231/1995, que prevê redução da duração do trabalho para 40 horas semanais, pois, ainda assim, conforme relatado no item 1 do Capítulo III deste trabalho, há um grande temor, por parte dos empregadores, do aumento de encargos trabalhistas e perda de competitividade em virtude da redução da duração do trabalho.

7. CONJETURAS SOBRE EMPREGABILIDADE COM A REDUÇÃO DA DURAÇÃO DO TRABALHO

Um dos objetivos do presente estudo é analisar a influência efetiva no aumento do número de empregos formais no Brasil, mediante redução da duração do trabalho.

Para a análise do aumento da empregabilidade, em face da redução da duração do trabalho, algumas questões são essenciais, como condições econômicas do país, custo da hora de trabalho e consequências no custo da produção.

Conforme já mencionado, a redução da duração do trabalho sempre serviu de campo de batalha entre empregados e empregadores. De um lado, os trabalhadores, visando melhor qualidade de vida, com mais tempo livre; de outro, os empregadores, visando maior lucratividade, em seu negócio.

O negócio jurídico com caráter empresarial[(64)] tem como objetivo primaz a obtenção de lucro, o que será alcançado em decorrência de vários fatores, estudados na seara econômica. Porém, alguns desses fatores são essenciais para estudiosos da seara trabalhista, ainda que leigos em economia, como a questão da produção e do seu custo.

(64) O caráter empresarial utilizado no texto expressa a atividade econômica desenvolvida por pessoa física ou jurídica, que mantiver empregados. Atualmente, existem vários possíveis empregadores em nosso ordenamento jurídico, que podem ser pessoa física, empresa individual, microempresário ou empresas de pequeno, médio ou grande porte.

No que tange a esses fatores, desde os primórdios, o empregador sempre desejou que seus empregados produzissem a maior quantidade, com o máximo de qualidade possível em cada atividade econômica.

Nesse sentido, é interessante a colocação de Hobsbawm (2000):

> O PRINCIPIO BÁSICO da economia da iniciativa privada no século dezenove era comprar no mercado mais barato e vender no mais caro. Para o patrão, comprar a mão de obra no mercado mais barato significava comprá-la pela taxa mais baixa de unidade de produção, isto é, comprar a mão de obra mais barata da mais alta produtividade. Inversamente, para o trabalhador, vender o seu trabalho no mercado mais caro significava logicamente vendê-lo pelo preço mais alto pela produção unitária mínima(65).

A característica mais marcante do capitalismo é a desigualdade econômica existente entre a burguesia e a classe operária. Um dos fatores determinantes para essa desigualdade é a *mais-valia*(66), que Marx resumiu no fato de o trabalhador vender o seu trabalho por um valor muito aquém do devido, ou seja, o tempo empregado pela força de trabalho não é remunerado integralmente, o que faz crescer o capital, garantindo o lucro.

Às vezes, a busca pelo lucro, por parte dos detentores dos meios de produção, desconsidera um dos valores fundamentais do trabalhador, a sua dignidade, resultando em exploração desmedida da mão de obra humana.

Conforme analisado no item 2 do Capítulo III, a prova da busca pelo lucro a qualquer custo está nas atividades espalhadas pelo mundo, que ainda exploram o trabalho análogo ao escravo, fazendo com que sejam necessárias campanhas, em âmbitos nacional e mundial, para erradicação dessa forma degradante de exploração do ser humano.

No início da presente tese, foi abordado o fundamento econômico, como um dos limitadores da duração do trabalho, com destaque para algumas vertentes relacionadas à empregabilidade, que podem variar em virtude da duração do trabalho, da produtividade e da qualidade do que é produzido, que também podem sofrer consequências diante da quantidade de horas trabalhadas, além da saúde do trabalhador, que, quando colocada em risco, pelo excesso de trabalho, resultará em prejuízos econômicos ao empregador e ao poder público, por meio do setor previdenciário.

Quanto à relação emprego e duração do trabalho, é indiscutível que quanto menor for a duração de trabalho maior será a demanda de massa trabalhadora,

---

(65) HOBSBAWM. Eric J. *Os trabalhadores*. Estudos sobre a história do operariado. 2. ed. São Paulo: Paz e Terra, 2000. p. 399.

(66) Karl Marx trata da mais-valia no livro *O capital*, v. I, parte III, capítulo VII, Processo de trabalho e processo de produção de mais-valia, seção 2: O processo de produção de mais-valia.

ou seja, mantendo-se a produção e diminuindo consideravelmente a duração do trabalho, é possível que não haja mais desemprego no mundo.

A realidade do Brasil desenha um cenário, que favorece a redução da duração do trabalho, conforme assevera a professora Gitelman (2009):

> A redução da jornada de trabalho garantirá empregos, fomentando novos postos, uma vez que a economia brasileira apresenta condições favoráveis para essa redução. A produtividade mais do que dobrou nos últimos dez anos, o peso dos salários no custo total da produção é baixo e o processo de flexibilização da legislação trabalhista, ocorrido ao longo da década de 90, intensificou, significativamente, o ritmo do trabalho.
>
> Essa redução, como exemplo, permite duas jornadas de trabalho numa mesma empresa, quando antes a jornada era única. Ainda, restringe o labor extraordinário desenfreado, que pode desencadear doenças laborais, além de significar corte de custos com pagamento de horas extras e seus reflexos nas verbas salariais para os empregadores[67].

O argumento contrário mais forte é que novas contratações geram despesas de toda ordem, não apenas um sobrepeso na folha de pagamento, mas, também, despesas relacionadas à seleção e ao recrutamento e ao treinamento, com equipamentos de proteção individual (EPI); em determinadas atividades, contratação de convênio médico, seguro de acidente de trabalho, vale-transporte, enfim, inúmeros benefícios, que variam, conforme a atividade e o convencionado pelos sindicatos da categoria, onerando o empregador.

Sem dúvida, esses elevados custos com novas contratações geram desmotivação do empregador em abrir novos postos de trabalho, o que, muitas vezes, resulta em utilização de trabalho informal.

Diante dessa situação, é inegável a resistência dos grupos econômicos em aceitar a redução da duração do trabalho sem, por exemplo, a redução de salários e incentivos a novas contratações. Ferreira (2009) dispõe que, em um mundo de economia globalizada, a redução da duração do trabalho pode diminuir a competitividade do Brasil, ante a outros países:

> É fato que o Brasil, desde 1990, inseriu-se na economia globalizada, onde os custos são comparados a todo instante, de modo a ter preços e produtos internacionalmente competitivos. Por isso, a realidade mundial atual é outra.
>
> [...]

---

(67) GITELMAN, Suely Ester. Sim, a redução da jornada de trabalho pode reduzir o desemprego. *Jornal do Advogado da OAB-SP*, São Paulo, Ano XXXV, n. 345, p. 12, 01 nov. 2009.

Se os atuais custos de produtos e serviços forem aumentados, certamente o Brasil perderá bastante a sua competitividade, especialmente nos setores intensivos de mão de obra, onde a redução de jornada terá que ser repassada aos custos. Além disso, cabe destacar que nossa moeda se encontra bastante valorizada perante o dólar norte-americano, moeda usada internacionalmente na comparação de preços, o que torna ainda mais caros nossos bens[(68)].

Todavia, em relação à questão do desemprego, vale ressaltar que o capitalismo tem como uma de suas características o interesse de manter um *exército de reserva*, afinal, conforme discorre Sandroni (2005): "os capitalistas sempre se valeram da existência de trabalhadores excedentes, desempregados, etc., para impedir que os salários daqueles que se encontram empregados aumentassem, e também para impor condições mais duras de trabalho a estes últimos."[(69)]

O desemprego é peça fundamental do capitalismo, pois a massa de desempregados, além de sofrer diariamente as consequências atrozes dessa situação, contribui para a manutenção de baixos salários e para a inércia dos empregados às condições impostas pelos empregadores, visto que, qualquer rebeldia, pode significar o desemprego.

Nota-se que, além das alegações de aumento no custo pela redução da duração do trabalho e pela diminuição na competitividade mundial, existem razões intrínsecas que obstam a efetiva redução da duração do trabalho.

Destarte, na ótica do empregador, o tema redução da duração do trabalho é extremamente complexo, por despertar a ideia primária de que irá impactar nos resultados econômicos de seu negócio.

No que tange à ideia arcaica de que a longa duração de trabalho é sinônimo de aumento da lucratividade, infelizmente, ainda há necessidade de se combater, a cada dia, essa concepção, impondo-se observar que o trabalho exaustivo pode resultar em prejuízos ao invés de lucro, pois, com o avançar das horas de trabalho, a produção e a qualidade diminuem e o trabalhador fica insatisfeito, aumentando os riscos de acidentes do trabalho, ou seja, geram-se mais problemas do que benefícios.

Nesse sentido, Vianna (2000) na obra em conjunto com Süssekind traz o seguinte:

> Estudos baseados em estatísticas sobre métodos de trabalho demonstram que, normalmente, as horas de trabalho, após 8 horas, dão rendimento inferior em quase 50% ao da produção normal. Tendo-se em conta que as horas prorrogadas representam remuneração acrescida é evidente que, salvo casos

---

(68) FERREIRA, Wolnei. Não, a redução da jornada de trabalho não reduz o desemprego. *Jornal do Advogado da OAB-SP*, São Paulo, Ano XXXV, n. 345, p. 13, 01 nov. 2009.

(69) SANDRONI, Paulo. *O que é mais-valia.* 14. ed. São Paulo: Brasiliense, 1999, p. 90.

excepcionais, a duração exagerada da jornada de trabalho é danosa tanto para o operário quanto para o patrão[70].

Diante dessa concepção, apesar de em um primeiro momento a redução da duração do trabalho gerar mais despesas com novas contratações, no momento seguinte, o cenário é de resultados positivos, diante do aumento da produção e da qualidade dos bens produzidos.

O fundamento econômico *versus* produtividade foi analisado por Süssekind (1950), sob o seguinte prisma:

> Todos os estudiosos que abordaram o tema em foco, são unânimes em afirmar que os repousos obrigatórios do trabalhador, além de valorizar economicamente o homem pela preservação da saúde e pelo aperfeiçoamento das suas finalidades intelectuais, acarreta, como consequência, um rendimento superior na execução do trabalho. Ainda mais, impedindo as longas e ininterruptas jornadas de trabalho, restringe o desemprego, do qual emanam tão graves males sociais e econômicos.
>
> Nos inquéritos e investigações realizados ALFREDO PALACIOS, LEÓN WALTER, STANLEY KENT e outros estudiosos comprovam, sobeja e cientificamente, o que acima enunciamos. Aliás, os próprios orientadores e dirigentes das lutas sociais empreendidas no século passado, visando à limitação do tempo de trabalho, sempre procuraram focalizar que suas reivindicações não se baseavam apenas em razões de ordem biológica e de caráter humanitário, por isso que a restrição das jornadas de trabalho atenderia também aos próprios interesses das empresas, pela melhoria da qualidade dos produtos e maior rendimento do trabalho de cada operário[71].

Vianna (2000) acrescenta que "na realidade, o apelo à capacidade física do trabalhador para aumentar o rendimento do trabalho deve ser o último recurso de uma empresa"[72].

Mesmo ocorrendo a redução da duração do trabalho, outros fatores são primordiais para a efetivação do Direito, como a valoração da hora extra e o fim do banco de horas.

A mencionada PEC n. 231/2001 propõe aumento da hora extra para 75 por cento sobre o valor da hora normal, contudo, o ideal é que haja uma hora extra valorada em pelo menos cem por cento a mais que a hora normal.

---

(70) SÜSSEKIND, Arnaldo *et al. Instituições de direito do trabalho*. 19. ed. São Paulo: LTr, 2000. p. 1011-1012, v. 2.

(71) SÜSSEKIND, Arnaldo. *Duração do trabalho e repousos remunerados*. Rio de Janeiro: Freitas Bastos, 1950. p. 95.

(72) SÜSSEKIND, Arnaldo *et al. Instituições de direito do trabalho*. 19. ed. São Paulo: LTr, 2000. p. 1012, v. 2.

Quanto ao banco de horas, sistema de compensação de horários, em que o empregado labora horas suplementares em um dia e tem a possibilidade de compensá-las em outro dia, sem o equivalente acréscimo no salário ou descanso, verifica-se uma forma de supressão da hora extra, que resulta em ação inócua o aumento do valor da hora extra.

Portanto, para a efetiva redução da duração do trabalho é imprescindível o fim do banco de horas, pois essa forma de flexibilização inviabiliza o que se pretende com a redução da duração do trabalho, a valorização do indivíduo e o aumento dos postos formais de trabalho.

Com a inegável existência de pontos positivos e negativos em relação à redução da duração do trabalho, é importante ressaltar a imprescindibilidade de participação do Estado, em apoio à redução da duração do trabalho.

Se há necessidade de se criarem políticas públicas de incentivo à empregabilidade, na atualidade, conforme visto anteriormente, com a redução da duração do trabalho será primordial uma participação efetiva do Estado junto ao empresariado para estimular a criação de novos postos de trabalho.

Nesse sentido, tem-se como exemplo a experiência francesa. Em 2001, entrou em vigor na França a Lei Aubry, aprovada em 1998, que reduziu de 39 para 35 horas a duração semanal do trabalho, sobre a qual Pastore (2009) destaca que "no período anterior à vigência da lei (1997-2000), o governo deu fortes incentivos (na forma de redução de encargos sociais) para empresas aderirem às 35 horas o mais rápido possível"[(73)].

Há ainda a questão sindical, considerando de extrema relevância o papel do sindicato para a efetiva redução na duração do trabalho, sem diminuição de salários, pois somente a força coletiva poderá sustentar tais mudanças, perante os embates que envolvem o tema.

Portanto, o que se percebe, quanto ao aspecto empregabilidade, em virtude da redução da duração do trabalho é que há uma patente necessidade de evolução cultural, que culmine na conscientização dos atores sociais (empregados, empregadores, sindicatos e Estado) de que a redução da duração do trabalho pode beneficiar, em vários aspectos, a sociedade em geral, desde que planejada de modo a atender os interesses de todas as partes.

---

(73) PASTORE, José. Redução de jornada gera emprego? *Revista do TST*, Brasília, v. 75, n. 2, p. 28, abr./jun. 2009. Disponível em: <http://www.tst.gov.br/Ssedoc/PaginadaBiblioteca/revistadotst/Rev_75/sumariorevistatst75n2.htm> Acesso em: 27 nov. 2011.

Conclusões

Conforme se verificou desde a introdução, o assunto em estudo é extremamente instigante, complexo e de grande relevância nas searas trabalhista e social, visto que o conflito entre o tempo de trabalho e tempo de não trabalho envolve inúmeras vertentes, que vão da saúde e segurança do trabalhador a questões de competitividade empresarial, em um mundo capitalista globalizado.

Desde o surgimento do emprego, um dos pontos cruciais entre empregados e empregadores é a duração do trabalho, pois a classe detentora do capital sempre primou pela busca do lucro, exigindo que os operários laborassem em jornadas extenuantes, o que culminou em discórdia e insatisfação da classe operária.

Após a conquista mundial da duração diária do trabalho em oito horas, a discussão evolui sobre a necessidade de um efetivo tempo de não trabalho para o empregado, visando, além de sua saúde e segurança, a seu tempo para lazer e convívio social e familiar.

Paralelamente, tem-se hodiernamente o aumento da preocupação com o desemprego, em face do avanço tecnológico e crescimento populacional, visto que o direito ao trabalho passou também a ser garantido em âmbito mundial, por meio de organismos como a Organização Internacional do Trabalho – OIT, o que levou a refletir se a redução da duração do trabalho pode contribuir para o aumento de postos de trabalho formais.

A OIT vem constantemente desenvolvendo políticas que visam a uma razoável duração do trabalho, que possibilite a garantia dos demais direitos básicos ao trabalhador empregado.

O ordenamento jurídico brasileiro, por sua vez, além de contemplar a duração semanal do trabalho em 44 horas, trouxe possibilidades de flexibilização, como a compensação semanal de horários. Ao mesmo tempo, observou-se que a legislação brasileira traz um grande rol de atividades, que se utiliza de duração diária e semanal do trabalho diferente da chamada *jornada padrão de trabalho*, como no caso de médicos, jornalistas, professores, advogados, bancários e tantos outros profissionais na condição de empregados.

Há ainda que se destacar a questão de atividades, que se utilizam de duração do trabalho ilimitada, ou seja, sem restrição legal, como nos casos de cargos de gestão, em que empregados exercem atividades externas incompatíveis com o controle da jornada, e dos domésticos, que ainda não foram contemplados com a duração legal do trabalho. Em igual situação, se inserem os empregados que laboram em jornadas intermitentes, em que se alterna tempo de trabalho e não trabalho durante o exercício da atividade laboral, como no caso da mãe social.

Nesses casos, deve prevalecer o bom-senso, visto que a não limitação legal da duração do trabalho jamais poderá colocar o empregado em situação que venha ferir a sua dignidade, haja vista a necessidade do tempo efetivamente livre para que o ser humano possa viver plenamente tudo o que a vida lhe pode oferecer, no mínimo, tudo o que lhe aprouver.

Entretanto, ao mesmo tempo em que se discute a importância da redução da duração do trabalho para uma vida mais digna do trabalhador, observa-se a necessidade de, ainda, se combater o trabalho análogo ao escravo, em âmbitos mundial e nacional, disparidade que requer urgente correção.

No presente estudo, identificou-se o crescimento demográfico como um dos grandes problemas atuais, que tem contribuído, sobremaneira, para a queda da qualidade de vida dos empregados, de modo geral, pois a questão da mobilidade urbana passa a ser um fator de extrema relevância, principalmente nos grandes centros urbanos, visto que muitas vezes o tempo dedicado ao trabalho é o mesmo que os trabalhadores passam no deslocamento entre a sua residência e o seu local de trabalho e vice-versa.

E o mundo vive, sem dúvida, uma nova revolução, a Revolução Tecnológica ou Virtual, que tal qual a Revolução Industrial do século XVIII tem um enorme impacto nas condições de trabalho da classe operária. Novamente, o empregado se depara com jornadas de trabalho extenuantes, com o diferencial de que o trabalho hoje desenvolvido, frequentemente, é velado por mídias eletrônicas, diferente do impacto social causado durante a Revolução Industrial.

Destarte, além dos acidentes do trabalho, que continuam acontecendo, muito em função de longa duração do trabalho, atualmente, se verifica um número crescente de trabalhadores adoecendo, em razão das novas cobranças do capitalismo contemporâneo.

Diante de todas as condições expostas, verifica-se que, a cada dia, ganha força a flexibilização laboral, percebida com o surgimento do trabalho em tempo parcial, quando o empregado trabalha por menos tempo, porém, com redução do salário.

Em algumas atividades mais específicas, observa-se a adoção de novo sistema de trabalho, bastante diverso do que prevê a legislação, como no caso das escalas 12 x 36, muito utilizado no setor de vigilância, criado por meio de negociação coletiva.

Hodiernamente, o trabalho em domicílio e o teletrabalho também vêm ampliando o seu espaço nas discussões sobre as formas contemporâneas de exercício das atividades laborais, seja pela questão da mobilidade urbana, seja por uma possível redução de custos para o empregador. Prova disso é a publicação da Lei n. 12.551, de 15 de dezembro de 2011, que alterou o artigo 6º da CLT, buscando garantir maior segurança ao trabalho realizado fora do ambiente físico do empregador.

Ainda paralelo à discussão sobre redução da duração do trabalho, verifica-se o crescimento do trabalho informal e a prestação de serviços, em detrimento do emprego formal, o que vem sendo objeto de adequação do Estado, enquanto se cria a possibilidade de trabalhadores se vincularem à Previdência Social, sem depender necessariamente da relação de emprego típica.

Percebeu-se que dentre as várias propostas que tramitam no Congresso Nacional, visando à redução da duração do trabalho no Brasil, a mais consistente e de abrangência geral é a Proposta de Emenda Constitucional n. 231/1995, que prevê a redução da duração semanal de trabalho de 44 para 40 horas.

A alteração na Constituição resultaria na efetiva revogação do artigo 58 da CLT, uma vez que já não vigora em sua plenitude, conforme demonstrado no presente estudo, uma vez que, apesar de a duração diária permanecer em oito horas, a duração semanal foi limitada em 44 horas desde 1988.

Entretanto, é imperioso ponderar que a simples redução da duração do trabalho não se reduz a menos tempo de trabalho; há que se observar um conjunto de fatores como horas extras e banco de horas.

A Carta Magna de 1988 cuidou de encarecer em 100 por cento o valor das horas suplementares de trabalho, que, até então, era de pelo menos 25 por cento a mais que o valor da hora normal e passou a ser de pelo menos 50 por cento sobre o valor da hora normal de trabalho, o que efetivamente não foi suficiente para obstar o trabalho em horas suplementares.

Demais disso, a criação do chamado *banco de horas* contribuiu, sobremaneira, para utilização de horas suplementares de trabalho pelo empregador, visto que possibilitou a própria supressão do adicional de horas extras. Destarte, percebe-se que o encarecimento das horas extraordinárias de trabalho foi mitigado pela possibilidade de compensação de horários, sem o pagamento do referido adicional.

Sem dúvida, este é um dos pontos mais importantes ao se tratar de redução da duração do trabalho, pois qualquer alteração nesse sentido, somente surtirá efeitos se houver uma regra rígida quanto às horas extraordinárias, seja no que diz respeito ao valor dessa hora suplementar, seja como o seu efetivo pagamento em espécie ao trabalhador.

Quando se propõe redução da duração do trabalho, visando principalmente à criação de novas vagas de trabalho, a principal questão a ser observada é a inviabilização do trabalho em horas extraordinárias; caso contrário, será inócua qualquer modificação neste sentido.

Em muitos segmentos que utilizam o trabalho em horas suplementares habitualmente, ocorreu justamente o contrário do que se esperava ao encarecer as horas extras, ou seja, ao invés de se evitarem as horas suplementares, a sua utilização tornou-se corriqueira, resultando em um aumento da duração normal do trabalho, com a promessa de compensação, desvirtuando as regras de proteção ao empregado.

Destarte, a redução da duração do trabalho somente poderá contribuir para o aumento nas vagas de trabalho se a hora extraordinária ficar efetivamente inviável para o empregador e, paralelamente, vedar-se em definitivo a compensação de horários, por meio do chamado *banco de horas*.

Portanto, além da alteração do inciso XIII do artigo 7º da Constituição Federal, a proposta deverá abranger inclusive alteração ao inciso XVI do mesmo artigo. Também será necessária a revogação do § 2º do artigo 59 da Consolidação das Leis do Trabalho, que prevê o *banco de horas*, com supressão do adicional de horas extras.

Não há dúvida alguma de que se a duração do trabalho for reduzida com restrições severas à realização de horas extraordinárias, haverá necessidade de maior massa trabalhadora para manter a produção nos patamares atuais.

Em contrapartida, se o objetivo é aumentar a empregabilidade e consequentemente promover a paz social por meio da garantia do direito social ao trabalho, é imprescindível que o Estado se movimente no sentido de diminuir a carga tributária e os encargos trabalhistas, incentivando, assim, novas contratações, visto que estará, de certa forma, compensando os gastos com novas contratações.

A densidade demográfica é outro ponto relevante, ou seja, foi verificado que um grande problema do tempo dedicado ao trabalho (ou a ele relacionado), está na locomoção do trabalhador, que aumenta em proporção direta ao tamanho das cidades.

Destarte, a conclusão mais plausível para essa questão estaria em primeiro lugar na melhoria das condições de mobilidade da sociedade em geral e também no avanço do Direito Negociado por meio dos sindicatos, que lastreados em estudos fundamentados, poderiam negociar a duração de jornada adequada a cada região metropolitana, observando um limite máximo nacional.

Para tanto, há ainda a necessidade de modernização das estruturas sindicais, que, em plena Revolução Tecnológica, precisam se desvencilhar do modelo arcaico, preso às fábricas, e atuar de forma mais tecnológica, a fim de congregar a grande massa de trabalhadores do setor tecnológico.

Estas são as principais alterações legislativas e práticas para se construir um efetivo sistema de duração do trabalho, capaz de resultar em novos empregos no Brasil, pois somente serão feitas novas contratações de trabalhadores quando for inviável manter estático o quadro de funcionários.

Contudo, a questão primordial reside na imprescindibilidade de uma efetiva mudança de pensamento, quanto aos valores almejados pelo capitalismo, ou seja, a lei já permite várias intervenções das partes interessadas quanto a alterações na duração do trabalho. Assim, a intervenção Estatal poderia ser mínima para resolver o problema do desemprego, bem como o problema da duração justa do trabalho e que possibilite ao empregado viver com dignidade os demais momentos de sua vida fora do ambiente laboral.

A globalização se tornou um argumento contundente, em relação ao aumento dos custos de produção, diante da redução da duração do trabalho. Apesar disso, ou se efetiva a qualidade de vida do trabalhador ou assume-se o risco do caos social.

Não cuidar de questões sociais por receio da concorrência mundial engendrada pela globalização pode significar malefícios irreparáveis à classe trabalhadora e à sociedade em geral.

Este é o momento de se retomar o pensamento do papa Leão XIII na Encíclica *Rerum Novarum*. Afinal, o trabalhador insatisfeito, estressado, cansado ou doente, assim como uma massa de trabalhadores desempregados, é um conjunto de situações com consequências nefastas à sociedade em geral; muito mais do que o custo de produção, o que está em discussão é a busca pela paz e justiça social.

Bibliografia

ABDALA, Vantuil. Supressão do trabalho extraordinário. *Revista de Direito do Trabalho*, São Paulo: Revista dos Tribunais, Ano 2, n. 8, jul./ago. 1977.

ANTUNES, Ricardo. *Os sentidos do trabalho*. 5. ed. São Paulo: Boitempo, 2007.

BARBOSA, Magno Luiz. *AIDS, o direito e algumas reflexões sobre seus impactos na relação de emprego*. Curitiba: Juruá, 2007.

BARROS, Alice Monteiro de. *Curso de direito do trabalho*. 5. ed. São Paulo: LTr, 2009.

BONAVIDES, Paulo. *Curso de Direito Constitucional*. 11. ed. São Paulo: Malheiros, 2001.

BRANDÃO, Cláudio Mascarenhas. Jornada de trabalho e acidente de trabalho: reflexões em torno da prestação de horas extraordinárias como causa de adoecimento no trabalho. *Revista do Tribunal Superior do Trabalho*, v. 75, n. 2, p. 35-52, abr./jun. 2009.

BUENO, Silveira. *Dicionário da Língua Portuguesa*. São Paulo: Fortaleza, 1973. p. 934, v. 3.

CANOTILHO, José Joaquim Gomes. *Direito Constitucional e Teoria da Constituição*. 5. ed. Coimbra: Almedina, 2002.

______. Tomemos a sério os direitos econômicos, sociais e culturais. *Boletim da Faculdade de Direito*. Coimbra: Universidade de Coimbra, n. esp., 1991.

CARDOSO, Ana Cláudia Moreira. *Tempos de trabalho, tempos de não trabalho*: disputas em torno da jornada do trabalhador. São Paulo: Annablume, 2009. (Coleção Trabalho e Contemporaneidade)

CARRION, Valentin. *Comentários à Consolidação das Leis do Trabalho*. 36. ed. atual. Eduardo Carrion. São Paulo: Saraiva, 2011.

CASSAR, Vólia Bonfim. *Direito do trabalho*. 5. ed. Niterói: Impetus, 2011.

CASTRO, Flávia Lages de. *História do direito geral e Brasil*. 6. ed. Rio de Janeiro: Lumen Juris, 2008.

CATALDI, Maria José Gianella. Stress *e fadiga mental no âmbito do trabalho*. Palestra. In: I Congresso Internacional sobre Saúde Mental no Trabalho. Goiânia: Instituto Goiano de Direito do Trabalho, 2004.

CATHARINO, José Martins. Duração do trabalho além e aquém da normal. *Revista de Direito do Trabalho*, São Paulo: Revista dos Tribunais, n. 84, dez./1993.

COMPARATO, Fábio Konder. O Ministério Público na defesa dos direitos econômicos, sociais e culturais. *Revista da Faculdade de Direito da Universidade Federal de Minas Gerais*, Belo Horizonte: UFMG, n. 40, jul./dez. 2001.

COURA, Solange Barbosa de Castro. O capitalismo contemporâneo e suas transformações – o impacto da terceirização trabalhista. *Revista LTr*, São Paulo, dez./2011.

CUPIS, Adriano de. *Os direitos da personalidade*. Trad. Afonso Celso Furtado Rezende. Campinas: Romana Jurídica, 2004.

DE LA CUEVA, Mario. *Derecho mexicano del trabajo*. 12. ed. México: Porrúa, 1970.

DELGADO, Mauricio Godinho. *Capitalismo, trabalho e emprego*. São Paulo: LTr, 2007.

______. *Curso de direito do trabalho*. 10. ed. São Paulo: LTr, 2011.

______. Duração do trabalho: o debate sobre a redução para 40 horas semanais. *Revista do Tribunal Superior do Trabalho*, v. 75, n. 2, abr./jun. 2009. Disponível em: <http://www.tst.gov.br/Ssedoc/PaginadaBiblioteca/revistadotst/Rev_75/sumariorevistatst75n2.htm> Acesso em: 29 set. 2011.

DINIZ, Maria Helena. *Norma constitucional e seus efeitos*. 7. ed. São Paulo. Saraiva, 2006.

______. *Conflito de normas*. 8. ed. São Paulo: Saraiva, 2008.

DONATO, Messias Pereira. Processo e formação histórica do direito do trabalho. In: MALLET, Estêvão; ROBORTELLA, Luiz Carlos Amorin (Coords.). *Direito e processo do trabalho – estudos em homenagem a Octavio Bueno Magano*. São Paulo: LTr, 1996.

FERREIRA, Wolnei. Não, a redução da jornada de trabalho não reduz o desemprego. *Jornal do Advogado da OAB-SP*, São Paulo, Ano XXXV, n. 345, 01 nov. 2009.

FERREIRA FILHO, Manoel Gonçalves. Os direitos fundamentais. Problemas jurídicos, particularmente em face da Constituição brasileira de 1988. *Revista de Direito Administrativo*. Rio de Janeiro: Renovar, n. 203, jan./mar. 1996.

FIORILLO, Celso Antônio Pacheco. *Curso de direito ambiental brasileiro*. São Paulo: Saraiva, 2000.

FRAGA, Érica. *E-mail* e celular estendem jornada de trabalho para casa e até as férias. *Jornal Folha de S. Paulo*. Mercado, 28 de nov. de 2011.

FRANÇA, Roson Luiz (org.). *Educação e trabalho*: políticas públicas e a formação para o trabalho. Campinas: Alínea, 2010.

GARCIA, Gustavo Felipe Barbosa. *Curso de direito do trabalho*. 4. ed. Rio de Janeiro: Forense, 2010.

GIGLIO, Wagner D. Terceirização. *Revista LTr*, São Paulo, abr./2011.

GITELMAN, Suely Ester. Sim, a redução da jornada de trabalho pode reduzir o desemprego. *Jornal do Advogado da OAB-SP*, São Paulo, Ano XXXV, n. 345, 01 nov. 2009.

GOMES, Joaquim Benedito Barbosa. *Ação afirmativa e princípio constitucional da igualdade*: o direito como instrumento de transformação social. A experiência dos EUA. Rio de Janeiro: Renovar, 2001.

GONÇALES, Odonel Urbano; MANUS, Pedro Paulo Teixeira. *Duração do trabalho*. São Paulo: LTr, 1996.

GOTTSCHALK, Elson G. *A duração do trabalho*. Rio de Janeiro: Freitas Bastos, 1951.

GOTTSCHALK, Elson G.; GOMES, Orlando. *Curso de direito do trabalho*. 17. ed. Rio de Janeiro: Forense, 2006.

HOBSBAWM, Eric J. *Os trabalhadores*. Estudos sobre a história do operariado. São Paulo: Paz e Terra, 2000.

JOÃO, Paulo Sergio. As questões trabalhistas fundamentais. In: AIDAR, Antônio Carlos Kfouri (Org.). *Administração rural*. São Paulo: Pauliceia, 1995.

JORGE NETO, Francisco Ferreira; CAVALCANTE, Jouberto de Quadros Pessoa. *Direito do trabalho*. 4. ed. Rio de Janeiro: Lumen Juris, 2008, t. I e II.

KRELL, Andreas J. *Direitos sociais e controle judicial no Brasil e na Alemanha*. Porto Alegre: Sérgio Antônio Fabris, 2002.

LAFARGUE, Paul. *O direito à preguiça*. Trad. J. Teixeira Coelho. 2. ed. São Paulo: Hucitec; Unesp, 2000.

LAKATOS, Eva Maria; MARCONI, Marina de Andrade. *Fundamentos de metodologia científica*. 4. ed. São Paulo: Atlas, 2001.

LEE, Sangheon *et al*. *Duração do trabalho em todo o mundo*: tendências de jornadas de trabalho, legislação e políticas numa perspectiva global comparada. Trad. Oswaldo de Oliveira Teófilo. Secretaria Internacional de Trabalho. Brasília: OIT, 2009.

LEITE, Carlos Henrique Bezerra. Eficácia horizontal dos direitos fundamentais na relação de emprego. *Revista LTr*, São Paulo, jan./2011.

LENZA, Pedro. *Direito constitucional esquematizado*. 14. ed. São Paulo: Saraiva, 2010.

MANUS, Pedro Paulo Teixeira; ROMAR, Carla Teresa Martins. *CLT e legislação complementar em vigor*. 7. ed. São Paulo: Atlas, 2009.

______. *Direito do trabalho*. 11. ed. São Paulo: Atlas, 2007.

MARQUES, Rafael da Silva. *Valor social do trabalho na ordem econômica, na Constituição brasileira de 1988*. São Paulo: LTr, 2007.

MARTINEZ, Luciano. *Curso de direito do trabalho*. 2. ed. São Paulo: Saraiva, 2011.

MARTINS, Sergio Pinto. *Direito do trabalho*. 27. ed. São Paulo: Atlas. 2011.

______. *Flexibilização das condições de trabalho*. 4. ed. São Paulo: Atlas. 2009.

MARTINS FILHO, Ives Gandra da Silva. *Manual esquemático de direito e processo do trabalho*. 16 ed. São Paulo: Saraiva, 2008.

MARX, Karl. *O capital*: crítica da economia política. 5. ed. Rio de Janeiro: Civilização Brasileira. 1980, v. 3, 1, 6.

MARX, Karl; ENGELS, Friedrich. *O Manifesto Comunista*. Trad. Maria Lucia Como. 17. ed. Rio de Janeiro: Paz e Terra. 2007.

MASI, Domenico de. *O ócio criativo*. Trad. Léa Manzi. Rio de Janeiro: Sextante, 2000.

______. *O futuro do trabalho*. Fadiga e ócio na sociedade pós-industrial. Trad. Yadyr A. Figueiredo. 8. ed. Rio de Janeiro: José Olympio: 2003.

MELO, Raimundo Simão de. *Direito ambiental do trabalho e a saúde do trabalhador*. 4. ed. São Paulo: LTr, 2010.

MELLO, Celso Antônio Bandeira de. *Eficácia das normas constitucionais e direitos sociais*. São Paulo: Malheiros, 2009.

MERÇON, Paulo Gustavo de Amarante. Direito do trabalho novo. *Revista LTr*, São Paulo, jan./2011.

MÉSZÁROS, István. *Para além do capital*. Trad. Paulo César Castanheira e Sérgio Lessa. São Paulo: Boitempo, 2002.

MIRANDA, Jorge. *Manual de Direito Constitucional*. Coimbra: Coimbra, 1998, v. 4.

______. Os direitos fundamentais – sua dimensão individual e social. *Cadernos de Direito Constitucional e Ciência Política*, São Paulo: Revista dos Tribunais, v.1, n. 1, out./dez. 1992.

MORAES, Alexandre de. *Direitos humanos fundamentais*. 6. ed. São Paulo: Atlas, 2005.

MORAES FILHO, Evaristo de. *Trabalho a domicílio e contrato de trabalho*. São Paulo: LTr, 1994.

NASCIMENTO, Amauri Mascaro. *Curso de direito do trabalho*. 24. ed. São Paulo: Saraiva, 2009.

______. *Direito contemporâneo do trabalho*. São Paulo: Saraiva, 2011.

NASCIMENTO, Sônia A. C. Mascaro. *Flexibilização do horário de trabalho*. São Paulo: LTr, 2002.

NERY JUNIOR, Nelson; NERY, Rosa Maria de Andrade. *Constituição Federal comentada e legislação constitucional*. 2. ed. São Paulo: Revista dos Tribunais, 2009.

NOGUEIRA, Diogo Pupo; GOMES, Jorge da Rocha; SAWAIA, Naim. Acidentes graves do trabalho na capital do Estado de São Paulo (Brasil). *Revista Saúde Pública*, v. 15, n. 1, fev./1981.

NOVE, Alec. *A economia do socialismo possível*. Lançado o desafio: socialismo com mercado. Trad. Sergio Goes de Paula. São Paulo: Ática, 1989.

NUNES, Luiz Antônio Rizzatto. *O princípio constitucional da dignidade da pessoa humana*. São Paulo: Saraiva, 2002.

OLIVEIRA, Christiana D'arc Damasceno. *(O) Direito do trabalho contemporâneo*. São Paulo: LTr, 2010.

OLIVEIRA, Francisco Antonio de. *Comentários às súmulas do TST*. 9. ed. São Paulo: Revista dos Tribunais, 2008.

OLIVEIRA, Oris de. *Trabalho e profissionalização do jovem*. São Paulo: LTr, 2004.

OLIVEIRA, Sebastião Geraldo de. *Proteção jurídica à saúde do trabalhador*. 4. ed. ampl. e atual. São Paulo: LTr, 2002.

PASTORE, José. *A questão da informalidade*. Disponível em: <http://www.josepastore.com.br> Acesso em: 24 nov. 2011.

______. Redução de jornada gera emprego? *Revista TST*, Brasília, v. 75, n. 2, p. 108, abr./jun. 2009. Disponível em: <http://www.tst.gov.br/Ssedoc/PaginadaBiblioteca/revistadotst/Rev_75/sumariorevistatst75n2.htm> Acesso em: 27 nov. 2011.

PAULO, Vicente; ALEXANDRINO Marcelo. *Direito do trabalho*. 4. ed. rev. e atual. Rio de Janeiro: Impetus, 2003.

PAULO NETTO, José. *O que é marxismo*. 9. ed. São Paulo: Brasiliense, 1994.

REIMANN, Marcos Francisco. *Cidadania e contratos atípicos de trabalho*: as políticas sociais e o ordenamento do trabalho. Porto Alegre: Sergio Antonio Fabris, 2002.

ROCHA, Cármen Lúcia Antunes. O princípio da dignidade da pessoa humana e a exclusão social. *Revista Interesse Público*, n. 4, Porto Alegre, 1999.

ROCHA, Paulo Santos. *Flexibilização e desemprego*. Rio de Janeiro: Forense, 2006.

RODRIGUES, Marta M. Assumpção Rodrigues. *Políticas públicas*. São Paulo: Publifolha, 2010.

RODRIGUEZ, Américo Plá. *Princípios de direito do trabalho*. 3. ed. São Paulo: LTr, 2000.

ROMITA, Arion Sayão. A terceirização e o direito do trabalho. *Revista LTr*, São Paulo, mar./1992.

______. Compensação não é proteção. *Revista LTr*, São Paulo, jan./2012.

______. *Direito do trabalho – temas em aberto*. São Paulo: LTr, 1998.

______. Horas extraordinárias: base diária ou anual. *Revista de Direito do Trabalho*, São Paulo: Revista dos Tribunais, n. 84, dez./1993.

RUSSOMANO, Mozart Victor. *Curso de direito do trabalho*. 9. ed. Curitiba: Juruá, 2005.

SANDRONI, Paulo. *O que é mais-valia*. 14. ed. São Paulo: Brasiliense, 1999.

SARLET, Ingo Wolfgang. *A eficácia dos direitos fundamentais*. 2. ed. Porto Alegre: Livraria do Advogado, 2001.

______. *Dignidade da pessoa humana e direitos fundamentais na Constituição de 1988*. 6. ed. rev. e atual. Porto Alegre: Livraria do Advogado, 2008.

SARMENTO, Daniel. *Direitos fundamentais e relações privadas*. 2. ed. Rio de Janeiro: Lumen Juris, 2006.

SILVA, Antônio Álvares da. *Flexibilização das relações de trabalho*. São Paulo: LTr, 2002.

SILVA, José Afonso da. *Aplicabilidade das normas constitucionais*. 3. ed. São Paulo: Malheiros, 1999.

SURET-CANALE, Jean. *O livro negro do capitalismo*. Org. Gilles Perrault. Trad. Ana Maria Duarte...[*et al.*]. 4. ed. Rio de Janeiro: Record, 2005.

SÜSSEKIND, Arnaldo. *Direito constitucional do trabalho*. 3. ed. Rio de Janeiro: Renovar, 2004.

______. *Duração do trabalho e repousos remunerados*. Rio de Janeiro: Freitas Bastos, 1950.

SÜSSEKIND, Arnaldo *et al*. *Instituições de direito do trabalho*. 19. ed. São Paulo: LTr, 2000.

VALTERCIDES, Rubens Alves. Natureza jurídica do teletrabalho no Brasil. *Revista Diritto & Diritti*. Disponível em: <http://www.diritto.it/docs/30998-natureza-jur-dica-do-teletrabalho-no-brasil?page=2> Acesso em: 22 out. 2011.

VILHENA, Paulo Emilio Ribeiro de. *Relação de emprego*: estrutura legal e supostos. 3 ed. São Paulo: LTr, 2005.

VILLATORE, Marco Antônio César. Trabalho a tempo parcial no direito comparado. *I Curitiba: Genesis*, v. 13, n. 76, p. 536-537, abr. 1999.

WALDRAFF, Célio Horst. O liberalismo clássico, o neoliberalismo e o manifesto comunista. In: COUTINHO, Aldacy Rachid; WALDRAFF, Célio Horst. *Direito do trabalho e direito processual do trabalho* – temas atuais. Curitiba: Juruá, 2000.

ZAINAGHI, Domingos Sávio. *Curso de legislação social. Direito do Trabalho*. 12. ed. São Paulo: Atlas, 2009.

ZYLBERSTAJN, Hélio; PAGOTTO, Carmen Silva; PASTORE, José. *A mulher e o menor na força de trabalho*. São Paulo: Nobel, 1985.

ZIMMERMANN NETO, Carlos F. *Direito do trabalho*. 2. ed. São Paulo: Saraiva, 2006.

Sensualidade e Erotismo Para leigos

FETICHES SEXUAIS

Fazendo algo que seja consensual entre os parceiros e que ninguém saia machucado física ou psicologicamente, realizar fantasias é muito saudável e prazeroso.

- **Sexo anal** — Muitos homens afirmam sentir mais prazer do que com o vaginal.
- **Ménage à trois** — O nome, originalmente francês, quer dizer que três pessoas fazem sexo ao mesmo tempo.
- **Sexo na praia e em outros lugares públicos** — O medo de ser pego em flagrante se confunde com a excitação que o perigo propõe.
- **Ser uma/um *stripper*** — É uma fantasia muito comum. Vários homens e mulheres sonham em fazer uma performance digna de filmes americanos, com direito a uma barra de ferro e notas de um dólar.
- **Dominar e ser dominado ou dominada** — Estar no controle de uma relação sexual ou ser controlado(a) pelo parceiro é uma fantasia bastante popular.
- **Voyeurismo** — Consiste em observar outras pessoas nuas, namorando ou fazendo sexo.
- **Sexo oral** — Tanto para homens como para mulheres o sexo oral é muito prazeroso.

BRINQUEDOS ERÓTICOS

Teste diferentes tipos de brinquedos eróticos e descubra quais deles combinam ou não com você.

- **Vibrador** — São muitos os tipos. Há uns com pilhas, outros que podem ser aquecidos na água, de tamanhos e cores variadas. É o brinquedo erótico mais fácil de ser encontrado. Além do uso para a masturbação, também pode ser utilizado junto com o parceiro.
- **Duplo vibrador** — São dois tipos. Um estimula a vagina e o clitóris e o outro permite a dupla penetração, pela vagina e pelo ânus.
- **Massageador vibratório** — É um aparelho que se utiliza na região do clitóris, com vários níveis de regulagem da vibração. Torna mais fácil para as mulheres a chegada ao orgasmo. Os mais recentes são de controle remoto.
- **Algemas** — Existem vários modelos, como as tradicionais de pelúcia ou as mais ousadas, de couro. Muito utilizadas por casais que gostam de práticas de dominação.
- **Anel peniano** — Ajuda o homem a manter a ereção e estimula o clitóris.

Sensualidade e Erotismo Para leigos

- **Dados eróticos** — São dois dados: onde em um vem a parte do corpo, e no outro o que fazer. Vale como um indicador das preliminares.
- **Baralhos sensuais** — Diversos jogos podem ser criados e as cartas são divertidas, com temas sexuais.

DANÇAS SENSUAIS

Deixe de lado qualquer complexo ou timidez. Coloque na cabeça que dançar sensualmente é algo que lhe trará felicidade e prazer, e por isso você não precisa ter vergonha em soltar o seu corpo e a sua imaginação.

- **Cancan** — De forma divertida e bem-humorada, as dançarinas fazem uma coreografia na qual levantam a saia.
- **Tango** — É uma dança passional, onde o casal alterna movimentos bruscos com suaves, de maneira provocativa. É considerado um patrimônio da humanidade.
- **Hula** — Antigamente, os seios das dançarinas permaneciam desnudos durante a apresentação. Hoje em dia elas usam tops. Os movimentos são ondulatórios e suaves.
- **Salsa** — É uma mistura de sons envolventes, com forte influência do merengue. Seu significado em castelhano é "tempero".
- **Lambada** — É uma dança tipicamente brasileira, que fez muito sucesso nos anos 1980.

CHEIROS QUE SEDUZEM

Aromas indicados para...

Homens	Mulheres
Baunilha	Casca e folha da canela
Casca e folha do cravo da índia	Cravo da índia
Cominho	Gerânio
Gengibre	Jasmim
Patchouli	Mandarina
Sândalo	Nardo
Tabaco	Rosa
Vetiver	Ilangue-ilangue

Elogios a Autora Janaína Rico

Janaina Rico é o tipo de mulher de verdade, sensual, ousada e talentosa, que inspira mulheres a se aceitarem e a buscarem a felicidade por meio dessa aceitação. Suas ideias e ideais são condizentes com seu estilo de vida despojado e com a vontade, sempre presente, de empoderar mais mulheres, usando a sensualidade que todas possuem. Ela é uma inspiração para mim!

Mila Wander — escritora

Quando lembro da Janaina, me vem na cabeça a frase de que a "Sensualidade é o perfume da alma de pessoas bem amadas". Talvez esse seja o segredo dela, não se deixar rotular nem censurar, mas se amar em primeiro lugar!

Raffa Fustagno Baleroni — blogueira

Livre de tabus, conceitos e pré-conceitos, Janaina Rico mostra que não existe padrão para ser sensual – graças a Deus! Mostrando que veio para ficar, conseguiu dar um novo significado para palavra EXUBERANTE.

Danilo Barbosa — escritor

Sensualidade. Muitos dizem que ou você nasce com ela ou você nasce sem. Mas como tudo na vida, a sensualidade também se aprende. E qual a melhor fonte de aprendizado do que um bom livro? No passado tivemos "A arte de Amar" de Ovídio, na Roma antiga; o "Kama Sutra" de Vatsyayana, na Índia Antiga; e o "Jardim Perfumado" do Xeque Nafzaui. Todos estes livros, em sua época e lugar tinham como objetivo o ensino da sensualidade e do erotismo.

Agora, chega "Sensualidade e Erotismo Para Leigos", da Janaina Rico. Sim! Eu estou comparando este livro com clássicos do passado. A Janaina, aqui e agora, é a pessoa que melhor sabe escrever sobre a sensualidade, o erotismo e a sexualidade. Seus textos inspiram, trazem ideias, dão dicas. Eles revelam uma pessoa que sabe o que quer. Que sabe o que faz e como se faz. Inclusive já me mostraram que a sensualidade é um estado de espírito. Este livro da série "Para leigos" chega para ficar. Para ficar na cabeceira, na bolsa, nas mãos durante uma viagem e na memória de quem o ler.

Dayane Cutcher — farmacêutica

Tanto as histórias da Jana quanto ela são inspiradoras. Principalmente para quem, como eu, sempre foi travada com relação à sensualidade. E confesso que a Jana me fez usar os sentidos para me descobrir como mulher que pode atrair e ser atraente. Uma atração que vai além das quatro paredes e extrapola todo o ambiente de forma intensa, em todos os gestos.

Mariana De Brito — museóloga

Sensualidade e Erotismo

Para leigos

Sensualidade e Erotismo

Para leigos

Janaina Rico

ALTA BOOKS
EDITORA
Rio de Janeiro, 2016

Sensualidade e Erotismo Para Leigos®
Copyright © 2016 da Starlin Alta Editora e Consultoria Eireli. ISBN: 978-85-508-0018-9

Impresso no Brasil — 1ª Edição, 2016 - Edição revisada conforme o Acordo Ortográfico da Língua Portuguesa de 2009.

Obra disponível para venda corporativa e/ou personalizada. Para mais informações, fale com projetos@altabooks.com.br

Produção Editorial
Editora Alta Books

Produtor Editorial
Claudia Braga
Thiê Alves

Produtor Editorial (Design)
Aurélio Corrêa

Gerência Editorial
Anderson Vieira

Supervisão de Qualidade Editorial
Sergio de Souza

Marketing Editorial
Silas Amaro
marketing@altabooks.com.br

Gerência de Captação e Contratação de Obras
J. A. Rugeri
autoria@altabooks.com.br

Vendas Atacado e Varejo
Daniele Fonseca
Viviane Paiva
comercial@altabooks.com.br

Ouvidoria
ouvidoria@altabooks.com.br

Equipe Editorial
Bianca Teodoro
Christian Danniel
Juliana de Oliveira
Luciane Gomes
Renan Castro

Revisão Gramatical
Kamilla Corrêa

Diagramação
Joyce Matos

Erratas e arquivos de apoio: No site da editora relatamos, com a devida correção, qualquer erro encontrado em nossos livros, bem como disponibilizamos arquivos de apoio se aplicáveis à obra em questão.

Acesse o site www.altabooks.com.br e procure pelo título do livro desejado para ter acesso às erratas, aos arquivos de apoio e/ou a outros conteúdos aplicáveis à obra.

Suporte Técnico: A obra é comercializada na forma em que está, sem direito a suporte técnico ou orientação pessoal/exclusiva ao leitor.

Dados Internacionais de Catalogação na Publicação (CIP)
Vagner Rodolfo CRB-8/9410

R541s Rico, Janaina, 1979-

Sensualidade e erotismo para leigos / Janaina Rico. - Rio de Janeiro : Alta Books, 2016.
288 p. : il. ; 17cm x 24cm.

Inclui índice.
ISBN: 978-85-508-0018-9

1. Sensualidade. 2. Erotismo. I. Título.

CDD 372.372
CDU 613.88

ALTA BOOKS
EDITORA

Rua Viúva Cláudio, 291 — Bairro Industrial do Jacaré
CEP: 20970-031 — Rio de Janeiro - RJ
Tels.: (21) 3278-8069 / 3278-8419
www.altabooks.com.br — altabooks@altabooks.com.br
www.facebook.com/altabooks

Sobre a Autora

Janaina Rico é brasiliense, mãe, casada, bacharel em Direito por formação, escritora e atriz por vocação. Em 2009, publicou seu primeiro romance, *Ser Clara*. Desde então, tem se dedicado à literatura e a projetos culturais.

Também é roteirista e produtora teatral. Em 2012, criou a *Cia Teatral Três Amiguinhos*, produzindo e encenando o espetáculo baseado no livro infantil de sua autoria *O maravilhoso livro de desenhos da menina que não sabia desenhar*, além de diversos outros roteiros teatrais.

Em 2013, criou o *Mulheres que Comandam*, programa de entrevistas dedicado ao universo feminino, ouvido por elas e por eles, apresentado semanalmente na rádio web de Brasília, *Rádio Federal*.

Ganhou os prêmios literários *Codex de Ouro* e *Identidade Literária*. Todos os seus livros, além de diversos contos, foram lançados em formato digital na *Amazon.com* e, em 2014, as versões digitais dos livros *Ser Clara* e *Cartas para um pai* foram relacionadas na lista dos mais vendidos da revista *Veja*.

É criadora do projeto *365 dias de sensualidade*, voltado para o público feminino, em que todos os dias postava na internet um conto erótico e uma foto sensual, e que se tornou o livro *100 dias de sensualidade*.

Idealizadora da campanha *Eu leio Brasil*, de incentivo à literatura nacional, que produz vídeos de entrevistas com diversos autores, cursos de escrita criativa e dicas literárias.

O *Sensualidade e Erotismo Para Leigos* é seu sexto livro publicado. Os outros são *Ser Clara*, *Apimentando*, *Cartas para um pai*, *100 dias de sensualidade* e *O maravilhoso livro de desenhos da menina que não sabia desenhar*.

Saiba mais sobre a autora em `www.janainarico.com.br`.

Dedicatória

Dedico este livro ao meu marido Samuel, que me ensinou a ser uma pessoa segura e dona de mim, sem amarras e sem frescuras. Graças a ele, posso ajudar pessoas em todo o mundo a se sentirem mais confiantes e sensuais.

Agradecimentos

Agradeço à minha mãe, mulher de fibra. E ao meu filho, garoto de ouro.

Tio Noís (*in memoriam*), Tia Elza (*in memoriam*), Leandro, Patrícia, Gustavo, Gabrielzinho, Leandrinho, Tio Jorge, Tia Mariza, Camila, Elói, Ângelo, Gabriel, Tia Nena, Rafael, Tio Julinho, Tia Beth, Juliano, Dani, Vitor, Laura, Mariana, Leonardo, Júlia, Manuela, Betinha, Fábio, Guilherme, Flavinha, Rachel, Dani, Maveryk, Thiago, Ana Julia, Noah, Maitê e todos os futuros membros da família Rico, vocês são demais!

Queridos amigos da Cia de Teatro Contemporâneo de Botafogo, que chegaram na reta final da escrita do livro e me deram muitas ideias! Ana, Arthur, Beatriz, Eliene, Gabriela, Maria Clara, Paula, Rodrigo e Yang, vocês são muito importantes na minha vida.

Equipe da Alta Books, sem palavras para descrever o orgulho que senti quando recebi o convite para escrever este livro, que me deu a oportunidade de ajudar pessoas em todo o mundo a se sentirem mais felizes e realizadas.

Meu agradecimento todo carinhoso à Cristiane Santos Machado, por iniciar os cuidados com o meu texto. E à Mayara Soares, que dedicou muito de seu tempo e paciência para tornar este livro uma pérola.

Tatiana Amaral, muita gratidão pelo prefácio tão carinhoso!

Queridos leitores e blogueiros literários que acompanham a minha carreira, sem vocês eu não seria nada. E meu amor eterno aos "Janáticos", criadores do FC Janaina Rico.

Obrigada!

Sumário Resumido

Sumário

Prefácio

Por Tatiana Amaral

Quando fui convidada para prefaciar o livro da Janaina Rico, tive várias reações: fiquei honrada, emocionada, chorei. No entanto, não tive como evitar o medo de errar, de não fazer à altura do que ela merece. Mas vamos lá!

Acredito que, antes de qualquer coisa, devo assumir que sou uma leitora compulsiva, no estilo que lê todo o tipo de texto, simplesmente pelo fato de não conseguir se sentir inteira se não tiver sempre um livro ao alcance das mãos. Preciso sempre de uma história que me leve para fora da realidade por alguns minutos do meu dia. Pelo mesmo motivo, apesar de ter minhas preferências, não escolho um livro pela sua categoria, capa, sinopse, comentários... Eu apenas escolho e sempre estou pronta para o que ele pode me proporcionar.

Foi assim que me senti quando recebi o livro da Janaina para iniciar a leitura e construir o prefácio. O livro é diferente de tudo o que ela já escreveu até hoje, o que me deixou ainda mais deliciada, pois adoro esta facilidade que a autora possui de passar de um estilo de escrita para outro sem criar grandes traumas ou permitir grandes comparações. O projeto é mesmo o máximo!

Contudo, confesso que me vi pensando em sua real necessidade. Afinal de contas, quem compraria um livro para aprender a ser sensual? Não passa pela cabeça das pessoas que sensualidade é como uma característica de nascença? Ou você é, ou não é. Porém, lendo cada página deste livro, eu me vi em muitas situações aqui descritas. Entendi que é possível sim aprender a ser sensual, e tenho que ressaltar que à medida que avançava na leitura, eu me via desejosa de colocar em prática tudo o que aprendia. E aprendi muito. Logo ele se tornou uma necessidade para mim e me sinto na obrigação de dizer que este projeto é uma leitura obrigatória para todas as mulheres e homens.

O livro todo é a cara da Janaina. Talvez por isso ela tenha conseguido retratar cada situação de uma forma única, trazendo uma verdade que até então fazíamos questão de combater, ou até mesmo acreditávamos, mas preferíamos manter escondida por baixo dos panos. Nós podemos sim assumir o papel de deusas, de divas. Podemos conhecer o que existe de melhor em nós mesmas e aprender a utilizar essa característica como nossa melhor arma na sedução.

Janaina Rico trata de forma criativa e bastante divertida todos os tabus que impedem as mulheres de se descobrirem e, com isso, abre muitas portas e janelas para o jogo da sensualidade. Resta-me apenas desejar a todos uma ótima leitura, um amplo aprendizado e, principalmente, a descoberta deste leque de possibilidades aqui apresentado de forma brilhante por essa escritora incrível. Olhos atentos, mente aberta e sejam bem-vindos a este mundo encantador que é a sensualidade.

Introdução

Sentidos e sensações. A sensualidade é um emaranhado delas, descambando naturalmente para o sexo. Provocar e despertar o desejo em outras pessoas, de maneira sedutora e arrojada, é um desafio muito gostoso, que não pode ser resumido apenas a uma roupa ou um tipo físico.

Ser sensual é basicamente descobrir o seu próprio potencial e acreditar na sua capacidade. Uma atitude sensual nada mais é que uma atitude de positividade. A superação dos medos e das inseguranças é a porta de entrada para um mundo sexy e arrojado.

Se você está se sentindo pronto para começar uma nova etapa da sua vida, com mais charme e elegância, comece já. Todas as informações estão aí, ao seu dispor. Aproveite-as e seja muito mais feliz com sua desenvoltura sensual. Aceitar o próprio corpo, com suas qualidades e limitações é o grande segredo a ser desvendado ao ler *Sensualidade e Erotismo Para Leigos*.

Sobre Este Livro

Este livro foi desenvolvido para que você tenha todas as ferramentas para ser um homem ou uma mulher efetivamente sensual, partindo de habilidades básicas e quebra de paradigmas.

O *Sensualidade e Erotismo Para Leigos* foi escrito pensando nas pessoas que desejam usufruir ao máximo da potência que seu corpo possui, todo charme que ainda existe para ser explorado.

Evitei utilizar termos técnicos ou jargões. Procurei ao máximo simplificar as técnicas e explicações, deixando o texto acessível, com ferramentas práticas e dicas realmente úteis para todos os homens e mulheres que estão inserindo a sensualidade em suas vidas. São pessoas que merecem se presentear com a sua capacidade sexual.

Convenções Usadas Neste Livro

Para ajudá-lo a navegar por este livro, utilizarei as seguintes convenções:

» *Itálico* é usado para dar ênfase e destacar palavras novas ou estrangeiras. E nas citações de outros autores.

» **Negrito** indica palavras-chave e de ações importantes.

Só de Passagem

Muitas vezes, não temos tempo de ir mais a fundo nos temas que achamos interessantes, e não seria diferente com a sensualidade. Mas acontece que estamos falando de um tema necessário para a sua realização pessoal e sexual. Por isso, para facilitar a sua vida, coloquei alguns materiais para você "colar" de vez em quando:

» Sugestões de filme são uma ótima saída para exemplos de como exercer a sensualidade.

» Nos boxes, há sugestões bacanas, histórias pessoais e dados interessantes que valem a pena dar uma olhada.

» As citações colocadas no decorrer do livro são ótimas frases motivacionais para o dia a dia.

Como Este Livro Está Organizado

O livro foi dividido em seis partes, para facilitar a sua leitura. Cada uma delas está separada em capítulos.

Parte I: Sensualidade

Nesta primeira parte, falo sobre o que é a sensualidade e qual o seu papel na sociedade. Como ela influencia decisões e define os rumos das vidas das pessoas. Aproveitei para fazer um apanhado histórico de como o sexo e a sexualidade se desenvolveram através dos tempos e qual a importância e influência que exercem nos dias de hoje.

Parte II: A Arte de Ser Sensual

Na segunda parte, falo das ferramentas que tornam alguém sensual. O que diferencia alguém que sabe exercer a sua sexualidade de quem não sabe. É analisada a relação do amor-próprio e da autoestima com uma vida plena no campo da sensualidade. Listo, ainda, as formas de descobrir a sua sensualidade.

Parte III: Praticando a Sensualidade

Este capítulo é dedicado à prática do ser sensual. Os cinco sentidos são explorados, indicando como atingir o ápice da sexualidade com a visão, o olfato, o paladar, o tato e a audição. Também falo sobre a moda e de como as roupas podem ajudar ou atrapalhar no momento da conquista amorosa. Algumas danças são listadas para facilitar no processo de conhecimento do próprio corpo.

Parte IV: Estimulando a Sensualidade

Aproveito, neste capítulo, os conhecimentos humanos em outras áreas, como astrologia e feng shui, para aplicar na sensualidade. Traço um paralelo em como homens e mulheres exercem sua sexualidade.

Parte V: A Sensualidade Está Dentro de Você

Neste capítulo, mostro que o melhor lugar para buscar a realização sexual e a externalização de sua sensualidade é dentro de você. Métodos simples e jogos de autoconhecimento são descritos, com o objetivo de tornar você uma pessoa mais segura e bem resolvida com o seu comportamento sensual.

Parte VI: A Parte dos Dez

Trago informações básicas e, ao mesmo tempo, interessantes, às quais você pode recorrer em qualquer momento que desejar, como uma receita que de acordo com a crendice popular é afrodisíaca ou um livro para dar ideias interessantes para debaixo dos lençóis. É um pequeno guia — mas nem por isso dispensável — de tudo o que tem de mais atrativo no universo da sensualidade.

Ícones Usados Neste Livro

NA PRÁTICA

Aqui você encontrará a forma específica para colocar em prática o que expliquei na teoria.

LEMBRE-SE

Todas as vezes que avistar este ícone, trata-se de uma informação que não disse e deveria ter dito ou que já foi citada e precisa de uma atenção extra.

HISTÓRIA

A sensualidade tem história. E este ícone o deixará a par destes relatos interessantes.

CURIOSIDADE

O universo sensual é extravagante e excêntrico. Neste ícone, reuni as melhores histórias para lhe contar.

DICA

Quando este ícone aparecer, saiba que lá estará uma observação valiosa que afiará mais e mais sua sensualidade.

CUIDADO

É sempre bom ter atenção. O conteúdo deste ícone traz questões que você pode usar a seu favor na hora de sensualizar.

De Lá para Cá, Daqui para Lá

Mesmo achando que será muito mais interessante você ler este livro na ordem em que foi escrito, desenvolvi os capítulos de forma que possam ser lidos independentemente. Ainda que as partes reúnam temas por afinidade ou semelhança, você pode buscar a informação como lhe for mais útil, sem que seja necessariamente do começo ao fim.

A lógica existirá em qualquer ordem que você der para a leitura, conforme lhe for mais conveniente. Sugiro dar uma olhada preliminar no sumário e detectar quais os pontos que mais lhe trazem dúvidas no tocante à sensualidade.

1 Sensualidade

NESTA PARTE . . .

O que é sensualidade? O quão importante é nos dias de hoje? Em que a sensualidade influencia e quais rumos ela define? Como evoluiu ao longo da história da humanidade? Essas e muitas outras perguntas sobre o conceito da sensualidade são respondidas na primeira parte do livro.

NESTE CAPÍTULO

Entenda como a sexualidade se desenvolveu na história humana

Perceba a relação entre sexualidade e sensualidade

Saiba como a sensualidade transformou-se no tempo

Capítulo 1 Sensualidade Através dos Tempos

Acho que a qualidade da sensualidade vem de dentro. É algo que está em você ou não está, e ela realmente não tem a ver com seios ou coxas ou seus lábios.

— *SOPHIA LOREN*

Se formos buscar no dicionário o significado da palavra sensualidade, encontraremos "sen.sua.li.da.de-sf (lat. *sensualitate*) 1 Qualidade ou estado de sensual. 2 Lubricidade, volúpia. 3 Deleite produzido por coisas sensíveis ou, mais especialmente, o experimentado na satisfação dos apetites carnais. 4 Propensão para os prazeres materiais."

Mas, e na vida real, longe das definições acadêmicas, o que é realmente a sensualidade? Como uma pessoa pode se tornar verdadeiramente sensual? Quais situações que estimulam uma pessoa a se tornar alguém sexy?

Alguns podem ver a sensualidade como algo pecaminoso, uma tentação. Ainda assim, ser sensual é uma busca constante nos dias de hoje. E a erotização da vida se confunde o tempo todo, em televisão, filmes, música. O belo é sensual? O que é belo? O que é sensual?

Filósofos, escritores, psicólogos e cientistas já escreveram livros e tratados sobre o assunto. O comércio relacionado à sensualidade movimenta bilhões de dólares todos os anos e por todo o mundo. A indústria do cinema e das artes cênicas insistentemente se debruça sobre o tema. Debates acadêmicos e culturais são levantados todos os dias. E o assunto está longe de ser esgotado.

A relação entre sexo e sensualidade é intrínseca. Na pré-história, fazer sexo era considerado um ato religioso, já na Idade Média, era um instrumento de dominação. Para o homem, o ato sexual sempre foi cercado de mistérios e tabus. E em todas as épocas existiu um padrão feminino idealizado, diretamente proporcional à sensualidade.

A sensualidade é uma arte muito mais ligada à atitude do que às roupas e acessórios de moda. Sensual é aquela pessoa que, de forma inteligente, atiça a libido e a curiosidade alheia por onde passa.

LEMBRE-SE

Ser sensual é um estado de espírito. É uma busca que não tem a menor relação com corpos perfeitos, rostos plastificados ou dentes corrigidos por aparelhos. A sensualidade está no olhar, no desejar, no querer.

O Sexo e a Humanidade

... antigos habitantes das ilhas Canárias que, antes de serem descobertos pelos cristãos, sempre haviam vivido no abençoado estado da natureza.

— *ALBERTO RADICATI DE PASSEANO*

Sexo e sensualidade estão visceralmente ligados. Na história da humanidade, a maneira de as mulheres "seduzirem" os homens fez com que decisões políticas fossem tomadas, guerras iniciadas e costumes alterados. Muito do que somos e como vivemos hoje é fruto da maneira pela qual nossos antepassados viam o sexo.

O poder de seduzir é inerente ao ser humano. Contudo, alguns são podados dessa força, por motivos sociais, culturais ou familiares. O que é uma grande perda para o seu crescimento, afinal, o charme é uma ferramenta de muita valia para o alcance dos objetivos na vida, sejam pessoais ou profissionais.

HISTÓRIA

Você sabia que a Igreja Anglicana foi criada em decorrência da sensualidade de uma mulher? Em 1553, o rei da Inglaterra, Henrique VIII, era casado, mas possuía várias amantes. Contudo, encantou-se com Ana Bolena. Ela se recusou a ser mais uma de suas namoradas (como sua irmã Maria Bolena já havia sido). Resistiu a várias tentativas do rei, dizendo que seria dele apenas no caso de tornar-se rainha. A Igreja Católica não permitia o divórcio e o Papa Clemente VII não aceitou a anulação do casamento do rei, mesmo tendo sido feita legalmente. Assim, uma ruptura formou-se entre a Inglaterra e a Igreja Católica, para que Henrique VIII pudesse se casar e ter Ana Bolena em seus lençóis.

A história de Ana Bolena inspirou o diretor Justin Chadwick a gravar o filme "A Outra": *Ana (Natalie Portman) e Maria (Scarlett Johansson) são irmãs que foram convencidas por seu pai e tio ambiciosos a aumentar o status da família tentando conquistar o coração de Henrique Tudor (Eric Bana), o rei da Inglaterra. Elas são levadas à corte e logo Maria conquista o rei, dando-lhe um filho ilegítimo. Porém, isto não faz com que Ana desista de seu intento, buscando de todas as formas passar para trás tanto sua irmã quanto a rainha Catarina de Aragão (Ana Torrent).* **Fonte:** `http://www.adorocinema.com/filmes/filme-112348/#synopsys_details`

Pura Diversão

Praticamos sexo recreativamente, o que nos coloca em uma minoria no reino animal. Talvez por isso o homem sempre tenha mistificado muito as relações sexuais, produzindo mitos, lendas e ritos (religiosos ou não). Mas como se desenrolou a sexualidade durante o desenvolvimento das sociedades até chegarmos aos dias de hoje?

Os macacos bonobo sobem na cadeia social ao praticarem mais sexo com seus semelhantes. É uma das poucas espécies animais que pratica sexo por diversão.

— *MARCELO DUARTE, EM O GUIA DOS CURIOSOS.*

Muito Tempo Atrás...

Na sociedade paleolítica, era muito comum que todos os membros da comunidade tivessem relações sexuais entre si. Não existia o conceito de pai e mãe como conhecemos. Quando as mulheres engravidavam, as crianças eram consideradas pertencentes a todos. Orgias eram comuns e realizadas em situações e rituais específicos.

Alguns povos nativos brasileiros consideravam exibir a glande um ato de obscenidade. Assim, os homens cobriam o prepúcio cuidadosamente com um estojo feito para esse fim que só era retirado para urinar ou praticar sexo.

Na época, era muito difundida a lenda da "vagina dentada" que alertava sobre os perigos de fazer sexo com uma mulher desconhecida. Eles acreditavam que algumas mulheres possuíam dentes na vagina e decepavam o pênis na hora do sexo.

Em 2007, o diretor Mitchell Lichtenstein lançou o filme "Teeth", em português "A vagina dentada", trazendo para os nossos dias a velha lenda. *Teeth é uma história sobre uma garota que possui dentes na vagina, uma condição única e, pior que isso, ela não sabe lidar com a situação. É uma espécie de vagina carnívora assassina. Ela não consegue fazer sexo com ninguém e os que tentam ir para a cama com ela ficam em pânico ao perderem pedaços do pênis.* **Fonte:** `http://filmow.com/teeth-a-vagina-dentada-t8154/`

OS ÍNDIOS E A SEXUALIDADE

Os guerreiros *Creek* — tribo indígena norte-americana — acreditavam que o sexo reduzia o poder e a força do homem e por isso não mantinham relações sexuais três dias antes e três dias depois das batalhas. Já a tribo *Shoshone* acreditava que se um homem visse o órgão sexual feminino ficaria cego ou morreria. Por isso, as saias das mulheres eram cortadas em tiras, se elas se descuidassem, as tiras cobririam o seu órgão, o que impediria a visão. Ainda assim, os homens da família tinham a obrigação de tacar um pedaço de pau nas coxas da moça que sentasse de pernas abertas.

Os *Yanomamis* — índios do Brasil e da Venezuela — sempre lidaram com o sexo de uma forma muito natural. Os mais velhos conversavam com os mais novos sobre o ato sexual. O incesto era desencorajado através de lendas, mas não chegava a existir uma punição física. E mesmo com toda a liberdade sexual, vários assassinatos aconteciam na tribo decorrentes de ciúmes.

Sexo Religioso

Na antiga Suméria, as sacerdotisas tinham o sexo como obrigação religiosa. Para um homem louvar a Grande Deusa, ele deveria fazer sexo com uma das sacerdotisas e, depois do sexo, oferecer uma doação ao Santuário. As prostitutas sagradas eram muito respeitadas na sociedade e referência de beleza e conhecimento.

Na Índia existiam os templos bordéis, mantidos pelas sacerdotisas que estudavam, produziam música e se prostituíam. Logo na entrada dos templos, estátuas estimulavam a celebração sexual sem preconceitos. Os pais hindus costumavam dar suas filhas para se tornarem sacerdotisas, seguindo recomendações sagradas.

Medo da Traição

Os homens gregos tinham muito medo de serem traídos e por isso mantinham suas esposas trancadas em casa. Elas eram proibidas de ir sozinhas a lugares públicos. Contudo, uma classe de mulheres gregas, as *hetarias*, ofereciam sexo, amizade e conversa de alto nível aos homens, sem dependerem deles.

Temos cortesãs para nos dar prazer; temos concubinas para com elas coabitarmos diariamente; temos esposas com o propósito de termos filhos legítimos e de termos uma guardiã fiel de tudo o que se refere à casa.

— *DEMÓSTENES, EM CONTRA NEERA*

Gregos e Romanos

Na Antiguidade, quando as cidades eram invadidas, como forma de defesa, as mulheres colocavam seus seios à mostra, pois assim lembravam aos invasores que eram iguais às mães deles.

O homossexualismo era estimulado em toda a Grécia Antiga, e para um menino grego ser educado era necessário que ele tivesse um protetor, que introduzia o garoto à vida sexual. A relação entre dois homens era valorizada militarmente, e eles acreditavam que assim os soldados ficavam mais valentes. O *status* social era o que definia a sexualidade. O de *status* mais elevado era o ativo da relação.

Enquanto os gregos filosofavam sobre sexo, os romanos o praticavam livremente e sem culpa, sendo comum o uso de métodos contraceptivos e o aborto. Os romanos admiravam o sexo explícito e possuíam uma grande quantidade de material erótico. A decoração das casas e das ruas era feita de estátuas de corpos nus e esculturas de falos. Nas escavações da Pompeia, dentre as muitas obras de arte eróticas encontradas, uma das que mais chamou atenção dos historiadores foi uma escultura do deus Pan penetrando uma cabra. Os romanos podiam se divertir livremente com prostitutas e prostitutos, mas as mulheres infiéis eram punidas com a morte, muitas vezes sendo jogadas em arenas para serem devoradas por feras.

Bacanais

Ainda em Roma existiam as bacanais, rituais para honrar Baco — deus do vinho e do êxtase. Foram proibidas de tão violentas e perigosas que se tornaram, em 186 a.C. Calígula, imperador romano, conhecido por ser cruel e extravagante, criou um bordel de luxo, onde as nobres eram obrigadas a se prostituir, como uma maneira de contribuir para a riqueza do estado.

Era bastante comum a prostituição masculina. Na época do Império, a maioria dos prostitutos vinha da África e da Ásia. Os impostos da prática constituíam uma importante fonte de renda aos cofres romanos. Eles acreditavam que a prostituição preservava a fidelidade das "mães de família" e garantia a honra. Os lupanares — covil de lobos — eram as casas de prostituição.

Virgindade de Valor

A virgindade só passou a ser valorizada quando adquiriu valor econômico, entre os séculos IX e XV. Na Idade Média, o sexo começou a ser visto cheio de moralismos. A Igreja de Roma proibiu toda atividade sexual recreativa. Para a Igreja, o sexo era uma ameaça, pois desviava o homem de suas obrigações para com Deus.

Nessa época, o celibato tornou-se obrigatório no Clero, e os fiéis só poderiam praticar o sexo em posições "naturais", o que hoje conhecemos como "papai e mamãe". As autoridades divulgaram que qualquer criança concebida em posição "não natural" nasceria com má-formação. O homossexualismo virou crime e sua punição era a morte.

As mulheres eram vistas como malignas, por serem filhas de Eva. Todo mal da humanidade vinha delas, e eram consideradas mais suscetíveis às tentações do sexo. Assim, deveriam ser mantidas quanto mais feias fosse possível. O teólogo Tertualino, um dos mais importantes da época, dizia que as mulheres eram os "portões do inferno".

Em resposta a tamanha repressão, a Idade Média produziu um novo conceito de relações amorosas, chamado "amor cortês". Era uma revolução, pois tirava a mulher do papel secundário que vivia e a colocava em situação de igualdade aos homens. O ato sexual propriamente dito era considerado um falso amor, e o amor verdadeiro consistia em beijos e carícias. Os grandes incentivadores do amor cortês eram os trovadores. O relacionamento entre homens e mulheres, para eles, enobrecia o caráter.

Novos Valores

A Renascença veio para alterar não somente a política e a cultura europeia como também os costumes sexuais. Brinquedos eróticos e o homossexualismo hierárquico voltaram à tona. A Igreja continuava punindo o sexo recreativo, mas as pessoas deixaram de acreditar que fornicar fosse pecado. Ainda assim, a traição era duramente punida — sendo a morte apenas para as mulheres adúlteras, isto porque elas continuavam sendo subjugadas na sociedade. Na Renascença, junto com o surgimento da imprensa, nasceram os primeiros livros pornográficos europeus.

Na era Vitoriana, as mulheres tinham seu corpo equiparado a um templo e por isso deveriam se manter puras. Para os vitorianos, as mulheres eram assexuadas, e se demonstrassem qualquer tipo de prazer, deveriam tornar-se prostitutas. Como o sexo era feito exclusivamente para o prazer masculino, o estupro doméstico e a frigidez eram muito recorrentes. Na Inglaterra, existia um ditado que dizia "feche os olhos, abra as pernas e pense na Inglaterra".

Na segunda metade do século XIX, surgiram as "sufragistas", grupo de mulheres que lutava pela igualdade e isso foi muito importante para o comportamento sexual feminino no século seguinte. Os médicos do século XIX consideravam a masturbação uma doença e a chamavam de "vício solitário". Acreditavam que ela enfraquecia o corpo e a alma, e era a "porta da decadência". Um dos tratamentos era um aparelho que dava choques no pênis, caso o rapaz tivesse uma ereção noturna.

Freud e o Sexo

Outra revolução sexual surgiu quando Sigmund Freud começou a publicar suas ideias — claras e humanas — sobre as relações sexuais. O psiquiatra austríaco acreditava que a vida sexual já começava logo após o nascimento e criou uma distinção entre genitália — o órgão propriamente dito — e sexual — o prazer obtido em todo corpo. Nas teorias de Freud, tudo na vida do indivíduo decorre da sexualidade, sejam coisas boas ou ruins, positivas ou negativas.

Novos Tempos

No início do século XX, as coisas começaram a mudar, muito embora mulheres não pudessem passar maquiagem, pois era considerado "coisa de atriz". Era o princípio de uma nova liberdade sexual, e em 1910 as mulheres já podiam sair às ruas sem que as saias tivessem que se arrastar ao chão. No mundo, o cinema passou a influenciar o conceito de sensualidade. As mulheres, aos poucos, podiam ser mais femininas. Diversão e cigarros já não eram proibidos. Atrizes como Wanda Marchetti diziam que "não devia ser preciso esperar o casamento para descobrir o sexo".

O Hímen Fica

Ao longo do século XX vários tabus foram caindo por terra, mas a virgindade ainda era de extrema importância. Nas décadas de 1940 e 1950, era muito comum que as moças praticassem o sexo anal para não ocorrer o rompimento do hímen. Mas, nas décadas de 1960 e 1970 ocorreu a chamada Revolução Sexual, com o advento da pílula anticoncepcional.

Assim, a sexualidade feminina desvinculou-se do casamento, e com a possibilidade de não ter filhos indesejados, as mulheres puderam passar a praticar o ato sexual apenas pelo prazer. O sexo pré-nupcial foi aos poucos se tornando socialmente aceito, a partir de 1970.

Outra grande mudança foi em relação à masturbação, que deixou de ser vista como uma doença e passou não só a ser aceita, como incentivada.

Hoje em Dia

Na atualidade, temos o sexo e a sensualidade vistos como coisas muito naturais. Muito embora ainda existam absurdos como estupros, pedofilia e violência doméstica, o mundo caminha para ver o sexo prazeroso como uma coisa corriqueira e saudável.

Sexo virtual, relacionamento entre pessoas do mesmo sexo, relações casuais, mesmo que ainda não sejam aceitos por toda a sociedade, já não causam mais tanto espanto. Uma fatia considerável da população os pratica, e alguns já não se envergonham em assumir suas práticas.

É importante ressaltar que falamos aqui da realidade nas Américas e na Europa. Em muitos lugares do mundo, o desenvolvimento do comportamento sexual está em níveis completamente diferentes do que vivemos, e muito do que é retratado aqui ainda pode ser visto como algo distante.

Mesmo com toda liberdade sexual adquirida, ainda é usual que algumas culturas e religiões preguem que o sexo só deve ser feito após o casamento.

Nesse novo contexto de mundo, faz-se necessário estar de bem com sua sexualidade e sua sensualidade. O sexo feminino deixou de ser frágil e se tornou dono de seus próprios atos, principalmente do seu próprio corpo e o homem deste novo mundo precisa estar apto a compreender a realidade atual.

Beleza É Fundamental

O conceito de beleza é altamente cultural. A sociedade acaba ditando os padrões do que é aceito como belo, ou não. Ser magra, por exemplo, já foi visto como doença ou sinal de fraqueza e, hoje em dia, grande parte das pessoas busca o corpo com o menor nível de gordura possível.

A beleza feminina sempre esteve associada à reprodução, à capacidade de gerar filhos. Na pré-história, quando se acreditava que a mulher mais rechonchuda teria melhores filhos e com mais facilidade, as formas arrendondadas eram valorizadas. Seios grandes indicavam uma boa fonte de alimentação para a prole, logo, eram admirados.

Interessante ressaltar que na Grécia Antiga se buscava a harmonia e a perfeição. Vênus de Milo simbolizava o que a mulher poderia ter de mais belo, com um corpo simétrico e proporcional, sem gorduras e com seios médios.

No período renascentista, as curvas voltam a ser valorizadas, associadas à riqueza e à fartura, sendo assim, uma moça mais roliça seria uma mãe com mais saúde. Quanto melhor para a maternidade, mais bela.

Depois da Revolução Industrial, o uso do espartilho firmou como bonito o corpo em formato de ampulheta, mas a pele clara e o corpo envolto em carnes era o que realmente deixava uma mulher linda para os padrões da época.

No século XX, passou-se novamente a querer uma mulher parecida com a Vênus de Milo, com um corpo mais esguio. Nos anos 1920, elas passaram a usar sutiãs, cuidarem do corpo e serem vaidosas. Com Coco Chanel, a silhueta ficou fina. Nos anos 1940, Marilyn Monroe era o padrão a ser seguido, com seios maiores e cintura fina. Nos anos 1970, a ditadura da magreza surgiu com modelos europeias esquálidas sendo os ícones de beleza, tais como Twiggy Lawson que foi considerada a primeira top model no mundo. Nos anos 1980, Madonna libera um corpo musculoso e firme, um pouco mais masculinizado. Nos anos 1990, ser magra volta a ser uma obsessão feminina, e Kate Moss brilha nas passarelas.

Nos anos 2000, as curvas voltam a ser aceitas, desde que não gordas, mas sensuais, assim como as de Gisele Bündchen.

DICA

No YouTube, há um vídeo interessante, que explica como o tipo ideal de mulher mudou ao longo dos anos. **Fonte:** `https://www.youtube.com/watch?v=Xrp0zJZu0a4` (último acesso em 14 de jan. de 2016).

Do Outro Lado do Mundo

No Oriente, o conceito de sensualidade nem sempre é parecido com o nosso. Temos que levar em conta as diferenças entre o Oriente Médio e o Extremo Oriente, que possuem culturas distintas, especialmente em relação ao tratamento às mulheres.

O Japão tem a fama de ser um país assexuado. O jornal "The Guardian" chegou a publicar uma matéria sobre o fenômeno chamado de "síndrome do celibato" em que os jovens japoneses não querem mais praticar sexo. Mas, na prática, eles são grandes inovadores de algumas fantasias sexuais (a grande maioria voltada para os homens). Nas *sex shops*, é muito comum que se vendam calcinhas já usadas por colegiais. As fotos ficam nas máquinas e eles escolhem a modelo.

Na China, o sexo é visto como algo natural e fisiológico. Existe um cuidado muito grande em não se confundir a antiga arte erótica chinesa, produzida entre as dinastias Han (206 a.C. a 220 d.C.) para a Qing (1644 a 1911) com a atual pornografia. Como atualmente no país há muito mais homens do que mulheres, as bonecas infláveis são muito populares.

Como na antiga União Soviética o sexo era censurado no teatro, na literatura e no cinema, na Rússia, houve uma explosão de sexualidade após a mudança do regime. A prostituição é muito comum em Moscou e as mulheres associam bastante o sexo a obter vantagens de alguma forma.

Se você realmente quiser conhecer um povo, comece olhando dentro de seus quartos.

— *SHEREEN EL FEKI*

CURIOSIDADE

» Na China, surgiram os primeiros anéis penianos, feitos de pálpebras de cabras, no século XIII.

» O "casamento combinado" *(Nikah Ijtima)*, que ocorria na Arábia pré-islâmica, era uma reunião na casa de uma mulher com até dez homens que faziam sexo com ela. Caso a dona da casa engravidasse, o marido reuniria os participantes e escolheria um dentre eles para ser o pai. Era proibido que o escolhido não aceitasse.

» Na China, entre 625 e 705 d.C., a imperatriz Wu Chao foi a precursora em usar espelhos como acessórios sexuais, por mais que a cultura de sua época dissesse que o objeto trouxesse má sorte.

» O zen-budismo aboliu o celibato entre monges, depois de o Imperador descobrir, no século XVI, que em mosteiros eram criados filhos de monges e monjas que não conseguiram ficar sem praticar sexo.

» Muitas pessoas confundem e acham que gueixas são prostitutas japonesas. Não é verdade. As gueixas são mulheres que dedicam servidão aos seus clientes, sendo que relações sexuais estão fora de questão. Elas são preparadas para a profissão em casas especializadas, desde crianças.

Sexo com o Mesmo Sexo

A homossexualidade foi retratada na Bíblia, onde no livro Gênesis é relatada a destruição da cidade de Sodoma, uma vez que era muito promíscua, pois homens buscavam relações sexuais com anjos. Não é possível datar a primeira relação lésbica registrada na história, mas o Código de Hamurabi já tratava do tema, em 1770 a.C., falando da "mulher-homem".

CURIOSIDADE

A palavra "lésbica" faz referência a Ilha de Lesbos, por causa dos poemas da escritora grega Safo, que nasceu na ilha e trazia no seu texto o sentimento e o desejo que sentia pelas mulheres. *Se teus desejos fossem decentes e nobres e tua língua incapaz de proferir baixezas, não permitirias que a vergonha te nublasse os olhos — dirias claramente aquilo que desejasses — Safo.*

Enquanto isso, no Japão

HISTÓRIA

Samurais do Japão medieval incentivavam o relacionamento entre homens maduros e adolescentes. O relacionamento era conhecido como Shudo. Na Grécia arcaica, mulheres mais velhas se relacionavam sexualmente com mulheres mais novas, assim como acontecia com o sexo masculino. Era um marco no início da vida sexual.

E como se desenvolvia por aqui

Ocorre que o judaísmo e o cristianismo passaram a pregar que o sexo deveria existir apenas para a procriação e com isso as relações entre pessoas do mesmo sexo passou a ser vista como pecado. A sociedade deixou de aceitar como algo natural. O imperador cristão Justiniano vinculou as relações homossexuais com o adultério. Com o tempo, leis duras foram aplicadas para quem se relacionasse com uma pessoa que não fosse do sexo oposto.

Muitos anos depois, nos campos de concentração nazistas, os homossexuais eram tratados de forma diferente, em alguns casos eram marcados com a letra "a" ou com um triângulo rosa, para que recebessem tratamentos. Recebiam os piores trabalhos e eram tidos como pervertidos, até mesmo pelos outros confinados.

Aliás, a homossexualidade foi tida como doença por muito tempo. Apenas em 1990 a OMS (Organização Mundial de Saúde) declarou que "a homossexualidade não constitui doença, nem distúrbio e nem perversão".

FIGURA 1-1: A conquista da liberdade homoafetiva.

Hoje em dia, a legislação brasileira já permite que pessoas do mesmo sexo se casem civilmente, assim como tem acontecido em grande parte do mundo ocidental. Mas, em alguns lugares, ainda é crime, passível, nos casos mais extremos, de pena de morte.

As lésbicas dividem muitas opiniões até hoje. Muitos homens possuem desejos sexuais com mulheres praticando sexo, mas nem todo mundo aceita com naturalidade o relacionamento entre elas. O cinema e a literatura retratam as relações lésbicas geralmente com muita sensualidade, fomentando a fantasia.

O filme francês "Azul é a cor mais quente" aborda o amor entre duas jovens e a intolerância social sobre o tema: "Azul é a cor mais quente": *Adèle (Adèle Exarchopoulos) é uma garota de 15 anos que descobre, na cor azul dos cabelos de Emma (Léa Seydoux), sua primeira paixão por outra mulher. Sem poder revelar a ninguém seus desejos, ela se entrega por completo a este amor secreto, enquanto trava uma guerra com sua família e com a moral vigente.* **Fonte:** `http://www.adorocinema.com/filmes/filme-203302/`

Definindo a sexualidade

Hoje em dia existe a discussão sobre de que maneira a pessoa sabe qual é a sua orientação sexual. Existem diversas formas de exercer sua sexualidade que vão além do homossexual e do hétero, por isso, essa classificação além de ser pouco produtiva, por muitas vezes é desnecessária.

Claro que desde que passamos a ter um impulso sexual em uma determinada fase da vida, nossos corpos e mentes darão dicas de qual será o rumo que a sexualidade tomará. Mas muitas pessoas acabam podando suas vontades e impulsos por convenções sociais ou medo da pressão da sociedade.

Ainda hoje não é uma tarefa das mais fáceis admitir que se tem uma relação homoafetiva ou quando se sente atração sexual pelos dois sexos. Mas lembre-se que quando falamos em sensualidade, a palavra mais importante é a aceitação. Sendo assim, a primeira pessoa que deve aceitar a sua orientação sexual é você!

Tenha em mente que fantasiar com pessoas do mesmo sexo não é a mesma coisa que ser homossexual. Fantasias e sonhos sexuais podem até ser um indicativo, mas não são determinantes. Muitas vezes podem ser reflexo de um filme ou de uma situação excitante. Contudo, não tenha medo de realizar suas fantasias caso deseje.

Saber qual a sua orientação sexual não impede que você se atraia sexualmente ou se apaixone por uma pessoa de qualquer sexo. Assuma as suas vontades e seus desejos, aceite-se e viva plenamente a sua sexualidade.

DICA

Colin Spencer é o autor do livro "Homossexualidade. Uma história". O autor traça um panorama histórico sobre a homossexualidade, demonstrando ao leitor que o conceito de homossexualidade que temos hoje foi construído ao longo do tempo e que práticas homossexuais sempre existiram, em todas as civilizações.

Sexualidade e Religião

Desde a mais primitiva sociedade registrada, é possível encontrar algum tipo de religiosidade ou fé expressa pelo homem. Nas mais antigas culturas, a religião já estava presente, definindo muitos dos costumes vigentes em uma época.

Independente da maneira como se expressa, os seres humanos necessitam manifestar uma religiosidade, uma busca pelo sagrado. Por sua vez, a religião exerce um papel de regular a moral das sociedades, ditando o que pode ser considerado certo ou o que pode ser considerado errado, especialmente em relação ao sexo e à sexualidade.

Há um debate muito forte, no mundo inteiro, sobre como as religiões devem se adaptar aos novos rumos que a sexualidade vem tomando. Muito se pergunta, por exemplo, sobre o porquê das mulheres não poderem exercer o sacerdócio ou alguns líderes religiosos não poderem se casar. Há ainda os questionamentos sobre aceitação da relação entre pessoas do mesmo sexo e sobre a capacidade de poderem ou não constituir uma família legítima, aceita por suas religiões.

Nos dias de hoje, muitas vezes as igrejas se posicionam de forma retrógrada em relação ao sexo, especialmente no tocante à sexualidade dos jovens. Católicos, protestantes, evangélicos, islâmicos, muçulmanos e outras diversas religiões não aceitam a prática do sexo antes do casamento, pois seus dogmas determinam que o ato sexual só deve ser praticado com o objetivo de procriar e não para sentir prazer. A Pontifícia Universidade Católica de São Paulo (PUC-SP) fez uma pesquisa com jovens universitários entre 17 e 25 anos e constatou que 65% deles discordam das determinações religiosas que suas igrejas impõem.

Outras questões ainda polêmicas em várias linhas religiosas são desnudar o corpo, utilizar métodos contraceptivos, o aborto e variações do sexo, como sexo anal ou oral.

NESTE CAPÍTULO

- Diferencie sensualidade de erotismo
- Veja como o cinema influencia no conceito de sensualidade
- Conheça grandes títulos sensuais e eróticos

Capítulo 2
O Cinema e a Literatura — Sensual ou Erótico?

O sexo faz parte da natureza. Eu só sigo a natureza.

— *MARILYN MONROE*

A literatura erótica existe há muito tempo, e é um gênero que tem como objetivo despertar no leitor o desejo de exercer sua sexualidade, e serve ainda como forma de instruir sobre novas práticas e estimular a criatividade. O romance, o conto e a poesia são as formas mais usuais.

É uma literatura sensual quando as cenas eróticas são apenas insinuadas. Geralmente ocorre uma sugestão do que acontecerá. O leitor percebe pelo enredo que o casal praticará sexo, mas ele não é descrito com detalhes, nem termos claros são usados. Quando se quer sugerir que uma mulher está excitada, por exemplo, as expressões são "calor", "vontade", "feminilidade". Quando descritas explicitamente, o texto é considerado pornográfico. Nestes casos, o ato sexual é narrado com riqueza de detalhes, utilizando palavras como "pau", "clitóris", "prazer". Os contos eróticos costumam ter uma conotação mais pornográfica e voltados para o público feminino.

Primeiros Registros

Ovídio (43 a.C.–17 d.C.) foi um poeta romano que escreveu sobre amor, sedução, exílio e mitologia. Foi o primeiro pensador a tratar a mulher de forma respeitosa e civilizada. Sua obra foi considerada amoral e o autor exilado.

> *(nas mulheres) o prazer nasce sem provocação artificial; para que seja realmente agradável é preciso que a mulher e o homem participem igualmente.*
>
> — *OVÍDIO*

Kama Sutra

Mallinga Vatsyayana, um velho sábio hindu, escreveu entre o século I e o VI da nossa era o mais famoso livro sobre o sexo de toda a humanidade, o Kama Sutra. Foi com intuito espiritual, em conformidade com as Escrituras Sagradas, que o autor falou sobre o prazer do sexo, "tão necessário para o bem-estar do corpo quanto o alimento", seguindo as práticas espirituais da época, com o objetivo de ajudar homens e mulheres, para que pudessem aproveitar o melhor um do outro.

O Kama Sutra é dividido em duas partes, a primeira fala sobre higiene, medicina, encantamentos e astrologia. E a segunda — traduzida no Ocidente — que aborda o sexo. O desejo de Vatsyayana era ajudar homens e mulheres a se amarem e se respeitarem.

> *Ao contrário do que muitos pensam, o Kama Sutra não é um manual de sexo, nem um trabalho sagrado ou religioso. Ele também não é, certamente, um texto tântrico. Na abertura de um debate sobre os três objetivos da antiga vida hindu — Darma, Artha e Kamadeva — a finalidade do Vatsyayana é estabelecer kama, ou gozo dos sentidos, no contexto. Assim, Darma (ou vida virtuosa) é o maior objetivo, Artha, o acúmulo de riqueza é a próxima, e Kama é o menor dos três.*
>
> — *INDRA SINHA.*

Trechos do Kama Sutra:

Foi dito por alguém que não há ordem ou momento exatos entre o abraço, o beijo e as pressões ou arranhões com as unhas ou dedos, mas que todas essas coisas devem ser feitas, de um modo geral, antes que a união sexual se concretize, ao passo que as pancadas e a emissão dos vários sons devem ocorrer durante a união. Vatsyayana, entretanto, pensa que qualquer coisa pode ocorrer em qualquer momento, pois o amor não se incomoda com o tempo ou ordem.

Quando o amor se intensifica, entram em jogo as pressões ou arranhões no corpo com as unhas. As pressões com as unhas, entretanto, não são comuns senão entre aqueles que estejam intensamente apaixonados, ou seja, cheios de paixão. São empregadas, acompanhadas de mordidas, por aqueles para quem tal prática é agradável.

CURIOSIDADE

O livro "A história de Genji" foi escrito na Ásia do século VIII e é um romance erótico sobre o príncipe Genji, da nobreza japonesa, e suas aventuras sexuais.

Jardim Perfumado

No início do século XV, Nefzaui escreveu o livro "O jardim perfumado", clássico da literatura erótica muçulmana. O autor traz opiniões sobre as qualidades femininas e masculinas, e dá conselhos sobre sexualidade e técnicas sexuais. Os ensinamentos são passados através de histórias.

Segue um trecho:

> *Qualquer posição deixa de ser satisfatória se tornar o beijo impossível. O prazer será incompleto, pois o beijo é um dos mais potentes estimulantes de que o homem e a mulher podem gozar, particularmente para a mulher...*

Poesia Erótica

O poeta português Bocage (1765–1805) iniciou sua carreira literária em Lisboa. No seu texto, ele trazia seus relacionamentos amorosos e dramas existenciais com alto teor de sexo, e tornou-se o poeta mais lido em Portugal.

Ele foi processado e preso pela Inquisição, e ficou marcado por ser um autor picante e obsceno. Seguem duas de suas mais famosas poesias:

É pau, e rei dos paus, não marmelleiro.
Bem que duas gamboas lhe lombrigo;
Dá leite, sem ser árvore de figo,
Da glande o fructo tem, sem ser sobreiro:

Verga, e não quebra, como o zambujeiro;
Occo, qual sabugueiro tem o umbigo:
Brando às vezes, qual vime, está consigo;
Outras vezes mais rijo que um pinheiro:

À roda da raiz produz carqueja:
Todo o resto do tronco é calvo e nú;
[carualho]
Nem cedro, nem pau-sancto mais negreja!

Para carvalho ser falta-lhe um u;
Adivinhem agora que pau seja,
E quem adivinhar metta-o no cú.

"Soneto do membro monstruoso"

Esse dysforme, e rigido porraz
Do semblante me faz perder a cor:
E assombrado d'espanto, e de terror
Dar mais de cinco passos para traz:

A espada do membrudo Ferrabraz
De certo não mettia mais horror:
Esse membro é capaz até de pôr
A amotinada Europa toda em paz.

Creio que nas fodaes recreações
Não te hão de a rija machina soffrer
Os mais corridos, sordidos cações:

De Venus não desfructas o prazer:
Que esse monstro, que alojas nos calções,
É porra de mostrar, não de foder.

Um Marquês do Sexo

Nascido em Paris, em 1740, Donatien Alphonse François de Sade, o conhecido Marquês de Sade, revolucionou o mundo com seus textos eróticos. Aristocrata francês, era considerado um escritor libertino, e foi preso, várias vezes, e perseguido pela monarquia.

O termo médico "sadismo" foi inspirado em seu nome, e define uma conduta sexual baseada na dor física ou moral do parceiro. Um de seus romances, o "120 dias de Sodoma", traz a história de nobres que abusavam de crianças raptadas, recheado de mutilações, coprofagia e assassinatos.

Algumas de suas frases famosas:

> *As paixões humanas não passam dos meios que a natureza utiliza para atingir os seus fins.*
>
> *Tudo é bom quando é excessivo.*
>
> *A primeira lei que a natureza me impõe é gozar à custa seja de quem for.*
>
> *Só me dirijo às pessoas capazes de me entender, e essas poderão ler-me sem perigo.*
>
> *Não há paixão mais egoísta do que a luxúria.*
>
> *Romântico, erótico, pornográfico, vida, razão, mulher, homem.*
>
> *Os defeitos da mulher de quem sou amigo passam a meus olhos a serem qualidades.*

Em 2001, dirigido por Philip Kaufman, foi lançado o filme "Contos Proibidos do Marquês de Sade": *Vivendo em um asilo ao término de sua vida, o Marquês de Sade (Geoffrey Rush) torna-se amigo do diretor do asilo em que reside, Abbe Coulmier (Joaquin Phoenix). Com ele, o Marquês troca confidências a respeito da afeição de ambos para com a lavadeira do asilo, Madeleine (Kate Winslet). A amizade de ambos cresce cada vez mais, até que Napoleão Bonaparte envia ao asilo um conceituado médico (Michael Caine), no intuito de curar o Marquês de sua suposta loucura. Entretanto, a vinda do médico apenas faz com que o caráter rebelde do Marquês fique cada vez mais forte.* **Fonte:** `http://www.adorocinema.com/filmes/filme-27439/`

Livros de Mulherzinha

Os chamados romances de banca fizeram muito sucesso, especialmente nos anos 1970 e 1980, entre o público feminino. Eram livros vendidos em bancas de jornais, com um papel de baixa qualidade, preço acessível e capas que, na maioria das vezes, traziam homens belos, com o peito nu, sendo admirados por mocinhas frágeis, que ficavam inebriadas pela beleza dos rapazes.

Os selos mais conhecidos eram *Sabrina*, *Júlia* e *Bianca*, hoje em dia são facilmente encontrados em sebos, muito embora ainda existam publicações novas, mas em menor quantidade.

Eles seguiam sempre a mesma fórmula, onde primeiro o casal se encontrava. O homem muito sedutor e rico. Por algum motivo, mesmo eles tendo uma forte atração sexual, o relacionamento não poderia seguir adiante. Em um segundo momento, tinham um contato físico altamente explosivo e percebiam uma química perfeita entre os dois. Mas, no terceiro estágio do romance, eles se viam em alguma situação que era impossível continuarem juntos, momento em que a mocinha sofre assustadoramente. No desfecho do livro, o casal resolve as questões que impediam o amor, e finalmente ficam juntos.

Até o lançamento do *Cinquenta Tons de Cinza*, este tipo de livro sofria um preconceito muito grande do público feminino, que depois dos anos 1990 passou a enxergar títulos desta natureza como "bregas" e "para pessoas pouco inteligentes", muito embora grandes nomes da literatura mundial, como Nora Roberts, tenham começado sua carreira assim.

O fenômeno editorial do *Cinquenta Tons de Cinza*, por mais que já tenha sido lançado como romance de livraria e não de banca, trouxe novamente à moda livros com uma conotação sexual mais forte, utilizando-se da velha fórmula dos livros que embalaram os sonhos das adolescentes da década de 1970.

CURIOSIDADE

Em uma cena do seriado "Friends", o personagem Joe, vivido por Matt LeBlanc, encontra no quarto da Rachel, Jennifer Aniston, um romance de banca escondido embaixo da cama e acaba fazendo piadas com ela, por gostar de livros sensuais.

Eles Voltaram

Os livros eróticos retornaram com força, ganhando espaço nas estantes das livrarias. Até pouco tempo, poucos títulos do gênero eram publicados, e quando isso acontecia, não tinham exposição na mídia e quem os lia, geralmente sentia vergonha de assumir. Agora eles estão com tudo no mercado. Vários títulos são lançados todos os meses e alguns até ganharam adaptação para o cinema. Grandes nomes estão se formando, tendo destaque na literatura estrangeira para Silvia Day, que possui uma legião de fãs, e na literatura nacional, nomes como Julianna Costa, que frequentemente entra na lista dos livros mais vendidos do país.

DICA

Experimente escrever contos eróticos. Colocar no papel aquelas ideias que povoam a sua imaginação são uma excelente forma de externar suas fantasias e estimular sua sexualidade. Se você se sentir à vontade, publique em um blog ou site. Várias pessoas que admiram esse tipo de literatura procuram textos na internet. Solte a sua imaginação e crie os seus próprios enredos sensuais!

Filmes Pornográficos na Telona

Os filmes eróticos existem desde a época do cinema mudo. Eram gravados em bordéis e a exibição feita em clubes privados. Todavia, só começaram a ter uma maior divulgação nos Estados Unidos e no resto do mundo ocidental após os anos 1970, com a instituição da classificação de filmes por faixa etária.

Há os clássicos como "Garganta Profunda" e "O Garanhão Italiano". Muito diferente do cinema sensual, eles mostram cenas de sexo real, sem se aprofundar na história e sem romantizar o ato. É o padrão utilizado nos filmes eróticos até hoje, muito mais voltados para o público masculino.

O impacto cultural causado pelo filme pornô "Garganta Profunda" quando foi lançado, em 1972, e produzido por menos de US$ 25 mil foi estrondoso. Tornando-se o filme mais lucrativo da época. Ao ser lançado em salas adultas no centro de Manhattan, tornou-se o estopim de uma inesperada tempestade social e política. **Fonte:** `http://www.adorocinema.com/filmes/filme-59211/`

LEMBRE-SE

Arte erótica e pornografia são coisas diferentes. A arte erótica valoriza a beleza e a sensualidade. A pornografia valoriza o estímulo sexual.

Telona Brasileira

Na década de 1970, o Brasil produziu um estilo de filme muito famoso, conhecido como pornochanchada. As histórias não tinham sexo explícito, mas abusavam da sensualidade, e lançaram nomes que ficaram famosos, como Vera Fischer e Reginaldo Faria.

Alguns filmes se tornaram clássicos do cinema nacional, como *Dona Flor e seus dois maridos*, baseado na obra homônima de Jorge Amado, e *A dama da lotação*, estrelado pela Sônia Braga.

DICA

O fenômeno do livro "Cinquenta Tons de Cinza" estendeu-se ao cinema. Com direção de Sam Taylor-Wood o filme estreou em 2015 e contou a história de Anastasia Steele, uma estudante de literatura de 21 anos, recatada e virgem. Ao conhecer o poderoso magnata Christian Grey, surge uma relação complexa, intensa e altamente erótica.

Pornografia e Erotismo

A pornografia é pura e simplesmente uma descrição dos prazeres carnais; o erotismo é a mesma descrição revalorizada, com base em um ideal de amor ou da vida social. Tudo o que é erótico é também necessariamente pornográfico. É mais importante fazer a distinção entre o erótico e o obsceno. Neste caso, considera-se que o erotismo é algo que torna a carne desejável, a mostra em seu esplendor e florescimento, inspira uma sensação de saúde, beleza e prazer, enquanto que a obscenidade desvaloriza a carne, que é associada à sujeira, imperfeição e palavras sujas.

— *ALEXANDRIAN*

O termo pornografia (do grego *porni* – prostituta + *graphia* – escrever) surgiu em um dicionário médico, significando "uma descrição das prostitutas ou da prostituição como problema de saúde pública". Mas em 1962, o dicionário *Webster* colocou o verbete como "pintura ou literatura devassa; especialmente pinturas usadas na Antiguidade para decorar as paredes dos quartos usados nas bacanais".

DICA

Erotismo é uma arte que tem como matéria-prima o ato sexual, visto de maneira produzida e bela, sem vulgaridade, ou seja, sem tratar o sexo de forma banal ou medíocre, e sim de maneira bonita e elegante.

Tanto em livros como em filmes é muito fácil perceber a diferença entre a pornografia e erotismo. A pornografia é mais explícita, comumente voltada ao público masculino, que tem mais estímulos sexuais no campo visual. Já o erotismo, voltado para o público feminino, é mais artístico, trabalhando com nuances e insinuações. Os filmes eróticos, por exemplo, têm como tema principal o enredo amoroso, o envolvimento sentimental das personagens, ao contrário do pornográfico que tem como foco apenas o sexo.

LEMBRE-SE

O erotismo frequentemente é externado de diversas formas, seja em novelas, músicas, anúncios publicitários e até mesmo na moda.

Sabendo como usufruir dos filmes eróticos

» **Sozinho:** observe e aprenda as lições dos protagonistas. Perceba quais as armas de sedução que eles usam e adapte para sua realidade e seu dia a dia.

» **Acompanhado:** crie um clima aconchegante, coloque roupas provocadoras e apague as luzes para assistir ao filme. Quando a história chegar nas cenas provocantes, uma boa pedida é reproduzir o que acontece na história.

MULHER FATAL

No cinema e na literatura, existe um tipo de personagem conhecida como "femme fatale", o lado sombrio da mocinha. Sua forma de agir é seduzindo, controlando e manipulando os homens, e usa seu corpo como o instrumento das "maldades". O papel interpretado por Sharon Stone, em "Instinto Selvagem", é um caso clássico.

Que tal se inspirar nas moças terríveis do cinema e esbanjar charme por aí?

NA PRÁTICA

Os benefícios de assistir filmes eróticos e/ou pornográficos:

- » Estimulação visual;
- » Abre os horizontes sexuais;
- » Dá novas ideias de práticas sexuais;
- » Aumenta a libido.

Assista e Divirta-se

Segue abaixo, uma seleção de filmes sensuais que se tornaram referência no cinema erótico:

- » **9 semanas e ½ de amor:** Elizabeth (Kim Basinger) é uma bela e sexy mulher que trabalha em uma galeria de arte e se envolve com John (Mickey Rourke), um rico homem. Eles se envolvem rapidamente e começam a praticar jogos sexuais cada vez mais intensos, que torna o relacionamento cada vez mais complicado e difícil de ser controlado.
- » **Infidelidade:** Num subúrbio de Nova York, Connie Sumner (Diane Lane) leva uma vida feliz e segura ao lado de Edward (Richard Gere), com quem está casada há 11 anos, e seu filho Charlie (Erik Per Sullivan). Aparentemente nada poderia se interpor na felicidade do casal, mas o amor é posto à prova quando Connie esbarra com Paul Martel (Olivier Martinez), um belo e sensual francês. Os dois se tornam amantes e são dominados por uma paixão que não para de crescer, enquanto o comportamento da mulher começa a gerar suspeitas em Edward.
- » **Instinto Selvagem:** Em São Francisco, o policial Nick Curran (Michael Douglas) fica fortemente atraído por Catherine Tramell (Sharon Stone), a principal suspeita de um assassinato. Apesar de ter consciência dos riscos que corre, Curran se expõe cada vez mais, mesmo quando novas mortes ocorrem.

» **Ninfomaníaca**: Bastante machucada e largada em um beco, Joe (Charlotte Gainsbourg) é encontrada por um homem mais velho, Seligman (Stellan Skarsgard), que lhe oferece ajuda. Ele a leva para sua casa, onde possa descansar e se recuperar. Ao despertar, Joe começa a contar detalhes de sua vida para Seligman. Assumindo ser uma ninfomaníaca e que não é, de forma alguma, uma pessoa boa, ela narra algumas das aventuras sexuais que vivenciou para justificar o porquê de sua autoavaliação.

» **Atração Fatal:** Aproveitando o fato de Beth Gallagher (Anne Archer), sua mulher, estar viajando, Dan Gallagher (Michael Douglas), um advogado, tem um rápido caso com Alex Forrest (Glenn Close), uma executiva que demonstra ser desequilibrada emocionalmente e até mesmo perigosa, quando decide fazer parte da vida dele custe o que custar.

» **O Último Tango em Paris:** Enquanto procura um apartamento em Paris, uma bela jovem (Maria Schneider) conhece um americano (Marlon Brando), cuja esposa recentemente cometeu suicídio. Instantaneamente, um deseja o outro ardentemente e iniciam um tórrido *affair*. Eles combinam que não revelariam nada de suas vidas, nem seus nomes, sendo que o objetivo dos encontros seria basicamente sexo. Mas gradativamente os acontecimentos vão fugindo do controle de ambos.

» **Lolita:** Em 1947, um professor de meia-idade (Jeremy Irons) de origem inglesa vai lecionar literatura francesa em uma pequena cidade da Nova Inglaterra e aluga um quarto na casa de uma viúva (Melanie Griffith), mas só realmente decide ficar quando vê a filha (Dominique Swain) dela, uma adolescente de 12 anos por quem fica atraído. Apesar de não suportar a mãe da jovem, casa-se com a viúva, apenas para ficar mais próximo do objeto de sua paixão, pois a atração que ele sente pela enteada é algo devastador. A jovem, por sua vez, mostra-se bastante madura para a sua idade. Enquanto ela está em um acampamento de férias, sua mãe morre atropelada. Sem empecilhos, seu padrasto viaja com sua enteada e diz a todos que é sua filha, mas na privacidade ela se comporta como amante. Porém, ela tem outros planos, que gerarão trágicos fatos.

Fonte dos filmes: `http://www.adorocinema.com/`

FAZENDO ESCONDIDO

Em alguns filmes antigos, as cenas de sexo eram censuradas. Os diretores usavam de algumas artimanhas para demonstrar que o casal faria ou tinha acabado de praticar sexo. Uma delas era focá-los na cama, envoltos em lençóis, acendendo um cigarro. Assim, o público compreendia que na cena anterior haviam feito sexo.

DICA

Fantasie — Escolha um dos filmes eróticos ou sensuais de sua preferência e recrie aquela cena que mais mexeu com a sua cabeça, e mais provocou a sua libido. Sinta-se como uma estrela de cinema!

A Indústria dos Filmes Pornográficos

Desde 2014 acontece anualmente a entrega do prêmio "Sexy Hot", que é uma espécie de "Oscar" da indústria dos filmes pornográficos brasileiros. Na noite da premiação, o tapete vermelho e todo o glamour do cinema estão presentes, e os atores são tratados como estrelas, inclusive com cobertura da imprensa nacional e ampla divulgação por parte de blogueiros da área.

As categorias são inusitadas, como não poderiam deixar de ser. Através do voto popular são escolhidos os ganhadores para: melhor cena de orgia/gang bang; melhor cena de ménage; melhor cena de fetiche; melhor cena de sexo oral; melhor cena de dupla penetração; melhor cena de sexo anal; melhor atriz de hétero; melhor ator de hétero; melhor ator de homo; melhor atriz de homo; melhor atriz de transsexual; revelação do ano hétero; revelação do ano LGBT. E o júri técnico escolhe os vencedores nas seguintes categorias: melhor diretor; melhor filme hétero; melhor cena homo feminina; melhor cena transexual.

Em 2015, mais de 180 cenas foram inscritas e milhares de votos contabilizados. Alguns dos ganhadores foram, por exemplo, o filme "Cornolândia 3", para a categoria "Melhor cena de fetiche" e "Tatuadas Hard Core 4" para a categoria "Melhor cena de homo feminina".

O prêmio foi criado pelo canal Sexy Hot, especializado em filmes adultos.

Estes foram os vencedores do Prêmio Sexy Hot nos últimos dois anos:

- **Melhor filme hétero:** Em 2016, venceu Fight For Fuck, de Marco Cidade. No elenco Bárbara Costa e Ed. Jr. Já em 2015, o filme vencedor foi Taras & BDSM.
- **Melhor diretor:** Binho por Fabio Gump - O Comedor da História em 2016. No ano anterior, Marcos Morais, por Cornolândia, O Submundo dos Cornos.
- **Melhor ator hétero:** Venceu em 2016 Vinny em Bundinha Gostosa. Em 2015, Yuri, por A mulher do Meu Amigo.
- **Melhor atriz hétero:** Em 2016, venceu Melissa Pitanga pela atuação em Terapeuta Sexual. A atuação vencedora em 2015 foi de Angel Lima, por Tudo pelo Prazer.
- **Melhor ator homo:** Andy Star com A Obra foi o vencedor nesta categoria em 2016.

» **Melhor atriz homo:** Na categoria feminina, Bárbara Costa por Enquanto Ele Não Vem foi a vencedora no mesmo ano.

» **Revelação do ano hétero:** Na categoria, a novidade foi Aline Rios em Pornô Fantasy 2 em 2016. No ano anterior, a surpresa ficou com Rebeca Rios, por Tudo Pelo Prazer 4.

» **Revelação do ano LGBT:** Já nos filmes LGBT, venceu Grazzie por Tattoo Safada 2. Uma ano antes, o prêmio ficou Bianca Hills, por Bianca Hills & Alex Jr.

» **Melhor cena de sexo oral:** A cena premiada em 2016 foi de Mila Spook, Bárbara Costa, Yago Ribeiro e Alemão em Duelo de Boquete 2. Em 2015 venceu a cena com Melissa Pitanga e Yuri, por A Mulher do Meu Amigo.

» **Melhora cena de sexo anal:** Soraya Carioca e Fábio Lavatti em Fábio Gump - O Comedor da História levaram o prêmio em 2016. Um ano antes, Darlene Amaro e Yuri, por A Culpa é das Bucetas, ganharam a categoria.

» **Melhor cena de dupla penetração:** Em 2016 a melhor cena ficou com Patricia Kimberly, Tony Tigrão e Ed Jr. em As Fantasias de Paty. Em 2015, a vencedora foi de Taras & BDSM, com Melissa Alecxander, Ed Jr. e Tony Tigrão.

» **Melhor cena de fetiche:** Patricia Kimberly, Tony Lee e Corno Mor levaram o prêmio em 2016 por Cornolândia 3. Em 2015, a cena premiada de fetiche foi em Pés do Prazer, com Patty e Alemão.

» **Melhor cena de orgia/gang bang:** Patricia Kimberly, Giovana Bombom, Kojac, Vinny Burgos e Yuri foram os vencedores em 2016 por Orgia na Piscina. Em 2015, a melhor orgia foi de Prince, Nicole Bittencourt, Britney Bitch e Yara, em Garotas da Van.

Venceram ainda em 2016, na categoria de Melhor atriz transexual, Bruna Butterfly por Bruna Butterfly x Rayka Rafize x Allana Ribeiro; Grazzie Borges, Jully DeLarge e Mila Spook em Tatuadas Hard Core 4, na categoria Melhor cena homo feminino. Na categoria Melhor cena de ménage, venceram ainda Patricia Kimberly, Tony e Ed. Jr. por As Fantasias de Paty e Sheyla Wandergirlt e Yago Ribeiro em Trannybrazil na categoria de Melhor cena transexual em 2016.

Em 2015 tivemos ainda as premiações do Melhor filme/cena LGBT com Gatas e Gatas 2, Melhor ator/atriz LGBT com Mayanna Rodrigues, por Jujubas, e finalmente, o filme A Culpa é das Bucetas na categoria de Melhor Título.

Enquanto isso, nos Estados Unidos...

Em 1984 foi criado o prêmio AVN Award. Ele acontece no começo de todos os anos e é considerado o prêmio mais importante da indústria pornô mundial.

Os prêmios são entregues pela revista especializada em vídeos pornográficos AVN (Adult Video News) e visam reconhecer o trabalho de excelência nos profissionais da indústria de filmes pornográficos dos Estados Unidos.

Em 2008 a atriz Mônica Mattos foi a primeira brasileira ganhadora na categoria de melhor atriz internacional, pela sua atuação no filme Devassa, com produção da Brasileirinhas.

NESTE CAPÍTULO

Identifique o que te impede de ser sensual

Aprenda as lições de sensualidade

Capítulo 3

Explore Sua Sensualidade

O prazer é a energia que une e agrega. Quanto vale uma noite de prazer absoluto?

— *JANE AUSTEN*

Para a sensualidade não existe receita de bolo. Alguns fatores podem nos impedir de alcançá-la. Muitas vezes, o que vale para uma pessoa, não é bom para outra. Contudo, alguns comportamentos são recorrentes em quem sabe exercer saudavelmente a sua sexualidade.

Há alguns caminhos que facilitarão você a conseguir viver a plenitude da sua sensualidade. São ideias, pensamentos e dicas para incorporar no seu dia a dia, sendo *sexy* naturalmente, sem que para isso você force uma situação que não existe. A premissa é que surja dentro de você o temperamento libidinoso, de forma espontânea e prazerosa.

Nesta parte, tratarei dos motivos que podem te deixar com alguma inibição na hora de exercer a sexualidade e algumas formas possíveis de mudar esta realidade.

Teste Sua Sensualidade

Faça o teste da Tabela 3-1 para avaliar o grau de sensualidade que você emprega nas suas relações interpessoais. Ao final, analise cada uma das situações, percebendo qual o seu grau de satisfação com o seu comportamento e como pode superar-se.

TABELA 3-1 **Como Reajo em Situações Corriqueiras em que Gostaria de Ser Sexy?**

SITUAÇÃO	CONCORDO COMPLETAMENTE	CONCORDO PARCIALMENTE	DISCORDO PARCIALMENTE	DISCORDO TOTALMENTE
A pessoa em que você está interessada telefona de surpresa para sua casa, dizendo que vai passar para te fazer uma visita. Você toma um banho, passa perfume, acende incensos afrodisíacos e coloca uma roupa que te deixa segura e sensual.				
Nos dias em que você vai sair para paquerar, veste roupas que te valoriza, pois sabe que assim atrairá vários olhares.				
Quando você vai escolher uma roupa íntima para uma noite especial, procura destacar os seus pontos fortes.				
Ao se sentar em um lugar onde as pessoas possam te ver, você se coloca em uma posição que sabe que valorizará o que considera ser mais bonito em seu corpo.				
Você está na praça de alimentação de shopping com amigos e uma pessoa atraente começa a te olhar insistentemente. Você sente-se extremamente confiante, pois está se achando muito bem naquele dia e retribui os olhares.				

(continua)

SITUAÇÃO	CONCORDO COMPLETAMENTE	CONCORDO PARCIALMENTE	DISCORDO PARCIALMENTE	DISCORDO TOTALMENTE
Quando você conhece alguém que preenche todos os seus requisitos para um relacionamento, você fica muito confiante e investe na conquista, pois confia em você a acredita no seu potencial.				
Ao escolher uma roupa para atividades corriqueiras, seleciona uma que valorize seu corpo, afinal de contas, todo lugar é bacana para se sentir sensual.				
Na sua bolsa, ou mochila, nunca falta um desodorante, um perfume, a escova de dentes e uma camisinha.				
Se sua personalidade fosse definida por uma cor, certamente seria o vermelho, a cor da paixão!				

Perceba que concordar totalmente ou discordar totalmente das situações dará um norte para você sobre a quantas anda a sua relação com a sua sensualidade, e consequentemente, sua vida sexual. Claro que nem sempre estamos com vontade de sermos charmosos, mas certas atitudes podem ser incorporadas à sua rotina, naturalmente e de maneira suave.

Analise com cuidado as situações da tabela acima, especialmente as que você discordou parcialmente ou completamente e veja por quais motivos elas te incomodam ou não te agradam, para que possa fortalecer a sua sedução.

Identificando as Barreiras da Sensualidade

Engana-se quem acredita que uma pessoa já nasce sensual. Ao contrário do que a maioria acredita, para exercer a sensualidade é necessário praticar, treinar, exercitar. Ninguém vira intelectual ou atleta do dia para a noite. Por qual motivo alguém se tornaria provocativo e instigante num piscar de olhos?

O grande segredo na prática da sensualidade é saber como, quando e por que realizá-la. Se você estiver se sentindo bem consigo mesmo, a sensualidade surgirá espontaneamente. Forçar a barra é uma grande besteira, pois não deixará ninguém feliz e tampouco soará natural. Ao se armar de pequenos artifícios, a pessoa vai se transformando em alguém instintivamente sedutor.

Listo abaixo alguns dos motivos que podem ser barreiras de uma vida sexual plena.

Distrações

Pode ser que fatores externos lhe distraiam a tal ponto que você não se concentre na pessoa mais importante da sua vida: você! Coloque-se sempre em primeiro lugar e não deixe que o que acontece na sua rotina lhe distraia do seu objetivo de ser sensual.

Preconceitos familiares

Algumas famílias rotulam pessoas sensuais, dizendo que elas não são "feitas para casar", ou que isso é coisa de "gente fácil". São grandes besteiras enraizadas ainda em pessoas ligadas a preconceitos. O fato de ser sensual não torna você alguém que mereça ser tratado como um objeto desvalorizado, muito pelo contrário.

Problemas financeiros

A falta de dinheiro pode dar a impressão de que não se pode ser sensual sem gastar muito. Não é verdade. Mesmo sem ter condições de investir em caros tratamentos estéticos, existem recursos baratos e de fácil acesso. Muitos truques caseiros são usados até mesmo por divas do cinema e galãs internacionais.

Ambiente familiar conflituoso

Quando se está em um local com muitas brigas e desentendimentos, pode ser difícil firmar-se no propósito de ser alguém dono(a) de si. Tente identificar quais as causas dos conflitos e resolvê-los se forem da sua alçada. Aquilo que não couber a você resolver, procure ajudar na medida do possível, mas não assuma a culpa por falhas alheias, atrapalhando sua felicidade. Seja responsável apenas pelas suas atitudes e responsabilidades, e não carregue nas costas as atitudes e responsabilidades dos outros.

Falta de tempo

Organização é a palavra-chave. Se você souber como aproveitar o seu tempo, não terá dificuldades em ser sensual. Dedique-se a você, antes de se dedicar a qualquer outra coisa. Coloque na sua agenda horários específicos para se cuidar. Marque compromissos com você e os leve a sério.

Identificar quais são as causas que te impedem de se tornar uma pessoa sensual é fundamental na transformação. Atente-se ao que lhe atrapalha, e busque alternativas que se encaixem na sua realidade para que você obtenha êxito.

Não dormir bem

Ter uma boa noite de sono faz com que você fique com mais disposição e bom humor, o que certamente refletirá na sua beleza. Em curto prazo, ter uma noite mal dormida traz mau humor, falta de coordenação motora e raciocínio lento. Em longo prazo, proporciona o envelhecimento precoce, propicia o surgimento de infecções e aumenta as chances de diabetes e doenças cardiovasculares.

Insegurança

É fundamental ter uma postura confiante perante a vida. Quando suas proteções emocionais caem, naturalmente junto com elas vai também a sensualidade. É necessário compreender que outras pessoas não podem ser responsáveis pelas suas vitórias e escolhas. Só você pode comandar a sua vida. Se colocar em uma posição de vítima, sentindo-se frágil perante os obstáculos que aparecem no caminho não resolverá o problema. Muito pelo contrário, apenas criará mais um.

Sempre que se sentir em uma posição inferior ou desprotegida, procure pensar nas suas qualidades, em todas as coisas boas que já conseguiu e alcançou pelos seus próprios méritos, nas suas vitórias e conquistas. Assim conseguirá erguer a cabeça e se sentir mais confiante.

Irritabilidade

Vários são os fatores que podem causar irritabilidade. Dores de cabeça, doenças crônicas, volume de televisão muito alto, barulhos irritantes, depressão, ansiedade, agressividade, dormir pouco...

A primeira coisa que você deve descobrir é o que está causando o problema em você e se existe alguma coisa que esteja ao seu alcance para resolver. Achar a causa é o primeiro passo, mas buscar a solução é o objetivo. Muitas vezes está mais perto do que você imagina, basta ter foco e ser firme no seu propósito.

Não se comunicar

Para que sua sensualidade seja compreendida, é necessário que você se comunique. Fechar-se em um casulo, sem falar o que você sente, das coisas que gosta, não trará benefícios para a sua vida. Os outros não têm a obrigação de ler os seus pensamentos. Comunique-se!

Encontrar barreiras imaginárias

Muitas pessoas criam problemas onde não há. Acham que exercer a sua sensualidade é impossível por impedimentos que na prática não são reais, estão apenas na sua imaginação. Procure sempre ver a vida de forma realista, anotando as negatividades, para transformá-las em coisas positivas.

Dedicar-se mais à vida dos outros do que à sua

A pessoa mais importante na sua vida é você! Deixar de dedicar seu tempo e sua energia à sua vida para dedicar exclusivamente à vida dos outros lhe gerará frustração e tristeza. Até mesmo para ajudar alguém que é importante para você, é necessário que você esteja forte.

Alimentar-se mal

"Você é aquilo que você come" é um dos ditados populares mais corretos que existe. Ter uma alimentação errada atrapalha a sua disposição, propicia doenças e pode te deprimir. Selecione bem os produtos que consome, dê preferência para frutas e legumes, evite coisas gordurosas e pesadas. Seu corpo reflete o tipo de comida que você ingere.

Não praticar atividades físicas

O corpo precisa se mexer. Os exercícios produzem endorfina, que é responsável pela sensação de bem-estar. Quanto mais alegre você fica, mais sensual se sente. Além disso, a prática de atividades físicas melhora a circulação sanguínea, previne doenças cardiovasculares e diabetes. Existem infinitas possibilidades de esportes, danças, lutas, caminhadas... Ache uma que se encaixe com a sua personalidade e se mexa!

DICA

Muitas academias oferecem aulas de danças sensuais, como *pole dance* e *striptease*.

Podemos observar que muitos podem ser os fatores que afastam uma pessoa da sensualidade, mas, certamente, para todos eles há uma solução.

Tenha em mente que você tem o objetivo de ser alguém mais sedutor, e que mesmo com os contratempos da vida, você dedicará uma parte do seu dia para vencer em seu propósito.

Acredite que você pode, assim você já está no meio do caminho.

— THEODORE ROOSEVELT

LEMBRE-SE

A única pessoa responsável pelo seu êxito é você. De nada adianta jogar suas culpas e responsabilidades nas costas dos outros. Sua sensualidade é uma missão sua e de mais ninguém!

A Tabela 3-2 é um exemplo de problemas que podem afetar a sua sensualidade e quais soluções que você pode dar a eles. Use-a para criar a sua própria lista.

TABELA 3-2 **Quais os Problemas que Afetam Minha Sensualidade?**

PROBLEMA	SOLUÇÃO
Não consigo ter uma noite de sono de pelo menos 8 horas, pois sofro de insônia.	Procurarei um médico para fazer um tratamento adequado.
Não tenho tempo de preparar refeições nutritivas durante a semana.	Aos finais de semana, deixarei os alimentos pré-cozidos para adiantar o meu trabalho.
Não consigo encontrar um tempo para praticar atividade física.	Como trabalho no quinto andar do prédio, trocarei os elevadores pelas escadas.

Encontrando a Motivação para Ser Sensual

Quer você acredite que consiga fazer uma coisa ou não, você está certo.

— HENRY FORD

Se você está com este livro nas mãos, presume-se que deseja dar mais sensualidade à sua vida. Mas, por vezes, pode ser difícil ter a motivação necessária para realizar as mudanças que seu objetivo requer.

Para facilitar, elaborei cinco perguntas que devem ser respondidas, para que você se anime!

1. Em que irá me ajudar o fato de ser sensual?
2. Existem coisas na minha sexualidade que estão me incomodando e me deixando infeliz?
3. Sou uma pessoa plenamente realizada com a minha sensualidade?
4. Quando penso em uma pessoa sensual, me considero no mesmo nível que ela?
5. Acredito na minha capacidade de ser alguém plenamente sexy?

DICA

O que realmente deve contar é aquilo que você deseja que aconteça. Não se preocupe com a opinião alheia ou como as pessoas reagirão às suas mudanças. Sua decisão é o que realmente importa e não o julgamento dos outros.

Assumindo as Rédeas da Sua Sensualidade

Nós não vemos as coisas como elas são, vêmo-las como nós somos.

— *ANAIS NIN*

FIGURA 3-1: Sinta prazer em viver e transmita boas energias. Pessoas felizes exalam sensualidade.

Positividade

Ter uma atitude otimista perante a vida faz com que você consiga alcançar seus objetivos com mais facilidade. Isso pode parecer difícil à primeira vista. Temos uma tendência a acreditar que as coisas ruins se tornam permanentes em nossas vidas, que não conseguiremos mudá-las. Isso só será verdade se você acreditar nisso. Mude a sua maneira de pensar e de se colocar perante as dificuldades, que a realidade mudará junto.

Algumas vezes temos que fazer um esforço muito grande para enfrentar adversidades e sentimos que com isso nossa energia está sendo sugada para um ralo emocional. Coloque-se de frente ao problema ou desafio que surgiu e o enxergue de maneira positiva e enérgica.

Pessoas alegres e otimistas são muito mais sensuais e despertam atenção por seu charme, além de fazer bem para a saúde. Uma pesquisa da Universidade de Harvard, nos EUA, comprovou que pessoas que pensam positivamente possuem um sistema imunológico mais resistente a doenças pulmonares quando comparadas a pessoas estressadas. O estudo foi feito com 670 homens na faixa de 60 anos.

Se você quiser alguém em quem confiar, confie em si mesmo.

— *RENATO RUSSO*

Acredite em si

É muito importante ter plena consciência do seu potencial. Saiba que a força para ser sensual está dentro de você e para que ela floresça, basta que você acredite na sua capacidade.

Nunca desconfie de que não é capaz de realizar alguma coisa. A pessoa que mais deve acreditar nos seus planos e nos seus objetivos é você. Tenha sempre a certeza de que conseguirá e vá em busca da sua realização.

Aquilo em que você mais pensa ou se concentra se manifestará.

— *RHONDA BYRNE*

Não duvide do seu potencial

A iniciativa de acreditar na sua capacidade deve ser sua. Este é um tipo de pensamento que pode ser condicionado e treinado. Você pode moldar a sua atitude perante a vida.

Tenha o cuidado de sempre traçar metas possíveis e se baseie no seu potencial. Acredite e invista nele.

Mude seus pensamentos e você mudará seu mundo.

— *NORMAN VICENT PEALE*

Persevere nos seus sonhos

Muitas pessoas acabam deixando de lado coisas que desejavam arduamente por não acreditarem em seus sonhos. Ser sensual pode ser um enorme desejo e para que se torne real, você deve perseverar.

As dificuldades se colocam no caminho de todas as pessoas. Para conseguirmos êxito na vida, precisamos enfrentar uma série de obstáculos e barreiras que muitas vezes podem parecer intransponíveis, mas, acredite, não são.

Caso tenha algum sonho a ser realizado, lute por ele! Não deixe que ele fique escondido em um canto da sua cabeça, trazendo infelicidade e frustração.

Gostaria que você soubesse que existe dentro de si uma força capaz de mudar sua vida, basta que lute e aguarde um novo amanhecer.

— *MARGARET THATCHER*

Tenha metas possíveis e lute por elas

É muito importante manter os pés no chão na hora de traçar seus objetivos. Para isso, tenha consciência de suas habilidades e dificuldades. Quais são os seus talentos e as suas aptidões, e tendo posse desse conhecimento, trace o destino que quer alcançar.

Não tenha medo de começar, muitas vezes a insegurança é o freio que impede o sucesso. Faça escolhas objetivas e vá em busca do que deseja.

Cuide-se como se você fosse de ouro, ponha-se você mesmo de vez em quando numa redoma e poupe-se.

— *CLARICE LISPECTOR*

2

A Arte de Ser Sensual

NESTA PARTE . . .

Quais são as técnicas da sensualidade? Como uma pessoa pode ser sexy em sua rotina? Há alguma fórmula a ser seguida? Aqui você entenderá como funciona a arte da sensualidade.

NESTE CAPÍTULO

Entenda a importância do amor-próprio

Saiba como desenvolver sua autoestima

Dê prioridade a você e suas escolhas

Saiba da importância de valorizar o seu tempo

Capítulo 4
Amor-próprio

Tenho meus limites. O primeiro deles é meu amor-próprio.

— *CLARICE LISPECTOR*

Todo mundo possui dentro de si uma força única capaz de seduzir e externar a sua sexualidade de forma bonita e inteligente. Mas, muitas vezes, por causa dos entraves que a vida coloca, alguns acabam por esquecer de fazer uso desta ferramenta que a natureza lhes deu.

O amor que temos por nós, chamado de amor-próprio, deve ser uma prioridade. Graças a ele defendemos nossos interesses e brigamos por nossas causas. A satisfação das nossas necessidades depende deste sentimento que deve estar constantemente em destaque na sua vida.

Ser egoísta é muito diferente de ter amor-próprio. Devemos ter consideração pelos outros e não fazer algo sem imaginar antes a repercussão que terá na vida das pessoas próximas a nós. Mas, para que você possa realmente ser dono(a) do seu corpo e da sua vida, a pessoa que você mais deve amar é você mesmo(a). O amor pelo próximo só existirá de verdade caso você se ame de verdade.

Graças ao seu amor-próprio você poderá agir e pensar de forma positiva, sem se agarrar às mágoas ou aos erros que ficaram para trás. Assim será possível evoluir em seus sentimentos e ações.

LEMBRE-SE

Quando falamos em sensualidade, a primeira coisa que deve vir à mente é a confiança que sentimos em nós, o famoso amor-próprio. É impossível que alguém te ache sensual, caso você não tenha certeza disso. É lógico que não existe uma chave na cabeça para se ligar e desligar os sentimentos. Quem nunca se amou não vai passar a se amar de uma hora para outra. Mas há formas de começar a desenvolver esse sentimento tão nobre.

Antes de dar prosseguimento, analise como você se sente. Perceba se você dá mais atenção às coisas boas ou às coisas ruins que acontecem na sua vida. Questione-se!

1. Você se foca nas suas qualidades?
2. Os seus defeitos te fazem se sentir infeliz?
3. Você consegue se sentir bem nos momentos em que está só?
4. É possível fazer uma lista do que você gosta na sua personalidade?
5. Ser sensual é algo que faz parte da sua realidade?
6. Quando você pensa em alguém sexy acha que é alguém muito distante da sua realidade?
7. Seu corpo ou suas roupas lhe impedem de exercer uma vida sexual plena?

Não Foque nos Defeitos e Sim nas Qualidades

Muitas vezes ficamos nos remoendo em nossos defeitos, pensando apenas naquilo que fizemos de errado, nas coisas que não deram certo em nossas vidas, nas escolhas equivocadas que fizemos. É o tipo de atitude de quem não vai se amar, se respeitar e se valorizar.

Escolha como farol do seu futuro os seus acertos e não os seus erros, as suas coisas boas e não as coisas ruins. Os defeitos existem, mas você tem o direito de tentar mudá-los. E as qualidades devem ser reforçadas e valorizadas, numa construção de vida alegre e positiva.

Ao priorizar as coisas boas que existem na sua personalidade, você se sentirá mais feliz e confiante, abrindo caminho para surgir uma pessoa sensual, sexy e madura.

NA PRÁTICA

Sempre que se pegar focando nos seus defeitos, pegue um papel e uma caneta e liste pelo menos cinco qualidades que você possui e que te deixam muito feliz de ser quem você é. Anote também atitudes que você teve no passado que te deixaram confiante.

ESTAR SOZINHA

Tenho plena convicção de que tudo que a gente faz em dupla é muito gostoso. Ir ao cinema, sair para jantar, dar uma caminhada no parque, viajar... Sempre que se tem uma companhia bacana, o tempo passa mais rápido e as coisas se tornam agradáveis. É bom ter alguém com quem dividir alegrias e angústias.

Mas eu não sei se acontece com todo mundo, só que eu adoro alguns momentos de solidão. É bom ficar sozinha na minha casa de vez em quando, sem filho e marido para tirar a minha atenção do que quer que eu esteja fazendo (como escrever, por exemplo). Gosto muito da minha própria companhia em cinemas, jantares, caminhadas e viagens — da última vez que falei para alguém que acho um barato viajar sozinha, fui olhada como um ET.

Sinto que as pessoas não sabem apreciar a arte de estar consigo mesmo. Para que consigamos fazer isso é necessária uma boa dose de amor-próprio, um pouquinho de narcisismo e um montão de coragem. Experimente chegar em um restaurante bacana, sentar sozinha e pedir um vinho, como eu já fiz algumas vezes. Os olhares todos se fixarão em você. Os homens acharão que é um alvo fácil. As mulheres ficarão com pena, achando que você tomou um bolo. Entretanto, todas as vezes que saí comigo mesma, tive passeios extremamente agradáveis, onde me diverti muito com os meus pensamentos, que na maioria das vezes só eu entendo.

Para que consigamos ser boa companhia para os outros, precisamos antes de tudo ser boa companhia para nós mesmos. Posso estar enganada, mas acho que só serei uma pessoa interessante para outras pessoas quando eu for realmente interessante para mim. Se nem eu mesma quero ficar comigo, como é que outras pessoas vão querer?

O que eu percebo é que tem gente que confunde "estar sozinho" com "ser sozinho". Tenho os meus momentos de isolamento por que sei que, no exato momento em que eu quiser alguém para estar ao meu lado, eu terei. É muito confortante saber que posso curtir uma noitada sozinha sem que essa seja a minha única opção.

Família e amigos são muito legais. É muito bom estar ao lado de gente que me ama, que gosta de mim, que quer conversar comigo e escutar as besteiras que eu falo. Mas é muito melhor saber que em alguns momentos eu mesma me basto. E isso me deixa feliz.

* Crônica publicada no projeto "100 Crônicas de Janaina Rico"

É pelo nosso amor-próprio que o amor nos seduz. Como resistir a um sentimento que embeleza o que temos, que nos restitui o que perdemos e nos dá o que não temos!

— *SÉBASTIEN-ROCH CHAMFORT*

Pequenos Exercícios para Ativar o Seu Amor-Próprio

Solidão não se cura com o amor dos outros. Se cura com amor-próprio.

— *MARTHA MEDEIROS*

Algumas atitudes podem fazer uma enorme diferença na sua maneira de agir e de pensar. Pratique o seu amor-próprio e seja muito mais feliz!

Liste

Pegue um papel e uma caneta e coloque todas as coisas que você gosta em você, separando em duas colunas. Na primeira, as coisas que você gosta em sua aparência e na outra as coisas que você gosta em sua personalidade. Coloque pelo menos 10 itens em cada uma delas. E cole essa lista em algum lugar que você olhe todos os dias, como o espelho do banheiro ou a porta da geladeira. Assim, você se obrigará a ler diariamente as suas qualidades, e a não se esquecer de que elas existem.

Reserve

Separe pelo menos uma hora da semana para sair sem outras pessoas, apenas desfrutando da sua própria companhia. Se você deseja ser uma boa companhia para alguém, comece sendo uma boa companhia para si.

Respeite

Tenha respeito pelo seu corpo. Se está com sono, durma. Se está com fome, coma. Não se prive do que você necessita, pois isso é uma fonte de mau humor, e pessoas com o astral lá em baixo não conseguem ter a autoestima para cima.

Dance

Empurre os móveis da sala, faça uma seleção musical bem animada e dance em casa, sempre que possível. Pelo fato de ser uma atividade física, produzirá endorfina, lhe deixando feliz. Mas, além disso, você se sentirá à vontade consigo, conhecerá um pouco mais do seu corpo e terá um maior domínio sobre ele, isso também irá te relaxar e aliviar o estresse.

Fale

Diga na frente do espelho que você se ama, todos os dias. Nas outras relações que estabelecemos com pais, esposo, esposa, namorado, namorada, filhos, costumamos lembrá-los do nosso amor, fazendo declarações de tempos em tempos. Mas é muito comum que nos esqueçamos de declarar a nós mesmos o tamanho do nosso amor.

Incentive

Elogie-se todos os dias. Seja por um corte de cabelo bacana que você fez ou uma comida que preparou e ficou gostosa. Não importa o motivo. Valorize pequenas atitudes do seu dia a dia.

Aprender a se colocar em primeiro lugar não é egoísmo, nem orgulho. É amor-próprio.

— *CHARLES CHAPLIN*

Seja a Pessoa Mais Importante da Sua Vida

Mais amor-próprio. Porque antes de amar qualquer coisa ou pessoa você precisa amar a si mesmo.

— *CLARISSA CORRÊA*

Existe gente com o péssimo hábito de não se colocar em primeiro lugar nas suas vidas. Sempre as obrigações com casa, família e trabalho tomam a dianteira e, ao se darem conta, largaram sua vida e abandonaram a sua vaidade.

É muito fácil percebermos as pessoas que não exercem o amor-próprio como deveriam. Geralmente, são aquelas pessoas que deixam de lado seus planos, sonhos e desejos para realizar a vida ideal dos que estão à sua volta. Por exemplo, abrem mão de uma viagem de trabalho por causa do marido, ou deixam de investir na sua carreira para colocar o dinheiro na reforma dos móveis da casa. Claro que cada caso deve ser analisado individualmente, mas, na grande maioria das vezes, se a pessoa investisse nela mesma, o retorno acabaria sendo maior e benéfico a todos.

Ser prioridade na sua vida nem de longe quer dizer esquecer de quem você ama e significa alguma coisa importante na sua existência. Muito pelo contrário. A partir do momento em que você se enxergar como a pessoa mais importante da sua vida, se tornará muito fácil dar o amor merecido aos amigos e familiares. O amor-próprio é a base de qualquer relação, seja consigo mesma, seja com o outro.

O primeiro grande passo para se tornar sensual é saber que a pessoa mais importante de sua vida é você. E para isso, observe as leis fundamentais do amor-próprio listadas a seguir.

Ame-se em primeiro lugar

Quando vamos viajar de avião, os comissários de bordo sempre nos ensinam os procedimentos de segurança nos quais, caso seja necessário utilizar as máscaras de oxigênio, primeiro precisamos colocar a nossa, para só depois auxiliar alguém que precise. Assim é que você deve agir em todas as situações, seja em momentos de dificuldade ou de alegria.

Para que você possa amar outra pessoa, precisa se amar antes de mais nada, ser o primeiro lugar na sua vida. É impossível amar a si e colocar outra pessoa em primeiro lugar.

Algumas pessoas podem achar que se colocar como a pessoa mais importante da sua vida pode ser um ato egoísta ou presunçoso. Não poderiam estar mais enganadas! A verdade é que só podemos dar aos outros aquilo que sentimos por nós mesmos. Se somos pessoas carregadas de bloqueios, de que forma poderemos ser sensuais?

O seu charme se inicia na sua aceitação! Saber que você é alguém importante, único, cheio de energia e vida! Não se autossabote e nem deixe que outras coisas ocupem o lugar precioso que seu amor por você mesmo deve ter na sua vida.

A sua prioridade é (e sempre deve ser) você!

Aprenda a dizer não

Muitas vezes, nos pedem coisas que não queremos ou não podemos realizar. Mas na ânsia de agradar a tudo e a todos, acabamos aceitando missões e tarefas acima dos nossos limites. Não caia nessa! Quem realmente gosta de você continuará gostando, mesmo que a sua resposta algumas vezes seja negativa.

O dizer não para algo ou alguém que não lhe faz bem é fundamental no seu processo de amor-próprio e autoconhecimento. E as pessoas que estão ao seu redor devem entender e respeitar os seus limites, mas para que isso aconteça, você deve ser a primeira pessoa a respeitá-los. Nem sempre podemos estar disponíveis para os outros.

Tenha profundo respeito pelo seu tempo e pelos seus limites, pois só assim conseguirá o respeito de todos que o rodeiam.

Não reprima suas vontades

Muitas vezes, coisas sem a menor relação com sensualidade ou sexualidade interferem no nosso amor-próprio e nem notamos. Por exemplo, se você tem vontade de aprender a tocar violão, vá lá e aprenda. Se o seu sonho é fazer uma tatuagem, realize-o. Simples assim.

Deixar de fazer o que deseja é se aproximar cada vez mais da infelicidade. Para que você se ame de verdade, é necessário que se permita realizar seus sonhos possíveis.

Adiar as suas vontades e os seus desejos certamente será uma fonte inesgotável de frustração. Colocando-se como a pessoa mais importante da sua própria vida, certamente os seus sonhos serão mais facilmente resolvidos. De nada adianta lutar para ser uma pessoa sensual se carregar dentro de si a amargura daqueles que não vivem com a alma leve. E essa leveza só se alcança quando se realiza aquilo que se deseja.

Tenha os pés no chão

De nada adianta querer ter 1,90m se sua altura é 1,60m. Por mais que coloque o salto mais alto do mundo, não alcançará a sua meta, e isso trará frustração. Pense sempre em alcançar metas tangíveis. O ideal é dar um passo de cada vez, sem entrar em desespero.

A escada tem vários degraus, e se você se organizar, conseguirá atingir o patamar mais alto, aquele que você sempre sonhou!

Seja sempre você

Tentar mudar a sua personalidade por outras pessoas é dar um tiro no pé. Passar a falar baixo porque seu namorado disse que você vive gritando ou alisar o seu cabelo porque uma amiga disse que não gosta de cachos são atitudes completamente infelizes e inseguras. Aceite a sua personalidade, o seu corpo, o seu estilo.

Focar em agradar os outros, além de ser altamente frustrante é o oposto de se tornar alguém com uma autoestima saudável. A sensualidade certamente pode ser encontrada na sua personalidade, no seu jeito de ser e de pensar. Ao se moldar com o objetivo de agradar qualquer outra pessoa que não seja você, o resultado será desastroso.

Só quem tem o direito de desejar que você mude é você. Caso contrário, nada feito!

Siga os seus instintos

Muitas vezes, por medo de sofrer, deixamos de fazer coisas que o nosso coração está indicando. E aí, sempre fica aquela sensação de "como teria sido se eu tivesse seguido a minha emoção". Claro que agir por impulso sem medir as consequências é temeroso. O ideal é encontrar um meio termo, em que razão e emoção andem de mãos dadas.

Aceite as imperfeições

Não busque o perfeito, pois ele não existe. E jamais exija de você que faça tudo certo o tempo inteiro. Todo mundo erra e todo mundo acerta. Entender que a vida é feita de períodos corretos e períodos incorretos é a peça fundamental para o amor-próprio. Aprenda com os seus erros/acertos do passado. Use suas experiências como algo que te transforme em uma pessoa melhor.

Conheça seu corpo e sua mente

Você deve praticar o autoconhecimento a todo momento. Estamos sempre mudando, evoluindo. E muitas vezes nos esquecemos de acompanhar essas transformações que acontecem naturalmente. Fique sempre atenta a si. Coloque na sua cabeça que não existe o "sou assim", e sim o "estou assim".

O fato de se conhecer, incluindo defeitos e qualidades, permitirá que você domine as suas emoções, os seus sentimentos, seus objetivos e limites. Apenas com o autoconhecimento se pode, inclusive, traçar mudanças de vida.

Não tenha medo de se analisar. E entenda que o ser humano está em constante mutação. Ter a mente aberta para o novo, conhecendo o que lhe faz feliz e suas convicções, permitirão que você se reconheça como alguém verdadeiramente sexy.

Aceite os elogios e os carinhos que lhe oferecem

Nem sempre estamos prontos para receber afagos. Se alguém está dizendo que você é inteligente e bonito ou bonita, não existe motivo para que ela esteja mentindo. Aceite e agradeça. Não é feio e muito menos vergonhoso permitir que aqueles que te rodeiam te admirem.

Saber aceitar elogios é muito diferente de ser esnobe. No momento em que você perceber quão cheio de qualidades é, passará a compreender que os outros que estão ao seu redor percebem essas mesmas qualidades, e muitas vezes gostam de registrar isso. Ou seja, te elogiam!

Além de ser gratificante, quando alguém nos faz um carinho nos tornamos mais felizes. Então isso não pode ser motivo de vergonha, e sim um enorme motivo de orgulho!

Acredite que você é especial

Essa concepção de que é apenas mais um número no meio da multidão é para lá de equivocada. Você é uma pessoa única no mundo! Igual a você não existe outro ser humano, e na sua existência o mais importante é você. Não há no universo alguém mais especial que você.

Sua vida, suas palavras, suas experiências, suas emoções, sua existência! Tudo isso é importante sim e deve ser valorizado, querido. Tudo o que se passa com a sua vida é de suma importância e tem que ter o seu total interesse.

Por ser uma pessoa única no mundo você é alguém absolutamente espetacular!

Aprendendo a Valorizar o Seu Tempo

O tempo é um bem muito precioso e que não volta. O mundo está cada dia mais corrido e todo mundo está sempre com a sensação de que não possui tempo para nada, que quer fazer tudo, mas o dia é muito pequeno para tantas coisas a serem realizadas.

Por isso você deve dar valor a cada segundo, sabendo que ele é único, irreversível e absoluto. Para isso, atente-se às suas escolhas.

Não perca seu tempo com coisas que não a valorizam. Caso esteja infeliz no trabalho, procure mudar. Se o seu relacionamento não está te fazendo feliz, analise se vale a pena continuar investindo nele. Não deixe para amanhã aquele curso que sempre quis fazer, ou aprender a tocar o instrumento que sempre sonhou.

NA PRÁTICA

Quando estiver em dúvida sobre estar ou não aproveitando bem o seu tempo, faça essas perguntinhas para você mesmo(a):

1. Eu realmente desejo fazer isso que estou fazendo?
2. Essa atitude ou ação acrescenta alguma coisa na minha vida?
3. Estou me tornando mais feliz com essa prática?

4. Valeu a pena deixar de fazer outras coisas para fazer isso que estou fazendo?

5. Ao acabar essa atividade ou ação, sentirei orgulho de mim?

Se responder não a duas ou mais perguntas, avalie se está realmente aproveitando o seu tempo ou se o está desperdiçando.

É claro que sempre existem os dias em que estamos mais para baixo, nos sentindo um pouco mais desvalorizados que o normal. Mas é principalmente nesses dias que você deve utilizar ao máximo a força do seu amor-próprio e lembrar-se de que é um ser único e especial.

Todas as pessoas possuem defeitos, mas o que diferencia um indivíduo sensual e dono de si de um inseguro e não resolvido com sua sexualidade é a maneira de lidar com as imperfeições. O amor-próprio é uma ferramenta poderosa para te deixar confiante e com segurança.

Trabalhe muito em sua mente o quanto você se ama. Aceite-se do jeito que você é, lembrando que tudo aquilo que te incomoda pode ser mudado ou aperfeiçoado, dentro do possível. Não se deixe dominar pelos pensamentos negativos e muito menos se coloque em uma espiral de baixa autoestima.

DICA

Nesses dias que você estiver se sentindo um pouco para baixo, cole recados pela casa, para você mesmo, listando suas qualidades, seus pontos positivos e aquilo que você mais gosta em você. Deixe em lugares visíveis pequenos recados como "seus olhos são muito bonitos" ou "você fez um excelente relatório no trabalho". Lembre-se de coisas que você se orgulha e que te fazem feliz.

NESTE CAPÍTULO

Aprenda a cuidar do seu corpo

A mídia e o padrão de beleza

Perceba a importância de se sentir bem com a sua aparência

Capítulo 5
De Bem com o Espelho

Eu estou bonita, mas não sou bela.
Tenho pecados, mas não sou o diabo.
Sou boa, mas não um anjo.

— *MARILYN MONROE*

Cuide da sua aparência — um ditado antigo diz que quem não se enfeita por si se enjeita. Não deixe de fazer os cuidados estéticos que gosta. Na nossa sociedade, muitos teimam em afirmar que pessoas vaidosas são fúteis. Besteira! Você tem que conviver com a sua imagem o tempo todo, e com certeza a convivência será muito mais agradável se você estiver de bem com aquilo que você vê no espelho. Acreditar que possui uma aparência feia é uma forma de se excluir da sociedade, de sentir-se marginalizado. Porém, na maioria das vezes não passa disso, de um sentimento infundado, que pode ser dissolvido e reconstruído em aceitação e amor pela sua própria imagem.

Os primeiros registros de vaidade são datados da pré-história. Os mais fortes do grupo, que geralmente eram os chefes, se enfeitavam com os dentes e as garras dos animais que tinham caçado. A vaidade é uma característica que pode ser adquirida com o tempo. Um indivíduo que transfere o amor que sente por si em cuidados com o seu corpo certamente transmite o quão sensual pode ser.

Tenha cuidados com o seu cabelo, sua pele e suas unhas. O cabelo influencia diretamente no humor. A pele é um reflexo da sua saúde. E as unhas demonstram que você se cuida. Nada de se largar, se deixar de lado. É fundamental gostar da sua melhor companhia, que deve ser você. Independente do estilo, adote estar sempre de bem com sua aparência. É primordial para o desenvolvimento do seu amor-próprio e elevação da sua autoestima.

Existe uma crença infundada de que apenas as pessoas que se "encaixam" em padrões preestabelecidos de beleza podem ser vaidosas. Que apenas as pessoas "jovens, magras e saudáveis" devem estar antenadas com sua aparência e se sentindo confortáveis ao se olhar no espelho, mas é um argumento facilmente derrubado. Podemos citar como exemplos a cantora Preta Gil ou a atriz Fabiana Karla, que independente do peso são mulheres conhecidas por cuidarem do visual e estarem sempre bem vestidas e elegantes, ou Suzana Vieira e Ana Maria Braga, que não se incomodam com a idade e permanecem lindas. Com os homens, podemos citar Léo Jaime e Antônio Fagundes, na mesma linha de raciocínio.

"O que mais se pode querer? Gente fina, não esnoba, não humilha, não trapaceia, não compete e, como o próprio nome diz, não engrossa. Não veio ao mundo pra colocar areia no projeto dos outros. Ela não pesa, mesmo sendo gorda, e não é leviana, mesmo sendo magra. Gente fina é que tinha que virar tendência. Porque, colocando na balança, é quem faz toda a diferença."

MARTHA MEDEIROS

Sem Comparações

Suas experiências anteriores devem servir como um trampolim para o crescimento e não como um escorregador para o fracasso. Saiba sempre tirar proveito e ensinamentos do que acontece na sua vida, e trate-se com amor e carinho, dando mais valor às suas qualidades do que aos seus defeitos. Converse com o seu interior, escute as suas necessidades e se coloque em primeiro lugar.

Quanto mais a gente se ama, mas fácil é se permitir receber o amor de outras pessoas, escutar elogios e aceitar carinho. Assim, a necessidade de aprovação diminui, fazendo com que sua autoestima se eleve e seu amor-próprio aumente.

Evite sempre se comparar com outras pessoas. Não tem jeito, cada um tem uma característica mais marcante, e ficar invejando aquilo que outras pessoas são ou deixam de ser não ajudará em nada a sua busca em ser uma pessoa sensual. O grande barato é descobrir quais são os seus pontos fortes e usá-los a seu favor.

Se tem seios bonitos, use decotes. Se tem pernas bonitas, use *shorts*. Uma pessoa sensual tem inteligência suficiente para saber usar os seus pontos fortes a seu favor. A beleza é muito mais o seu estado de espírito do que propriamente as suas curvas ou os seus músculos.

Elevando a Autoestima

Autoestima nada mais é do que o sentimento que você tem por si. É a sua capacidade de se respeitar e gostar de você. Algumas pessoas possuem baixa autoestima por insegurança em relação ao seu próprio corpo ou por não se sentirem capazes de realizar aquilo que desejam. Saiba que muitas vezes uma necessidade enorme de agradar ao próximo pode fazer com que você tenha a sensação de inadequação.

Há muitas formas de elevar a sua autoestima. O primeiro passo é se conhecendo, sabendo quais são as suas preferências, o que te desagrada, o que te põe para cima e o que te põe para baixo. Gostar da sua imagem é crucial, pois gostar daquilo que enxerga no espelho fará de você uma pessoa bem resolvida.

DICA

» Conheça você e seu corpo;
» Mantenha-se feliz com sua aparência e sinta-se satisfeita com sua imagem;
» Identifique e valorize suas qualidades;
» Tire proveito dos erros cometidos e aprenda com eles;
» Seja amorosa e carinhosa consigo mesma;
» Pratique diariamente algo que te deixe feliz;
» Saiba que você é merecedora de ser amada.

Padrões de Beleza

Basta uma pequena "zapeada" pelos canais de televisão ou folhear algumas páginas de uma revista de moda, que nos deparamos com mulheres que seguem um padrão imposto pela mídia como "bonito" e homens com músculos que mais parecem super-heróis saídos de histórias em quadrinhos. Alguns veículos de comunicação colocam ideais de beleza praticamente impossíveis de se atingir para a grande maioria dos homens e mulheres.

O resultado disso é uma grande insatisfação com a própria imagem. Pessoas gordinhas, baixinhas ou mais maduras, muitas vezes se sentem deslocadas por não encontrarem modelos de beleza em que possam se espelhar.

É importante salientar que essas pessoas que estão nas campanhas de moda não podem ser consideradas como o "normal". São uma exceção e você não pode basear a sua felicidade em um ícone de beleza que é inatingível na grande maioria das vezes.

Algumas marcas de cosméticos já perceberam que as campanhas estavam trazendo infelicidade e insatisfação para muita gente, e por isso começaram a vincular propagandas com a "beleza de verdade", onde pessoas comuns demonstram que ser belo é muito mais um estado de espírito do que uma padronização.

NESTE CAPÍTULO

- Compreenda a sexualidade na terceira idade
- Conheça formas de estimular a libido nesta fase da vida
- Aprenda a utilizar a experiência de vida

Capítulo 6

Sexo na Terceira Idade

Vida Sexual na Terceira Idade

Cada idade tem a sua beleza e essa beleza deve sempre ser uma liberdade.

— ROBERT BRASILLACH

FIGURA 5-1: Existe sim sexo na maturidade.

Para muitos, falar sobre erotismo e sensualidade de pessoas com mais de sessenta anos ainda é um tabu, o que pode vir a dificultar e muito a ocorrência de uma vida sexual plena e satisfatória.

De acordo com a Sociedade Brasileira de Geriatria e Gerontologia, realmente pode ocorrer uma redução da atividade sexual na terceira idade, decorrente de uma diminuição hormonal, tanto masculina como feminina. No entanto, é mister salientar que existem formas de se reverter esse quadro.

Precisamos deixar claro que a vida sexual é de extrema importância em qualquer fase da vida, e não está relacionada exclusivamente com a reprodução e sim com a capacidade de sentir prazer e de se realizar de forma plena. Por mais que uma parte da sociedade ainda veja o sexo como uma prática exclusiva da juventude, isso não passa de preconceito, que deve ser eliminado. Em todas as idades, os indivíduos têm o direito de sentir prazer.

...não existe esse negócio de terceira idade, só existe duas opções: vivo ou morto!

— JÔ SOARES

Antigamente, ao se falar em terceira idade, a imagem que tínhamos era de um velho ou uma velha, sentados em uma cadeira de balanço, esperando a morte chegar. Felizmente essa imagem há muito ficou para trás e hoje temos uma população acima dos 60 anos ativa, trabalhando, saindo, dançando, e, obviamente, namorando.

Com o aumento da expectativa de vida em todo o mundo, espera-se que esse tempo a mais seja vivido com qualidade. E o campo da sexualidade deve ser exercido em sua plenitude, pois, já se sabe que pessoas idosas são absolutamente capazes de exercerem uma saudável vida sexual, bem como de expressarem a sua sensualidade.

Vivenciando a Sensualidade na Terceira Idade

Exercer a sua sensualidade a partir dos 60 anos nada mais será que uma extensão de tudo aquilo que foi feito durante toda sua vida. Seus sentimentos serão um reflexo do que você desenvolveu desde a sua infância, como a aceitação do próprio corpo, as experiências sexuais vividas, os conceitos absorvidos durante a vida e a cultura em que se está inserido.

Uma das maiores causas de "abandono" de uma vida sexual saudável por parte das mulheres é uma vinculação do ato sexual em si com a reprodução. Já no caso dos homens, o grande fantasma é o da impotência. Porém, devemos salientar, que nos dias atuais, nenhuma das duas preocupações é definitiva.

Algumas doenças e medicações podem sim afetar o desejo sexual e a libido. Para isso, exercícios físicos (com orientação), repouso, mudança de posições no ato sexual, reposições hormonais e acompanhamento específico auxiliam na recuperação da energia sexual.

O mais importante de tudo é a aceitação. Ter consciência das mudanças do seu corpo, bem como da sua mente, lhe fará perceber que é possível sim ser sensual em qualquer etapa da vida! Basta ter vontade e disposição para tal.

Não se Prenda ao Passado

Compreenda que seu corpo, sua mente e seus valores alteraram ao longo dos anos. Não adianta se obrigar a utilizar as mesmas formas e ferramentas que utilizava aos vinte e poucos anos no momento de exercer a sua sensualidade.

Descubra o que lhe faz feliz agora. Perceba quais os pontos do seu corpo lhe agradam, como você se sente efetivamente sensual, e de que forma você consegue expressar a sua sexualidade.

Dê a oportunidade a você de conhecer novos rumos e caminhos. Ter medo de inovar ou de conhecer diferentes formas de prazer é um impeditivo de uma vida plena e feliz. Permita-se ser sensual em qualquer época da vida.

Pare de se Exigir

Respeite o seu tempo e as suas vontades. O segredo é não ficar se cobrando para ter uma vida que não pertence mais a você, ou comportamentos que não lhe fazem mais feliz. Nem sempre as pessoas conseguem os resultados que desejavam, mas isso não pode ser uma fonte de frustrações e infelicidade. Caso a sua sexualidade seja um motivo de tristeza, o excesso de cobranças pode ser o motivo.

No filme "Um amor de vizinha", Michael Douglas e Diane Keaton vivem um amor maduro, passando pelas angústias e novidades de quem se dispõe a viver uma história romântica depois dos 65 anos. Com direção de Rob Reiner, a história propicia uma excelente reflexão sobre o tema.

Use os Recursos que Estão Disponíveis

Muitas vezes podemos ter vergonha de utilizar benefícios que a medicina e a farmacologia nos disponibilizam. Contudo, isso é um grande atraso de vida.

As mulheres podem ter a sua lubrificação comprometida depois da menopausa. Para isso, existe uma enorme variedade de cremes lubrificantes no mercado. Os homens, que por sua vez podem sofrer de disfunção erétil ou dificuldades de ereção, já podem utilizar medicamentos que os auxiliem, sempre com recomendação médica. São apenas alguns exemplos, mas que já servem para ilustrar bem como estamos cada dia mais avançados no quesito sexualidade.

Não tenha medo de buscar ajuda.

NA PRÁTICA

A cada dia, mais fotógrafos se especializam em fazer ensaios fotográficos sensuais com pessoas idosas. Trata-se de uma excelente forma de exercer a sensualidade, mostrar o quanto se pode ser sexy em qualquer idade.

Mesmo que você não tenha como fazer um ensaio profissional, experimente tirar algumas fotos valorizando os seus pontos fortes, partes do seu corpo que você acha sensuais.

Tenha Prazer e Seja Feliz

Nunca tive outra idade senão a do coração.

— *NINON LENCLOS*

Não há contraindicações para praticar sexo e exercer a sua sexualidade na terceira idade. Muito pelo contrário! É importante e faz bem não só ao coração como à cabeça!

Invista em você, no seu prazer e na sua felicidade.

Diga Xis!

Uma boa técnica para se dar bem com o espelho é tirando várias fotos, em iluminações, poses e ângulos diferentes. Assim você poderá avaliar quais são os seus melhores momentos. Da mesma forma, olhe-se muito no espelho, em momentos diferentes do dia — aproveite para afirmar que se ama. Conhecendo-se, o processo de ser sensual se torna bem mais fácil.

Caso você não goste de fotos ou filmagens, reflita o motivo. O que é que te faz não querer que sua imagem seja registrada? Você se sente bem ao ver suas fotos? O que está registrado na fotografia te deixa com a sensação de insegurança ou infelicidade? Qual o motivo para isso?

Tente descobrir o que há na sua aparência que te deixa assim, para que você possa melhorar e se sentir mais feliz.

NA PRÁTICA

Espalhe pela sua casa vários porta-retratos com fotos em situações que você se achou muito bem. Todas as vezes em que estiver se sentindo com uma aparência desagradável ou pouco sensual, olhe para as suas imagens e se lembre de como você estava se sentindo feliz e realizado ou realizada naquele momento da foto, e faça coisas que lhe tragam novamente aquela sensação.

Regras Básicas de Cuidados com o Corpo

Ser bonita não interessa. Seja interessante.

— NELSON RODRIGUES

Cuide bem do seu corpo, afinal de contas, para que você seja verdadeiramente sensual, deve se sentir bem com ele!

De acordo com um estudo publicado na revista americana "Journal of Counseling Psychology", as mulheres que são mais atenciosas com o funcionamento dos seus corpos possuem uma autoimagem mais positiva. Para que possamos ser mais atenciosas, precisamos saber como nossa saúde está, prestar atenção aos sinais que emitimos, escutar as nossas necessidades e desejos, com muito carinho.

Se colocar como prioridade em sua vida e cuidar do corpo é um item de primeira necessidade. Uma parte do seu dia deve ser dedicada a cuidados consigo. Não veja como desperdício de dinheiro ou de tempo os mimos que deseja fazer em você. Seja uma massagem, uma caminhada ou meditação. Só quem poderá encontrar o que mais lhe agrada é você, e para isso precisa de dedicação.

Assuma a identidade da sua beleza, cuide da sua alimentação, pratique atividades físicas. Pequenas atitudes te deixarão mais confiante e alegre, refletindo na sua imagem.

Cada fase da vida tem suas vantagens e desvantagens. De nada adianta ficar brigando com sua carteira de identidade e tendo problemas com a sua idade. Saiba tirar vantagem de cada etapa da sua vida, e adapte os cuidados que você deve ter com sua saúde e beleza.

NA PRÁTICA

Alguns cuidados de saúde devem ser adotados por todo mundo, e certamente serão notados na beleza.

Durma pelo menos oito horas. Uma boa noite de sono é revigorante. Beba no mínimo dois litros de água todos os dias para manter-se hidratado(a). Sempre saia de casa usando protetor solar pois além de deixar a sua pele mais bonita, previne doenças como o câncer de pele.

Caso você se incomode com olheiras, espinhas e manchas, use recursos como corretivos e base para disfarçar. Não há motivo para ficar com algo lhe perturbando e impedindo você de se sentir melhor e mais confiante. Os cosméticos estão aí e podem ser usados, sem que isso signifique um problema. Mas lembre-se de sempre tirar toda a maquiagem do rosto antes de dormir. Sua pele precisa descansar.

Não se esqueça de passar hidratante diariamente no rosto e no corpo e aproveite para transformar isso em um momento de carinho e amor-próprio. Esporadicamente, faça limpeza de pele e esfoliação, hidrate os pés com regularidade, lave o rosto com sabonete específico. Dedique tempo a você!

Qual É a Sua Relação com o Espelho?

A beleza não está na cara; a beleza é uma luz no coração.

— *KHALIL GIBRAN*

Na Tabela 6-1, você pode perceber a quantas anda a sua satisfação com sua imagem. Reflita sobre o que você enxerga no espelho. Aproveite para ver o seu posicionamento em cada uma das situações hipotéticas e analise o motivo de você concordar ou discordar. Perceba como é a sua relação com seu corpo e com sua aparência e estude formas de melhorar essa relação, caso ache necessário.

TABELA 6-1

SITUAÇÃO	DISCORDO TOTALMENTE	DISCORDO PARCIALMENTE	CONCORDO PARCIALMENTE	CONCORDO COMPLETAMENTE
Quando estou em um encontro social e chega uma pessoa muito sensual, eu a admiro e observo quais características dela eu posso incorporar na minha vida.				
Quando alguém elogia minha beleza eu fico muito feliz, pois aceito os elogios que recebo e me sinto bem.				
Meu parceiro/ minha parceira rompeu o relacionamento. Tenho certeza que não foi porque passei a me descuidar depois de certo tempo, afinal de contas, sinto-me muito bem com minha imagem.				
Adoro passar na frente de espelhos.				
Quando olho no espelho e vejo que estou insatisfeito(a) com alguma coisa, vou atrás de alguma forma de melhorar, pois tenho consciência de que manter esse incômodo me deixará infeliz.				

(continua)

(continuação)

SITUAÇÃO	DISCORDO TOTALMENTE	DISCORDO PARCIALMENTE	CONCORDO PARCIALMENTE	CONCORDO COMPLETAMENTE
Quando recebo o convite para uma festa onde estarão muitas pessoas bonitas e elegantes, fico muito feliz e logo começo a imaginar como me vestirei.				
Eu me acho fotogênico(a) e não tenho problemas em ser fotografado(a) ou filmado(a).				
Quando meu parceiro/minha parceira reage com indiferença a mim, sei que pode estar acontecendo alguma coisa com ele/ela e não fico me questionando, achando que o problema é comigo.				
Quando estou solteiro(a), tenho certeza que não é por causa da minha aparência, e sim por outros fatores.				
Sinto-me muito confortável quando elogiam uma roupa mais ousada que estou vestindo.				

Aprendendo a se Aceitar

A aceitação da própria imagem nem sempre é fácil. Constantemente as pessoas desejam ter uma aparência completamente diferente daquela que possuem.

Estar feliz consigo consiste em aceitar-se como é e buscar evoluir sempre que possível. Aceitar-se não é uma sentença eterna, não é ficar estagnado no tempo. Aceitar-se é saber que você é uma pessoa capaz de ser linda e feliz, de lutar pelas mudanças que deseja, sempre que tiver vontade.

NESTE CAPÍTULO

Saiba um pouco mais sobre o que é ser *plus size*

Entenda que beleza não está relacionada ao peso

Conheça doenças causadas pela busca de um corpo inatingível

Capítulo 7

Beleza *Plus Size*

O que me ajudou a tirar a mágoa que vinha atrelada à palavra gorda foi aceitar que ela descreve mais uma das minhas qualidades. Saber disso me dá forças: sim, eu sou gordinha, mas também sou várias outras coisas boas.

— *TESS MUNSTER*

Muitas pessoas consideram a gordura um dos maiores indicadores de falta de beleza nos dias de hoje. Por estarem acima do peso que acreditam ser o ideal, sentem-se feias, rejeitam a sua própria imagem.

O que na verdade é uma grande besteira! A beleza nem de longe pode ser definida apenas por um corpo magro. Hoje em dia, muitas mulheres estão com o peso acima dos padrões estabelecidos, mas nem por isso deixam a beleza de lado.

Muitas empresas perceberam que gordinhas e gordinhos em todo o mundo podem ser vaidosos e bonitos. Por isso passaram a investir em roupas de tamanhos grandes, lingeries específicas, lojas especializadas.

Beleza sem Tamanho

FIGURA 6-1: Beleza e sensualidade vão além do tamanho de seu manequim.

O que se deve sempre levar em consideração que muitas vezes uma mulher gordinha pode ser mais sensual que uma mulher muito magra, ou que um homem com mais peso pode ser muito mais sedutor, pois o charme e a sedução não se medem em uma balança. A postura, o amor-próprio e a desenvoltura são muito mais eficientes do que uma neurose por emagrecimento.

Ser ou não bonita ou bonito está ligado à sua cabeça, na forma como você se enxerga perante o mundo.

No filme "O amor é cego": Hal (Jack Black) é um homem que segue à risca o conselho de seu pai e apenas se interessa por mulheres que tenham um físico perfeito. Mas tudo muda quando ele por acaso se encontra com Anthony Robbins, um guru de autoajuda que o hipnotiza e faz com que ele apenas possa visualizar a beleza interior das mulheres, em detrimento de seu físico. Sem saber que está sob o efeito de hipnose, Hal então se apaixona por Rosemary (Gwyneth Paltrow), uma mulher obesa que é vista por ele como se fosse uma verdadeira deusa. Até que, após ser retirado da hipnose por seu amigo Mauricio (Jason Alexander), ele passa a ver como Rosemary é de verdade fisicamente e precisa tomar uma decisão sobre seu relacionamento com ela. **Fonte**: `http://www.adorocinema.com/filmes/filme-28958/`

Fatshion

A moda *plus size* chegou na internet com força total, por leitoras que se sentiam não representadas em publicações de moda e resolveram criar o seu próprio universo. Um sem número de blogues com fotos, dicas e textos motivadores deu a força ao movimento chamado *fatshion* uma mistura das palavras *fat* (gordo) e *fashion* (moda).

Da mesma forma, um grupo de gordinhas criou o *Miss Brasil Plus Size*, demonstrando que as moças com curvas também podem ser coroadas em concursos de beleza.

Grande Modelo de Beleza Brasileira

Fluvia Lacerda é uma brasileira que é considerada a Gisele Bündchen *plus size*. Vive em Nova York, e é uma das *top models* mais famosas do mundo.

Já fez editoriais de moda para grandes revistas como a *Vogue*.

O melhor resultado do meu trabalho é saber que consegui libertar a mente de muitas mulheres que tinham uma imagem negativa de seus corpos.

— *FLUVIA LACERDA*

O Filme "A Big Love Story" (sem título em português), *dirigido por Ryan Sage, é uma produção independente que traz a história de Sam, que está acima dos 200 kg e encontra uma personal trainer que o ajuda a recuperar a forma física e o faz se apaixonar novamente.* **Fonte**: `http://filmow.com/a-big-love-story-t93744/ficha-tecnica/`

CURIOSIDADE

A escritora Thati Machado conseguiu mais de um milhão e meio de leituras na internet com seu livro *Poder Extra G*, que conta a história de Nina, uma mulher de assumidamente noventa e dois quilos e que possui um amor-próprio de causar inveja!

Doenças Psicológicas Decorrentes da Busca pela Beleza

Existem doenças, cada dia mais recorrentes, de pessoas que estão sempre em busca de um padrão inatingível de beleza. A busca por uma aparência que atinja altos padrões de exigência em passarelas chegou a muitas pessoas comuns, deixando-as com graves problemas de saúde.

Todos os transtornos abaixo citados possuem tratamento, e ao menor sinal de que alguém seja portador de um deles, um médico deve ser consultado com urgência.

Estou aqui para que as meninas tenham alguém para se inspirar. Estou aqui para lutar contra os distúrbios alimentares e mostrar que isso não é legal.

— *WHITNEY THOMPSON*

Anorexia

O anoréxico possui um medo intenso de ganhar peso. Quando ele se olha no espelho, enxerga uma imagem corporal distorcida, onde se vê gordo, mesmo que esteja muito abaixo do peso. Para ficar cada vez mais magro, ele se alimenta o mínimo que pode e pratica exercícios físicos em excesso. Por mais que digam que ele já está muito magro, o anoréxico se recusa a acreditar.

CURIOSIDADE

No meu livro *Ser Clara*, uma das personagens é a Laura, que sofre gravemente de anorexia. Na história, ela chega a ser internada na UTI e fica entre a vida e a morte graças a uma grave desnutrição.

Bulimia

Trata-se de um distúrbio alimentar que oscila entre a ingestão excessiva de comida e episódios de vômito ou abuso de laxantes, visando impedir o ganho de peso. O bulímico é extremamente preocupado com sua aparência e não aceita o seu corpo da forma como é.

Compulsão alimentar

O doente come mesmo quando não sente fome, e não para de se alimentar, mesmo já estando satisfeito. No episódio da compulsão, a pessoa come muito em pouco tempo e se sente sem controle da situação, muitas vezes indo comer escondido.

Vigorexia

Similar à anorexia, podendo ser divido em dois grupos: aqueles que praticam um treinamento físico excessivo com o objetivo de aumentar a sua massa muscular e o segundo grupo daqueles que possuem uma obsessão pela aparência, permanecendo com uma persistente insatisfação. É muito comum que os doentes utilizem substâncias como anabolizantes para ficarem mais fortes.

A única pessoa que pode impedi-la de alcançar seus objetivos é você mesma. Se você acreditar, todos a sua volta também irão. Tenha orgulho de quem você é e não mude por ninguém.

— *DENISE BIDOT*

NESTE CAPÍTULO

Conheça seus pontos fortes

Aprenda a exercer sua sensualidade

Entenda que a sensualidade começa nos seus pensamentos

Capítulo 8
Despertando Sua Sensualidade

Mulheres sem charme são como poetas que não leem.

— *MARQUÊS DE CUSTINE*

Ser sensual é muito mais uma questão de atitude que de estética. São pequenos gestos que transformam alguém. A sensualidade é sempre um pouco enigmática, desperta interesse e deixa o outro curioso.

Para que se você se torne sensual, alguns exercícios podem ser feitos, estimulando e incentivando uma nova forma de agir e pensar. Cuidar da sua produção visual, do seu psicológico e da sua relação consigo mesmo e com o mundo são as formas de começar a despontar nessa jornada rumo a uma vida na qual sua sexualidade seja aceita por você, e que consiga se enxergar como uma pessoa verdadeiramente sexy que pode ser, basta que você acredite no seu potencial e se esforce para isso.

Cabelo, perfume, sapatos... Sim, essas coisas podem ser importantes, se elas atingirem um único objetivo: aumentar a sua autoconfiança. A maior arma é seu amor-próprio, é ter a certeza de que é muito sensual.

LEMBRE-SE

Uma coisa que precisa ficar bem clara é que ninguém acorda todos os dias lindo(a) e sensual. Por mais que mulheres como Halle Berry ou homens como o Rodrigo Santoro transmitam a falsa impressão de que, ao abrir os olhos, já esbanjam charme para todos os lados, isso não existe. É tudo balela! Todo mundo tem aqueles dias que acorda sentindo-se cansado, desanimado. O principal é exercitar sempre que possível a sua sensualidade, para que ela ocorra naturalmente.

Despertando Seu Lado Sensual

Há na sensualidade uma espécie de alegria cósmica.

— *JEAN GIONO*

Vamos tratar aqui de várias formas de despertar a sua sensualidade. Não se acanhe e desenvolva essa ferramenta que já existe em você.

Ao acordar

Tudo o que dorme é criança de novo. Talvez porque no sono não se possa fazer mal, e se não se dá conta da vida, o maior criminoso, o mais fechado egoísta, é sagrado, por uma magia natural, enquanto dorme. Entre matar quem dorme e matar uma criança, não conheço diferença que se sinta.

— *FERNANDO PESSOA*

Espreguice-se lentamente. Sinta o seu corpo. Quando você se espreguiça, os músculos são esticados e mandam uma mensagem de alerta para o seu cérebro. Ao se espreguiçar, seu corpo libera endorfina, responsável pela sensação de bem-estar. Não existe a possibilidade de ser sensual se estiver se sentindo para baixo. Outra substância liberada é a serotonina, que dá mais disposição ao corpo.

Antes de levantar, faça uma reflexão, medite um pouco. Pense em todas as coisas boas que estão acontecendo na sua vida e como elas te colocam para cima. Lembre-se também das ruins, para que possa aprender com as experiências e melhorar o seu futuro. Antes de começar mais um dia, analise sua vida, e assim você sentirá mais disposição para enfrentar suas responsabilidades.

A sensualidade depende de que você esteja consciente, e para isso você deve sempre parar para refletir, e um excelente momento é logo ao acordar.

Durma bem

Uma pesquisa do Laboratório do Sono de Estocolmo comprovou que as pessoas que dormem menos têm uma aparência não saudável. Obviamente, isso espanta a sensualidade. Pelo menos oito horas de sono todas as noites são fundamentais.

Dormir pouco pode acarretar os seguintes problemas:

- » Sentir mais fome e consequentemente comer mais, pois a privação do sono faz com que as pessoas tenham uma maior tendência a comer porções maiores, de alimentos de alto teor calórico;
- » Maior tendência a sofrer acidentes de carro, pois a coordenação olho-direção do condutor é afetada;
- » Alterações na aparência e no humor, assim como o envelhecimento precoce da pele;
- » Maior propensão a ficar resfriado, pois a imunidade cai, uma vez que, durante o sono, o sistema imunológico libera uma proteína chamada citocina, que aumenta quando o corpo está com alguma infecção, inflamação ou sofre estresse. Os níveis dos anticorpos que combatem infecções também caem quando há privação de sono;
- » Mais chances de perder o controle emocional, pois o cérebro fica mais reativo;
- » Diminuição da capacidade de foco e memorização, pois o sono está ligado ao processo de consolidação da memória.

Ao tomar banho

Vou tomar um banho antes de sair e perfumar-me com um perfume que é segredo meu. Só digo uma coisa dele: é agreste e um pouco áspero, com doçura escondida.

— *CLARICE LISPECTOR*

Deslize as mãos pelo seu corpo. Sempre que possível, tome um banho mais caprichado e sinta a sua pele. É muito importante se sentir bem com seu corpo. Sinta prazer em se tocar. O ser humano possui uma forte necessidade de contato físico com outras pessoas, mas muitas vezes se esquece de tocar a si mesmo. Faça carinho em você, aproveite enquanto passa o sabonete pela pele para se sentir afagada. Aproveite este momento para demonstrar o seu amor-próprio e como você se sente uma boa companhia para você mesma!

E ao sair do chuveiro, não esqueça de espalhar hidratantes pelo corpo. Além de te deixarem com a pele mais bonita, lhe darão a sensação de que você está cuidando de você, se mimando. Escolha o tipo que mais te agrada, pode ser um óleo, creme... Há uma infinidade de marcas e variedades no mercado. O importante é que você dedique esse tempo ao cuidado com seu bem-estar.

Ao se arrumar para sair de casa

Algumas coisas não servem mais. Você sabe. Chega. Porque guardar roupa velha dentro da gaveta é como ocupar o coração com alguém que não lhe serve. Perda de espaço, tempo, paciência e sentimento. Tem tanta gente interessante por aí querendo entrar. Deixa. Deixa entrar: na vida, na cabeça e no coração.

— *CAIO F. ABREU*

Lembre-se que a primeira impressão é a que fica. Então, a maneira de se vestir, maquiar, andar, fará toda a diferença entre ser ou não ser uma pessoa sexy.

Reserve um tempo especial para se enfeitar. Respeitando o seu estilo e a sua profissão, evite sair de casa sem estar se sentindo com uma aparência bonita, produzida. A imagem que você faz de você é aquela que passará para os outros.

Claro que a sensualidade deve vir de você e da sua maneira de se enxergar, mas quanto mais seguro você se sentir, automaticamente transferirá isso na sua forma de se vestir ou se maquiar. E, obviamente, as pessoas que convivem com você notarão a diferença.

Ser uma pessoa segura de si e dona do seu corpo é algo que se reflete na sua aparência e na sua postura. Não tenha medo de se mostrar como aquilo o que deseja ser: sensual.

DICA

Para os dias de preguiça, já deixe sempre reservado no armário um visual pronto, que você já sabe que vai levantar o seu astral, como, por exemplo, aquela calça jeans que modela o seu corpo, ou uma camisa que te deixa com a silhueta legal.

Algumas vezes, o simples fato de se arrumar com um pouco mais de dedicação já fará o seu humor melhorar.

Ao falar com as pessoas

Eu gosto de olhos que sorriem, de gestos que se desculpam, de toques que sabem conversar e de silêncios que se declaram.

— *MACHADO DE ASSIS*

Demonstre segurança. Pessoas inseguras não são consideradas sexys. Manter o equilíbrio de uma voz agradável e confiante com a certeza de quem sabe o que diz, sem ter medo. A sensualidade está embasada na confiança que a pessoa tem nela mesma, e ao demonstrar isso, passa a mensagem de sedução.

Esteja sempre informado. Leia, assista a filmes, vá ao teatro. Procure uma forma que lhe agrada de se manter sempre por dentro do que está acontecendo. Uma pessoa interessante e sedutora é aquela que tem assunto, que sabe o que falar, como falar e com quem falar.

Não tenha medo de aprender. Caso goste de filosofia, inscreva-se em um curso para discutir os grandes filósofos. Caso goste de maquiagens, muitos *workshops* acontecem em vários lugares do país. Mantenha-se sempre com a cabeça trabalhando, alcançando novos horizontes, permitindo-se novidades.

A sensualidade é muito mais expressa pelo seu cérebro do que pelo seu decote.

Há diversos estímulos que aguçam a sensualidade de uma mulher, como perfumes, cores, lugares. Não resta dúvida de que é muito mais fácil ser uma pessoa charmosa e sexy em um ambiente cheio de rosas vermelhas e com uma música instrumental ao fundo.

Praticar a sensualidade é se permitir sentir prazeres, que sempre passaram despercebidos ou eram entendidos como proibidos. Aquele desejo escondido na alma, de passar um batom vermelho como de uma artista de cinema deve ser realizado, tendo a certeza de que não se tornará ridícula por isso.

Tenha confiança naquilo que faz e em você, e com certeza o mundo notará.

CUIDADO

Para se ter uma conduta sensual, deve-se identificar suas maiores qualidades, para poder mostrar-se da melhor maneira possível. O mundo vai enxergá-lo exatamente da maneira que você se enxerga. Se você se acha tímido e retraído, certamente será essa a imagem que você passará. Se você quer mesmo ser uma mulher sensual, acredite nisso e vista essa confiança. Pense assim, enxergue-se assim, seja assim. Não tenha medo de chegar onde você deseja e de ser quem sonha ser.

Os pudores, pouco a pouco, devem cair por terra. A primeira pessoa a se achar sensual deve ser você. Nunca se esqueça que o principal é o amor-próprio. Gostar da imagem no espelho, o acreditar em você e no seu charme será aquilo que chamará atenção e a tornará uma pessoa sedutora. E, se há opções para facilitar a sua vida, por que não usá-las?

A FORÇA DE UM SORRISO

Sorrir é muito mais potente que qualquer cosmético produzido pela indústria farmacêutica. O sorriso é o grande charme. Quanto mais sorridente a pessoa, mais atraente ela é. Um belo sorriso vale mais até que um olhar fatal (sabendo somar as duas coisas, fica perfeito).

Use Todas as Ferramentas de que Você Dispõe!

A beleza da mulher deve avaliar-se não pelas proporções do corpo, mas pelo efeito que estas produzem.

— *ANNE LAMBERT*

Não subestime seu corpo e suas armas. Saiba que você possui várias ferramentas ao seu dispor, e não utilizá-las é um desperdício. Fique atenta!

É importante salientar que muitas vezes o que vale para uma pessoa não vale para outra. Tem mulheres que se sentem muito sensuais por exibirem longas madeixas, já outras preferem cabelos curtos, com pescoços à mostra. Alguns homens sentem-se confiantes sem barba, outros adoram exibi-la.

Identifique os seus pontos fortes e saiba aquilo que lhe agrada. Não existe um manual para todas as pessoas seguirem. Aqui listo apenas algumas dicas que podem ser o ponto inicial de como se encontrar como alguém sexy.

Use seus lábios a seu favor

É mais fácil obter o que se deseja com um sorriso do que à ponta da espada.

— *WILLIAM SHAKESPEARE*

A boca é extremamente sensual. Existem alguns truquezinhos para deixar os lábios sempre hidratados, e produtos que podem realçar o que eles tem de bonito e disfarçar o que você não gosta. Mas aproveite para aumentar o seu charme.

Um batom vermelho pode ser estimulante, um *gloss* brilhoso chama atenção, ou até mesmo, lábios sem pintura mas bem cuidados são ferramentas instigantes. O importante é que você encontre a forma de deixar sua boca mais bonita, e explorá-la.

NA PRÁTICA

Uma boa forma de esfoliar os lábios para que saiam as células mortas e peles que ficam soltas e passando com uma escova de dente macia, em movimentos regulares, uma mistura com aveia, açúcar refinado, leite e mel.

Sorria

A curva mais bonita que a mulher tem no corpo é o seu sorriso.

— *BOB MARLEY*

É a ferramenta mais potente de todas, pela qual a pessoa pode realmente mostrar sua sensualidade.

Não tenha medo de sorrir! Se por acaso algo em seus dentes não a deixa feliz, hoje em dia existem tratamentos odontológicos para todos os bolsos e idades. Não deixe que algo tão importante como seu sorriso atrapalhe sua felicidade.

Não é sem razão que existe aquele ditado popular que diz:"sorrir é o melhor remédio". Existem algumas razões médicas para que você sorria sempre!

Sua mente e seu corpo são beneficiados com o poder do sorriso. O bom funcionamento dos músculos faciais e abdominais, assim como dos sistemas respiratório, cardiovascular e imunológico está ligado ao sorriso. Isso porque ele ajuda a eliminar tensões, ao movimentar aproximadamente 17 músculos.

Além disso, de acordo com uma pesquisa feita pelo IBGE (Instituto Brasileiro de Geografia e Estatística), a comunicação dos seres humanos é majoritariamente não verbal. 93% das pessoas se comunicam não verbalmente, contra apenas 7% que se comunicam verbalmente. Ou seja, o sorriso é uma das maneiras mais eficientes de se comunicar!

Seu estado emocional e sua qualidade de vida aumentam com um sorriso.

Escolha bem os seus sapatos

Invista em bons sapatos. Com calçados apertados não se pensa, não se é feliz.

— *COSTANZA PASCOLATO*

Muitas mulheres amam os saltos altos, porque eles deixam a postura mais ereta e o andar mais elegante. É muito importante que, caso você opte por usar um, saiba andar com ele, senão o efeito será o contrário.

Outras preferem sapatilhas mais confortáveis que as deixam com um andar leve e suave, fazendo com que se sintam mais donas do seu corpo.

Não interessa a forma do sapato. O importante é que ele te deixe segura e que te faça se sentir com um andar firme e ao mesmo tempo sensual.

Valorize o que o seu corpo tem de melhor

Ela dança com a música de dentro.

— *FABRÍCIO CARPINEJAR*

Toda pessoa deve se conhecer e saber seus pontos fortes e pontos fracos. Se você gosta do seu busto, invista em decotes. Se você gosta das suas pernas, coloque-as para fora. Não tenha medo de usar suas melhores armas.

Se por acaso você ainda não identificou o que tem de mais bonito em você, tire várias fotos do seu corpo, se filme em momentos diferentes, com roupas dos mais variados tipos. Estude-se e analise-se. Veja com atenção e encontre aquilo que mais te deixa feliz com a sua aparência, para que você possa realçar.

Todo mundo pode ser bonito! Para isso, as pessoas precisam encontrar os seus pontos altos e realçá-los. Não tenha vergonha de se produzir e destacar o que é bacana em você. Sinta-se bem, seja com uma bermuda ou uma calça comprida. O seu bem-estar e sua aceitação é que farão de você sexy.

Encontre o que você não gosta em você para que possa mudar ou disfarçar. Mas, principalmente, encontre aquilo que você adora na sua aparência e destaque!

Transparências ou rendas que provocam

Há muito sentido na ideia de que são as roupas que nos vestem, e não nós que as vestimos; podemos fazê-las pegar a forma dos braços ou do peito, mas elas moldam nossos corações, nossas línguas às suas tendências.

— *VIRGINIA WOOLF*

Use tecidos que possam te deixar com uma sensação de sensualidade. Não tenha medo de ousar. Se você sempre desejou um vestido de renda ou uma transparência nas costas, por qual motivo ainda se priva disso?

Se você acha que tem um colo bonito, uma transparência perto da altura dos seios fará com que você se sinta confiante. Caso o seu ponto preferido em você seja a barriga, de repente usar um tubinho rendado é algo que será sensual. Para os rapazes, usar camisas de seda ou calças transadas podem fazer toda diferença.

Estude o seu corpo e saiba como tirar proveito de roupas que são a cara da sensualidade.

Mantenha as unhas bem cuidadas

Se era tão sedosa e perfumada que tudo quanto houvera embriagasse, é certo que era coisas de mulheres e homens que a elas se entregassem.

— *CARLOS DRUMMOND DE ANDRADE*

Pessoas que relaxam no visual das mãos passam uma imagem de sujeira. Esteja sempre com as unhas limpas e aparadas.

Não importa se o seu gosto é para unhas grandes ou unhas curtas, pintadas de vermelho ou sem nenhum esmalte. O importante é que estejam cuidadas, bem tratadas. Tenha carinho com o seu corpo. As mãos são uma parte muito importante e dizem muito sobre você.

Não se esqueça de hidratá-las e esfoliá-las. Seja carinhosa com suas mãos e unhas.

NA PRÁTICA

Uma excelente pasta de hidratação para mãos é feita com um abacate amassado, duas colheres de leite integral e mel. Passe uma camada generosa na mão, coloque uma luva de silicone e deixe por 10 minutos. Depois enxágue com água morna e elas ficarão muito macias.

Use o poder dos seus cabelos

Cabelos bem cuidados e tratados com carinho. Eles são formados na derme, uma camada da pele, e além da estética já tão conhecida por nós, um cabelo bonito é sinal de saúde. Se o seu organismo está equilibrado, os fios ficarão sedosos e brilhantes. Caso não estejam assim, o ideal é que se procure um dermatologista para que se identifique o que está causando o problema.

Alguns fatores que podem levar a problemas capilares são alterações emocionais, estresse ou depressão. Por isso, sua saúde emocional deve ser sempre levada em consideração como a coisa mais importante na sua vida! Outras causas de problemas podem ser alterações hormonais, anemia, deficiência de vitaminas, uso de medicamentos ou cosméticos.

Caso você esteja com problemas como queda de cabelo, caspa ou qualquer outro, é importante procurar um médico. Utilizar o tratamento indicado para outra pessoa ou soluções caseiras sem análise de um profissional da saúde, além de ser perigoso, pode agravar o problema.

Estando tudo bem com sua saúde capilar, certos cuidados podem ser tomados preventivamente. É importante analisar qual o seu tipo de cabelo, controlar a oleosidade, hidratar regularmente. Quanto mais você puder evitar altas temperaturas de secadores e chapinhas, mais saudável ele ficará.

Sua alimentação também conta muito. As vitaminas A e B, o ferro e os aminoácidos contribuem para o equilíbrio dos fios.

Mantenha a postura ereta

Você deve sempre mostrar que é confiante e dona ou dono de si. E para isso, manter a coluna ereta é fundamental!

Além de se manter mais elegante, ficar com as costas curvadas ou tensionadas acarreta dor. A postura correta traz inúmeras vantagens para seu organismo. Quando não se mantém uma boa postura, a musculatura dorsal recebe uma sobrecarga, estressando a coluna, e fazendo com que vasos sanguíneos e nervos que se localizam dentro dos músculos sejam comprimidos, podendo modificar as articulações.

Uma boa postura mantém seu corpo em equilíbrio. Para identificar se sua postura está correta, seu corpo deve estar alinhado. Faça um exercício ficando em pé e traçando uma linha imaginária entre o seu tornozelo e o lóbulo da sua orelha.

Observe sua postura atual e veja se você está satisfeito com ela. Caso sinta dores nas costas procure logo um médico ortopedista, pois apenas identificando o problema você poderá tratá-lo.

Sedução Passo a Passo

- **Ande sensualmente, com uma boa postura, elegante.** A sua maneira de andar expressa quem você é. Ao ficar com ombros caídos ou olhando para baixo, você deixa clara a sua insegurança;
- **Exerça a sedução através do olhar e da sua expressão corporal.** Tenha firmeza e atitude, sem medo de demonstrar a sua sensualidade;
- **Treine sorrisos sedutores e use-os com confiança.** Pratique na frente do espelho. Na hora em que for sorrir, saberá como fica melhor e mais sensual;
- **Mantenha-se com um cheiro bom, cuidando da sua higiene pessoal.** Demonstre que você se ama e se cuida;
- **Use roupas que te valorizem e te deixem confiante.** Saia sempre de casa se sentindo bem, com trajes que você se sente feliz;
- **Mostre que você acredita no seu potencial e que gosta de você.** Esteja sempre com uma atitude e uma postura positiva;
- **Tenha sempre um bom papo e fale de assuntos interessantes.** Informe-se e se mantenha por dentro de vários assuntos, com bons livros e filmes. Uma pessoa interessante e inteligente é algo extremamente sedutor.

DICA

Veja como seu corpo reage ao sentir-se sexy e confiante. Registre em sua mente a sensação de positividade e deixe que essa lembrança a conduza nos momentos de incerteza ou dificuldade.

Se Ame Acima de Todas as Coisas

Bom mesmo é ir à luta com determinação, abraçar a vida com paixão, perder com classe e vencer com ousadia, pois o triunfo pertence a quem se atreve... A vida é muita para ser insignificante.

— *CHARLES CHAPLIN*

O mais importante de tudo e se amar. Se aceitar e se achar uma pessoa bonita e sensual fará de você exatamente isso.

De nada adiantará estar com a roupa que o ator de cinema usou ou a maquiagem que aprendeu em uma revista se essas coisas não estiverem fazendo se sentir bem. O seu amor-próprio e a sua confiança no seu potencial é que são as verdadeiras armas para ser uma pessoa sexy.

Faça pequenos exercícios diários, como espalhar frases pela casa dizendo o quanto você se ama e se acha interessante. Escute músicas que te lembrem momentos em que se sentiu extremamente bela. Assista a filmes que aumentem sua autoestima.

A sensualidade parte da sua cabeça. A partir daí que se espalha para o resto do corpo.

3 Praticando a Sensualidade

NESTA PARTE . . .

Como colocar em prática a sensualidade? Quais as maneiras de efetivamente exercer a sensualidade? Aqui você terá a oportunidade de ser efetivamente sensual.

NESTE CAPÍTULO

Atente-se à forma de comer

Aprenda o que são os alimentos afrodisíacos

Saiba a importância dos alimentos afrodisíacos

Aprenda a preparar um jantar romântico

Diferencie os alimentos estimulantes dos inibidores

Capítulo 9
Apetites Sexuais

Não consigo separar o erotismo da comida e não vejo razão para fazê-lo; ao contrário, pretendo continuar desfrutando de ambos enquanto tiver forças e bom humor.

— *ISABEL ALLENDE*

A comida possui uma forte relação com o sexo. Por muitas vezes, percebemos que a maneira que se leva o alimento à boca pode ser algo extremamente sedutor e charmoso. Ter certos cuidados como não falar de boca cheia ou fazer barulhos na hora de mastigar fazem uma enorme diferença na sua postura de mulher sexy.

Mas, além disso, existem alguns alimentos que são capazes de impulsionar a libido. Isso acontece por variados motivos. Algumas vezes pode ser porque aumentam a vasodilatação e favorecem a irrigação do sangue no corpo, incluindo os órgãos sexuais. Outras, pelo cheiro, textura ou formato do alimento. O importante é que, independente do motivo, algumas comidas possuem a capacidade de te transformar em uma pessoa mais estimulada sexualmente.

Aproveite para aprender um pouco sobre esses alimentos e utilize-os como uma forma de apoio e incentivo a uma vida mais sexy.

Algumas Antigas Regrinhas de Etiqueta à Mesa, que Continuam Válidas

- **Higiene é sempre algo básico.** Lave as mãos antes das refeições, pois elas devem estar limpas na hora de manusear talheres e copos. Na correria do dia a dia, muitas vezes nos esquecemos. Na maioria dos restaurantes há recipientes com álcool em gel. E mesmo que não tenha, a lavagem com água e sabão é fundamental.
- **Coma de boca fechada.** É muito feio a pessoa que abre a boca, mostrando a todo mundo o conteúdo que está sendo mastigado no momento da refeição. Comer com alguém que fala com a boca cheia de comida é desagradável.
- **Procure não fazer barulhos enquanto come.**
- **Sente-se apoiado ao encosto da cadeira, com a postura ereta.** A forma como você se coloca diz muito sobre você. Tenha uma postura elegante, bonita, especialmente no momento das refeições. Sinta-se bem inclusive na hora de comer.
- **Transmita a sua confiança em você, tendo este cuidado de saber se sentar.** Não apoie os cotovelos na mesa. Isso não é uma regra boba, como algumas pessoas podem pensar. Muito pelo contrário. Ao apoiar os cotovelos, você tira o espaço de quem está sentado à mesa com você, demonstrando que você não respeita o próximo.
- **Se por acaso, ao se servir, suas mãos tocarem em algum alimento, coloque em seu prato.** É muito feio deixar no recipiente e outras pessoas se servirem de uma comida que você tocou.
- **Não utilize os talheres que você já colocou na boca para se servir em recipientes que outras pessoas ainda vão se servir.** Além de ser uma falta de educação é também falta de higiene. Lembre-se sempre que o respeito ao próximo é primordial.
- **Caso deseje algo da mesa que não está ao seu alcance, peça para alguém que está próximo entregar a você.** Não estique o braço na frente dos outros e nem fique em pé. São atitudes que invadem o espaço alheio.
- **O guardanapo deve ser usado no colo, e utilizado para limpar os dedos e os lábios.** Aquela imagem dos restaurantes italianos que a pessoa pendura o guardanapo no colarinho da camisa só servirá se você estiver comendo um macarrão na Itália!

» **Antes de beber algo, engula o que está comendo e limpe a boca com o guardanapo, para que o copo não fique sujo.**

» **Ao terminar de comer, não empurre o prato.** Pode ser considerado deselegante e um pouco rude ou grosseiro.

DICA

Treine bastante em casa antes de sair para um encontro. Lembre-se daquele velho ditado "costume de casa vai à praça". O grande segredo é incorporar os bons modos à sua vida, e dessa forma, eles se tornarão naturais para você.

Importância dos Alimentos Afrodisíacos

A comida e o sexo despertam o interesse dos seres humanos desde os primórdios, pois mexem com instintos básicos, estimulam a imaginação e brincam com os sentidos. O termo "afrodisíaco" vem de Afrodite, deusa grega do amor, da beleza e da fertilidade.

É considerada afrodisíaca qualquer substância ou atividade que desperte e provoque a sensualidade e o desejo sexual. Um elemento que aguce sensações sexuais e desperte relações amorosas.

Um alimento é considerado afrodisíaco quando ele provoca os sentidos, incentiva de alguma forma a visão, o olfato, o paladar e o tato. Mas o mais importante de tudo é que ele povoe a mente, incitando e incentivando o prazer. Comer, chupar e morder são ações que remetem tanto ao alimento quanto ao ato sexual. Essa associação é costumeiramente feita por homens e mulheres.

Para que um alimento estimule a libido e provoque uma intensidade do prazer sexual é importante que ele seja um deleite para todo o corpo, mas é importante frisar que cada indivíduo é único e que muitas vezes o que faz efeito em um, pode não fazer em outros.

Descubra quais os alimentos mais fazem com que seu prazer sexual seja estimulado e tire bom proveito!

No filme "Como água para chocolate", baseado no livro homônimo da mexicana Laura Esquivel, a personagem Tita, vivida por Lumi Cavazos, tem uma relação tão forte com a comida que ela passa todos os seus sentimentos para os seus pratos, fazendo com que quem os coma também sinta a mesma coisa. Em uma das cenas, ela está muito sensual ao preparar codornas ao molho de pétalas de rosas, que lhe foram oferecidas por Pedro, por quem ela nutre muito desejo e amor. A libido de todos que se deliciam com a sua iguaria é aflorada ao máximo.

Comida que excita

Queria beber como uma dama.
Só consigo beber um drinque ou dois,
três acabo embaixo da mesa.
Quatro, embaixo do anfitrião.

— *DOROTHY PARKER*

Alguns alimentos possuem alto poder afrodisíaco. Utilizá-los em suas receitas, fará com que o seu corpo sinta maior vontade de fazer sexo, tornando-o mais sensual.

Em contrapartida, existem alimentos que atrapalham o desempenho sexual e a sensualidade. Fique de olho para não consumi-los antes de uma noite especial!

São alimentos afrodisíacos:

» **AIPO** — Rico em feromônios que atraem o sexo oposto.

» **ANIS** — Tem compostos estrogênicos que aumentam a vontade de fazer sexo.

» **AMÊNDOA** — Fonte de magnésio e ácidos graxos, regula a prostaglandina, que produz hormônios sexuais. Além disso, é rica em cálcio, zinco, ácido fólico, vitaminas do complexo B e E, fortalecendo a libido.

» **ASPARGO** — Por ser rico em vitamina B, aumenta os níveis de histamina no sangue, facilitando que a mulher chegue ao orgasmo.

» **BANANA** — Aumenta o nível de serotonina e melhora o humor. Além de ser rica em potássio e vitaminas do complexo B, necessários para a produção dos hormônios sexuais.

» **CHOCOLATE** — Libera feniletilamina e aumenta a atração entre as pessoas.

» **FIGO** — Fonte de vitamina C, que aumenta a libido e reduz o estresse.

» **FRUTAS VERMELHAS** — A cor vermelha estimula a área do cérebro relacionada à sensualidade.

» **GENGIBRE** — Influencia na lubrificação da vagina, pois aumenta a circulação do sangue, especialmente nas extremidades.

» **MEL** — Ajuda o corpo a utilizar o estrogênio.

» **NOZES** — Ricas em arginina, um ácido amino. Provoca aumento do desejo sexual.

» **OSTRAS** — Ricas em aminoácidos que provocam o aumento dos níveis dos hormônios sexuais.

» **PEIXE** — Aumenta a produção de ômega-3 e ácidos graxos, elevando as taxas dos hormônios sexuais.

» **PIMENTA** — Acelera o metabolismo e provoca excitação, aumento do ritmo cardíaco e faces coradas, pois contém capsaicina.

» **ROMÃ** — Seus polifenóis ajudam na circulação sanguínea.

» **SORVETE DE BAUNILHA** — A baunilha é rica em fósforo, que acelera a libido, e quando somada ao cálcio do leite, gera orgasmos mais potentes.

» **TOMATE** — Rico em betacaroteno, promove a fertilidade.

» **VINHO** — Aumenta os níveis de estrogênio e facilita a circulação sanguínea.

DICA

Existem receitas que misturam dois ou mais ingredientes acima listados. Aproveite para potencializar a ação deles.

Alimentos antiafrodisíacos

Existem alimentos inibidores do desempenho sexual. Ao ingeri-los, o seu corpo sentirá menos vontade de praticar sexo, pela reação causada por eles no organismo.

Fique atento à lista destes vilões da sensualidade:

» **ADOÇANTE** — Por possuir sorbitol, um composto de difícil digestão, causa muito inchaço.

» **BEBIDAS ALCOÓLICAS** — Se for em pequenas quantidades elas até ajudam a pessoa a relaxar um pouco, mas se consumidas em excesso, provocam vômito e sonolência.

» **BRÓCOLIS** — Provoca gases.

» **CARNE VERMELHA** — Por ser muito gordurosa, o organismo precisará de muita energia para digeri-la, causando sonolência.

» **CHICLETE** — Ao mascar, todo o ar ingerido se transforma em gases.

» **COUVE-FLOR** — Provoca gases.

» **FEIJÃO** — Contém um açúcar que não é digerido, causando inchaço e gases.

» **LEITE E DERIVADOS** — A lactose exige muito esforço para ser digerida, causando desconforto e cansaço.

» **REPOLHO** — Provoca gases.

CUIDADO

Assim como alimentos antiafrodisíacos, algumas características também são. Certamente, a mais grave é o mau hálito. Tenha sempre o cuidado de estar com os dentes e a boca higienizados e com um cheiro agradável.

Como Preparar um Jantar Romântico

FIGURA 8-1: Os alimentos podem ser usados de diversas formas no contexto sexual.

Depois de uma refeição perfeita, mais do que em qualquer outro momento, ficamos suscetíveis ao êxtase do amor.

— *DR. HANS BALZI*

Seja para conquistar um novo amor, reconquistar uma paixão adormecida ou apenas aquecer o relacionamento, um jantar romântico pode ter um efeito maravilhoso, desde que bem planejado e realizado com cuidado. Aprenda como surpreender o seu parceiro.

Sempre que pensar em um jantar romântico, seu cuidado deve ir muito além da comida. Existem detalhes que fazem toda a diferença como o local, a música, o ambiente, sua roupa e postura.

Uma coisa que pode ser legal, para ir "esquentando o clima" é dar dicas durante o dia do que vai acontecer. Uma mensagem de texto para o seu "convidado" ou um e-mail provocativo já podem ir abrindo espaço para o romantismo, e colaborar para que ele já chegue no clima que você preparou.

Escolha muito bem o local

Lembre-se que o objetivo do jantar romântico é que, ao final, o casal tenha vontade de fazer sexo. Assim, o lugar deve ser provocativo. Colocar velas, flores, decorar o ambiente de acordo com a proposta. Suavizar as luzes é uma boa pedida, pois deixa o clima mais intimista.

Alguns cheiros podem ser utilizados para instigar o apetite sexual. Sendo assim, aproveite incensos ou aromatizadores estimulantes.

Deixe a mesa bonita, bem enfeitada. Cuidado ao colocar arranjos, pois vocês devem se enxergar. O jantar deve ser um momento de troca de olhares, e um arranjo alto do centro da mesa, por exemplo, pode atrapalhar em vez de colaborar.

DICA

Uma boa forma de criar um ambiente "novo" é aproveitando um lugar que não seja utilizado no seu dia a dia para as refeições. Use a varanda ou a sacada, por exemplo. Deixe a sua mente com a sensação de novidade, assim será surpreendente não apenas para o seu parceiro, mas para você também!

Defina um tema

O tema é necessário para que você possa fazer uma decoração apropriada. É muito importante que os dois entrem no clima.

Pense no que agrada ao casal. De repente um filme que tenha sido marcante, ou um lugar específico que possa inspirar. Mas é fundamental que o ambiente retrate sensualidade e provoque sensações agradáveis.

Algumas culturas possuem pratos tradicionalmente afrodisíacos, como indianos, árabes ou japoneses. Uma dessas pode servir como inspiração para o seu tema, seu cardápio e sua decoração. Use a criatividade.

O erotismo precisa estar no ar.

Figurino ideal

Use uma roupa sexy e que combine com o tema escolhido. De nada adianta você ter uma comida gostosa, um lugar provocativo se não estiver se sentindo bonita e confiante. Certamente esse é um dia especial, e sua roupa deve refletir isso.

Invista na sua produção. Esteja com uma roupa que te deixe seguro de si, confiante e sexy. Use um sapato que combine com o visual. Não se esqueça de uma roupa íntima caprichada e de se hidratar e perfumar antes de começar o encontro.

Use itens que goste e que te deixem confortável. Seu convidado perceberá que você se embelezou para ele e que se preocupou em estar cheirosa e atraente para uma noite especial. Certamente, ele gostará de retribuir o carinho.

Música para dar o charme

Faça uma seleção musical romântica, que agrade aos dois. Não deixe de colocar músicas para dançarem agarradinhos, antes do jantar.

Um bom som ambiente durante o momento da refeição também é muito agradável. Tenha o cuidado de não ser nada que atrapalhe enquanto vocês conversam. Algo mais instrumental é recomendado, e em uma altura que ninguém precise gritar para ser ouvido.

A terceira lista de músicas é para o grande final, onde vocês namorarão. Selecione uma trilha sonora sexy e provocativa, que dê o tom daquilo que você deseja alcançar.

Clareando o romance

A iluminação é fundamental para criar um clima romântico. O ideal é utilizar velas, mas evite as perfumadas, pois o cheiro pode se confundir com o da comida e ficar enjoativo. Se o local do jantar tiver uma luz direta e forte, utilize abajur para deixar um clima mais intimista.

Caso você não tenha como diminuir a intensidade da luz, existem algumas formas de se conseguir um bom resultado final, como por exemplo, apagar a lâmpada do teto e ligar apenas pisca-piscas brancos (aqueles de Natal), ou envolver a lâmpada com papel-celofane azul ou um tecido fininho.

O importante é que a iluminação esteja suave e sedutora.

Bom apetite

Não se pode pensar bem, amar bem, dormir bem, se não se jantou bem.

— *VIRGINIA WOOLF*

Escolha pratos leves e afrodisíacos. As bebidas e a sobremesa também devem ser estimulantes e sexuais.

Tenha o cuidado de escolher itens que você não precise ficar na cozinha a noite toda, ou indo e voltando do fogão. Também escolha coisas fáceis de comer e servir. Não se arrisque em alguma receita que trará insegurança ou desconforto.

Seja prática, pois seu objetivo é seduzir!

NA PRÁTICA

Sugestão de receita:

Sopa de Aspargo

500 g de aspargos frescos

1 cebola picada

3 dentes de alho

1 colher de sobremesa de óleo de soja

Sal

Noz-moscada ralada na hora

Pimenta do reino

50 ml de creme de leite fresco

1 Lave os aspargos. Retire as partes mais duras e brancas e pique o restante. Refogue a cebola e o alho até que fiquem dourados. Acrescente os aspargos picados e deixe cozinhar por 3 minutos, mexendo de vez em quando. Adicione água para cobrir os aspargos. Deixe cozinhar até que fiquem macios. Leve ao liquidificador até que fique bem liso e volte com a sopa para a panela. Tempere a gosto com sal, noz-moscada e pimenta. Na hora de servir, adicione o creme de leite fresco.

LIVRO

No livro *Receitas eróticas para uma vida sexual saudável* a autora Arabella Melville ensina como usar os alimentos para enriquecer a sua sensualidade e explica como uma alimentação correta potencializa a sua energia sexual. Traz também algumas curiosidades sobre alimentos afrodisíacos.

Checklist

Monte uma listinha, para conferir se todos os itens do jantar romântico foram lembrados, mais ou menos assim:

1. decoração
2. roupas apropriadas
3. músicas
4. roupas íntimas bonitas

5. aromatizadores

6. refeição afrodisíaca

...

Aproveite a excitação

Tenha em mente que a preparação do ambiente romântico é algo que varia de casal para casal, dependendo do estilo de vida, do grau de intimidade, do orçamento disponível e vários outros fatores.

Também é importante frisar que seu gosto pessoal deve ser preservado sempre, e que se você tem ideias que te excitam, não se prive de colocá-las em prática.

Sua imaginação é o bem mais precioso no momento de criar um jantar prazeroso e inesquecível.

CUIDADO

Os alimentos afrodisíacos são todos aqueles que potencializam o desempenho sexual. Ou seja, na sua composição existe algum ingrediente que aumenta o apetite sexual, intensificando a relação.

Todos os alimentos considerados estimulantes sexuais podem ser facilmente incluídos em pratos gostosos e nutritivos, dando sabor e enriquecendo a comida.

Brincando com a comida

A criatividade é um fator essencial para as pessoas que desejam ser desinibidas debaixo dos lençóis. Por isso, segue uma sugestão de alimentos que podem ser usados como brinquedos sexuais:

- Alguns alimentos podem ser usados como vibradores, como bananas ou pepinos. Tenha o cuidado de higienizá-los antes;
- Alimentos cremosos e doces, como mel, sorvete e iogurte podem ser espalhados no corpo do parceiro;
- Cubos de gelo podem ser utilizados em uma massagem;
- Gelatina pode ser utilizada no sexo oral ou em massagens.

LIVRO

A autora Mila Wander traz em seu livro *Despedida de Solteira* uma cena repleta de sensualidade e extremamente sexy, quando Caleb, o mocinho, lambuza o corpo de Amande, a protagonista, com leite condensado. Uma ótima inspiração!

Aquele que descasca cebolas, coloca-as em uma frigideira, com temperos e substâncias aromáticas, e frita tal mistura com óleo e gemas de ovos, adquire um insuperável e inestimável vigor para o coito, se comer desse prato durante vários dias.

— *NAFZAUI*

Não tenha medo de ousar e inventar coisas novas. Para que os alimentos afrodisíacos façam parte da sua vida ou para que você organize um jantar romântico e sensual é necessária uma boa dose de confiança e amor-próprio.

Crie situações e receitas que valorizem o que você tem de melhor. Tenha certeza de que está fazendo algo que vai te deixar feliz e realizada, assim você conseguirá não apenas uma, mas várias noites de muita sensualidade.

NESTE CAPÍTULO

Conheça a aromaterapia

Diferencie os odores estimulantes para homens e mulheres

Aprenda como utilizar os aromas ideais

Capítulo 10
Cheiros que Provocam

Vou tomar um banho antes de sair e perfumar-me com um perfume que é segredo meu. Só digo uma coisa dele: é agreste e um pouco áspero, com doçura escondida.

— *CLARICE LISPECTOR*

A memória olfativa é muito marcante. Ao sentirmos um cheiro, levamos nossos pensamentos a diferentes momentos da vida, e fazemos as mais complexas associações. Não seria diferente ao exercer a sua sensualidade. Além de lembranças, os odores são capazes de aumentar a libido e exercer função afrodisíaca.

Devemos atentar ao fato de que cheiros suaves estimulam mais sexualmente que odores intensos, em especial, os florais.

Obviamente, cuidados básicos com a higiene não podem ser esquecidos, como a escovação dental, utilização de desodorantes, banho diário, higienização dos cabelos.

Importante ressaltar que o aroma deve lhe agradar, trazer boas sensações e sentimentos positivos, de confiança e aceitação.

Cheiros Inspiradores

A fitoterapia é a utilização de plantas medicinais, secas ou em seu estado natural, para fins farmacêuticos, utilizando-se de substâncias preparadas de acordo com a sabedoria popular em alguns casos, ou métodos científicos em outros.

A aromaterapia é o ramo da fitoterapia que trata as pessoas com aromas de plantas. Trata-se do uso terapêutico de óleos essenciais, obviamente levando em consideração o aroma, para a prevenção e o tratamento de sintomas mentais, físicos e emocionais.

Esses óleos essenciais são substâncias de origem vegetal, extraídos das plantas e altamente concentrados. Várias partes são utilizadas, como sementes, raízes, frutos, flores etc.

Eles não devem ser utilizados diretamente sobre a pele e sim absorvidos pelo sistema olfativo. Existem sabonetes, cremes de massagens, compressas e diversos outros meios de diluir os óleos essenciais para que você possa se beneficiar da aromaterapia.

Em caso de dúvidas, procure um aromaterapeuta especializado.

Para estimular a sensualidade, a aromaterapia indica aromas afrodisíacos. Os femininos trazem a sensação de confiança e feminilidade, intensificando a sensualidade e facilitando o momento da entrega ao parceiro.

Os masculinos transmitem à mulher a sensação de segurança e proteção, assim como inspiram capacidade e autodomínio.

Alguns dos aromas indicados são:

Para mulheres:

- Casca e folha da canela;
- Cravo da índia;
- Gerânio;
- Jasmim;

- Mandarina;
- Nardo;
- Rosa;
- Ilangue-ilangue.

Para homens:

- Baunilha;
- Casca e folha do cravo da índia;
- Cominho;
- Gengibre;
- Patchouli;
- Sândalo;
- Tabaco;
- Vetiver.

DICA

Escolha qual dessas essências acima mais lhe agrada e se presenteie com um perfume com a fragrância escolhida. Sempre que perceber que está precisando de uma injeção de ânimo, borrife seus lençóis com ele, aplique no seu corpo, espalhe pela sua casa. Sinta-se cheirando bem!

As essências podem ser utilizadas em óleos, sabonetes, hidratantes etc. — o importante é escolher um cheiro que seja estimulante sexual.

Você pode colocar algumas gotas em uma banheira, para um banho especial, ou borrifar a essência nos lençóis. Use a sua criatividade e aproveite o cheiro delicioso.

Para se perfumar

Onde se deve usar perfume? — uma jovem perguntou.
Onde ela quiser ser beijada — eu respondi.

— *COCO CHANEL*

Alguns lugares são estratégicos para passar o perfume. Ele deve ser aplicado em lugares com a circulação de sangue intensa, como pulsos, região interna dos cotovelos, colo, parte contrária do joelho e atrás das orelhas.

Para usar de dia, as melhores fragrâncias são as refrescantes, mais suaves, sobretudo nos dias quentes. O ideal é escolher dois lugares do corpo para passar, assim não se corre o risco de o cheiro ficar muito forte e acabar se tornando desagradável. Especialmente no verão, pois as temperaturas elevadas somadas ao suor deixam a fragrância mais forte do que é costumeiramente. No período noturno, aromas marcantes e sedutores são os recomendados. Ainda assim, cuidado com o exagero!

DICA

Quando se aplica perfume na barriga, as pessoas que estão sentadas sentirão o seu cheiro quando você andar entre elas.

Uma boa forma de aplicar o perfume em todo o corpo sem correr o risco de exagerar na dose é borrifar duas ou três vezes o produto, fazendo uma "nuvem cheirosa" e deixe que ela caia sobre você. Seu corpo ficará inteiramente cheiroso, de forma suave.

É importante se lembrar que, antes de se expor ao sol, nunca se deve aplicar perfume, pois pode causar queimaduras na pele.

Perfumando a sua casa

Perfume é uma forma de arte. No mesmo gênero como a música e a pintura. Requer talento, expertise e, acima de tudo, paixão.

— *CLIVE CHRISTIAN*

Uma casa cheirosa deixa o clima mais agradável e se torna um ambiente mais propício para que você possa se tornar uma mulher sexy e poderosa. Alguns cheiros têm a capacidade de ajudar na adaptação de fuso horário, de espantar insetos, deixar a mente mais tranquila ou refrescar o calor! São inúmeros benefícios que o simples ato de aromatizar sua casa podem trazer para você.

Diversos recursos estão disponíveis no mercado, como incensos, aromatizadores, *sprays* ou bastões. Escolha a forma que mais lhe agrada. Uma boa maneira de espalhar um cheiro bom é ao passar o aspirador de pó. Molhe um algodão com uma fragrância gostosa e afrodisíaca e coloque na sacola do aparelho. Conforme você faz a limpeza, o cheirinho vai se espalhando pela casa.

No banheiro, uma boa alternativa é usar difusores com aromas cítricos, como tangerina ou ervas, como alecrim. Para decorar além de perfumar, um *pot-pourri* de flores pode ser uma boa pedida.

NA PRÁTICA

Fazendo um *pot-pourri* de flores.

100 g de mistura de flores, fatias de frutas cítricas, musgo e sementes secas

1 saco plástico

1 recipiente *spray* de 100 ml

70 ml da essência que preferir

20 ml de álcool de cereais

5 ml de fixador de aroma almíscar

5 ml de conservante (benzoato de benzila)

1 pote de vidro transparente e aberto

1. Misture a essência, o álcool, o fixador e o conservante no *spray*, formando um líquido. No saco, coloque as flores, as folhas e as sementes. Borrife o líquido até que toda mistura fique aromatizada.
2. Misture tudo dentro do saco, feche e deixe descansar por 24 horas.
3. Por fim, arrume a mistura no pote de vidro.
4. O líquido restante pode ser guardado e utilizado em outros *pot-pourri*.

Como perfumar os lençóis e roupas

A mulher é uma flor que se estuda como a flor do campo, pelas suas cores, pelas suas folhas e sobretudo pelo seu perfume.

— *JOSÉ DE ALENCAR*

Dormir em uma cama com cheiros afrodisíacos te deixará muito mais estimulado sexualmente, e com mais vigor para ser uma pessoa sensual. Deixe seus lençóis, fronhas, travesseiros, mantas e edredons com um cheiro que inspire a sensualidade e reafirmem sua vontade de ser sexy.

Para que suas roupas fiquem sempre com um cheiro cítrico e agradável, guarde cascas de limão até que elas sequem. Depois coloque nos seus armários.

FAÇA SACHÊS PARA PERFUMAR ARMÁRIOS E ROUPAS

Você vai precisar de 1kg de sagu (substância farinácea extraída de várias espécies de palmeiras), 100ml de álcool de cereais, 40ml da essência afrodisíaca que escolher, 10ml de fixador, tecido de algodão, fita de cetim. Em uma vasilha, misture o sagu, o álcool, a essência e o fixador. Deixe por dois dias, até que o sagu absorva todo o líquido. Abra pequenos pedaços do tecido, coloque as bolinhas do sagu ali dentro e amarre com a fita.

NA PRÁTICA

Coloque quatro gotas de óleo essencial da fragrância afrodisíaca que desejar em 400ml de água. Coloque uma pequena quantidade na máquina de lavar ou borrife na hora de passar o lençol.

Durma sempre com um cheiro delicioso! Borrife o perfume apenas uma vez em lugares estratégicos, como pulsos, barriga ou região interna do cotovelo. Dê preferência a fragrâncias suaves e tenha um bom sono!

Eu Vejo Flores em Você

Todos querem o perfume das flores, mas poucos querem pegá-las para cultivar.

— AUGUSTO CURY

Um carinho delicioso que você pode fazer em si é lhe enviar flores. Uma casa quando preenchida de flores frescas e perfumadas, fica mais harmoniosa e alegre. Além de ser um estímulo aos olhos, é também uma alegria ao olfato.

Escolha um lugar da casa que lhe agrada, seu quarto, a sala, a cozinha. Deixe as flores em um lugar bonito, de destaque, onde você possa sentir o aroma delas. Não se prive de aspirar profundamente o cheiro que elas exalam, e faça desse um momento de relaxamento e reflexão. Aproveite para pensar em como aquele cheiro a deixa mais sensual e confiante.

NA PRÁTICA

Acenda incensos ou velas aromatizadas dez minutos antes de irem para o quarto. Assim o cheiro preencherá todo o ambiente, criando um clima de sensualidade.

NESTE CAPÍTULO

Conheça algumas dicas de moda

Aprenda a utilizar a moda a seu favor

Saiba um pouco mais da história da moda

Capítulo 11
A Moda a Seu Favor

Vista-se mal e notarão o vestido. Vista-se bem e notarão a mulher.

— COCO CHANEL

Muitas pessoas se perguntam como podem usar roupas e acessórios para se sentirem mais sensuais e charmosas. O questionamento é mais comum do que podemos imaginar, afinal, todos os dias somos bombardeadas com imagens na televisão, em pôsteres, na internet, de belos modelos emoldurando seus corpos com o que tem de mais recente na indústria da moda.

Claro que existem regras de bom senso que todo mundo deve adotar, como, por exemplo, não ir com um decote (mulheres) ou sem camisa (homens) à igreja ou colocar uma minissaia ou uma bermuda no dia de resolver pendências de trabalho. Mas, de uma maneira geral, as roupas são uma escolha muito pessoal e não existe uma fórmula mágica para que elas caiam bem ou não no seu corpo.

O importante é sempre estar confiante das suas escolhas. Seu estilo é único e a forma como você se veste diz muito sobre você, sua personalidade, quem você é, a forma que enxerga o mundo. Nem sempre o que as passarelas dizem que é o último grito da moda lhe agrada, e se você tentar se encaixar em um padrão que não é o seu, certamente ficará infeliz e muito distante de uma realidade de ser sexy e sensual.

CUIDADO

Há pequenos truques para ajudar a disfarçar um quadril que não lhe agrade ou uma calça que dê a impressão de que suas pernas são mais longas, mas o mais importante é a maneira como você se sente quando coloca aquela roupa. De nada adianta, por exemplo, usar um *short* tentando ser sensual, se na verdade ele te deixa desconfortável.

Não tenha medo de usar o que a moda pode lhe oferecer e sempre respeite o seu estilo!

O Que É a Moda?

Moda não é sobre classe social e dinheiro. Moda tem a ver com sonhos.

— *RALPH LAUREN*

A palavra moda vem do latim *modus,* com o significado de "comportamento", "modo" ou "maneira". Já em inglês, a palavra *fashion* vem do latim, *factio*, onde significa "fazendo" ou "fabricando" em caráter industrial.

Nos dias de hoje, significa um costume de um grupo em um determinado momento. Nada mais é que a tendência do que está sendo consumido. Pode ser influenciada por vários fatores e vai muito além de roupas e sapatos. Trata-se de um mercado que movimenta bilhões de dólares todos os anos e dita a forma que a sociedade se comporta, se veste, se penteia...

História da moda

Mesmo na pré-história, já se existia um conceito de moda, levando em conta que os seres humanos cobriam-se com peles de animais que eram vistas como símbolo de poder. Sendo assim, estar coberto por uma pele representava "estar na moda".

Na Antiguidade Oriental, a roupa já servia como uma diferenciação entre camadas sociais. Se falarmos da Índia, cada casta possuía uma espécie de vestimenta. O camponês usava um perissoma, que parecia uma fralda. Já os sacerdotes usavam túnicas. Pela forma de se vestir, era possível saber a qual casta o indivíduo pertencia. Seu papel na sociedade era facilmente identificado.

Já os gregos, que cultuavam o corpo e a beleza, desprezavam as roupas. Os jovens ficavam pelados na maior parte do tempo. Em solenidades cívicas, eles se cobriam com uma espécie de manto ou capa. As mulheres eram vestidas, mas na cultura deles, elas eram desvalorizadas e passavam grande parte da vida reclusas.

Em Roma, as mulheres eram participantes ativas da vida cultural e de solenidades cívicas, se cobriam com vestes suntuosas e usavam penteados elaborados. Os senadores, magistrados e tribunos utilizavam togas, as mesmas que os juízes usam até hoje.

CURIOSIDADE

No Extremo Oriente, civilizações como a chinesa, japonesa e indiana desenvolveram seus próprios estilos de moda, bastante diferente do Ocidente. As texturas, o tingimento e, especialmente a seda, possui destaque.

Surgimento da moda

Moda é o espelho da história.

— *LUÍS XIV*

Junto com o nascimento da burguesia europeia, surgiu a palavra "moda". Na França, o primeiro grande ícone da moda foi o Rei Luís XIV, conhecido como "Rei Sol", ainda no século XVII. Ele era extremamente vaidoso e os alfaiates deviam obedecer a todos os seus desejos.

A ideia de moda que muda constantemente, surgiu com a nobreza, que para não ter o seu estilo de vestimenta copiado pela burguesia, formada por comerciantes que tinham dinheiro, criou o seu próprio código interno de elegância e estilo. Dessa forma, os burgueses não tinham tempo para produzir roupas como as da nobreza.

Estilo x Moda

Eu acho que as roupas podem dar às pessoas uma melhor imagem delas mesmas, elas podem deixá-las mais felizes e confiantes.

— *GIORGIO ARMANI*

A moda é uma tendência, composta por vários estilos. Já o estilo é uma marca pessoal, um caráter único, que cada indivíduo carrega o seu, e que é muito importante que seja respeitado, levando em conta os gostos e a forma de viver.

Podemos chamar de estilo a forma que cada pessoa utiliza da moda para se apresentar para a sociedade, respeitando a sua individualidade de forma harmônica com a sua personalidade.

NA PRÁTICA

De nada adianta "seguir a moda" se você não se sente bem. Escolha o seu estilo e respeite-o sempre, para que se sinta confiante o bastante para ser uma pessoa sexy.

Como escolher roupas sensuais

O incapaz se cobre; o rico se enfeita; o presunçoso se disfarça; o elegante se veste.

— HONORÉ DE BALZAC

O passo inicial é saber exatamente o que você deseja. Não seja desonesto consigo. Faça uma análise da imagem e do estilo que você deseja ter para se tornar alguém sexy.

O modo como você se veste diz muito sobre você. Mas lembre-se que a atitude é sempre o mais importante. Sendo assim, se você escolhe uma roupa que considera muito sensual, mas na hora de usá-la fica toda curvada, sentindo-se constrangida ou envergonhada, ela certamente não ajudará em nada na sua tentativa de sedução.

Claro que uma pessoa sensual desperta atenção por onde passa. Mas isso não acontece apenas por causa da roupa. A vestimenta é apenas uma das muitas ferramentas de sedução que alguém sedutor utiliza.

Pense em peças que te deixem mais charmosa e elegante, respeitando o seu corpo, as suas características, o seu conjunto de uma forma geral.

Um sapato tem muito mais a oferecer do que apenas caminhar.

— CHRISTIAN LOUBOUTIN

VESTINDO E CAUSANDO...

Delicadeza no vestir — tecidos delicados dão um ar sexy ao visual. Vale a pena investir em seda;

Ousadia — usar roupas de couro (ou que o imitem) passam a impressão de ousar;

Elegância — a escolha de um sapato elegante deixa a pessoa em evidência;

Transparência — camisas com uma certa transparência e soltas no corpo conseguem juntar sensualidade e conforto;

Cuidado com a vulgaridade — se uma peça é justa, a outra deve ser mais solta para que a roupa não fique vulgar;

Modelando — jeans justos modelam o corpo e são muito sedutores.

Jogo do esconde-mostra

Um grande erro na hora de montar uma produção sensual é achar que quanto mais se mostrar do corpo, mais sexy se tornará. Muito pelo contrário.

Quando usamos um decote ousado, o bacana é que estejamos de calça. Ou, ao utilizar uma minissaia, uma blusinha mais fechada dará o charme. Invista em instigar a curiosidade.

Sobre cuecas e calcinhas

O principal é que as peças escolhidas se adequem ao seu tipo físico. Quem tem seios grandes, por exemplo, precisa de um sutiã que dê sustentação. Existem diversos modelos de cuecas no mercado, procure uma que não machuque.

Para noites especiais, combine a calcinha e o sutiã. Quando optar por uma lingerie colorida, escolha sempre uma cor que contraste com o seu tom de pele. O mesmo vale para as cuecas.

Preto e branco são cores que dão certo em todos os tons de pele, sendo o preto mais indicado para a noite e o branco para o dia. Bom lembrar que o branco também dá um efeito muito sensual quando se usa luz negra.

CUIDADO

Nunca use nada furado, manchado ou descosturado. Mesmo se estiver só em casa. Para ser sensual, você deve se sentir uma pessoa sensual. Mesmo as roupas íntimas para o dia a dia devem ter um aspecto agradável aos olhos. Usar uma calcinha ou uma cueca confortável não é sinônimo de usar uma calcinha ou cueca velha.

NA PRÁTICA

Compre peças de lingerie para si, esbanjando sensualidade. Olhe-se no espelho com elas e perceba o quão sexy você pode ser. Faça poses e brinque com a sua imagem. Não tenha vergonha de si e nem das poses e caras sensuais que pode fazer. Sinta-se extravagante para que possa transmitir essa mensagem.

Avaliando-se

Responda ao questionário abaixo, marcando com um "X" sua opção, e perceba se você sabe utilizar roupas a seu favor.

Pense bem antes de responder e escolha cada uma das suas respostas. Lembre-se das vezes em que você passou pelas situações descritas e faça uma análise de como anda sua relação com suas roupas e como isso está influenciando na sua sensualidade.

Questionário

1. Estou sempre antenado/antenada às novidades que as lojas disponibilizam e fico de olho em tudo o que está acontecendo no universo da moda?

   ( ) sim

   ( ) não

2. Fico atento/atenta em liquidações e promoções para conseguir manter meu guarda-roupa sempre renovado sem comprometer o meu orçamento?

   ( ) sim

   ( ) não

3. Conheço bem o meu corpo e sei escolher peças que me valorizem?

   ( ) sim

   ( ) não

4. Tenho o cuidado de sair de casa sempre arrumado/arrumada e me sentindo bem-vestido/bem-vestida?

   ( ) sim

   ( ) não

5. Tenho consciência de que uma roupa confortável não é sinônimo de roupa feia?

   ( ) sim

   ( ) não

6. Se existe alguma parte do meu corpo que me deixa insatisfeito/insatisfeita, eu sei escolher roupas que a escondam?

   ( ) sim

   ( ) não

7. Quando vou viajar, sei exatamente quais os tipos de roupas devo levar para não ser pego/pega de surpresa e estar sempre me sentindo bem?

   ( ) sim

   ( ) não

8. Quando vou a um evento social mais elegante como um casamento ou uma festa de formatura, uso uma roupa que faça com que me sinta muito bonito/bonita e que ao mesmo tempo não me deixe desconfortável?

( ) sim

( ) não

9. Sempre que posso presto atenção no que os homens/as mulheres que eu considero sensuais estão vestindo para que eu possa me espelhar?

( ) sim

( ) não

10. Geralmente, quando me olho no espelho após me arrumar, me sinto muito feliz?

( ) sim

( ) não

11. Todas as vezes que tenho oportunidade, uso acessórios que me deixem mais sexy, pois sei da importância deles na hora de compor o meu visual?

( ) sim

( ) não

12. Escolho o meu penteado de acordo com a ocasião, sempre priorizando a minha sensualidade?

( ) sim

( ) não

Se você marcou até 4 "sim", analise o que está impedindo você de ser uma pessoa sexy e sensual. Quais são os empecilhos e obstáculos no seu caminho? Essa resposta lhe ajudará a melhorar e se sentir uma pessoa sedutora.

Se você marcou até 8 "sim", você está no caminho de se sentir verdadeiramente sensual. Analise quais são as barreiras que ainda persistem e faça exercícios, praticando a sua sensualidade para que consiga exercê-la com mais facilidade.

Se você marcou mais de 9 "sim", parabéns! Você já é alguém seguro e confiante da sua sensualidade.

No dia a dia

Vista-se sempre de forma a se achar sensual. Isso não quer dizer que você pareça explicitamente sexy o dia inteiro, mas que você consiga exercer a sua sensualidade de maneira natural. Use peças que te deixem confortável, com a sensação de maciez e acentuem a percepção do seu corpo, da sua pele, das suas terminações nervosas.

Brinque com as suas sensações. Experimente um dia sair sem calcinha ou sem cueca. Coloque um bracelete sexy. Ouse com uma tatuagem temporária. Não importa qual a forma, mas escolha coisas que mexam com a sua fantasia e sensualidade.

Muitas vezes, quem te olha não saberá exatamente qual o motivo, mas perceberá pelo seu andar ou por sua forma de posicionar as mãos que você está divinamente sensual!

NESTE CAPÍTULO

Aprenda sobre *striptease*

Conheça alguns brinquedos eróticos

Saiba mais sobre fetiches sexuais

Conheça alguns dos fetiches masculinos mais comuns

Capítulo 12

Striptease, Algemas e Outros Fetiches

A Arte de se Despir

Como vimos no capítulo anterior, saber usar a roupa certa faz toda a diferença entre ser ou não sensual. Contudo, existe uma ação muito antiga, que nada mais é que tirar a roupa de forma sexy, com o objetivo de excitar alguém.

A palavra *striptease*, da língua inglesa, tem como sentido literal "provocação ao se despir". Na maioria das vezes, envolve música e roupas provocativas. Existem as mulheres, chamadas *strippers*, que fazem isso profissionalmente em boates e clubes voltados para o sexo. Embora menos frequente, alguns homens também praticam o *striptease*, não apenas recreativamente, mas também profissionalmente.

CURIOSIDADE

Em 1992, a dramaturga Glória Perez escreveu a novela "De corpo e alma" para a Rede Globo. Na trama foi abordada pela primeira vez na TV aberta brasileira a temática de um "Clube de Mulheres" onde homens faziam *striptease*.

O que torna essas pessoas tão absolutas em cima do palco é a confiança de que todos os olhos estarão grudados nelas, e que são extremamente sensuais.

NA PRÁTICA

A seguir, veja um passo a passo de um *striptease*, retirado do livro ***Apimentando***, de minha autoria:

- » Espere ele chegar, sentada sensualmente. Coloque uma cadeira na frente da outra.
- » Selecione bem a música. Escolha uma que combine com você. Cantarole baixinho. Feche os olhos e deixe o seu corpo se soltar.
- » Antes de tirar a primeira peça de roupa, aproxime-se dele e sente no seu colo. Beije-o demoradamente. Lentamente, levante-se e torne a dançar.
- » Hipnotize-o com o movimento dos seus quadris. Não fique perto a ponto dele poder lhe tocar, nem tão longe de forma que possa prestar atenção em outras coisas.
- » Rebole.
- » De frente para ele, desate o laço do roupão.
- » Vire-se de costas e deixe o tecido ir escorregando, de forma que ele vá lentamente vendo os seus ombros, as suas costas, o seu bumbum e as suas pernas. Não tenha pressa.
- » Torne a ficar de frente para ele e olhe em seus olhos. Ele tem de perceber que você está no comando da situação.
- » Pegue o roupão e jogue na direção dele.
- » Aproxime-se de sua boca, mas não o beije e nem deixe que ele o faça.

- Afaste-se lentamente e dance na sua frente. Fale coisas picantes.
- Solte o cabelo deixando-o cair naturalmente. Caras e bocas são fundamentais.
- Passe a mão no seu rosto, deslizando os dedos pelos lábios.
- Após tirar a mão dos seus lábios, passe nos dele.
- Dance, olhando-o maliciosamente.
- Insinue que vai tirar o sutiã, mas desista. Apenas provoque.
- Vire-se de costas e solte o sutiã, mas ainda não o tire.
- Fique de frente, segurando o sutiã com as mãos, para que não caia.
- Aproxime-se do seu parceiro e passe as pernas por cima dele.
- Solte a mão, deixando o sutiã cair em seu colo e ficando com os seios na altura do seu rosto.
- Volte a dançar, olhando-o nos olhos.
- Sente-se na cadeira à frente dele e se toque com sensualidade.
- Levante-se e passe a mão pelas suas coxas e pelo seu bumbum.
- Bem devagar, abaixe um pouco as laterais da calcinha. Depois desista, voltando com ela para a posição original.
- Fique de costas para ele e novamente abaixe um pouco a calcinha e suba.
- Abaixe o tronco para a frente, deslizando sua mão pelas suas coxas debaixo para cima.
- Vire-se de frente para ele e coloque um pé no seu pênis que, acredite, estará muito duro.
- Volte para a cadeira e se toque mais um pouco. Passe a sua mão por cima da calcinha, como se fosse se masturbar.
- Sente em seu colo e lhe dê mais um beijo demorado.
- Volte a ficar de costas e tire lentamente a calcinha.
- Vire-se e aproveite. Ele estará enlouquecido!

Em 1996, o diretor Andrew Bergman lançou o polêmico filme "Striptease", protagonizado por Demi Moore, que contava ainda com Burt Reynolds e Ving Rhames no elenco. A história acabou sendo um fracasso de público e crítica.

Brinquedos Eróticos

Muitas pessoas ainda se envergonham ao comprarem um brinquedo erótico. Seja um vibrador, um anel peniano ou uma algema colorida, ficam logo com medo de serem "descobertas". Outras mulheres não vivem sem um apetrecho sexual, e fazem visitas regulares ao *sex shop*.

A grande sacada com esses instrumentos é poder estimular a sua vida sexual, provocando a sua sensualidade. A pessoa bem resolvida sabe encontrar quais os brinquedos eróticos que combinam com ela.

Não é uma ciência exata, onde todas têm que gostar exatamente das mesmas coisas. Encontre o que lhe agrada e faça bom proveito!

DICA

Teste diferentes tipos de brinquedos eróticos e descubra quais deles combinam ou não com você. O mercado hoje é cheio de opções, e não se acanhe em pesquisar. Não existe uma fórmula matemática quando se trata de sexo e sexualidade. O importante é descobrir o que funciona para você.

Sugestões de brinquedos eróticos

Vibrador

São muitos os tipos. Há uns com pilhas, outros que podem ser aquecidos na água, de tamanhos e cores variadas. É o brinquedo erótico mais fácil de ser encontrado. Além do uso para a masturbação, também pode ser utilizado junto com o parceiro.

Duplo vibrador

São dois tipos. Um estimula a vagina e o clitóris e o outro permite a dupla penetração, pela vagina e pelo ânus.

Massageador vibratório

É um aparelho que se utiliza na região do clitóris, com vários níveis de regulagem da vibração. Torna mais fácil para as mulheres a chegada do orgasmo. Os mais recentes são de controle remoto.

Algemas

Existem vários modelos, como as tradicionais de pelúcia ou as mais ousadas de couro. Muito utilizadas por casais que gostam de práticas de dominação.

Anel peniano

Ajuda o homem a manter a ereção e estimula o clitóris.

Dados eróticos

São dois dados, onde em um vem a parte do corpo, e no outro o que fazer. Vale como um indicador das preliminares.

Baralhos sensuais

Diversos jogos podem ser criados e as cartas são divertidas, com temas sexuais.

Hidratantes, óleos e loções afrodisíacas

Ideais para massagens a dois. Podem ser comestíveis.

Fetiches Sexuais

Algumas fantasias sexuais são mais comuns do que se imagina. Talvez por serem muito utilizadas pelo cinema ou por serem estimuladas em músicas e peças publicitárias, muitas pessoas sentem vontade de realizar algumas aventuras sexuais.

O importante é saber que cada pessoa tem a sua. Fazendo algo que seja consensual entre os parceiros e que ninguém saia machucado física ou psicologicamente, realizar fantasias é muito saudável e prazeroso.

Não se acanhe e coloque em prática o que a sua mente cria.

Sexo anal

Muitos homens afirmam sentir mais prazer do que com o vaginal. Mas nem sempre as mulheres se sentem à vontade. Para que dê certo, alguns cuidados devem ser tomados. O primeiro e mais importante é com a higiene. O ânus possui bactérias que se passadas para a vagina podem trazer doenças. Assim, o pênis deve ser limpo após o sexo anal, para só então se poder praticar o vaginal. Além disso, cremes lubrificantes devem ser utilizados, pois a região não possui a lubrificação necessária para que a prática ocorra sem dor. Existem cremes com anestésico, o que facilita ainda mais.

Ménage à trois

O nome, originalmente francês, significa "acordo a três", ou seja, quer dizer que três pessoas fazem sexo ao mesmo tempo. Podem ser dois homens e uma mulher, duas mulheres e um homem ou as três pessoas do mesmo sexo. O ato não é considerado socialmente como homossexualismo. Muitas mulheres possuem o desejo de se relacionarem com outras mulheres, e com a presença de um homem elas se sentem mais confiantes.

Sexo na praia e em outros lugares públicos

O medo de ser pego em flagrante se confunde com a excitação que o perigo propõe. Os lugares públicos são uma fonte inesgotável de fetiches, como dentro do carro, em praças, bibliotecas. O exibicionismo mexe com a cabeça de muitas pessoas.

Em 1993, Andrew Fleming lançou "Três formas de amar", com Lara Flynn Boyle, Stephen Baldwin e Josh Charles. No mesmo filme, o diretor aborda dois fetiches, sendo o *ménage à trois* e o sexo em lugar público, pois uma das cenas mais eróticas ocorre na biblioteca da universidade.

Ser uma stripper

É uma fantasia muito comum. Vários homens e mulheres sonham em fazer uma performance digna de filmes americanos, com direito a uma barra de ferro e notas de um dólar.

Não se acanhe. Siga as dicas de como fazer um *striptease* que já foram explicadas aqui no livro e desfrute.

Dominar e ser dominado ou dominada

Estar no controle de uma relação sexual ou ser controlada pelo parceiro é uma fantasia bastante popular. O que deve ser observado antes de mais nada é a concordância entre os parceiros.

Estando os dois de comum acordo, basta colocar a imaginação para funcionar.

Voyeurismo

Consiste em observar outras pessoas nuas, namorando ou fazendo sexo. Pode ser com a concordância delas ou escondido, sem que o observado saiba da presença do observador.

Sexo oral

Tanto para homens como para mulheres, o sexo oral é muito prazeroso. O toque macio e úmido da língua no pênis ou no clitóris provocam uma estimulação sexual que potencializa a excitação.

O cuidado primordial a ter no ato é com a higiene. O cheiro dos órgãos sexuais é muito forte, e por isso o ideal é que se tome um banho antes de começar a prática.

Algumas posições facilitam tanto para oferecer como para receber o sexo oral. Por exemplo, peça ao seu parceiro para ficar em pé e fique ajoelhada, deixando o pênis na altura do seu rosto. Para receber, uma boa opção é ficar com os pés no chão, deitada na ponta da cama, elevando um pouco o quadril e aumentando a sensação de prazer.

NA PRÁTICA

Liste pelo menos 10 fantasias que você tem vontade de realizar, e de que maneira isso acontecerá.

São minhas fantasias sexuais:

1. ______________________________
2. ______________________________
3. ______________________________
4. ______________________________
5. ______________________________
6. ______________________________
7. ______________________________
8. ______________________________
9. ______________________________
10. ______________________________

Encenação sensual

Para que você seja uma mulher sensual e melhore o seu desempenho sexual, é importante que ande de mãos dadas com a criatividade. Não se acanhe em criar teatros eróticos, brinque com o seu parceiro, estimulando o sexo.

Encenações criadas com o propósito de excitar são muito válidas, como em uma situação simulando enfermeira e paciente, ou de pegar uma carona com um desconhecido podem ser muito proveitosas!

Fetiches Masculinos

A palavra "fetiche" tem origem no termo francês "fétiche", que significa que um objeto está enfeitiçado! Mas, aqui para nós, o que ele realmente diz é um comportamento, objeto ou parte do corpo que desperta excitação sexual.

Os homens geralmente são cheios de fetiches, e costumam ficar muito frustrados por acharem difícil encontrar uma parceira que os satisfaça. O problema é que muitas mulheres acabam não quebrando tabus por puro medo ou desconhecimento, deixando-as infelizes e frustradas.

Em uma rápida pesquisa que eu realizei em uma rede social com 30 homens, com idades entre 19 e 65 anos, listei os fetiches masculinos mais comuns. É curioso observar que a grande maioria é influenciada pelo que vê nos filmes eróticos e nas músicas com conotação sexual.

Mas, lembre-se, o grande objeto de desejo dele deve ser você e não faça nada que não te traga prazer e satisfação, pois o primeiro passo para agradar o outro é agradar a você mesma.

Fantasias eróticas

Eles desejam que sua parceira utilize fantasias sexuais, como de policial ou enfermeira. A escolha do tema vai depender muitas vezes dos *hobbies* deles, ou dos desenhos animados que ele tenha curtido durante sua vida.

Ménage à trois

Homens sonham em assistir ou participar do sexo com duas mulheres. A fantasia de ter duas mulheres à sua disposição povoa as mentes masculinas. Tenha muito cuidado e esteja bem resolvida com a questão caso resolva experimentar, pois o ciúme pode colocar tudo a perder. Nem todas as mulheres estão dispostas a verem seu parceiro com outra mulher, e caso esteja disposta a realizar essa fantasia sexual, tenha a cabeça aberta ao envolver uma terceira pessoa. Dê preferência para alguém que não tenha vínculo emocional com o casal e entenda que não passa da aventura de uma noite, que não pode de maneira alguma abalar o relacionamento.

Espanhola

Consiste em pressionar os seios contra o pênis, praticando uma espécie de masturbação. A mulher pode se posicionar de tal forma a que a estimulação entre os seios termine com pênis na boca, completando o ato com sexo oral. O ideal é que se use lubrificante para não machucar nenhum dos dois.

Exibicionismo ou voyeurismo

É o ato de fazer sexo em lugares públicos ou assistir ou ser assistido por alguém no momento do sexo. Alguns lugares são mais comuns nas fantasias masculinas, como parques, automóveis e aviões. Uma boa maneira de começar a realizar a prática é deixando que ele a observe enquanto você se masturba. A recíproca também é válida. Caso os dois se sintam confortáveis, já podem tentar coisas mais ousadas, como deixar que uma terceira pessoa os observe no momento íntimo.

No filme "Invasão de Privacidade", William Baldwin e Sharon Stone tratam do assunto.

Sadomasoquismo

Utilizar brinquedos como algemas ou chicotes, que explorem o limite entre o prazer e a dor é muito recorrente nos fetiches masculinos. Um dos mais citados é despejar no corpo da parceira (em menor número receber em seu próprio corpo) a cera da vela, proporcionando a sensação de uma queimadura. Uma coisa que sempre deve ser levada em consideração é que os dois devem estar felizes e desejosos das práticas variadas e que ninguém deve fazer nada que machuque ou magoe.

DICA

Em lojas especializadas, existem velas que derretem e se transformam em óleos de massagem afrodisíacos.

Sex Tape

É o ato de gravar o próprio ato sexual para assistir depois. Os homens curtem se assistir transando. É excelente para que a mulher perceba o quão sexy ela é na hora do sexo e ainda eleva a autoestima. Prepare-se, arrumando o cabelo e a maquiagem de uma forma que lhe agrade, para que você fique feliz em se ver posteriormente. Apenas tome cuidado de não fazer as imagens de celulares, pois caso perca o aparelho ou ele seja roubado, seu filme pode acabar em mãos indevidas.

NA PRÁTICA

Saiba se você é uma pessoa aberta a fantasias sexuais:

Responda essas vinte perguntas e analise como é a sua relação com as novidades em relação ao sexo e se você se permite experimentar novas sensações:

1. Quando você tem uma fantasia sexual que considera não ser muito comum entre as pessoas que você conhece, você tem medo do que o seu parceiro pode imaginar de você, caso você sugira?

   ( ) sim

   ( ) não

2. Quando você está fazendo sexo, a sua maior preocupação é com o seu prazer?

   ( ) sim

   ( ) não

3. Você é capaz de transar com uma pessoa que não conhece muito bem?

( ) sim

( ) não

4. Para você o único lugar agradável para fazer sexo é na cama?

( ) sim

( ) não

5. Você já se permitiu ter relações em lugares fora do seu quarto?

( ) sim

( ) não

6. Você se preocupa em descobrir o que agrada o seu parceiro?

( ) sim

( ) não

7. Se o parceiro sugere algo novo, que você nem desconfiava que ele queria fazer, seu primeiro impulso é de aceitar a novidade?

( ) sim

( ) não

8. Você se avalia na cama como alguém criativo que não tem medo de fazer mudanças e inovações?

( ) sim

( ) não

9. Quando você quer descobrir o que o seu parceiro gosta, você pergunta abertamente, sem se sentir envergonhado?

( ) sim

( ) não

10. Quando você tem dúvidas em relação a sexo, vai atrás de informações e de sanar qualquer curiosidade que possa surgir?

( ) sim

( ) não

11. Você possui brinquedos sexuais e os usa sem constrangimento?

( ) sim

( ) não

12. Durante o sexo você fala tudo aquilo que tem vontade, sem se preocupar se ficará com vergonha depois?

( ) sim

( ) não

13. Se no meio da tarde o seu parceiro te manda uma mensagem propondo sexo virtual ou por telefone, você aceita?

( ) sim

( ) não

14. Você pratica sexo oral, anal, ou outras formas de sexo que não sejam apenas a convencional?

( ) sim

( ) não

15. Quando você sai da rotina sexual que está acostumada, se sente bem com isso?

( ) sim

( ) não

16. Você aceita fazer sexo com a luz acesa?

( ) sim

( ) não

17. Você já visitou lugares como sex-shop?

( ) sim

( ) não

18. Você sabe qual é a sua maior fantasia sexual?

( ) sim

( ) não

19. Você considera a sua vida sexual plena e satisfatória?

( ) sim

( ) não

20. Você se acha bem resolvida sexualmente e está plenamente satisfeita com o seu prazer e sua performance sexual?

( ) sim

( ) não

Sensualidade como fonte de renda

Muito se engana quem acha que a sensualidade não pode ser uma forma de ganhar a vida. De diversas maneiras distintas, saber exercer de forma plena o seu lado sexy tem se tornado cada dia mais uma profissão. Veja alguns exemplos:

» **Professores de danças sensuais:** em muitas academias e estúdios de dança são ensinados ritmos específicos, para que os alunos se tornem mais sensuais. Existem os clássicos como merengue, salsa ou lambada. Mas novas categorias já podem ser encontradas por quem quer aprender, como a pole dance, a lap dance ou o famoso striptease.

» **Fotógrafos especializados:** em quase todo o Brasil já existem fotógrafos que se dedicam exclusivamente a tirarem fotos sensuais de pessoas que não são modelos profissionais. A ideia é justamente proporcionar às pessoas comuns um dia de muito glamour e sensualidade, como possuem modelos e atores famosos.

» **Escritores de livros eróticos:** cada vez mais na moda e mais comum nas livrarias, aumentou substancialmente o número de escritores que se dedicam exclusivamente à produção de textos de cunho bastante sensual. A ideia é que os leitores se excitem e se sintam mais confortáveis em usufruirem de uma vida cheia de sexualidade e sensualidade.

» **Professores de sensualidade:** profissionais da áerea da psicologia, filosofia ou até mesmo da medicina estão criando e desenvolvendo formas cada vez mais especializadas em ensinar quem quer se tornar uma pessoa sexy e que viva uma plena vida sexual. Além de aulas, eles dão cursos e palestras com o escopo de facilitar a jornada rumo à sensualidade.

NESTE CAPÍTULO

Saiba mais sobre o seu corpo

Aprenda como utilizar os seus sentidos na prática da sensualidade

Conheça alguns tipos de massagens

Coloque os seus conhecimentos em prática

Capítulo 13
Explorando os Cinco Sentidos

Sentir mais uma vez, sentir apenas a falta de lamber suas coxas, a pele lisa, o joelho, a nuca, o umbigo, a virilha, as sujeiras. Sinto falta do mistério que era amar a última pessoa do mundo que eu amaria.

— TATI BERNARDI

O corpo humano é dotado de cinco sentidos: tato, olfato, visão, paladar e audição. Para exercer bem a sensualidade, deve-se lançar mão de todas as ferramentas que se possui. Durante as relações sexuais, os cinco sentidos são os responsáveis por transformar em prazer aquelas sensações. O responsável por decodificar os estímulos é o cérebro, dando significado a cada toque, cheiro, imagem, sabor ou som.

Alguns especialistas dizem que o maior órgão sexual do corpo humano é a pele, uma vez que é pelo tato que os indivíduos percebem se estão ou não com a intimidade necessária para liberar a ocitocina, um dos responsáveis pela sensação do prazer. Sons como murmúrios são eficientes estimulantes auditivos, o cheiro fará com que um casal se aproxime ou se retraia, o gosto de um beijo pode mudar os rumos de uma relação.

Conhecer bem o próprio corpo e saber como tirar o melhor proveito dele, é, sem dúvida, o grande diferencial entre alguém bem resolvido e quem não consegue se soltar.

A sedução é uma arte que se pode aprender, desde que se tenha vontade. Pratique!

Sentindo o Toque

Se o toque dos lábios for intenso, se o beijo
for apaixonante, e os olhos se encherem
d'água, neste momento, perceba:
existe algo mágico entre vocês.

— *CARLOS DRUMMOND DE ANDRADE*

O tato engloba o maior órgão do corpo humano: a pele. As terminações nervosas emitem sinais ao cérebro que indicam dor, prazer ou perigo. O toque de mãos ou o encostar dos lábios é capaz de proporcionar deliciosas sensações. Muitas vezes, o esbarrar "descuidado" envia os mais variados tipos de mensagens.

Costuma ser o sentido mais valorizado pelas mulheres, uma vez que o afeto é mostrado desde cedo em forma de carinho, abraços e beijos. Muitas vezes a intensidade do prazer sexual pode ser elevada, se uma boa dose de "toque" for utilizada.

Cuide bem da sua pele. Existem diversos tratamentos para problemas como acnes ou manchas. Sempre que surgir algo que o incomode, procure imediatamente um dermatologista.

NA PRÁTICA

Existem alguns géis e cremes corporais que alteram a sensação térmica, esfriando ou esquentando a região do corpo onde são utilizados. Aproveite-os em automassagens, como forma de conhecer melhor a sua anatomia e se dar prazer.

Massagens Sensuais

Massagem é algo que você começa a aprender, mas você nunca termina. Ela avança e avança e a experiência se torna continuamente mais profunda e mais profunda e mais alta e mais alta. A massagem é uma das artes mais sutis — e ela não é somente uma questão de perícia. Ela é uma questão de amor.

— *OSHO*

Na hora do sexo, é de extrema importância que os parceiros se toquem. A maioria dos homens não conhece as zonas erógenas das mulheres, concentrando-se apenas nos seios e na vagina. Mostre ao seu parceiro os lugares que te excitam. Experimente beijos na nuca ou carinho nas costas. O resultado pode ser surpreendente.

Massagear e ser massageada, além de ser extremamente relaxante, ainda é uma maneira de se conectar através do toque. Vários são os benefícios que uma massagem sensual traz ao casal, como o aumento do prazer, a aproximação entre os parceiros, conhecer melhor um ao outro, expressar sentimentos. Um casal que pratica massagem se torna mais íntimo, perdendo algumas amarras de timidez e constrangimento que muitas vezes podem prejudicar a qualidade de uma vida sexual saudável.

Vá para um lugar confortável, utilize incensos ou velas aromáticas, deixe o ambiente com luz suave e aproveite! Alguns são os pontos-chaves para que uma massagem sensual seja prazerosa para ambos. Confiar em si mesmo é o mais importante de todos, pois é um momento de entrega e sensibilidade.

Ouse! Não tenha medo de estar sem roupas, deslizar a língua pelo corpo do seu parceiro, trocar carinhos intensos e olhares provocantes. Esteja entregue ao momento, deixando de lado pudores que possam lhe atrapalhar. Quem recebe a massagem deve sentir prazer, mas para que isso aconteça, aquele que massageia também deve estar em um momento muito gostoso.

Não existem regras rígidas nem uma lista do que se deve e do que não se deve fazer. Sugestões podem apenas ajudar, mas cada caso é único e a sua entrega deve ser completa. Muito mais do que se preocupar com uma técnica ou performance, o objetivo final é ficar satisfeita e se sentindo uma pessoa sexy e sensual.

Durante a massagem, além do tato, os outros quatro sentidos podem ser explorados. E mesmo o tato não precisa ficar apenas no contato de pele com pele. Pode-se usar pincéis, tecidos, brinquedos eróticos. Para audição, além de boas músicas, algumas frases provocantes podem ser ditas. Um cheiro estimulante sexualmente coloca o olfato em ação. E um ambiente bonito e olhares provocantes deixarão a visão em alerta. Para o paladar, deslizar frutas pelos lábios do parceiro, seguido de beijos, pode ser bastante provocativo.

Massagem erótica tailandesa

Trata-se de um tipo de massagem que serve como uma preliminar para o sexo, excitando e preparando o corpo, deixando-o pronto para intensificar o prazer e, consequentemente, o orgasmo. Não se visa o relaxamento, e sim a excitação sexual. Trabalha as articulações e os músculos profundos. Realizá-la aumenta a intimidade do casal e provoca muito prazer nos dois.

DICA

Os pontos fortes da massagem tailandesa são:

- Expansão da sensibilidade
- Desenvolvimento do orgasmo

O diferencial desta massagem para as outras, é utilizar o seu próprio corpo para massagear. Encostar os corpos nus, esfregar os seios nas costas do parceiro, deslizar com os pés nas coxas, são algumas técnicas utilizadas.

NA PRÁTICA

- Inicie escolhendo um lugar tranquilo com uma música ambiente.
- Após tirarem as roupas, coloque seu parceiro de bruços, aqueça a palma das mãos e espalhe óleo pelo corpo dele (de preferência que seja de uma essência estimulante sexual).
- Deite-se sobre o corpo dele e vá lentamente deslizando seus seios e sua barriga pelas costas dele, seguido dos braços, bumbum e coxas.
- Coloque um joelho de cada lado do corpo dele. Apoie suas mãos e passe os seus mamilos pela nuca do parceiro.
- Traga seus joelhos para a parte interna das coxas e jogue levemente seu cabelo sobre a nuca dele. Vá lentamente descendo até as nádegas. Massageie a parte interna da coxa, em movimentos circulares e aproxime bem o seu corpo.
- Escorregue seu corpo suavemente até sentar-se sobre o bumbum dele. Sentada, excite-o com o seu sexo.
- Vire-o de frente.

Para uma boa massagem:

- Escolha bem o lugar. Ele deve ser limpo, agradável, com um bom cheiro e confortável;
- Use um óleo de massagem com um aroma gostoso e afrodisíaco;
- Coloque uma agradável trilha sonora;
- Foque nos seus sentimentos e nas suas sensações, assim você transmitirá uma coisa boa.

Linguagem Corporal

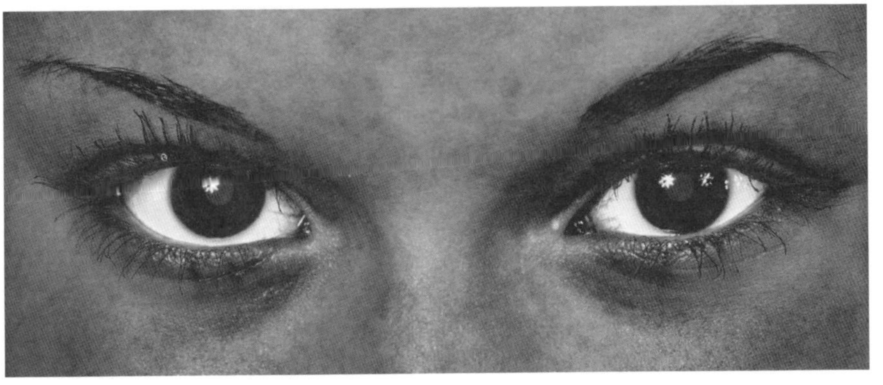

FIGURA 12-1: Sua forma de caminhar, parar, olhar, sorrir etc. expressam suas intenções e desejos.

A comunicação humana é realizada de muitas formas. Falar ou escrever não são as únicas formas de transmitir suas ideias e seus sentimentos. A sua linguagem corporal diz muito sobre a mensagem que você passa para o próximo. Sua forma de se posicionar, mexer o cabelo ou parar com os pés, muitas vezes, diz mais sobre as suas intenções que as próprias palavras.

Os gestos faciais, a postura corporal e o tom de voz modificam a interpretação de quem recebe a mensagem.

No momento em que se deseja ser sensual, encostar levemente os dedos no interlocutor passa uma impressão de desejo. Os braços, geralmente utilizados para proteger as pessoas em situações de perigo, são capazes de dizer muito sobre a sensualidade de alguém.

Por exemplo, braços cruzados indicam que a conversa não está agradando. Assim, se perceber que o parceiro está com braços e pernas cruzadas, mude a estratégia, tentando focar em outro assunto. Um bom sinal pode ser dado pelas mãos, quando o interlocutor mexe no cabelo durante a conversa, o que demonstra interesse pelo outro.

Pessoas confiantes não se amedrontam com o contato visual. Pelo contrário, o fazem constantemente, exibindo uma postura firme, mesmo quando caminham ou sentam. Um contato visual sedutor é prolongado e com um ar misterioso.

Evite falar muito rápido pois isso transmite nervosismo ou que a pessoa está mentindo. Ser vago ou vaga e murmurar também não é uma boa técnica.

Cada pessoa tem a sua própria linguagem corporal, o que é chamado de comportamento básico e que deve ser respeitado.

Feromônios, o Cheiro do Amor

Através dos mais variados aromas, podemos sugerir sensações. Um odor bom ou ruim é, sem sombra de dúvidas, um fator determinante na maneira de exercer a sensualidade.

Vários mamíferos se utilizam dos feromônios na hora da conquista. Não existem comprovações científicas de que seja válido para os humanos, mas acredita-se que são substâncias presentes no corpo que mudam involuntariamente o comportamento das pessoas em relação à aceitação do parceiro.

De acordo com a corrente de pesquisadores que acredita na existência dos feromônios sexuais, trata-se de um cheiro que nem sempre os humanos identificam. Já existem indústrias de cosméticos que produzem perfumes com a substância e prometem causar o excitamento sexual.

HISTÓRIA

Em 100 a.C., Júlio César afirmou que os perfumes eram a "chama do amor". Cleópatra usava não apenas os perfumes, como também os opiáceos (substâncias que continham ópio) para se sentir mais sensual.

DICA

O Kama Sutra sugere o gengibre como um aroma fortemente afrodisíaco.

Olhos de Sedutora

As mais lindas palavras de amor são ditas no silêncio de um olhar.

— *LEONARDO DA VINCI*

Geralmente os homens são dotados de uma excitação visual maior que a das mulheres. Por isso, a predileção do sexo masculino aos filmes eróticos e revistas de mulheres nuas. Do ponto de vista do homem, a atração sexual sempre começa pelo visual. Isso não quer dizer que as mulheres não se excitem por meio da visão.

O ato de olhar diretamente nos olhos de outra pessoa demonstra intenso interesse. O firmar de olhares demonstra empatia, uma vontade de desenvolver a relação.

DICA

Ao se deixar o ambiente enfeitado para a sedução, o primeiro dos sentidos a se preparar para o ato em si é a visão.

Assim que se olharam, amaram-se; assim que se amaram, suspiraram; assim que suspiraram, perguntaram-se um ao outro o motivo; assim que descobriram o motivo, procuraram o remédio.

— *SHAKESPEARE*

NA PRÁTICA

Tradicionalmente, o vermelho é considerado a cor da sedução. Assim, especialmente para as mulheres, ao saírem com a intenção de seduzir, uma boa forma de se sentirem mais seguras e sensuais é usando uma peça de roupa vermelha.

Sabores e Temperaturas

Eu quero a sorte de um amor tranquilo, com sabor de fruta mordida.
Nós, na batida, no embalo da rede, matando a sede na saliva.
Ser teu pão, ser tua comida, todo amor que houver nessa vida.

— *CAZUZA*

A boca é a primeira fonte de prazer dos seres humanos. Desde muito novos, sentimos boas sensações com os lábios e não podemos nos esquecer disso na vida adulta. Sentir vontade de beijar alguém, é, na verdade, o desejo de provar o gosto daquela pessoa. Explorar esse sentido é além de bastante erótico, muito proveitoso.

O paladar não só pode, como deve ser amplamente explorado no momento do sexo. Espalhar chantili ou leite condensado no corpo do parceiro, por exemplo, deixa o momento do sexo muito mais prazeroso e intenso.

Alguns gostos e sabores remetem ao ato sexual, como morango ou chocolate. Podem ser utilizados no momento da sedução.

NA PRÁTICA

- Utilizar bebidas como vinho ou sucos no momento do ato sexual pode deixar o ato muito mais sensual;
- Uvas e morangos remetem a momentos sexy;
- Beijar com balas refrescantes na boca proporciona novas sensações;
- Existe no mercado uma enorme variedade de roupas íntimas comestíveis;
- O gelo deixa os lábios dormentes, criando uma sensação diferente na boca ao beijar;
- Preparar refeições românticas torna o casal mais próximo.

Ouvindo a Sedução

Utilizar bem as palavras não apenas no momento da sedução como também no ato sexual é uma potente forma de intensificar o prazer. Palavras bem colocadas possuem uma forte intensidade, especialmente no momento de exercer a sua sexualidade e demonstrar o quão sexy você pode ser.

Outra forma de utilizar a audição é sabendo escolher uma boa seleção musical, que seja provocativa e que tenha letras e melodias que inspirem o que você almeja.

DICA

Tenha uma *playlist* para aqueles momentos em que estiver precisando de uma injeção de ânimo, para se sentir mais confiante, outra lista de músicas para quando estiver se arrumando para uma ocasião especial, e uma terceira para quando estiver se sentindo absolutamente deslumbrante! Elas te deixarão com o astral lá em cima. Lembre-se de utilizá-las sempre que possível. Dance em casa, sem medo de julgamentos. Preste atenção nas letras das músicas e registre o sentimento de felicidade que elas te proporcionam.

Testando Seus Conhecimentos

Observe se você está usando no seu dia a dia as instruções do livro e teste suas habilidades.

Com o parceiro

Aproveite um momento inesperado, que ele nem desconfia de que você o deseja provocar. Fique de costas para ele e troque de blusa bem devagar, jogando os cabelos e brincando com a sua nudez. Essa atitude íntima, e ao mesmo tempo comum e habitual entre casais, pode dar pistas sobre o seu desempenho a partir da reação dele.

Com uma paquera

Experimente um beijo de despedida próximo à boca com um leve toque de mãos e um sorriso. O seu recado será passado de modo discreto, sem exposição e a reação do paquera, seja ela imediata ou no próximo encontro, mostrará o impacto da sua atitude.

Blefes cotidianos

Mesmo que não tenha ninguém no seu radar, não dê desculpa para não praticar a arte da sensualidade. No trânsito, durante o almoço no restaurante, ou mesmo ao caminhar na rua, é possível colocar algumas estratégias em prática. De acordo com uma pesquisa inglesa, o supermercado é um dos melhores lugares para se paquerar livremente e achar os melhores parceiros.

NESTE CAPÍTULO

- Aprenda sobre a importância da dança no momento da conquista
- Conheça algumas danças sensuais
- Saiba quais os principais pontos que ligam a dança à sensualidade

Capítulo 14
As Danças como Ferramenta

A dança: uma expressão perpendicular de um desejo horizontal.

— *GEORGE BERNARD SHAW*

A dança é uma das mais antigas formas de expressão artística. Na pré-história, os homens já batiam o pé no chão, e foram descobrindo ritmos, conforme somavam aos seus movimentos palmas e sons diversos.

Podemos considerar como dança a arte de movimentar o corpo de forma cadenciada e ritmada, com uma harmonia própria.

Seja em uma boate, festa ou até mesmo no momento das preliminares, os homens adoram observar as mulheres dançando. Por serem bastante estimulados visualmente, uma das mais poderosas armas de sedução é a dança, o rebolar dos quadris de forma provocante.

Sem Constrangimento

E aqueles que foram vistos dançando foram julgados insanos por aqueles que não podiam escutar a música.

— FRIEDRICH NIETZSCHE

Algumas mulheres se sentem embaraçadas e constrangidas e perdem uma excelente oportunidade de se portarem sensualmente. Mas para superarem a barreira, existem muitos cursos, oficinas e palestras que facilitam o processo.

Para que você consiga dançar é necessário sentir e perceber cada detalhe do seu corpo. Tudo à sua volta é importante! O som, o espaço, o ritmo e sobretudo o seu parceiro. Perceba os estímulos que você tem ao redor. Assim como na sua sexualidade, a dança requer entrega e envolvimento emocional consigo mesma.

Dançar é um exercício excelente para a sua autoestima. Deixe de lado o medo de julgamentos ou avaliações. Entregue-se de corpo e alma ao momento, permitindo que a excitação e o prazer façam parte de um momento de extrema sensualidade.

Vale se cercar de alguns recursos como luzes especiais, roupas provocantes e músicas com batidas eróticas para que se consiga entrar no clima.

Prepare-se para Dançar

Deixe de lado qualquer complexo ou timidez. Coloque na cabeça que dançar sensualmente é algo que lhe trará felicidade e prazer, e por isso você não precisa ter vergonha em soltar o seu corpo e a sua imaginação.

Não dê atenção àquilo que você não gosta no seu corpo. Este é o momento de se concentrar nas suas qualidades e naquilo que você gosta e acha bonito em você. Os pensamentos negativos devem estar bem longe da sua cabeça! Apenas o seu amor-próprio e a sua vontade de ser uma mulher sensual devem preencher os seus pensamentos.

Estimule a sua sensualidade. Crie um ambiente sexy ou vá para algum lugar no qual a energia sexual seja intensa. Brinque com as luzes, deixando-as baixas, dê um clima especial com velas, utilize aromas afrodisíacos e roupas provocantes. Não tenha medo de utilizar todos os recursos que estiverem à sua disposição.

NA PRÁTICA

Seja qual for a dança, é muito importante prestar atenção nesses quatro passos:

1. Deixe o ambiente pronto para receber a sua carga de sensualidade. É mais legal se o local estiver à meia luz e que a música seja envolvente. Também preocupe-se em ter espaço para que ninguém se machuque!
2. Esteja com o emocional preparado. A dança só surtirá o efeito que você deseja, caso esteja se sentindo forte e confiante. Treine antes, de frente para o espelho, e invista naquilo que você achou mais legal na sua performance.
3. Arrase no visual! Coloque uma roupa realmente sexy! Nada de estar com uma roupinha básica que traga uma sensação de insegurança ou desconforto.
4. Não tenha vergonha de rebolar e lançar olhares sedutores. É o seu momento.

Uma Barra que Provoca

A *pole dance* povoa a fantasia de muitos rapazes. Trata-se de uma barra de ferro onde a dançarina faz movimentos sensuais, pendurando-se e mostrando toda a sua flexibilidade. Muitas academias utilizam a técnica com pessoas que desejam praticar uma atividade física intensa, pois a dança exige muita força, concentração e coordenação motora.

Várias boates e motéis disponibilizam a barra para a prática da dança.

CURIOSIDADE

A *pole dance* ficou conhecida no Brasil quando a atriz Flávia Alessandra dançava em uma novela da Rede Globo, chamada *Duas Caras*.

Mulher Serpente

Na dança do ventre, a dançarina simula os movimentos de uma serpente, de maneira provocante e sexy. Vibrações e ondulações na barriga fazem o charme da dança oriental, que faz muito sucesso.

A música árabe permite muitos movimentos ousados. Existem variações da dança. Os adereços que vão de véus a espadas dão um charme especial.

Dança do Colo

Conhecida como *lap dance*, o homem fica sentado geralmente em uma cadeira e a mulher começa a dançar na sua frente, fazendo movimentos sensuais. O importante é rebolar provocativamente.

O auge ocorre quando a mulher senta no colo do seu espectador.

Felizes daqueles que podem dançar. A dança é a forma de expressão sentimental mais sincera que existe.

— *STEFHANIE FIGUEIRÊDO*

No filme "Dança Comigo?" os personagens John Clark e Paulina, vividos por Richard Gere e Jennifer Lopez, se conhecem em uma escola de dança, onde ela é uma professora apaixonada por dança e ele é um homem entediado, que acaba se matriculando na escola ao ficar fascinado pela beleza dela. As cenas de dança são intensas, sexys e inspiradoras. O elenco conta ainda com Anita Gillette e Susan Sarandon.

Referências de Danças Sensuais pelo Mundo

Não é o ritmo nem os passos que fazem a dança.
Mas a paixão que vai na alma de quem dança.

— *AUGUSTO BRANCO*

Cancan

Originária da França, significa "escândalo". Surgiu no século XIX, na classe trabalhadora parisiense. De forma divertida e bem-humorada, as dançarinas fazem uma coreografia na qual levantam a saia.

Em 1960, Frank Sinatra e Shirley MacLaine estrelaram um filme chamado "Can-Can" que foi indicado ao Oscar de melhor figurino e melhor música, indicado ao Globo de Ouro de melhor filme e ganhador do Grammy e de melhor trilha sonora original.

Tango

Sua origem não é certa, mas acredita-se que surgiu de forma clandestina, em prostíbulos de Buenos Aires e Montevidéu. É uma dança passional, onde o casal alterna movimentos bruscos com suaves, de maneira provocativa. É considerado um patrimônio da humanidade.

No filme "Perfume de Mulher", Al Pacino vive o tenente-coronel cego chamado Frank Slade, que junto com o jovem Charlie Simms interpretado por Chris O'Donnell parte para uma viagem inesquecível. Em uma das cenas, Al Pacino tira uma bela mulher para dançar um tango em um restaurante glamouroso. É uma das passagens tidas por muitos críticos de cinema como uma das mais bonitas de todos os tempos.

Hula

Originária do Havaí, a dança é utilizada como forma de completar a canção. Antigamente, os seios das dançarinas permaneciam desnudos durante a apresentação. Hoje em dia elas usam *tops*. Os movimentos são ondulatórios e suaves.

Não se trata apenas de uma dança, mas de um estilo de vida, baseado em mitologia, repleto de orações e lendas.

CURIOSIDADE

Existem três tipos básicos de Hula: Hula Kahiko que é antiga e devocional; a Hula Auana, moderna; e a Hula Ku'i, uma mescla dos dois estilos.

Salsa

No mundo inteiro ela é considerada uma dança extremamente sensual. É uma mistura de ritmos afroamericanos com a rumba cubana. É uma mistura de sons envolventes, com forte influência do merengue. Seu significado em castelhano é "tempero".

A salsa traz uma forte sensualidade na hora da dança, sendo alegre e sensual. Fortes movimentos do quadril e uma batida intensa, que deixam o casal muito próximo e íntimo.

NA PRÁTICA

No momento da dança, os parceiros ficam ligeiramente separados. Com as mãos dadas ou entrelaçadas, o peso do corpo deve ficar na ponta dos pés. O braço esquerdo da mulher deve ficar levemente apoiado no do homem. Mesmo sendo um passo firme, ao se dançar a salsa, o corpo deve estar relaxado, com uma liberdade sensual.

Lambada

É uma dança tipicamente brasileira, que fez muito sucesso nos anos 1980. Mesmo tendo a sua origem em Belém do Pará, atingiu o ápice do sucesso na Bahia, com nomes como o do cantor Beto Barbosa.

A banda Kaoma fez muito sucesso na Europa e em outros continentes, sobretudo com a música *Chorando se foi*.

Trecho de *Dançando Lambada* da banda Kaoma, que foi um *hit* dos anos 1980:

> *Morena cintura de mola,*
>
> *seu jeitinho me faz relaxar*
>
> *esquecendo essa coisa faceira,*
>
> *desse jeito não sei que será*
>
> *felizmente morena, você,*
>
> *na lambada me faz delirar.*

CURIOSIDADE

A lambada, uma dança sensual e tipicamente brasileira, foi tema de dois diferentes filmes. Um deles é uma produção americana, chamado "Lambada! A dança proibida", com direção de Greydon Clarck. Nele, florestas tropicais brasileiras estão ameaçadas de serem ocupadas por uma multinacional americana e uma competição de lambada promovida por uma emissora de TV altera toda a trama.

O outro chama-se "Lambada – O Filme" e é uma produção italiana, mas gravado no Rio de Janeiro, com a participação de Carlinhos de Jesus e Elba Ramalho. Traz uma batalha de amor, no ritmo da lambada.

A dança é a linguagem escondida da alma.

— *MARTHA GRAHAM*

LEMBRE-SE

A dança é uma forma de promover a intimidade entre o casal, permitindo que se conheçam melhor e interajam de forma lúdica. Também faz com que a pessoa se torne mais confiante e certa da sua sensualidade e sexualidade. Por isso, mexa-se!

4

Estimulando a Sensualidade

NESTA PARTE . . .

Como me torno mais sexy? Quais as formas de conseguir estimular a sensualidade que existe dentro de mim? Tem alguma maneira de ajudar a minha cabeça a se tornar mais sensual? Neste capítulo, você aprenderá como estimular a sua sensualidade.

NESTE CAPÍTULO

Aprenda sobre as características de cada signo

Saiba realçar seus pontos fortes com a ajuda do zodíaco

Pegue dicas de como conquistar alguém de acordo com seu signo

Capítulo 15
A Sensualidade e os Signos

Signo de ar
que mistério envolve
o seu caminhar?

— JORGE VERCILLO

De acordo com os astrólogos, os signos representam um conjunto de assuntos, uma maneira de pensar, levar a vida e de se ter uma consciência de mundo relacionada ao dia do nascimento do indivíduo.

Ao todo são 12 signos do zodíaco, e eles influenciam na forma de exercer a sensualidade e a sexualidade.

Conhecer o seu signo e saber quais são os pontos fortes e fracos pode ser um grande diferencial na hora de seduzir alguém.

FIGURA 14-1: Os signos podem nortear seu caminho em direção à sedução.

Áries

Pontos positivos: Os arianos costumam ser muito aventureiros e enérgicos, por isso não se acanham na hora de seduzir alguém que lhes desperte interesse. Por serem dinâmicos e seguros de si, ao estarem interessados em uma pessoa, são entusiasmados e diretos. São honestos em seus relacionamentos, não entrando em joguinhos de conquista.

Pontos negativos: Algumas vezes egoístas, não prestam atenção nas necessidades do parceiro. Sua impulsividade e impaciência também podem colocar a perder toda a sedução. Se arriscam muito e não suportam perder em jogos amorosos.

Na hora do sexo: São muito intensos e fogosos e por isso conhecidos por possuírem grande disposição sexual. Na hora de seduzir, sabem como provocar o seu parceiro. Não têm medo de revelar suas fantasias sexuais e sabem dizer o que lhes agrada ou não, sem muitos pudores. Amam intensamente e costumam ter a libido nas alturas.

Arianas famosas: Sarah Jessica Parker, Juliana Paes, Xuxa, Alice Braga, Victoria Beckham.

Arianos famosos: Antônio Fagundes, Elton John, Ronaldinho Gaúcho.

Como seduzir um ariano: O segredo é o mistério. O ariano é um guerreiro e gosta de ganhar, então deixe-o acreditar que é ele quem está te seduzindo. Eles não gostam de pessoas fracas, admiram a força e a inteligência.

Touro

Pontos positivos: O taurino é persistente e decidido, por isso vai com determinação na pessoa que deseja seduzir, basta se sentir seguro. Muito carinhoso, sabe como conquistar alguém. Sua força de vontade é determinante. Estáveis e conservadores, preferem relacionamentos sólidos e evitam aventuras amorosas.

Pontos negativos: Sua possessividade atrapalha muito nos relacionamentos. Tende a ser inflexível e se ressente com facilidade. Não suporta se sentir pressionado.

Na hora do sexo: Para que se solte é necessário que já exista uma confiança no parceiro. Assim, no momento de seduzir, precisa criar coragem para poder se arriscar. Muito mais romântico que erótico, é melhor investir em jantares com estímulos sensuais.

Taurinas famosas: Uma Thurman, Adele, Megan Fox, Linda Evangelista, Fernanda Young.

Taurinos famosos: George Clooney, Kaká, Rodrigo Hilbert, David Beckham, Enrique Iglesias, Bono Vox.

Como seduzir um taurino: Com beleza e discrição. Não costumam gostar de extravagâncias, especialmente nas roupas. Estabilidade é fundamental. Pessoas que sabem cozinhar fazem sucesso. Beijos no pescoço são o seu ponto fraco. Uma dica na hora do sexo é utilizar alimentos espalhados pelo corpo, como chocolate e mel.

Gêmeos

Pontos positivos: São versáteis e se adaptam às situações com facilidade, ajudando na conquista amorosa. Carinhosos e comunicativos, não sentem dificuldade em expressar seus sentimentos. Sua energia e vitalidade costumam dar o tom da paquera.

Pontos negativos: Sua inconstância dificulta os relacionamentos. Com uma tendência ao nervosismo, explodem com facilidade, afastando as pessoas. Muitas vezes recorrem à mentira para alcançarem seus objetivos. Facilmente perdem o interesse nas pessoas.

Na hora do sexo: Bastante criativo, está sempre surpreendendo no momento da conquista. Tanto pode ir de romântico a extremamente provocante, dependendo do seu humor no dia.

Geminianas famosas: Angelina Jolie, Flávia Alessandra, Ivete Sangalo, Luíza Brunet, Natalie Portman.

Geminianos famosos: Lenny Kravitz, Marco Nanini, Erasmo Carlos, Seu Jorge.

Como seduzir um geminiano: Conhecidos por amarem a inteligência acima de todas as coisas, a cultura será o principal atrativo para um geminiano. São pessoas de forte agilidade mental e por isso não suportam quem não compreenda os seus jogos de palavras. Para um geminiano, comunicação é vida. Eles adoram aventuras, e convidá-los para isso será uma enorme ferramenta de sedução.

Câncer

Pontos positivos: Intuitivos e imaginativos, os cancerianos sonham com o relacionamento perfeito. Simpáticos, protetores e românticos, buscam seduzir de forma meiga.

Pontos negativos: O ciúme excessivo atrapalha seus relacionamentos. Isso graças a uma tendência a um complexo de inferioridade, que pode irritar o parceiro.

Na hora do sexo: Vinho e música são o ponto alto para o signo. Ele só vai se soltar depois de ter intimidade com o parceiro e quando correspondido vira uma fera na cama. Não gosta de palavrões e fetiches. Sua preferência é pelo romance e pelas flores.

Cancerianas famosas: Gisele Bündchen, Fernanda Lima, Cláudia Leitte, Liv Tyler, Grazi Massafera.

Cancerianos famosos: Jason Mraz, Tony Belloto, Tom Cruise, Samuel Rosa.

Como seduzir um canceriano: Com um romance à moda antiga. Jantares, luz de velas, músicas que falem de amor. O canceriano gosta de uma sedução doce. Ele se sente bem ao ser cortejado.

Leão

Pontos positivos: São pessoas muito bondosas e generosas. Criativos, inovam na paquera, e deixam que a inteligência seja a tônica da conquista. Gostam de aventura e investem nos relacionamentos.

Pontos negativos: Mandões e dominadores, tendem a interferir mesmo quando não devem, e se tornam prepotentes. Muitas vezes intolerantes.

Na hora do sexo: Inteligentes e vibrantes, são bem capazes de seduzir alguém passando a impressão de serem seduzidos. Se entregam completamente ao prazer. O risco é um afrodisíaco, e gostam de sexo em lugares públicos. Contudo, não apreciam a vulgaridade.

Leoninas famosas: Jennifer Lopez, Sandra Bullock, Halle Berry, Madonna, Preta Gil.

Leoninos famosos: Mick Jagger, Caetano Veloso, Wagner Moura, Barack Obama, Sean Penn, Murilo Rosa.

Como seduzir um leonino: Os leoninos gostam de viver intensamente, frequentar bons restaurantes, conhecer lugares novos. São muito vaidosos e gostam de ser o centro das atenções. Faça-o se sentir amado e valorizado.

Virgem

Pontos positivos: Inteligentes e modestos, as pessoas do signo de virgem são meticulosas e possuem grande capacidade analítica. Assim, antes de se jogarem em uma conquista amorosa, analisam todas as variantes. Como adoram listas, colocar no papel os seus objetivos amorosos costuma ser recorrente.

Pontos negativos: Muito perfeccionistas, suas críticas tendem a ser duras e agressivas. Por serem reservados, às vezes passam a impressão de frieza, afastando possíveis paqueras. Suas relações costumam ser superficiais, pelo medo que o virginiano tem de sofrer. Se cobra muito por falta de autoconfiança.

Na hora do sexo: Conservadores, não gostam de muitas extravagâncias no sexo. Preferem o tradicional, mas com requintes de um perfeccionista. Seu apego à limpeza exige que o local do sexo esteja cheiroso e organizado.

Virginianas famosas: Beyoncé, Cameron Diaz, Carolina Dieckmann, Fátima Bernardes, Luana Piovani.

Virginianos famosos: Luciano Huck, Sean Connery, Tony Ramos, Richard Gere, Vitor Fasano, Gustavo Kuerten.

Como seduzir um virginiano: A sedução deve ser lenta, mais com sentimentos do que com tesão. Eles não gostam de surpresas, então a estabilidade faz com que você ganhe pontos. O melhor local para um virginiano namorar é onde tenha natureza. Praias, montanhas e cachoeiras o excitam. Eles não são bons com indiretas, por isso não seja sutil e fale claramente os seus desejos.

Libra

Pontos positivos: Possuidores de um caráter afável, os librianos são encantadores e românticos. Seu bom gosto chama atenção. A imparcialidade é uma característica marcante.

Pontos negativos: Sua indecisão pode afetar os seus relacionamentos. Não suporta ser contrariado quando chega a uma opinião.

Na hora do sexo: Adora as noites inesquecíveis e os momentos especiais. Românticos e sentimentais, gostam do luxo e do prazer. Investem em momentos marcantes.

Librianas famosas: Catherine Zeta-Jones, Gwyneth Paltrow, Cléo Pires, Kate Winslet, Alicia Silverstone.

Librianos famosos: Rodrigo Lombardi, Luis Fernando Veríssimo, Washington Olivetto, Hugh Jackman.

Como seduzir um libriano: Os librianos adoram se relacionar com as pessoas, e por isso se encantam pelas pessoas sociáveis. Eles precisam se sentir amados, e o romance é muito importante. Eles gostam de perceber ciúmes, sem exageros. Não curtem romances passageiros, preferindo estabilidade emocional.

Escorpião

Pontos positivos: Muito poderoso e apaixonado, o escorpiano é conhecido pelo seu magnetismo. Intenso, sabe exatamente aquilo e quem deseja. Suas relações tendem a ser profundas, quase mágicas, graças à sua intensidade de sentimentos.

Pontos negativos: Ciumento e compulsivo, se torna obsessivo algumas vezes. Não gosta de adulação e afagos descompromissados. Quando traídos, é quase impossível que perdoem.

Na hora do sexo: Escorpião é o símbolo do sexo, e por isso os escorpianos são os mais animados sexualmente no zodíaco. Acham que tudo é permitido e possível no quesito sexo, gostam de ousadia e inovação.

Escorpianas famosas: Scarlett Johansson, Julia Roberts, Katy Perry, Demi Moore, Dani Calabresa.

Escorpianos famosos: Milton Nascimento, Ben Harper, Gilberto Braga, Marcelo D2, Leonardo Di Caprio, Fábio Júnior.

Como seduzir um escorpiano: O sexo possui uma enorme importância. Eles prestam atenção em pessoas poderosas e charmosas e a timidez não lhes agrada. Sua energia sexual é explosiva. Converse bastante com ele e tenha bom humor. O escorpiano detesta ser pressionado ou questionado.

Sagitário

Pontos positivos: Honestos, seu grande charme na hora da paquera é a simpatia. Muito otimistas, estão sempre positivos para conquistar alguém.

Pontos negativos: Algumas vezes sua inquietude pode se transformar em irresponsabilidade. Como apreciam demais a liberdade, nem sempre se permitem viver relacionamentos longos.

Na hora do sexo: Muito criativos, não têm medo de experiências novas. Gostam de aventuras e do desconhecido.

Sagitarianas famosas: Deborah Seco, Thais Araújo, Katie Holmes, Angélica, Julianne Moore.

Sagitarianos famosos: Francisco Cuoco, Carlinhos Brown, Marco Ricca, Ben Stiller, Walcyr Carrasco, Steven Spielberg.

Como seduzir um sagitariano: Demonstre que é uma aventureira. Novas experiências seduzem o sagitariano. Não tenha uma postura negativa. Os homens de sagitário costumam ser muito diretos quando desejam sexo, e não possuem tabus. Espontâneos, gostam de surpresas e inovações.

Capricórnio

Pontos positivos: Disciplinado, o capricorniano é paciente e prudente na hora de seduzir. Reservado, tem um bom senso de humor. Prático, traça o seu objetivo sentimental e o persegue.

Pontos negativos: Cauteloso, não paquera sem ter chance de ganhar. E como costuma ser pessimista, perde muitas oportunidades para não se arriscar. Sempre muito exigente consigo mesmo e com o parceiro.

Na hora do sexo: Adora música. Um jantar e uma dança são afrodisíacos. Seguro e calmo, gosta de uma relação prática. Exige muito do seu parceiro e não se contenta com o sexo mediano.

Capricornianas famosas: Kate Middleton, Alinne Moraes, Cláudia Raia, Wanessa Camargo, Kate Moss.

Capricornianos famosos: Ricky Martin, Denzel Washington, Pedro Cardoso, Nicolas Cage, Rod Stewart, Kevin Costner.

Como seduzir um capricorniano: Muito conservador, a conquista deve acontecer por meio do intelecto. A privacidade dele deve ser respeitada e ele se abrirá assim que se sentir seguro. Gosta de pessoas diretas e sem rodeios. Nada de sexo em lugares públicos. As palavras-chave são discrição, segurança e privacidade.

Aquário

Pontos positivos: Simpático e original, o aquariano tende a levar o seu lado intelectual para a paquera, e conquista as pessoas pela sua inteligência. Gosta de lutar por quem acha que vale a pena.

Pontos negativos: Muito imprevisível, pode deixar o seu parceiro confuso. Tem dificuldade de entender as emoções dos outros. Demora a se entregar e caso se sinta traído, fica enfurecido. Tende a fugir no primeiro problema que aparecer.

Na hora do sexo: Inovação é o seu lema. Não tem preconceitos e aceita novidades sexuais.

Aquarianas famosas: Jennifer Aniston, Sabrina Sato, Carolina Ferraz, Claudia Ohana, Christiane Torloni.

Aquarianos famosos: Paulo Miklos, Rogério Ceni, Djavan, Romário, Malvino Salvador, Ashton Kutcher.

Como seduzir um aquariano: Fale do futuro, de política e escute as suas opiniões e terá meio caminho andado. O aquariano gosta de expor a sua tendência ao anarquismo e sua rebeldia. Tudo o que é diferente atrai o aquariano, e o sexo é sempre diferente com ele. Use toda sua criatividade!

Peixes

Pontos positivos: Bastante sensível e imaginativo, o pisciano é bondoso e gentil. Amável, respeita os sentimentos alheios e não avança sinais se perceber que pode magoar alguém. Popular, se preocupa com os outros, e age mais de forma emocional que racional.

Pontos negativos: Vive no mundo da lua e não quer enxergar a realidade. Tem uma personalidade meio "maria vai com as outras" e se deixa levar pelos outros. Se isola, pois precisa de momentos de solidão.

Na hora do sexo: Sexo e romantismo andam de mãos dadas. Gosta de incrementar a transa. Não são egoístas e sentem prazer em agradar o seu parceiro. Procuram uma união espiritual para que a sexual seja boa.

Piscianas famosas: Drew Barrymore, Rihanna, Giovanna Antonelli, Cindy Crawford, Silvia Pfeifer.

Piscianos famosos: Alexandre Borges, Manoel Carlos, Branco Mello, Edson Celulari.

Como seduzir um pisciano: Emotivos e intuitivos, eles se ligarão com as suas emoções. Carentes, adoram beijos e abraços. Gostam de jantares à luz de velas antes do sexo. Banhos relaxantes com óleos aromáticos são perfeitos.

NESTE CAPÍTULO

Diferencie como homens e mulheres exercem sua sensualidade

Conheça características de homens considerados sensuais

Capítulo 16
Sensualidade Feminina × Sensualidade Masculina

No homem, o desejo gera o amor. Na mulher, o amor gera o desejo.

— JONATHAN SWIFT

Homens e mulheres exercem sua sensualidade de maneiras completamente diferentes, por razões biológicas. Os homens prezam pela força, querem mostrar o quanto são viris e capazes de sustentar e cuidar das mulheres. Elas, por sua vez, usam o charme e a beleza, e a fragilidade é uma ferramenta muito utilizada.

Desde muito cedo, a diferença entre os sexos já pode ser percebida. Geralmente as mulheres amadurecem mais cedo, descobrem antes o sexo e o desejo.

Enquanto as meninas se envolvem muito novas com sutiãs e absorventes, os meninos ainda estão em uma fase mais infantil da vida, e essa diferença de maturidade costuma se estender por um bom tempo na vida adulta. Por isso é importante ter paciência e conseguir criar um bom diálogo com o sexo oposto.

O Que É, O Que É?

O homem tende, por natureza, à inconstância no amor; a mulher, à constância.

— *ARTHUR SCHOPENHAUER*

A sedução nada mais é do que tentar fazer o outro se interessar por você. Conseguir encantar outra pessoa, por qualquer que seja o seu propósito e mostrar que você é uma pessoa que se vale a pena conviver.

Obviamente que isso é apenas uma generalização, e cada caso é um caso. Mas, ao se ter uma visão de mundo de quem sabe exercer a sua sensualidade, você saberá que a arte de seduzir requer autoconhecimento, ousadia, coragem e segurança. E isso vale para homens e mulheres.

As Diferenças de Gênero

Aquilo que provamos quando estamos apaixonados talvez seja o nosso estado normal. O amor mostra ao homem como é que ele deveria ser sempre.

— *ANTON TCHEKHOV*

Na sociedade em que vivemos, é muito mais fácil para a mulher exercer a sua sensualidade do que para o homem. Nós, mulheres, encontramos facilmente roupas que valorizem as curvas, e sapatos que deixem o bumbum mais elevado. Mas, e os homens? Quais maneiras eles têm de expressar a sensualidade? De se tornarem sexy?

A excitação da mulher é muito menos visual que a do homem. Por isso, é muito mais fácil encontrar mulheres dizendo que não ligam muito para a aparência do rapaz que o contrário. Eles se deixam encantar mais pelos olhos. E elas por todos os sentidos juntos.

Entretanto, os homens sempre exerceram a sedução de maneira muito mais explícita. O homem, no nosso grupo social, sente a necessidade de mostrar-se viril e conquistador. O homem sente uma necessidade, especialmente quando jovem, de ser "pegador".

Por mais que as mulheres já dividam a conta do restaurante e sejam independentes e maduras, ainda existem muitos paradigmas quando o assunto é seduzir. Algumas mulheres sentem receio em adotar uma postura sensual, e com isso acabam por perder diversas oportunidades.

Mulheres Ouvem, Homens Enxergam

O verdadeiro homem quer duas coisas: perigo e jogo. Por isso quer a mulher: o jogo mais perigoso.

— *FRIEDRICH NIETZSCHE*

De uma maneira geral, os homens são mais visuais e as mulheres mais auditivas. A excitação masculina acontece muito pelo olhar, seja vendo uma revista de mulheres nuas ou um filme erótico. O estímulo de imagens na cabeça do homem é muito marcante.

Por sua vez, as moças costumam ser estimuladas mais facilmente pelo ouvido. Uma frase colocada na hora certa, uma música provocante, um sussurro inesperado. O sentido que mais provoca o sexo feminino é o auditivo.

Este é um conhecimento que pode ser bastante proveitoso, especialmente nos momentos das preliminares, para os dois sexos. Saber como a cabeça do parceiro ou da parceira funciona, facilita muito na hora de exercer o jogo da sedução.

O CORPO E O SEXO

Por possuírem anatomia diferente, é natural que o comportamento dos sexos também seja diferente em momentos de excitação. Os homens costumam concentrar sua energia e desejo sexual no pênis, sem dar muita atenção a outras partes do corpo. Já as mulheres utilizam o corpo inteiro como órgãos sexuais. Mas o interessante é que, quando os homens se abrem para explorar outros pontos do seu corpo para o prazer, eles adoram. Então, a forma de poder aproveitar mais os momentos de intimidade é conduzindo o ato sexual, e mostrando ao parceiro que o sexo pode ser muito mais amplo se ele não focar apenas no seu pênis.

Homens sensuais

O que mexe com a libido das mulheres não é a beleza física, é a inteligência.

— PEDRO BIAL

O visual "barba por fazer" pode ser mais atraente, assim como os homens de cabelo cortado são aqueles que mais chamam a atenção do sexo oposto. Isso por que homens sem pelo no rosto podem passar a impressão de que não são maduros e os que não estão com um bom corte de cabelo demonstram desleixo.

Simpatia e Inteligência

Você é o seu sexo. Todo o seu corpo é um órgão sexual, com exceção talvez das clavículas.

— LUIS FERNANDO VERISSIMO

O que não gera dúvidas é que homens simpáticos e cultos são aqueles que despertam muito mais a atenção das mulheres. Mais importante que lábios carnudos é um sorriso sincero. A sensualidade masculina se expressa muito mais na maneira de agir do que nos atributos físicos propriamente ditos.

O homem exerce sua sexualidade de forma muito mais objetiva. Certamente eles são muito mais diretos para alcançarem a mulher desejada, e vão logo ao ponto, sem muitos rodeios.

Algumas besteiras são ditas por aí, como "mulher só gosta de homem rico", ou "homem que se arruma não gosta de mulher". Nada disso tem comprovação científica, e se analisarmos ao nosso redor, veremos que são inverdades preconceituosas, e a única coisa que elas conseguem é deixar pessoas com problemas de autoestima e a confiança em si mesmo abalada.

Quantidade x Qualidade

O homem costuma prezar pela quantidade de vezes que pratica sexo. É um motivo de orgulho ter duas, três relações em uma só noite. Mesmo que com isso caia a qualidade do ato sexual.

Já para as mulheres um cuidado maior com preliminares e uma relação mais intensa tem mais valor e é mais proveitosa do que várias relações com pouca qualidade.

A solução para o caso é o diálogo. Conseguir se expressar e dizer que se sente melhor com uma relação de qualidade do que com várias não satisfatórias é a única forma de alertar para aquilo que lhe faz bem e feliz.

NESTE CAPÍTULO

Aprenda sobre Feng Shui

Conheça os princípios básicos desta técnica

Aplique-a no seu quarto

Capítulo 17
Feng Shui Sensualizando

Às vezes ouço passar o vento; e só de ouvir o vento passar, vale a pena ter nascido.

— FERNANDO PESSOA

O Feng Shui originou-se há mais ou menos 5 mil anos, na China Antiga, e é uma arte que visa criar ambientes harmoniosos. Muitas dicas podem ser dadas de como aumentar a energia sexual de uma pessoa, levando em conta a disposição dos móveis do quarto ou dos objetos.

Quais São as Cores?

Manter paredes e lençóis totalmente brancos é ruim, pois a cor representa a energia. Assim, se for tudo branco, a monotonia estará presente. O ideal é utilizar cores neutras, como pêssego ou areia. O romantismo é representado pelas cores rosa, salmão e lilás.

Vermelho, amarelo e laranja estimulam a sexualidade. O ideal é colocar em detalhes, como uma almofada ou um quadro, mas não pintar toda a parede, para não causar insônia. O vermelho é a cor da paixão e da excitação sexual. É importante ter algum objeto vermelho no quarto. O amarelo estimula a comunicação, que é fundamental em uma relação.

Onde se Dorme e se Ama

A cama deve ter cabeceira, para passar ao casal a sensação de segurança. Não deve ficar debaixo de uma viga exposta, pois isso representaria uma separação.

Limpeza É Fundamental

O quarto deve estar sempre limpo e organizado. A bagunça atrapalhando o ambiente impede que a energia se renove. É muito importante que a janela fique aberta durante algumas horas do dia, permitindo que ar fresco entre e o quarto esteja sempre arejado.

Paz, Luz e Amor

A harmonia é fundamental, e por isso discussões devem ser evitadas no quarto. Se o casal tiver um desentendimento, outro lugar deve ser utilizado para que o problema seja resolvido.

Durante o dia, deixe a luz do Sol entrar. Pela noite, deixe luminárias acesas por algumas horas. A claridade traz uma energia boa. Quartos muito escuros e sombrios refletem relacionamentos apáticos.

Para Decorar e Romantizar

Símbolos de união, carinho e amor devem estar presentes, como estátuas de casais ou pinturas que representem o romantismo. Fotos do casal em momentos marcantes são muito bem-vindas.

Pares de velas vermelhas e casais de animais são boas escolhas. Quadros com silhuetas nuas ou bocas desenhadas incentivam o erotismo.

5 A Sensualidade Está Dentro de Você

NESTA PARTE . . .

Como encontro a sensualidade escondida em mim? Em que momentos posso me identificar como uma pessoa sensual? Nesta parte, entenda que as ferramentas para a sua transformação estão dentro de você.

NESTE CAPÍTULO

Entenda a postura de uma pessoa sensual

Valorize o seu estilo

Seja sexy

Capítulo 18
Sensualidade É Atitude

A vida é uma peça de teatro que não permite ensaios. Por isso, cante, chore, dance, ria e viva intensamente, antes que a cortina se feche e a peça termine sem aplausos.

— *CHARLES CHAPLIN*

Como já foi dito em outros capítulos, o mais importante para que uma pessoa seja verdadeiramente sensual é a sua confiança. Ter uma boa relação com o espelho é a tacada inicial para vencer neste jogo de se tornar alguém sexy.

Ame sua aparência, suas curvas e seu sorriso! O resto acontece naturalmente. Sinta orgulho de ser exatamente quem você é.

Pessoas que possuem atitudes firmes e determinadas são aquelas que possuem mais sucesso em todos os campos da vida. Profissionalmente, amorosamente, espiritualmente etc. Saber a sua posição e o seu lugar no mundo, tendo confiança na hora de seguir adiante, lhe transformará em alguém que enxerga a sua própria existência como um troféu.

Saber se valorizar e se portar transforma completamente a sua vida!

Tenha Postura e Compostura

Se você não pode mudar seu destino, mude sua atitude!

— *AMY TAN*

Com apenas 30 segundos conversando com uma pessoa, a opinião dela sobre nós é formada, e vice-versa. Assim, aquele ditado popular de que "a primeira impressão é a que fica" está valendo.

A sua maneira de pensar sobre si reflete na sua maneira de andar, falar, parar e sentar. Uma pessoa com problemas de autoaceitação se curva, anda sempre com ombros caídos e olhar distante. A sua autoimagem é refletida na sua postura.

Por isso mesmo, mantenha a sua postura ereta, com cabeça e queixo erguidos. Isso indica sucesso, e ninguém gosta de paquerar quem está por baixo. Transmita segurança no seu andar e no seu falar.

Se você perceber que está sendo observada e deseja estabelecer uma conexão, acene, sorria, demonstre o seu interesse de alguma forma elegante. O outro não tem como adivinhar que você o acha interessante, a menos que você deixe isso transparecer.

Tente mover o mundo — o primeiro passo será mover a si mesmo.

— *PLATÃO*

Claro que essa é uma construção em longo prazo. Indivíduos com sua sensualidade aflorada sabem que nem sempre é possível estar tranquilos em todos os campos da sua vida, mas entendem que mesmo com alguma coisa incomodando, o amor-próprio e a aceitação de suas qualidades e defeitos devem ser refletidos em seu olhar, seus sorrisos e sua maneira de falar.

Uma pessoa com atitude é uma pessoa que brilha.

Um Sorriso Melhora Tudo

É mais fácil obter o que se deseja com um sorriso do que à ponta da espada.

— *WILLIAM SHAKESPEARE*

O sorriso possui um poder transformador. Abre caminhos, atrai olhares, deixa as pessoas mais receptivas às suas solicitações.

Sorrir passa uma imagem de autoconfiança e amor-próprio. Aqueles que sorriem são considerados mais positivos e atraentes. Associar o sorriso com dentes bem tratados e uma boca cuidada é uma fórmula infalível, os benefícios se refletem não apenas no campo amoroso, como também no campo profissional. De acordo com estudos da Universidade Columbia, nos Estados Unidos, sorrir aumenta o seu valor no mercado de trabalho. Outra pesquisa feita pela UFMG (Universidade Federal de Minas Gerais) comprovou que o sorriso interfere nas relações sociais e na saúde física.

Um sorriso bem tratado denota jovialidade e beleza. Um ser sensual certamente sabe como utilizar-se de um sorriso na hora em que deseja. Hoje em dia existem diversos tratamentos odontológicos dos mais variados preços, com técnicas avançadas de reconstrução, correção ou reabilitação oral, capazes de deixar o seu sorriso exatamente do jeito que você deseja.

O estado dos dentes influencia na autoestima e na maneira como o indivíduo se relaciona socialmente. Cuidados com os dentes vão muito além de questões estéticas, nos protegendo até mesmo de doenças como diabetes e obesidade.

"O sorriso que ofereceres, a ti voltará outra vez."

— *ABÍLIO GUERRA JUNQUEIRO*

Olhar 43 e Voz Matadora

"As mais lindas palavras de amor são ditas no silêncio de um olhar."

— *LEONARDO DA VINCI*

O olhar charmoso não é nem o fixo, olhos nos olhos, nem o olhar para baixo. O primeiro pode intimidar e o segundo passa uma impressão de derrotismo. O olhar ideal é natural, olhando não apenas para os olhos como para outras partes do rosto. O contato visual é fundamental.

Caso seja flagrado olhando uma pessoa que tenha lhe despertado interesse, em vez de desviar o olhar, fixe-o de maneira sensual. Demonstre o seu interesse, dê um sorriso, troque olhares.

E, quando engatar um papo, mantenha o controle da situação. O volume e o ritmo da sua fala deixará claro o seu estado emocional. Assim, se estiver insegura, isso será fácil de perceber. Evite falar muito rápido ou muito devagar. Tenha uma melodia. Respire profundamente caso gagueje ou hesite. Isso vai desacelerar o cérebro e fazer com que você engate novamente nos trilhos.

DICA

Esteja sempre atento àquilo que você diz sobre o seu corpo, pois é exatamente essa a mensagem que você passará aos outros. Elogie-se sempre que possível e reforce os seus pontos positivos.

Ao se vestir para sair, diga em frente ao espelho "estou linda/lindo com esta roupa". Ao fazer uma maquiagem, diga "minha boca está muito bonita assim". Ao passar um perfume, diga "estou muito cheirosa/cheiroso". Pequenas frases ditas por você para você mesmo deixarão sua autoestima muito mais elevada.

Nunca se esqueça de que a primeira pessoa a quem você deve agradar é você mesma. E que a primeira pessoa que deve achar que você é linda e cheia de atitude é aquela que você olha no espelho todos os dias.

Tenha uma relação positiva consigo mesmo e tudo acontecerá naturalmente.

Seu Estilo É Único

Quando você quer alguma coisa, todo o universo conspira para que você realize o seu desejo.

— *PAULO COELHO*

Invista no seu jeito de se vestir e se maquiar. Exitem várias tribos, modas e tendências. Escolha uma que você se sinta à vontade, e abasteça-se de peças que te deixem feliz. Não se esqueça que suas roupas dizem muito sobre você.

Aprenda a fazer sua produção. Saia de casa sempre se sentindo bem. O astral sempre melhora quando nos arrumamos. Antes de se preocupar com o que o outro achará do seu jeito, é importante que você se sinta sempre bem!

Tanto quanto qualquer outra pessoa em todo o Universo, você merece seu amor e sua afeição.

— *BUDA*

Ame-se

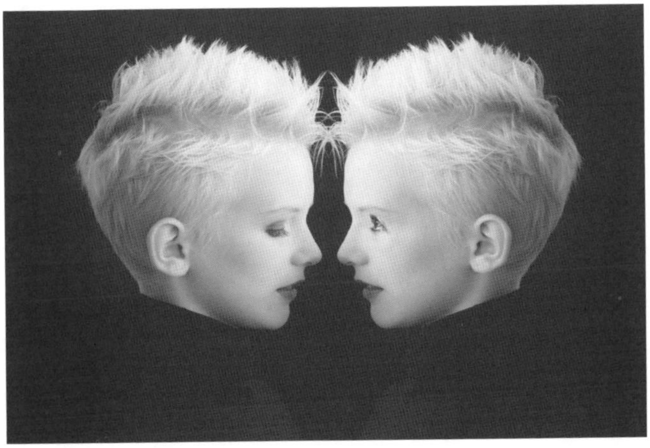

FIGURA 17-1: Coloque-se em primeiro lugar sempre. Deixe que seu amor-próprio floresça.

Programe-se para em um dia selecionar pelo menos três atributos que gosta em você e exibir sem constrangimentos.

Use a lista abaixo como parâmetro e preencha com suas qualidades. Reflita bastante e faça isso com tempo e paciência. Estude o seu corpo, suas atitudes, sua forma de pensar. E coloque no papel aquilo que te deixa realmente feliz.

Escreva as formas de valorizar os seus pontos fortes, assim você poderá recorrer a essa lista sempre que estiver se sentindo para baixo.

Se acha seu olhar bonito, faça uma maquiagem para realçá-lo. Se acha que seus seios são charmosos, invista no decote. Exiba-se e orgulhe-se!

> Acho meus olhos bonitos → farei uma maquiagem para realçá-los.
>
> Acho meus seios charmosos → usarei mais decotes.
>
> Acho minhas pernas interessantes → ______________________________
>
> Acho minha nuca sensual → ______________________________

Acho minhas costas elegantes → ______________________________

Acho meu sorriso atraente → ______________________________

Acho meus pés delicados → ______________________________

Acho minhas mãos femininas →______________________________

Acho meu nariz bem desenhado → ______________________________

Acho minhas coxas bem torneadas → ______________________________

NA PRÁTICA

Faça listas de coisas que o fazem perceber o quanto você é especial. Sempre que se sentir inseguro ou triste, recorra a ela para ter uma injeção de ânimo.

PERCEBO QUE SOU BONITO/BONITA QUANDO:

PERCEBO QUE SOU ÚNICO/ÚNICA QUANDO:

PERCEBO QUE SOU TALENTOSO/TALENTOSA QUANDO:

PERCEBO QUE SOU AGRADÁVEL QUANDO:

PERCEBO QUE ME AMO QUANDO:

PERCEBO QUE SOU INTELIGENTE QUANDO:

PERCEBO QUE SOU TRABALHADOR/TRABALHADORA QUANDO:

PERCEBO QUE SOU SEXY QUANDO:

INDIVÍDUOS COM ATITUDE SÃO CONSCIENTES

- É primordial possuir uma boa autoestima;
- Mesmo que um ou outro aspecto da vida esteja incomodando, o amor-próprio deve sempre falar mais alto;
- A imagem que refletimos é aquela que construímos de nós mesmos;
- Sempre manterá o foco naquilo que considera primordial em sua vida;
- Será mais forte quando aceitar a sua história, o seu passado, as suas qualidades e os seus defeitos;
- É impossível ser perfeito;
- Assumir suas responsabilidades é a base;
- O passado é uma base para o futuro e não uma ideia fixa;
- Autoestima se constrói ao longo do tempo;
- Problemas insignificantes não devem tomar conta da sua vida.

Aceite Seus Defeitos

Até cortar os próprios defeitos pode ser perigoso. Nunca se sabe qual é o defeito que sustenta nosso edifício inteiro.

— *CLARICE LISPECTOR*

A perfeição não existe. Por mais que estejamos sempre em constante evolução, é impossível ser uma pessoa sem defeitos. Claro que sempre que possível, tentamos acertar, mas os erros fazem parte da vida e de nada adianta enlouquecer com eles. O mundo entenderá que você é uma pessoa confiante por aceitar que tem seus defeitos e sabe lidar com eles.

Aceite o que tem de bom, seja na sua personalidade, seja em seus atributos físicos. Não deixe que uma situação que te desagrada desvie o seu propósito de ser alguém feliz, sexy e confiante. Busque ferramentas que lhe tragam mais memórias dos seus acertos do que dos seus erros!

NESTE CAPÍTULO

- Saiba como ser diferente
- Analise o seu comportamento
- Entenda como não ser apenas mais um

Capítulo 19

Fuja do Básico

Quanto vale uma noite de prazer absoluto?

— *JANE AUSTEN*

O que diferencia alguém comum de uma pessoa extremamente sexy? O que faz que alguns indivíduos sejam absurdamente sensuais, enquanto outros sentem dificuldade em exercer a sua sexualidade na plenitude?

Certamente é o fato de sair da "mesmice", de não ser apenas mais um na multidão e sim alguém que se destaca. Sair do básico e assumir toda a sua sensualidade é algo que depende apenas de você! Aprender a ser confiante e positivo está em suas mãos.

A partir do momento em que sua autoestima e seu amor-próprio passarem a fazer parte da sua vida de forma natural e espontânea, nunca mais você será apenas mais uma pessoa. Ame-se, valorize-se e de maneira natural, destaque-se e seja sensual.

Pessoas que são iguais a todas as outras não chamam atenção, não se destacam, não são brilhantes e iluminadas. Mas, antes que alguém possa cogitar que ser "brilhante e iluminado" é muito difícil, é necessário salientar que com pequenos exercícios que estimulem a sensualidade, uma mudança muito positiva acontecerá. A prática da sensualidade deve ser diária, constante e prazerosa.

Compreenda que você é único e dotado de uma sensualidade que está na sua alma, no seu ser, na sua existência. Não permita que os obstáculos do dia a dia te afastem de ser exatamente quem você deseja ser, e que lhe deixem sendo uma pessoa sem os atrativos que deseja ter.

Aprenda a se tornar alguém completamente longe do básico. Você não é e nunca poderá ser apenas mais um.

Não me alimento de "quases", não me contento com a metade! Nunca serei sua meio amiga, ou seu meio amor. É tudo ou nada.

— *MARILYN MONROE*

Jogue as Neuroses na Lata do Lixo

Para ser uma pessoa feliz, dona do seu corpo e da sua sexualidade, fugindo completamente do básico, é primordial que se elimine da cabeça as encucações com peso, aparência, altura e todas as outras que eventualmente podem surgir.

Se existe algo que te deixa muito infeliz na sua aparência e existe alguma forma de resolver, busque ajuda médica, tratamentos estéticos, salões de beleza etc. Não permita que uma coisa solucionável te transforme em uma pessoa infeliz. Para muitos incômodos a solução pode ser rápida, barata e eficiente, deixando a sua aceitação nas alturas.

Mas, antes de se colocar em uma situação de tristeza ou de infelicidade, reflita sobre o que lhe desagrada. Para exemplificar, alguns produtores da Broadway falaram para Barbra Streisand que o nariz dela poderia atrapalhá-la por ser "grande e desproporcional". No entanto, ela, dona de uma autoestima elevadíssima e confiando no seu potencial como artista e na sua beleza e charme, se negou a fazer uma cirurgia plástica. Ela declarou em diversas entrevistas que o seu nariz é marcante como a sua personalidade. E o resultado o mundo sabe! A atriz e cantora é um dos nomes mais respeitados do cinema mundial.

Ser igual a todo mundo não é sinônimo de felicidade. Assumir o seu corpo, seu rosto, seu cabelo, sua beleza única é o que fará de você uma pessoa rara, sexy, incomparável!

Ser desencanado ou desencanada e feliz é fugir do lugar comum!

Mulheres comportadas raramente fazem história.

— *MARILYN MONROE*

Avalie-se

A Tabela 18-1 traz situações que a ajudarão a avaliar se você é uma pessoa que sai do básico.

TABELA 18-1

SITUAÇÃO	DISCORDO TOTALMENTE	DISCORDO PARCIALMENTE	CONCORDO PARCIALMENTE	CONCORDO TOTALMENTE
Sua melhor arma de sedução é associar um sorriso enigmático a um olhar profundo e cheio de segundas intenções.				
Quando você se interessa por alguém em uma festa, pede para entregarem um bilhetinho à pessoa e se identifica.				
Nos dias em que você tem um encontro, se prepara antes, caprichando na depilação e usando vários cremes que deixam a sua pele muito macia e cheirosa.				
Quando você deseja alguém ou alguma coisa, não espera que outras pessoas tomem uma atitude e pega as rédeas da situação.				
Na cama você se considera uma pessoa criativa e ousada, sem medo de experimentar coisas novas e que se permite viver fortes emoções.				
Você capricha na produção mesmo sem ter nada em mente, pois para você é extremamente importante que esteja se sentindo bem.				
Geralmente você escuta frases, do tipo: "nossa, como você está bonita/bonito" ou "essa roupa ficou muito boa em você".				
Quando você está em um relacionamento, o seu parceiro sempre elogia a sua beleza e sua desenvoltura sexual.				
Para você, ser sensual é um estado de espírito.				

Depois de responder às perguntas, analise suas respostas. Se a maioria das respostas tiver sido "discordo totalmente" ou "discordo parcialmente" analise os motivos que estão te travando de ser uma pessoa que se aceita e, principalmente, o que é necessário para evoluir e se aceitar como sensual e se amar mais.

Se a maioria das suas respostas foi "concordo totalmente" ou "concordo parcialmente" você está no caminho certo, e seu amor-próprio está ficando cada vez melhor. Continue nesse caminho.

Seu Rosto é a Sua Imagem

Se você quer ser sexy, tenha um rosto sexy. É ele que vai passar a imagem de quem você realmente é. Sendo assim, não se esquive de utilizar uma barba ou um cavanhaque caso ache charmoso, no caso dos rapazes. Ou para as moças, fazer uma maquiagem adequada àquilo que deseja. Use uma quantidade que sinta-se confortável. De nada adianta exagerar! O excesso pode ser desastroso.

Olhos esfumaçados sempre dão uma impressão de mulher misteriosa, e os lábios ficam sedosos e sugestivos quando brilhosos. Olhares sexy e sorrisos encantadores traduzem uma imagem de muita sensualidade.

Mas lembre-se de que não existe fórmula mágica.

A maquiagem ou a barba são apenas um dos muitos recursos que você pode utilizar, desde que isso o deixe feliz. Sentir-se charmoso ou charmosa é muito mais um estado de espírito do que uma receita de bolo que se deve seguir.

Hoje em dia, é muito fácil aprender técnicas de beleza para todos os gostos! Diversos vídeos são divulgados gratuitamente na internet, facilitando a vida de homens e mulheres que não aprenderam a utilizar as ferramentas que estão por aí. Mas isso não é uma regra fixa!

Tenha confiança no seu rosto, na sua beleza, em seus traços. Valorize aquilo que você tem de melhor, o que acha que é mais bonito. A valorização dos seus pontos positivos é muito mais importante do que qualquer outra coisa.

Sua Lingerie Fala sobre Você

A sua roupa íntima deve fazer com que você se sinta realmente sexy. O fato de saber que por debaixo da roupa tem algo sensual, é capaz de mudar o seu estado de espírito, deixando-a mais segura e confiante.

Marcas de roupas não traduzem sensualidade. O importante é sair do básico, do comum, daquilo que todo mundo usa. Ouse sem medo, e tenha certeza de que as peças que você escolheu valorizam o seu biotipo.

Ao se selecionar a lingerie que será utilizada em um encontro, deve-se ter certeza de que aquela peça não lhe trará constrangimentos na hora de retirar, senão o efeito será justamente o contrário daquilo que deseja.

Brinque com suas roupas íntimas. Experimente usar alguma coisa ousada sem motivo nenhum. Vá para o trabalho com aquela calcinha ou cueca ousada que você comprou e nunca teve coragem de usar. Sinta-se poderosa e linda para você mesma!

Invista nas suas calcinhas ou cuecas. Compre camisolas ou pijamas que te deixem feliz! Desfile na frente do espelho com lingeries sedutoras. Pode ter certeza que essa será a imagem que você passará ao mundo, pois ela já estará gravada na sua mente.

Ouse

FIGURA 18-1: Suas atitudes valem mais que seu guarda-roupa ou a mensalidade de sua academia. Atreva-se.

Coragem!

Amor-próprio!

Confiança!

Sensualidade e ousadia andam de mãos dadas. É impossível ser uma pessoa sexy e insegura ao mesmo tempo. Não tenha medo de fazer algumas provocações, como por exemplo, ligar para o seu parceiro e dizer coisas picantes para excitá-lo. Tenha apenas o cuidado de se certificar de que é um bom momento para provocar.

Ousar em suas atitudes de maneira espontânea transformará você em alguém que transborda sensualidade. Todos os momentos da sua vida são propícios para exercer a sua sexualidade. Esteja pronto para ser sexy em qualquer horário ou local.

Caminhe de forma sexy e exiba o seu corpo sempre que sentir vontade.

NESTE CAPÍTULO

Entenda o que realmente é uma diva

Saiba quais são as características de uma diva

Aprenda o que é necessário para ser uma diva

Capítulo 20
Seja uma Diva

No dicionário, a palavra "diva" traz os seguintes significados: 1. divindade feminina; deusa. 2. mulher da qual alguém fez sua musa inspiradora. Vemos, na imprensa, várias referências às divas famosas. Mas, e no nosso dia a dia, como identificar quem é ou quem não é uma verdadeira diva?

Toda mulher sensual é uma diva! Ou seja, uma pessoa maravilhosa, que serve como referência e se porta de maneira sexy e linda. Uma diva possui opinião própria e forte. Não se deixa abater pelas dificuldades da vida e sempre enxerga os seus pontos positivos.

A diva é aquela que tem amor-próprio, elevada autoestima e um carisma único. Sabe se amar e se coloca da maneira como fica mais feliz todas as vezes. Respeita as suas vontades e sabe que o seu bem-estar e sua alegria deve estar sempre em primeiro lugar na sua vida.

Divas sabem exercer bem a sua sexualidade e sensualidade. Têm plena consciência das suas virtudes e as utilizam da maneira que mais a deixam completas. Uma diva não tem medo de se superar e cada vez ir mais longe nos seus sonhos.

Preparada para ser uma diva?

Encantando o Mundo

FIGURA 19-1: Marilyn Monroe seduziu o mundo com sua presença marcante, frases intensas e postura revolucionária.

Quando encontrar alguém que lhe desperte o interesse, olhe-o nos olhos, mas não por muito tempo. Dê uma olhada rápida e precisa, pois isso certamente chamará atenção.

Use também os truques de cruzar as pernas sensualmente, passar os dedos pelos cabelos e jogar um pouco o tronco para a frente, destacando os seios. É tiro e queda!

Ao ser apresentada para uma pessoa, quando for cumprimentá-la com um aperto de mão, use as duas, usando a direita para segurar na mão do outro e a esquerda para envolver pelo lado de fora. Transmite charme, elegância e segurança.

Em situações que estiver bebendo e/ou comendo alguma coisa, e a pessoa que você deseja conquistar está próxima a você, ao dar um gole ou uma mordida, olhe bem nos olhos dele, e diga coisas do tipo "que delícia" ou "está maravilhoso". Você provoca sem se expor. Também vale usar a língua para limpar o restinho da bebida que ficou nos seus lábios.

Sendo graciosa

Algumas atitudes farão de você uma pessoa mais agradável e solícita, o que naturalmente combina com ser uma diva. Todo mundo gosta de ser elogiado, e muitas vezes esquecemos de fazer isso pelos outros. Quando seu namorado, por exemplo, precisa se esforçar para tirar uma caixa pesada de cima de um armário, será bonitinho que você diga "somente alguém forte como você conseguiria pegar algo tão pesado".

É sempre bom aumentar a autoestima de quem gostamos.

Desencane

Uma diva é aquela mulher que está de bem consigo mesma. Se tem alguma coisa na sua aparência que você não gosta e está dentro das suas possibilidades corrigir, não pense duas vezes e vá atrás da sua felicidade. Agora, se não tem como mudar, paciência! De nada adianta ficar angustiada, querendo ser quem você não é.

Use as roupas que você tem vontade, que te fazem se sentir bem e que realcem aquilo que você quer realçar. Não existe uma fórmula mágica, que dê certo para todo mundo. O principal é a sua boa relação com a sua imagem.

Seja e não tente ser

Assuma aquilo que você é, sem rodeios ou amarras. Não adianta vestir uma roupa que não combina com o seu estilo ou usar um determinado corte de cabelo só porque está na moda, mas não tem absolutamente nenhuma relação com você. Ser uma diva de verdade é assumir suas preferências, gostos e vontades, sem recalques.

Cultura é charme

Uma verdadeira diva é uma mulher culta, que sabe conversar sobre diversos assuntos e não fica apenas na superficialidade da vida. Saber como se colocar e ter assunto para conversar fará de você uma pessoa muito mais interessante.

Não adianta cuidar apenas do físico e da aparência e se descuidar da mente. Invista na sua cultura lendo bons livros, assistindo filmes interessantes, frequentando espetáculos teatrais.

A inteligência deve ser estimulada. A beleza é muito mais do que tratamentos estéticos bem-sucedidos ou cabelos bem tratados. Envolve todo o conjunto e o intelecto é uma das partes mais importantes.

Descubra a maneira que mais lhe agrada de estar sempre envolvida em programas culturais e não perca a oportunidade de ser alguém realmente interessante de se conversar. Uma pessoa inteligente é aquela que presta atenção ao que acontece no mundo, e não se permite ser vazia, sem conteúdo.

Nunca seja o capacho de ninguém

Seja no trabalho, com a família ou em um relacionamento. Uma diva genuína jamais se permite ser humilhada ou envergonhada por ninguém. Quando você não se respeita ou não se dá o devido valor, é muito comum que outras pessoas também não deem!

Nas suas relações de trabalho, saiba se impor. Dizer não muitas vezes é necessário. Se está percebendo que não existe a possibilidade de cumprir um prazo ou que um colega está levando os créditos pelo seu trabalho, não fique calada! De maneira educada, se imponha, diga o que está acontecendo e exija ser valorizada.

Com a sua família, não permita que tomem decisões por você ou lhe critiquem exageradamente. Mesmo as pessoas que mais nos amam no mundo muitas vezes nos colocam para baixo, e se sua intenção é ser alguém confiante, saiba diferenciar as críticas construtivas das negativas, para que não exista a possibilidade de alguém dominar os seus pensamentos.

E nos relacionamentos amorosos, a sintonia é primordial. Ninguém deve mandar em ninguém! O companheirismo é o ideal. Os dois devem pensar juntos e todos os passos devem ser dados de comum acordo no que se refere à relação.

DIVA PIN-UP

Pin-up é um tipo de modelo sensual, e uma referência muito marcante na cultura pop.

As imagens são produzidas em larga escala, sempre com uma névoa de erotismo, charme e feminilidade, de maneira leve e sedutora.

O termo foi registrado em 1941, mas apenas nos anos 1980 que passou a ser utilizado frequentemente. Nesta época, as imagens *pin-up* podiam ser recortadas de jornais e revistas e estampavam calendários.

Uma das mais populares *pin-ups* foi Betty Grable, musa dos soldados americanos na Segunda Guerra Mundial.

6

A Parte dos Dez

NESTA PARTE . . .

Você sabia que grandes personalidades mundiais foram ícones de sensualidade? E que existem várias receitas de comidas e bebidas que podem lhe oferecer uma noite cheia de prazeres? Saiba ainda como aproveitar livros, músicas e filmes para lhe transformar em uma pessoa que transborda charme e sensualidade.

NESTE CAPÍTULO

Conheça os melhores livros sensuais

Absorva os ensinamentos das publicações sobre sexo

Capítulo 21
Dez Livros para Você se Inspirar

Função CEO – A Descoberta do Prazer

TATIANA AMARAL

Sinopse: "Você já sentiu vontade de tocar em algo que sabe ser proibido? Já teve o desejo irresistível de experimentar alguma coisa que sabe não ser socialmente ou eticamente correto? Tão proibido e ao mesmo tempo tão desejável que poderia destruí-la?"

Quando Melissa Simon iniciou o estágio como substituta da secretária-executiva do CEO do grupo empresarial C&H Medical Systems, nunca imaginou no que estava se metendo. Robert Carter, líder e maior autoridade dentro da empresa seria o seu chefe.

Não bastou mais do que um olhar para que Melissa entendesse que não tinha mais volta. Ela pertenceria a ele. Mas não sabia o que encontraria pela frente. Um jogo intrigante de sedução e descobertas, onde o amor é a única carta proibida. A entrega impensada a prazeres nunca antes sentidos e a certeza de que nada mais será como antes. Robert Carter é o chefe e ele estará no comando. Melissa Simon é a estagiária e estará disposta a obedecer às regras. Juntos, eles descobrirão que sexo, prazer e amor, nunca mais serão a mesma coisa. Função CEO é uma deliciosa trilogia, onde o amor nem sempre é o melhor caminho.

Como ele te inspira: O romance de Melissa Simon e Robert Cartes é muito intenso e a autora explora com riqueza de detalhes as cenas sensuais. Algumas passagens são extremamente provocantes e certamente atiçam a libido.

Reproduzir cenas quentes do casal de protagonistas será uma brincadeira muito divertida, pois muitas situações são possíveis de serem vividas na realidade.

Despedida de Solteira

MILA WANDER

Sinopse: Amande estava com tudo pronto para o seu casamento: *buffet* completo, salão de festa, garçons, fotógrafos, igreja, iluminação, filmagem, cerimonial, decoração, convites, vestido, maquiagem, depilação... Ela tinha absolutamente tudo sob controle. Ou melhor, quase tudo.

Sequer havia cogitado uma despedida de solteira! Guiada pelas suas amigas — e madrinhas — Amande descobrirá que nem tudo acontece como o planejado. Caleb é um garoto de programa pronto para mais um trabalho; proporcionar diversão e entretenimento na despedida de solteira de Amande, uma mulher organizada, viciada em limpeza e planejamento. O que Caleb não sabe é que um simples serviço pode mudar a sua vida para sempre.

Como ele te inspira: No decorrer da trama, Amande precisa repensar suas escolhas e sua vida, o que acaba influenciando em sua vida sexual.

Vale a pena para você refletir em como tem conduzido os seus caminhos e se suas escolhas foram as corretas e estão te deixando feliz. Nem sempre percebemos que estamos infelizes e uma brincadeira ou um encontro inesperado podem mudar todo o curso da vida.

Minha Pequena, Grande Mulher — Para Amar e Proteger

SIMONE FRAGA

Sinopse: Nem mesmo uma infância sofrida, cheia de abusos impediu que Júlia se tornasse uma mulher forte e independente, a frente dos negócios da família. Mas o passado retorna e traz com ele a melhor e a pior parte de sua história...

Lucas sempre protegeu a amiga de infância e por ela se apaixonou em segredo, um sentimento que só fez crescer durante todos esses anos, e nem mesmo a distância o fez diminuir. Quando o maior pesadelo de Júlia retorna, ele fará de tudo para mantê-la a salvo, de preferência ao seu lado e na sua cama.

Mas será que Júlia estará preparada para se entregar a um novo Lucas, que tem desejos e preferências que podem assustá-la? O amor, a confiança, o respeito e proteção, sentimentos que envolvem essa relação, serão fortes o suficiente para resistir e vencer o passado, e a violência que ela ainda terá que enfrentar?

Como ele te inspira: Júlia precisa se recuperar de um trauma que a deixava paralisada em suas escolhas. A presença de Lucas em sua vida fez com que ela desse um passo para frente, saindo da zona de conforto que a dominava.

Colocar-se no lugar da mocinha do livro a fará perceber que você é capaz de superar fortes machucados emocionais. É um livro com altas doses de erotismo e sensualidade.

Uma Breve História do Sexo

CLAUDIO BLANC

Sinopse: Na obra *Uma Breve História do Sexo*, o autor Claudio Blanc mostra ao leitor como a sociedade encarou o sexo desde os tempos mais longínquos da Pré-História, acompanhando as diferentes alterações passadas pelas concepções no decorrer da linha do tempo. A obra pode ser encarada como uma viagem pela história da humanidade, tendo o sexo como foco principal.

Como ele te inspira: Entender um pouco mais de como o sexo se desenvolveu em nossa sociedade a fará enxergá-lo mais naturalmente.

Quanto mais intimidade você possuir com o assunto, mais fácil será de lidar saudavelmente com sua vida sexual.

O Guia do Toco — Como Dar e Levar sem Perder o Bom Humor

LETICIA RIO BRANCO & FABI CIMIERI

Sinopse: *O Guia do Toco* foi escrito por e para mulheres que buscam ser livres e independentes, mas sonham em encontrar o Príncipe Encantado, mesmo sabendo que ele não existe. Ao contrário dos livros que ensinam a conquistar ou manter um relacionamento, neste guia nos debruçamos sobre o pior momento da vida amorosa: O TOCO.

Não importa quão linda, legal e bem-sucedida você seja, tem uma hora em que ele simplesmente acontece. Mas tudo pode ficar mais divertido, dependendo de como se encara o fato. Temos certeza de que você se identificará com muitas situações, principalmente as dos tocos clássicos, como o Toco Bina ou o "Toconfuso". Console-se, você não será a única.

Como ele te inspira: De forma bem-humorada, as autoras mostram que é possível se recuperar após uma desilusão amorosa. Muitas vezes, o fim de um relacionamento parece ser uma coisa impossível de se superar, mas ao perceber que não apenas você, mas diversas pessoas passam por isso, a transição acontece de maneira mais saudável e menos dolorida.

Percebemos com o guia que, na grande parte das vezes, o humor e a ironia são aliadas no momento de superar a dor.

Amor no Ninho

MARIBELL AZEVEDO

Sinopse: E se você fosse escolhida para ser irmã do amor de sua vida?

Em um mesmo ninho podem nascer diferentes tipos de amor. Irmãos adotivos, Marina e Daniel se tornam grandes amigos. O tempo passa e na medida em que eles crescem a semente do amor, enraizada em seus corações desde a infância, começa a germinar, desafiando assim as regras impostas por seus pais.

Ao tentar viver esse amor, o futuro se revelará traiçoeiro e cheio de armadilhas. Eles estarão preparados, para enfrentar todos os desafios que o destino lhes apresentar? Daniel e Marina, uma surpresa, o conflito, um segredo e a oportunidade de viver um *Amor no Ninho.*

Como ele te inspira: Uma história de amor muito controversa, entre dois irmãos adotivos, te fará pensar. Será que muitas vezes o grande amor da sua vida não está muito mais perto do que você imagina? Será que muitas vezes para que você seja bem-sucedida em seus relacionamentos não basta que você dê uma chance a si mesma?

É uma história que produz uma enorme reflexão, intercalando cenas bastante ousadas e bem escritas.

Cinquenta Tons de Cinza

E.L. JAMES

Sinopse: Quando Anastásia Steele entrevista o jovem empresário Christian Grey, descobre nele um homem atraente, brilhante e profundamente dominador. Ingênua e inocente, Ana se surpreende ao perceber que, a despeito da enigmática reserva de Grey, está desesperadamente atraída por ele. Incapaz de resistir à beleza discreta, à timidez e ao espírito independente de Ana, Grey admite que também a deseja — mas em seus próprios termos.

Chocada e ao mesmo tempo seduzida pelas estranhas preferências de Grey, Ana hesita. Por trás da fachada de sucesso — os negócios multinacionais, a vasta fortuna, a amada família —, Grey é um homem atormentado por demônios do passado e consumido pela necessidade de controle. Quando eles embarcam num apaixonado e sensual caso de amor, Ana não só descobre mais sobre seus próprios desejos, como também sobre os segredos obscuros que Grey tenta manter escondidos.

Como ele te inspira: A autora não poupa na riqueza de detalhes. As cenas de sexo entre Christian Grey e Anástia Steele são narradas com minúcia, e por isso a história ganhou fãs em todo o mundo e foi adaptada ao cinema.

É uma boa forma de se estimular a imaginação para criar formas de praticar sexo. Muitos livros foram escritos baseados nele e graças ao título, as obras consideradas eróticos voltaram à moda.

203 Maneiras De Enlouquecer Um Homem na Cama

OLIVIA ST. CLAIRE

Sinopse: Olivia St. Claire ensina técnicas sexuais, ressaltando o valor da criatividade num assunto tão importante. As seções *Preparando o palco*, *Preliminares fabulosas*, *Os segredos do bom sexo* e *Delícias orais* já dão uma ideia do conteúdo explosivo que espera o leitor. Por via das dúvidas, o livro traz um apêndice de princípios para o sexo seguro.

Como ele te inspira: Com dicas rápidas e diretas, a autora preparou um manual de sexo, ajudando a tirar algumas dúvidas de natureza prática, ensinando maneiras para facilitar a vida sexual, e serve também como inspiração para que você use a sua criatividade e veja o que é melhor no desenvolvimento e amadurecimento da sua sexualidade.

Criar uma meta para realizar os ensinamentos do título deixará a sua vida sexual divertida. É uma boa forma de inovar e criar maneiras inusitadas de sentir prazer.

Seduzida pelo Perigo

JC PONZI

Sinopse: Catherine Zimermann levava uma vida normal, sem luxos ou grandes ambições. Seus pais haviam morrido há alguns anos, e desde que seu irmão Chase, desiludido e revoltado com a vida, a deixara sozinha em sua cidade natal, Cath vivia um dia de cada vez, cursando sem pressa a faculdade de psicologia e trabalhando em uma lanchonete de dia, para pagar seus estudos à noite.

Até que um telefonema inesperado tira sua rotina dos trilhos. Chase está com a voz embargada e desesperada; está em um presídio na Califórnia, acusado de estupro e homicídio. Cath fica perdida. Apesar de há muito desconhecer o antigo irmão, dócil e carinhoso, nunca imaginara que ele seria capaz de tremenda brutalidade. Então ela segue para Califórnia, decidida a esclarecer tal história, com ânsia de provar que o que Chase alega é a mais pura verdade: ele é inocente.

Mas para isso, Cath precisa encontrar o verdadeiro culpado. O que fazer quando a verdade que procuramos está bem diante de nossos olhos? O que fazer quando o coração nos trai, e nos apaixonamos por quem deveríamos odiar? A vida não possui um roteiro. O destino sempre pode nos pregar uma peça.

Como ele te inspira: Com altas doses de sensualidade, o livro te envolve em um misto de suspense e erotismo, deixando a sua mente aberta e pronta para o amor, que pode acontecer de uma forma completamente improvável e repentina.

23 Noites de Prazer

JULIANNA COSTA

Sinopse: Nahia era uma garota tímida, insegura e insatisfeita com o seu trabalho em uma editora. Até conhecer, literalmente, o homem dos seus sonhos.

Ao visitá-la durante as noites, Amadeo libertou seus desejos sexuais mais profundos e, desde então, ela teve as experiências mais sensuais, quentes e inusitadas que uma mulher poderia ter. Essas aventuras ardentes a transformarão em uma mulher confiante e deslumbrante, pronta para desafiar todos ao seu redor e publicar o livro mais cobiçado do momento!

Como ele te inspira: A protagonista vive os mais variados tipos de aventuras sexuais, passando por casas de sexo, relacionamentos com outras mulheres e sexo com desconhecidos. Ela se abre completamente para uma vida intensa, sem freios ou barreiras, mostrando diversas possibilidades quando se deseja uma vida sexual mais aventureira.

DICA

É de minha autoria um livro chamado *100 Dias de Sensualidade*. Nele eu narro cem contos rechados de erotismo e sensualidade.

NESTE CAPÍTULO

Saiba como fazer um cardápio afrodisíaco

Aprenda receitas que inspiram o sexo

Capítulo 22
Dez Receitas Afrodisíacas

Frango Libidinoso

- 2 pedaços grandes de frango
- 20 g de cogumelos paris fatiados
- 30 g de margarina
- 1 tomate sem pele e sem caroço picado em cubos
- 1 colher de chá de farinha
- 2 colheres de sopa de conhaque
- 2 colheres de sopa de salsa picada
- 1 taça de champanhe
- 1 lata de creme de leite
- Sal a gosto
- Pimenta do reino a gosto

1. Envolva o frango com sal e pimenta preta e deixe marinando na geladeira por 2 horas.
2. Depois que ele marinar, retire-o da geladeira. Aqueça a margarina em uma panela e coloque o frango, dourando-o.
3. Coloque a farinha, o conhaque e pegue fogo. Junte os cogumelos e o tomate. Deixe cozinhar por 10 minutos. Junte o champanhe e deixe ferver 20 minutos em fogo baixo.
4. Depois, retire o frango, e conserve-o no calor. Junte o creme de leite, salpique a salsa e sirva.

Torradas Energéticas

- 200 g de queijo brie
- 4 colheres de sopa de mel
- Torradas de pão com gergelim
- 2 colheres de sopa de amêndoas torradas e laminadas
- 2 colheres de sopa de pistache torrados e laminados

1. Coloque o queijo brie em um prato ou uma forma e leve ao forno aquecido por 5 minutos. Retire assim que ele estiver macio. Regue com o mel. Salpicando com as amêndoas e os pistaches. Sirva quente, com as torradas.

Salada Sexy

1 dúzia de ovos de codorna

1 cebola grande cortada em cubos

1 tomate grande, sem semente, cortado em cubos

1 pé de radicchio

2 colheres de chá de salsa picada

Pimenta calabresa a gosto

Sal a gosto

5 colheres de chá de vinagre balsâmico

8 colheres de chá de azeite extravirgem

1 Cozinhe e descasque os ovos de codorna. Em uma vasilha, misture o tomate, a cebola, o sal, o azeite, o vinagre e a pimenta. Junte os ovos ainda mornos. Deixe marinar por meia hora. Lave e seque as folhas do radicchio, e sirva a mistura dentro das folhas. Salpique a salsa.

Sopa de Ostras Tentadoras

24 ostras

2 colheres de sopa de farinha de trigo

1 colher de chá de sal

1 pitada de pimenta

2 colheres de sopa de água

1 litro de leite

25 g de manteiga

Colorau a gosto

1 Misture a farinha de trigo com o sal, pimenta e duas colheres de sopa de água. Junte às ostras sem as conchas, mas com seu líquido. Cozinhe em fogo baixo, até as bordas se recurvarem. Acrescente aos poucos o leite. Deixe ferver. Tire a panela do fogo e deixe descansar por 15 minutos. Escalde a sopeira com água bem quente. Ponha no fundo a manteiga. Leve a sopa novamente ao fogo. Quando começar a ferver, despeje na sopeira. Antes de servir, salpique o colorau.

Arroz Provocador

400 g de arroz

300 g de camarões limpos

100 g de ervilhas cozidas

2 rodelas de abacaxi em calda, em cubinhos

½ pimentão vermelho sem sementes, em cubinhos

1 cebola em cubinhos

40 g de manteiga

Curry a gosto

Sal a gosto

1 Cozinhe o arroz em água temperada com sal durante 15 minutos. Coloque a manteiga em uma panela e leve ao fogo. Junte a cebola até dourar. Adicione os camarões e deixe por 4 minutos. Acrescente o pimentão, o abacaxi e as ervilhas. Adicione o arroz cozido e tempere com sal e o curry.

Salmão Tântrico

1 filé de salmão

2 colheres de sopa de cebolinha

1 colher de sopa de manjericão

1 colher de chá de pimenta malagueta sem semente

1 colher de chá de gengibre moído

1 colher de chá de alecrim

Suco de 1 limão siciliano

1 colher de chá de azeite extravirgem

4 folhas de alho-poró

20 ml de saquê

Sal a gosto

1 Tempere o filé de salmão com sal. Junte a cebolinha, o manjericão, a pimenta malagueta, o gengibre e o alecrim picados. Regue com o suco de limão e o azeite de oliva. Enrole o salmão nas folhas de alho-poró e amarre com barbante. Faça um envelope com papel-alumínio, coloque o salmão e cubra-o com 20 ml de saquê. Feche bem o envelope e leve ao forno por, pelo menos, oito minutos.

Cogumelos Enlouquecedores

100 g de champignons

250 g de aspargos

3 colheres de sopa de maionese

Sal a gosto

3 colheres de sopa de manteiga

1 colher de sopa de iogurte

Folhas de alface americana

1 Coloque os champignons em água quente por 5 minutos. Fatie-os. Em uma frigideira, aqueça a manteiga e junte os champignons por 5 minutos. Cozinhe os aspargos, escorra e corte em pequenos pedaços. Junte os champignons. Coloque cuidadosamente a mistura sob as folhas de alface. À parte, misture a maionese, o iogurte e o sal e coloque por cima da salada.

Salada de Frutas Molhadinha

1 abacaxi

1 manga

1 mamão papaia

1 romã

3 kiwis

3 bananas

1 cacho de uvas pretas

1 maçã vermelha

1 laranja

Água de rosas

20 ml de refrigerante de limão

1 espumante branco

8 colheres de açúcar

1 Parta o abacaxi ao meio, e retire a sua polpa, aproveitando na salada. Separe as cascas. Coloque todas as frutas picadas em uma travessa. Misture o açúcar, a água de rosas, o espumante e o refrigerante. Coloque com as frutas e misture delicadamente. Leve à geladeira. Sirva na casca do abacaxi.

Torta de Afrodite

Ingredientes para a massa:

1 pacote de biscoito maizena triturado

2 colheres de sopa de margarina

Ingredientes para o recheio:

1 lata de leite condensado

2 colheres de sobremesa de gengibre ralado

1 lata de creme de leite sem soro

9 colheres de sopa de leite em pó

1 colher de sopa de margarina sem sal

Ingredientes para a cobertura:

1 tablete de chocolate meio amargo

1 lata de creme de leite sem soro

1. Comece pela massa. Triture no liquidificador ou no processador o biscoito e junte a manteiga. Forre uma forma com essa massa e leve ao forno por 10 minutos. Reserve.
2. Depois prepare o recheio. Leve ao fogo baixo o leite condensado, a margarina e o gengibre, até formar um brigadeiro bem firme. Ele estará no ponto quando a mistura estiver se soltando do fundo da panela. Retire do fogo e acrescente o leite em pó e o creme de leite. Reserve.
3. Faça a cobertura, levando o creme de leite ao fogo. Não deixe ferver. Quando estiver quente, misture o chocolate meio amargo picado, até ficar homogêneo.
4. Monte a torta, cobrindo a massa com o recheio, despejando a cobertura. Sirva gelado.

Amendoim Luxurioso

300 g de amendoim torrado e moído

200 g de manteiga sem sal

200 g de açúcar

4 gemas

1 lata de creme de leite gelado e sem soro

2 pacotes de biscoito maizena

1 Bater as gemas, a manteiga e o açúcar até transformar-se em um creme. Adicione o creme de leite suavemente. Coloque em uma travessa de vidro uma camada de biscoitos umedecidos em leite morno, intercalando com uma do creme e outra de amendoim até preencher toda travessa. Gelar por 12 horas.

NESTE CAPÍTULO

Aprenda a fazer drinks estimulantes

Saiba como usufruir de bebidas que ajudam a desinibição

Capítulo 23
Dez Drinks Estimulantes

Orgasm Drink

20 ml de vodca

1 colher de sopa de amendoim torrado e triturado

20 ml de leite condensado

10 ml de catuaba

Calda de chocolate para decorar

Gelo a gosto

1 Bata no liquidificador a vodca, o amendoim, o leite condensado, a catuaba e o gelo. Sirva em taças e decore com calda de chocolate.

Quentão Provocador

800 g de açúcar cristal

1 colher de sobremesa de cravo da índia

300 g de gengibre ralado

2 paus de canela

2 limões em rodelas

1 ½ litros de água fervendo

1 litro de cachaça

1 Coloque o açúcar em uma panela funda e leve ao fogo para caramelar. Acrescentar o cravo, o gengibre, a canela e o limão. Quando estiver com a textura de caramelo, acrescente água e deixe ferver por 10 minutos em fogo baixo. Desligue o fogo. Adicione a cachaça. Ligue novamente o fogo e deixe ferver por 10 minutos. Coe e sirva quente.

Vermelho

90 ml de suco de cranberry

90 ml de suco de maçã

30 ml de mel

1 cereja ao marrasquino

1 Encha um copo com gelo e reserve. Sirva os sucos e o mel em um mixer e misture até ficar homogêneo. Sirva em copo alto, com a cereja em cima do gelo.

Luxuria de Café

30 ml vodca

20 ml de café

20 ml de licor de framboesa

Chantili

1 Sirva a vodca, o café e o licor em uma coqueteleira. Adicione gelo e bata por aproximadamente 10 segundos. Sirva em taça de martini e cubra com o chantili.

Sex On The Beach

40 ml de vodca

20 ml de licor de pêssego

300 ml de suco de laranja

40 ml de suco de cranberry ou groselha

Gelo

1 Em um copo com gelo adicione o licor de pêssego e a vodca, junte o suco de cranberry ou a groselha e o suco de laranja. Enfeite com uma cereja.

Tentação

20 ml de vodca

1 colher de sopa de amendoim torrado

20 ml de leite condensado

10 ml de catuaba ou vinho comum

Calda de chocolate

Gelo

1 Bata todos os ingredientes no liquidificador, exceto a calda de chocolate, que deverá ser colocada em uma taça alta antes de servir a bebida.

Elixir de Afrodite

Gelo

3 cálices de vodca

1 ½ cálice licor de pêssego

1 ½ cálice de rum

3 cálices de suco de laranja

3 cálices de suco de framboesa

3 cálices de suco de abacaxi

1 Junte todos os ingredientes em uma coqueteleira e misture energicamente por 10 segundos. Sirva em um copo baixo, com uma fatia de abacaxi para decorar.

Uísque Sexy

1 copo de uísque

3 colheres de sopa de leite condensado

3 colheres de sopa de açúcar

Gelo

1 cereja

1 rodela de laranja

1 Despeje o uísque, o leite condensado e o açúcar no liquidificador. Bata bem, até formar bastante espuma. Sirva nos copos de uísque com gelo. Decore com a cereja e com a rodela da laranja.

Rainha da Paixão

1 copo de licor de cereja

1 copo de suco de grapefruit

Gelo

1 cereja

1 Coloque todos os ingredientes (exceto a cereja) em uma coqueteleira e agite bem. Sirva em copos de martini decorados com uma cereja.

Boca Apimentada

50 g de manga

2 doses de vodca

1 colher de sopa de açúcar

1 pimenta dedo-de-moça em tiras

Gelo triturado

1 Retire as sementes da pimenta. Coloque a manga no fundo do copo, junto com a pimenta e o açúcar e amasse com um pilão. Acrescente a vodca e mexa com uma colher até diluir o açúcar. Complete o copo com o gelo.

NESTE CAPÍTULO

Faça uma seleção musical extremamente sensual

Capítulo 24
Dez Músicas que Despertam a Sensualidade

Lounge

MARIA GADÚ

Eu e você assim de perto dá

Pra eu me perder de vez nas tuas tintas

Me dê uma noite, um pouco da manhã

Só pra eu sacar se os olhos mudam de cor...

A voz rouca da Maria Gadú inspira a sensualidade. O ritmo cadenciado é uma boa pedida para uma dança agarradinha com o parceiro. A letra é extremamente sensual e provocante.

Vamos suar

Com o veneno da serpente

Que eu roubei pra te picar...

Sugestão de como usar a música: Prepare um jantar à luz de velas, com pratos afrodisíacos. Sirva vinho em belas taças. Coloque a música e convide a pessoa que está com você para dançar.

Paixão

KLEITON E KLEDIR

Amo tua voz e tua cor

E teu jeito de fazer amor

Revirando os olhos e o tapete,

Suspirando em falsete

Coisas que eu nem sei contar...

Com uma pegada romântica, a música de Kleiton e Kledir se encaixa com momentos de declarações de amor. A letra é muito bonita e a melodia gostosa de ouvir em situações de intimidade.

Ser feliz é tudo que se quer!

Ah! Esse maldito fecho-éclair

De repente, a gente rasga a roupa

E uma febre muito louca

Faz o corpo arrepiar...

Sugestão de como usar a música: Chame o parceiro para um passeio em um local bonito e charmoso, como um parque ou na beira da praia, em um final de tarde, para que vocês possam admirar o pôr do Sol. Quando estiverem caminhando de mãos dadas, saque os fones de ouvido e peça para ele ouvir a música, prestando atenção na letra.

Bem que Se Quis

PINO DANIELE E NELSON MOTTA

Mas tanto faz,

já me esqueci de te esquecer porque

o teu desejo é o meu melhor prazer

e o meu destino é querer sempre mais,

a minha estrada corre pro seu mar...

A grande intérprete desta música é Marisa Monte. Seu timbre sensual é inspirador e único. Trata-se de uma grande declaração de desejo, com forte intensidade sexual.

Agora vem pra perto vem

vem depressa vem sem fim, dentro de mim

que eu quero sentir

o teu corpo pesando sobre o meu,

vem meu amor vem pra mim,

me abraça devagar,

me beija e me faz esquecer...

Sugestão de como usar a música: coloque no carro para vocês escutarem quando estiverem saindo de uma balada ou festa. Fazendo carinhos, diga sensualmente tudo o que você pretende fazer quando chegarem.

Mania de Você

RITA LEE

Meu bem você me dá água na boca

Vestindo fantasias, tirando a roupa

Molhada de suor

De tanto a gente se beijar

De tanto imaginar loucuras...

Rita Lee sempre soube como expressar seus desejos e paixões, e nesta música ela faz uma poesia sobre como uma mulher pode se entregar totalmente às suas vontades sexuais com a pessoa que deseja.

A gente faz amor por telepatia

No chão, no mar, na lua, na melodia

Mania de você

de tanto a gente se beijar

de tanto imaginar loucuras

Sugestão de como usar a música: Coloque seu parceiro sentado em uma cadeira à sua frente. À meia luz, vá lentamente tirando a sua roupa para ele, olhando nos seus olhos e cantando junto com a Rita Lee, para que ele perceba todo o seu desejo.

Por Você

ROBERTO FREJAT / GUTO GOFFI / MAURO SANTA CECÍLIA

Por você

Eu dançaria tango no teto

Eu limparia

Os trilhos do metrô

Eu iria a pé

Do Rio a Salvador...

Uma das mais intensas declarações de amor já cantadas em língua portuguesa, tem uma interpretação magnífica na voz potente do Frejat. No fundo, o que todos os apaixonados sentem é que fariam algumas loucuras em nome do seu amor, e esta música retrata bem esse sentimento.

Eu mudaria

Até o meu nome

Eu viveria

Em greve de fome

Desejaria todo o dia

A mesma mulher...

Sugestão de como usar a música: Em um dia especial, passe algumas mensagens pelo celular com pequenos trechos da música. E, ao final do dia, mande um áudio com a música inteira.

Palpite

VANESSA RANGEL

Tô com saudade de você

Debaixo do meu cobertor

E te arrancar suspiros

Fazer amor

Tô com saudade de você

Na varanda em noite quente

E o arrepio frio

Que dá na gente...

A música "Palpite" ficou famosa em todo Brasil quando foi tema da novela *Por Amor*, da Rede Globo, e dava o tom romântico ao casal queridinho do público. Trazendo uma batida sensual, é uma ótima pedida para aquecer os momentos de amor.

Tô com saudade de você

Do nosso banho de chuva

Do calor na minha pele

Da língua tua

Tô com saudade de você

Censurando o meu vestido

As juras de amor

Ao pé do ouvido...

Sugestão de como usar a música: Jogue pétalas de rosas vermelhas no chão, traçando um caminho da sala até a cama. Espalhe também itens de um "kit sensual" como chantili e uma máscara para tampar os olhos. Com o som ligado, peça que ele siga o caminho e vá recolhendo itens.

Tatuagem

CHICO BUARQUE

E também pra me perpetuar

Em tua escrava

Que você pega, esfrega

Nega, mas não lava...

Chico Buarque é o grande captador dos sentimentos da alma feminina. Como ninguém, ele sabe interpretar e retratar os devaneios, angústias e sentimentos de uma mulher, de uma forma única e verdadeira. Em *Tatuagem*, o compositor deixa claro o seu brilhantismo.

Quero pesar feito cruz

Nas tuas costas

Que te retalha em postas

Mas no fundo gostas

Quando a noite vem...

Sugestão de como usar a música: Escreva a letra da música à mão em um papel bonito e envie para ele pelos correios, para que seu parceiro se surpreenda completamente ao receber a correspondência.

Caça e Caçador

FÁBIO JÚNIOR

Você pintou como um sonho

Eu fui atrás com tudo

Se isso são coisas do amor

Acredito que estou

Vivendo em outro mundo...

As músicas do Fábio Júnior costumam retratar um amor intenso e paixões avassaladoras. Nesta letra, ele fala sobre prazer, desejo e intensidade. Compara a sua amada com o brilho das estrelas e fala sobre (falta de) prazo de validade para os relacionamentos amorosos.

E se um grande prazer

Rola pelo ar

Brilhante como

Uma estrela

Leve e louco

Sem pressa de acabar

A gente nem pensa na hora

Passa dia e noite assim...

Sugestão de como usar a música: Convide-o para um karaokê e se inscreva para cantar esta música. Antes de se apresentar, sussurre em seu ouvido trocadilhos com o título da música, sugerindo o que pretende fazer com ele.

Safada

CHICO ANYSIO

Eu te quero assim

Safada, sacana

Me pedindo grana

Ouvir seu gemido

Quando a gente ama

Guardar em segredo

O que a gente faz...

Escrita por Chico Anysio, esta música ficou eternizada na voz do astro do brega, o saudoso cantor Wando. De uma maneira rasgada, o compositor expressou todo o seu desejo por um relacionamento sem pudores e sem amarras, como só quem tem muita intimidade pode conseguir.

Eu te quero assim

Fazendo uma cama

Na nossa banheira

Fazendo por cima

De lado, ou de beira

Pedindo me espere

Que eu quero mais

Huuum!...

Sugestão de como usar a música: Vá para um hotel ou motel, em uma suíte que tenha uma banheira de hidromassagem. Coloque a música, entre na água morna com o seu parceiro (não se esqueça de colocar sais de banhos afrodisíacos), e curtam a música com muitos beijos apaixonados.

Dois Pra Lá, Dois Pra Cá

JOÃO BOSCO

Sentindo o frio

Em minha alma

Te convidei prá dançar

A tua voz me acalmava

São dois prá lá

Dois prá cá...

Elis Regina foi a mais sensual intérprete desta melodia. Falando da dança de um casal apaixonado, a letra vai nos levando a imaginar o clima de paixão que acontecia entre eles, e claro, inspirando a fazer o mesmo.

A tua mão no pescoço

As tuas costas macias

Por quanto tempo rondaram

As minhas noites vazias...

Sugestão de como usar a música: Coloque um vestido de festa e peça para o seu parceiro se vestir elegantemente. Prepare o local com flores e velas, de maneira muito romântica. Sirva taças de champagno e convide-o para uma dança elegante e sexy.

NESTE CAPÍTULO

Conheça mulheres que revolucionaram com sua sensualidade

Aprenda as lições de mulheres notadamente sensuais

Capítulo 25
Dez Grandes Nomes da Sensualidade

Cleópatra

Nascida em outubro de 69 a.C, Cleópatra foi a rainha grega do Egito. Nasceu em Alexandria e era filha dos reis gregos do Egito, os ptolomaicos.

Foi uma mulher à frente do seu tempo. Ela influenciou muitas decisões de Alexandre — o imperador que mais conquistou terras em toda a história, da Europa à Índia e maior líder militar que já existiu.

Como era grega, para garantir a legitimidade como Rainha do Egito, ela precisava provar a sua ascendência divina. Os ptolomaicos faziam isso casando-se entre eles, e assim Cleópatra casou com seu irmão Ptolomeu. Acontece que os dois começaram a disputar o poder, e assim ela foi buscar proteção em Roma. Chegou lá escondida em um tapete, pedindo socorro a Júlio César, que se impressionou com a coragem e inteligência da Rainha. Viveu um tórrido romance com Júlio César. Dizem que a atração física dos dois foi instantânea. Mesmo com o passar do tempo, César continuava apaixonado por ela e construiu um templo em sua homenagem, com uma estátua de sua amada. E, sendo casada com o homem mais poderoso do mundo, tornou-se a mulher mais poderosa. Eles tiveram um filho, chamado Cesário. Acontece que Cleópatra não amava Roma, gostava do Egito, onde era tida como uma Deusa, por sua ascendência.

César acabou assassinado por inimigos políticos e Cleópatra voltou para o Egito com seu filho. Roma estava em declínio político e econômico, contudo, Cleópatra explorou as estradas de comércio e conseguiu reverter a situação. Quem lhe ajudou foi o general Marco Antônio, e os dois acabaram por ter um romance. Cleópatra engravidou dele e teve gêmeos. O general precisou partir para uma batalha e deixou Cleópatra no Egito. Tempos depois, enviou uma carta à Rainha, informando que ele a tinha trocado por outra mulher.

Quando Marco Antonio retornou, pedindo para se reconciliar com Cleópatra, ela, magoada, criou uma espécie de pacto nupcial, condicionado às riquezas do Egito, deixando para ela a região da Arnúbia, Chipre, Sinai, Armênia, Norte da África e Fenícia, ocasionando uma terrível pressão em Roma, pois agora uma rainha do Egito tinha terras conquistadas com "sangue romano".

Por mais incrível que possa parecer, Cleópatra não era uma mulher fatal, como povoa a imaginação coletiva. Sua beleza não era arrebatadora, e essa imagem passou ao mundo após Elizabeth Taylor representá-la no filme dirigido por Roubem Mamoulian e Joseph L. Mankiewick, baseado na obra de Carlo Mario Franzero. O que a tornou sexy em seu tempo foi o fato de ser ambiciosa, determinada e inteligente. Tinha o conhecimento de seis línguas e entendia de artes.

Com cabelos avermelhados, era muito espirituosa. Foi a mulher mais famosa de sua época, e era extremamente vaidosa. Fazia muitos tratamentos de beleza, como banhos de leite para hidratar a pele. Gostava muito de maquiagem e popularizou o *kohl*, uma mistura de chumbo e carvão, utilizada para pintar os olhos de preto.

Segundo o historiador Plutarco, mesmo sem ser uma mulher bela, ela se valia de seus demais atributos para alcançar seus objetivos.

O filme "Cleópatra", de 1963, narra a ascensão e a queda da Rainha do Egito. Com direção do Joseph L. Mankiewicz, a história conta sobre suas ambições políticas e seus relacionamentos com Júlio César e Marco Antônio. No papel principal, a presença ilustre de Elizabeth Taylor.

Frida Kahlo

A mexicana Frida Kahlo nasceu em Coyoacán, no dia 6 de julho de 1907. Seu pai era alemão e sua mãe de origens indígena e espanhola. Criada em uma família bastante católica, seus pais tiveram quatro filhas, em um casamento muito infeliz.

Aos seis anos, ela teve poliomielite, que lesionou o seu pé. Aos 18 anos sofreu um grave acidente de bonde, que a deixou com sequelas e dores crônicas para o resto da vida. Ficou meses hospitalizada, pois o para-choque de um dos veículos perfurou o seu corpo, atravessando sua pélvis e saindo pela vagina. No hospital, Frida pintou o seu sofrimento em alguns quadros como no famoso *A coluna partida*.

Casou-se com o pintor Diego Rivera. Os dois eram comunistas e defendiam o México. Ele influenciou o trabalho da esposa, passando a adotar um estilo considerado ingênuo, com zonas de cores amplas e simples.

Os dois tinham um relacionamento conturbado, no qual existia muita infidelidade. Diego sabia da sua bissexualidade e não considerava traição quando ela ia para cama com outras mulheres. Mas não aceitava que ela tivesse outros homens. Os dois se separaram várias vezes e, em uma dessas separações, Diego pediu que Frida recebesse em sua casa Leon Trotsky, que buscava asilo político no México. A pintora e o filósofo viveram um tórrido romance.

Mesmo tendo graves problemas de coluna e um estilo totalmente fora dos padrões convencionais de beleza, Frida Kahlo seduzia homens e mulheres com o seu estilo exótico. Suas saias longas e coloridas, e muitas flores no cabelo, marcaram o seu estilo único.

A última anotação de Frida em seu diário foi "Espero que minha partida seja feliz e espero nunca mais regressar", e Diego disse em sua autobiografia que o dia da morte da sua esposa foi o mais trágico da sua vida.

A vida da pintora foi parar nos cinemas, com a direção de Julie Taymor e Salma Hayek no papel principal. Nele, vemos a importância do nome da artista na história do México e sabemos detalhes de sua vida, tal como seu agitado casamento com Diego Rivera e seus relacionamentos com *Trotsky* e com várias mulheres.

Marilyn Monroe

Seu nome de batismo era Norma Jeane Mortenson. Nasceu em Los Angeles, no dia 1º de junho de 1926. Começou sua carreira como modelo e se tornou atriz. Foi criada na Califórnia. Sua mãe era constantemente internada por problemas psiquiátricos, e assim Norma Jane cresceu em casas de família e orfanatos.

Marilyn relatou que sofreu diversos abusos sexuais na sua infância e adolescência e psicólogos relacionam isso a alguns transtornos que ela sofria, como hiperssexualidade, insônia e medo de escuro.

Ela foi descoberta pelo fotógrafo Davis Conover, que estava na fábrica onde Norma Jeane trabalhava. Ele faria uma matéria para a revista Yank sobre as mulheres que ajudavam a produzir o armamento de guerra. Ela posou para ele, que gostou tanto que passou a convidá-la para diversos trabalhos. Em dois anos, Norma Jeane tornou-se referência de beleza, sendo capa de jornais e revistas. Seu primeiro contrato com o cinema foi com a Century Fox, em 1946. Foi nesse período que pintou o cabelo de loiro e passou a usar o nome "Marilyn Monroe".

Foi a primeira mulher a fazer um ensaio para a Playboy. Começou a fama das "loiras burras", mas de burra ela não tinha nada. Estudou artes dramáticas na *Actors Studio*, foi indicada ao Globo de Ouro por sua atuação no filme *Nunca fui santa*, de 1956, mas só ganhou um em 1959, com o filme *Quanto mais quente melhor*. Fundou uma produtora, *Marilyn Monroe Productions*.

Marilyn começou com papéis pequenos e sem fala no cinema. Contudo, seu talento para a comédia e sobretudo a sua sensualidade fizeram com que ela conquistasse personagens de destaque. Nos anos 1950, ela era uma das mais populares estrelas de cinema. Passava a imagem de inocente e frágil, mas, ao mesmo tempo, era dominante e sedutora.

A *American Film Institute* a classificou em 1999 como a sexta maior estrela feminina de todos os tempos.

CURIOSIDADE

Você sabia que uma das cenas mais sexys de toda história foi quando Marilyn cantou *parabéns para você*? O fato aconteceu no Madison Square, no aniversário do presidente americano John Kennedy. O vestido que a cantora usava era tão apertado que teve que terminar de ser costurado no próprio corpo. E a sua respiração ofegante, que tornou a apresentação tão sensual, se deu ao fato de ela ter que ir correndo, pois estava atrasada, e ao vestido apertado que dificultava ainda mais a respiração.

A mistura de uma aparência vulnerável e inocente com uma sensualidade pulsante a tornaram uma mulher desejada em todo o mundo.

Elizabeth Taylor

Elizabeth Rosemond Taylor nasceu dia 27 de fevereiro de 1932, na Inglaterra. Em decorrência da Segunda Guerra Mundial, sua família se mudou para os Estados Unidos.

Começou a trabalhar ainda criança, pois sua beleza, especialmente os seus olhos de um raro azul-violeta, chamavam muita atenção. Ficou conhecida mundialmente quando participou do filme *Lassie Come Home*, em 1943. Casou-se oito vezes e teve três filhos biológicos e um adotivo.

Quando estava gravando Cleópatra, Elizabeth Taylor foi hospitalizada com uma inflamação nos dois pulmões e a notícia espalhou-se em todo o mundo. Quando conseguiu se recuperar, finalizou o filme, e nesse mesmo período, ainda debilitada, recebeu o Oscar pelo filme *Butterfield 8*.

Foi a atriz mais bem paga em todo o mundo e a primeira a receber um cachê de um milhão de dólares. Sua imagem era envolta por uma névoa de intenso glamour e luxo. Era colecionadora de joias e considerada uma diva dos anos de ouro do cinema norte-americano.

CURIOSIDADE

Aos 15 anos começou a se tornar um símbolo sexual, quando trabalhou no filme *Life With Father*. Por ser muito nova, para que o decote de Elizabeth Taylor não mostrasse mais do que devia nas telas, ela gravou o filme com uma laranja entre os seios. Assim, todas as vezes que o *cameraman* percebesse a laranja na cena, eles teriam que regravar com a câmera mais afastada.

Durante a gravação de Cleópatra, Richard Burton declarou que ela parecia "uma pornografia ambulante", tamanha a sua sensualidade. A cena do beijo dos dois foi repetida quatro vezes para que pudesse ser gravada, e o diretor Joseph L. Mankiewicz teve que dar uma bronca nos dois por tamanho "realismo". Disse: "vocês dois, importam-se que eu diga corta?".

Sophia Loren

Nascida em Roma, no dia 20 de setembro de 1934, Sofia Villani Scicolone não foi registrada pelo pai e foi criada por sua mãe, uma professora de piano e aspirante a atriz. Na época da Segunda Guerra Mundial, durante um ataque, Sophia foi atingida no queixo por estilhaços de uma bomba. Esse acontecimento fez com que a família se mudasse para Nápoles.

Aos 14 anos, participou de um concurso de beleza, em que ficou entre as figurantes, mas acabou não ganhando. Isso não a desestimulou, ela se matriculou em um curso de atuação e acabou sendo selecionada para um filme.

Foi a primeira atriz a ganhar um Oscar sem falar inglês. Em 1999, entrou para a lista das 25 lendas do cinema americano de todos os tempos da *American Film Institute*. Faz parte do *Guinness Book* como a atriz mais premiada da Itália.

Foi considerada um símbolo sexual não apenas pela sua beleza, mas também pelos papéis de extrema sensualidade que desempenhou no cinema, com nomes como Frank Sinatra e Marlon Brando.

CURIOSIDADE

Por pouco, Sophia Loren não interpretou *Tieta*, personagem de Jorge Amado. Antes da produção de Cacá Diegues, Lina Wertmüller desejava rodar *Tieta*, com a musa italiana como protagonista.

É conhecida por ser muito inteligente e tem várias frases famosas. Foi a primeira celebridade a lançar a sua própria linha de perfumes, em 1981.

ALGUMAS DE SUAS FRASES FAMOSAS:

> *Nunca tentei bloquear as memórias do passado, embora algumas sejam dolorosas. Não entendo as pessoas que se escondem de seu passado. Tudo o que você viveu fez de você a pessoa que você é agora.*
>
> *Beleza é a forma como você se sente por dentro, e isso reflete em seus olhos. Não é uma coisa física.*
>
> *Há uma fonte da juventude: é sua mente, seus talentos, a criatividade que você traz para a sua vida e as vidas das pessoas que você ama. Quando você aprender a explorar esta fonte, você terá verdadeiramente derrotado a idade.*
>
> *Ser bonita pode nunca machucar, mas você tem que ter mais. Você tem que reluzir, você tem que ser divertida, você tem que fazer o seu cérebro funcionar, se você tiver um.*
>
> *Não posso suportar ser vista nua. Eu não sou exatamente uma mulher pequena. Quando Sophia Loren está nua, há uma grande quantidade de nudez.*
>
> *Acho que a qualidade da sensualidade vem de dentro. É algo que está em você ou não está e ela realmente não tem a ver com seios, ou coxas, ou seus lábios.*
>
> *Se você nunca chora, seus olhos não podem ser belos.*

Brigitte Bardot

FIGURA 24-1: Brigitte Bardot estreou o socialmente rejeitado biquíni no filme "E Deus Criou a Mulher".

A francesa Brigitte Anne-Marie Bardot nasceu no dia 28 de setembro de 1934. Sua mãe a influenciou nas artes, e em 1947 foi aprovada no conservatório de dança e música de Paris — o *Conservatoire National Supérieur de Musique et de Danse de Paris* —, onde cursou balé por três anos.

Aos quinze anos começou a fazer trabalhos de moda, e em 1950 foi a capa da revista *Elle*, despertando a atenção do cineasta Roger Valdim, que a convidou para fazer um teste para o filme *Les lauriers sont coupés*. A atriz foi selecionada, mas o filme não foi rodado. Contudo, ali deu início à sua carreira de atriz.

Aos 17 anos estreou no cinema, com o filme *Le Trou normand*, e acabou se casando com Roger Vadim dois anos depois.

Fez vários filmes sem grande sucesso, mas não despertava a atenção da mídia. Seu marido estava descontente com o fato e a chamou para estrelar o seu filme *E Deus Criou a Mulher*, em 1956. Bardot atuou com Jean-Louis Trintignant, e a película trazia uma adolescente amoral numa cidade pequena do litoral francês. Foi um escândalo mundial. O filme foi proibido em alguns países e a Liga da Decência Católica o condenou.

Esse filme se tornou um clássico e alçou a atriz ao título de símbolo sexual. Vários tabus foram quebrados e a personagem vivia sua sexualidade de forma natural, o que era um choque para a época. Muitos críticos dizem ser a melhor atuação de Bardot e o filme onde ela esteve mais bonita e sensual.

Em 1985, foi premiada com a Legião de Honra Francesa, mas recusou o prêmio. Afastou-se da vida pública para se tornar uma das maiores ativistas dos direitos dos animais.

Foi considerada o grande símbolo sexual dos anos 1950 e 1960 e uma mulher muito à frente do seu tempo. Mesmo sem ganhar prêmios, sua presença causava grande repercussão na imprensa. O termo "Bardot Mania" foi criado para identificar o seu estilo, natural e misturando uma ninfeta com uma mulher fatal.

Seu cabelo longo e seu jeito sexy marcou homens e mulheres no mundo todo, e a Revista TIME a elegeu como um dos 100 nomes mais influentes na história da moda.

Algumas de suas frases mais famosas:

- "Sou combativa. Não devemos ser passivos na vida. Devemos servir para alguma coisa."
- "Se eu aparentasse 30 anos, alguma coisa estaria errada. Eu tenho rugas. E daí?"
- "Minha primeira vida me permitiu vencer nesta segunda. Se eu não tivesse sido Brigitte Bardot e me tornado conhecida em todo o mundo, nunca teria feito um décimo do que faço agora pelos animais."
- "Nunca tive noção do impacto que provocava. Fui sempre o que fui e quis ser."
- "Não sou feliz, mas não sou infeliz."
- "Sou consciente de que deixei a minha marca."
- "Tive êxito na vida. Agora tento fazer da minha vida um êxito."
- "Se me beijares, nunca mais me esquecerá."
- "Qualquer idade pode ser encantadora desde que você a viva."

Sônia Braga

No dia 8 de junho de 1950, em Maringá (PR), nascia Sônia Maria Campos Braga. Com apenas um ano, mudou-se para diversas cidades, até que sua família se estabilizou em São Paulo.

Aos 14 anos, começou a trabalhar na TV Tupi, fazendo pequenos papéis em teleteatros infantojuvenis. Fez parte de um grupo teatral da região do ABC. Mas seu primeiro papel como profissional foi em 1968, no musical *Hair*. Ficou famosa em todo país em 1970, na novela *Irmãos Coragem*, da TV Globo. E firmou-se em 1972, quando foi a professora Ana Maria, do infantil Vila Sésamo.

Caetano Veloso compôs duas músicas em sua homenagem, "Tigresa" e "Trem das Cores".

TRECHO DE TIGRESA

Uma tigresa de unhas negras e íris cor de mel

Uma mulher, uma beleza que me aconteceu

Esfregando a pele de ouro marrom do seu corpo contra o meu

Me falou que o mal é bom e o bem cruel

[...]

Ela me conta que era atriz e trabalhou no Hair

Com alguns homens foi feliz, com outros foi mulher

Que tem muito ódio no coração, que tem dado muito amor

E espalhado muito prazer e muita dor

TRECHO DE TREM DAS CORES

A franja da encosta cor de laranja, capim rosa chá

O mel desses olhos luz, mel de cor ímpar

O ouro ainda não bem verde da serra, a prata do trem

A lua e a estrela, anel de turquesa

Em 1975 interpretou Gabriela, numa adaptação da obra de Jorge Amado, *Gabriela, Cravo e Canela*. Foi quando Sônia Braga tornou-se o maior símbolo sexual do Brasil. No filme que se passa na Bahia, a personagem tem uma beleza estonteante, misturando uma ingenuidade de moça recém-chegada do interior, e o comerciante Nacib, vivido por Marcelo Mastroianni se vê enfeitiçado por ela.

A sensualidade da atriz foi exportada para o mundo. Em uma visita a Portugal, precisou de batedores e guarda-costas, tamanho furor que causava.

No cinema, interpretou outros personagens de Jorge Amado, nos filmes *Dona Flor e Seus Dois Maridos*, em 1976, com José Wilker e Mauro Mendonça, e *Tieta*, em 1996, com direção de Cacá Diegues.

Nos anos 1980, decidiu dedicar-se com exclusividade ao cinema e ganhou o prêmio de melhor atriz no Festival de Cinema de Gramado em 1981, com o filme

Eu Te Amo, com direção de Arnaldo Jabor. Em 1985, quando protagonizou o filme *O Beijo da Mulher Aranha* com Raul Julia e William Hurt, o cinema internacional se rendeu a ela, que foi indicada ao Globo de Ouro.

Sharon Stone

No dia 10 de março de 1958, nascia na Pensilvânia Sharon Vonne Stone. Na infância teve um desempenho escolar muito acima da média e foi classificada como superdotada, com um QI de 154,2. Mas, seu comportamento com os colegas era antissocial e a jovem possuía distúrbios de imagem. Aos 15 anos ingressou na faculdade.

Na adolescência, chegou a trabalhar meio período no McDonald's. Sua carreira artística começou aos 19 anos, quando foi candidata a Miss Pensilvânia. Foi contratada pela Ford Models e mudou-se para Nova Jersey. Passou um período na Europa, mas retornou aos Estados Unidos decidida a dedicar-se à carreira de atriz. Seu primeiro papel foi em um filme de Woody Allen, o *Memórias*, em 1980.

CURIOSIDADE

Nem os problemas de saúde afetam a sua sensualidade. Sharon Stone é diabética, asmática e alérgica à cafeína.

Seu papel mais famoso foi no filme *Instinto Selvagem*, onde protagonizou a cruzada de pernas mais famosa da história do cinema. Nesta mesma época, posou nua para a revista Playboy.

Jennifer Lopez

Jennifer Lynn Lopez nasceu em Nova Iorque, no dia 24 de julho de 1969. Seus pais são porto-riquenhos, um técnico de informática e uma professora de jardim de infância. Estudou em escolas católicas e concluiu o ensino médio em um colégio só para garotas, o *Preston High School*, no Bronx.

Após estudar na universidade pública Baruch College por apenas um semestre, aos 19 anos, começou a estudar canto e dança. Iniciou na carreira artística fazendo apresentações em clubes noturnos de Manhattan. E em 1987 fez uma participação no filme *My Little Girl*.

Participou de vários clipes de rap, e foi dançarina de apoio dos *New Kids on the Block*. Mas seu primeiro grande trabalho como dançarina foi no humorístico *In Living Color*.

Após pequenos papéis na televisão, em 1995, foi para o cinema com o filme *My Family*. Desde então, protagonizou diversos papéis. Tornou-se a primeira latina a receber mais de um milhão de dólares por um papel.

CURIOSIDADE

De acordo com a revista *Entertainment Weekly*, o filme *Irresistível Paixão*, protagonizado por Jennifer Lopez e George Clooney, foi o mais sexy de toda a história do cinema.

Atriz, compositora, cantora, produtora musical, estilista e produtora de televisão, J-Lo é a pessoa de ascendência porto-riquenha mais rica em Hollywood, de acordo com a revista *Forbes*. É também a artista hispânica mais influente nos Estados Unidos.

Angelina Jolie

Quando me apaixono, me apaixono por um ser humano. Eu não vejo um homem ou uma mulher, uma pele negra ou branca, um adolescente ou um cinquentão, mas uma alma da qual sou o complemento.

— *ANGELINA JOLIE*

Angelina Jolie Voight, nascida em 4 de junho de 1975, em Los Angeles, é cineasta, roteirista e autora. Ganhadora de um Oscar e premiada três vezes no Globo de Ouro, a *Forbes* elegeu-a como a atriz mais bem paga de Hollywood em 2009, 2011 e 2013.

Jolie é grande ativista de causas humanitárias, especialmente no que tange aos refugiados de guerra de Serra Leoa, Tanzânia e Paquistão, e isso lhe rendeu o título de Embaixadora da Boa Vontade das Nações Unidas.

Sua boca virou uma referência de beleza e sensualidade para mulheres em todo o mundo. Na internet, diversos sites possuem tutoriais de como se maquiar para que os lábios fiquem parecidos com os da atriz, e revistas de moda costumeiramente a citam como um ícone.

O mundo precisa de atitudes, não de opiniões. Opinião nenhuma mata fome ou cura doença.

— *ANGELINA JOLIE*

Em 1982, estreou no cinema, ao lado do seu pai, Jon Voight, no filme *Lookin to Get Out*, mas só passou a ter uma carreira profissional em 1993, com o filme *Cyborg 2*. Nesse meio tempo, estudou artes cênicas e fez vários papéis no teatro.

Contudo, aos 14 anos, desistiu de sua carreira artística e sonhava em ser agente funerária. Só usava roupas pretas, pintou o cabelo de roxo e era muito rebelde. Tinha problemas de autoestima e costumava se cortar propositalmente.

O destaque mundial veio após dar vida à personagem de videogame Lara Croft, no filme *Lara Croft: Tomb Raider*, em 2001. Mas, seu primeiro papel principal em um filme foi em 1995, em *Hackers*.

Um dos filmes de maior sucesso da atriz é *Sr. & Sra. Smith*, de 2005. Foi nos sets de filmagem que ela e Brad Pitt começaram a namorar. A trama é recheada de cenas para lá de sensuais.

NESTE CAPÍTULO

Conheça alguns dos maiores mitos sobre sexo

Saiba o que é e o que não é verdade

Capítulo 26
Dez Mitos sobre Sexo

Masturbação em Excesso dá Espinhas e Deixa as Pessoas Peludas

Essa é uma das maiores besteiras que se diz em relação ao sexo e à sexualidade. Masturbação é algo extremamente natural e saudável, que não dá espinha, não aumenta a quantidade de pelos, não engorda, não causa infertilidade, não deixa ninguém impotente ou nenhuma dessas outras lendas que foram criadas sobre o ato.

A masturbação faz bem à saúde de homens e mulheres e estimula a sensualidade, pois auxilia no processo de autoconhecimento. Quem se toca sabe exatamente onde sente prazer, e com isso consegue facilitar a sua atividade sexual e se comunicar melhor com o parceiro ou a parceira.

Outra vantagem oriunda da masturbação é a liberação de fantasias sexuais, pois no momento em que está se permitindo sentir prazer, o indivíduo de certa forma "vivencia" aquilo que deseja, não reprimindo as suas vontades.

Pés e Mãos Grandes Significam Pênis Grande

Vários cientistas já pesquisaram o assunto de tanto que esse mito é difundido em nossa cultura. Não passa de lenda. Não há evidência científica alguma que comprove uma relação entre o tamanho da mão e do pé com a do pênis. Assim como não há relação com a altura do homem, pomo de adão, nariz, queixo, punho, antebraço ou qualquer outra parte do corpo.

Mulheres Sentem Dor na Primeira Vez

Muitas mulheres que ainda não tiveram a primeira relação sexual se fazem essa pergunta, pois muitas vezes vemos em filmes ou pessoas espalharem o boato de que a primeira vez feminina sempre tem dor. Isso não é uma regra. A dor será proporcional ao nível de relaxamento da mulher, sendo assim, se ela estiver tranquila, relaxada e confortável, não sentirá dor.

Muitos mitos existem em relação à primeira vez feminina. Outro muito comum é sobre o sangramento. Ele não é obrigatório. A maioria das mulheres sangra na primeira relação, em decorrência do rompimento do hímen, mas isso não quer dizer que com todas isso acontecerá.

Coito Interrompido Previne Gravidez

Ocorre quando, em uma relação sexual, o homem retira o pênis da vagina antes da ejaculação, e o faz fora do corpo da mulher. Não é um método contraceptivo eficiente, uma vez que o pênis já possui secreções que podem conter espermatozoides vivos, durante a fase da excitação. Assim, pode acontecer que o fluido pré-ejaculatório que contenha espermatozoide faça a fecundação no óvulo.

Além disso, pode ser muito difícil para o homem controlar o momento da ejaculação, diminuindo o prazer do ato sexual. A relação sexual tende a ser insatisfatória.

Também é necessário lembrar que esse método não previne contra doenças sexualmente transmissíveis.

Apenas Homens Mais Velhos Sofrem de Impotência Sexual

Um elevado número de pessoas acredita que apenas as pessoas mais velhas sofrem de impotência sexual, o que não é verdade. De acordo com a Organização Mundial de Saúde (OMS), até 30% da população masculina sofre com a disfunção erétil, que afeta também os jovens.

O uso de estimulantes sem acompanhamento médico é muito perigoso, e grande parte das vezes ineficaz, pois para se escolher a medicação, deve-se investigar a causa, que pode ser física ou emocional. Um outro fantasma que assusta os homens, mas que também possui tratamento é a ejaculação precoce.

O importante é buscar tratamento. Alguns homens, por desconhecimento ou preconceito, culpam a parceira ou o parceiro pela sua doença, o que não ajuda em nada. Da mesma forma, também não ajuda ignorar o problema e posicionar-se de forma retraída e depressiva. Um médico urologista e um psicólogo certamente ajudarão.

Homens Têm Mais Desejo Sexual que Mulheres

Não existe nenhum estudo científico comprovando isso. O que existem são indivíduos com maior ou menor desejo sexual, independente do sexo.

O que acontece é que, em nossa sociedade, desde cedo, os garotos são estimulados a falarem de suas aventuras sexuais, seus sonhos e desejos, enquanto as mulheres costumam ser reprimidas e ensinadas que o sexo é sujo e deve ser mantido em segredo.

Outro fator que pode influenciar são as variações hormonais da mulher, que em decorrência do ciclo menstrual, pode apresentar maior ou menor vontade de praticar o sexo.

Mulheres Perdem o Interesse pelo Sexo com a Idade

Uma pesquisa da Universidade de Pittsburgh, realizada com 600 mulheres entre 40 e 65 anos mostrou que 85% delas continuavam ativas sexualmente, derrubando o mito de que mulheres mais velhas perdem o interesse sexual.

Por mais que a vida sexual mude com o tempo, tanto com mulheres como em homens, a vontade de praticar sexo continua existindo. A frequência pode até diminuir por diversos fatores, mas o sexo continua tendo um papel importante na vida.

Mulheres Não Podem Atingir o Orgasmo com Sexo Anal

Ao contrário do que diz a lenda, muitas mulheres sentem mais prazer com o sexo anal do que com o vaginal, e assim atingem o orgasmo com mais facilidade.

Não há regras e leis para o sexo. Muitas vezes o que pode ser extremamente prazeroso para um é ruim para outro.

Para que o sexo anal seja um ato gostoso e saudável, alguns cuidados devem ser tomados. A mulher deve estar muito relaxada, lubrificantes à base d'água devem ser utilizados, e principalmente, o casal deve estar em equilíbrio, com os dois desejando a prática.

Homens que Sentem Prazer com Sexo Anal São Gays

Homens sentem muito prazer com a estimulação anal, uma vez que é uma zona erógena importante, além do fato de serem estimulados na próstata, o que pode provocar uma ejaculação.

O prazer na região anal para os homens pode vir cheio de tabus, mas deve-se analisar com a mente aberta, sem preconceitos, para aproveitar o máximo de excitação que o seu corpo pode dar.

O que determina se um homem é homossexual ou não é o seu interesse em se relacionar sexualmente com outros homens, e não o prazer que ele sente ao ser estimulado na região anal.

Mulher que Tem Muitas Relações Fica "Larga"

A vagina não fica mais ou menos larga, em decorrência da quantidade de relações sexuais que uma mulher já teve. Quando as mulheres estão excitadas, o canal da vagina fica lubrificado e relaxado, e o colo do útero é empurrado para cima, criando mais espaço para a entrada do pênis.

Cada mulher possui um tipo de vagina, mas a média de profundidade é de 10 centímetros, sendo que este tamanho não será alterado com a prática do sexo.

NESTE CAPÍTULO

Descubra lugares ao redor do mundo que inspiram a sensualidade

Desperte a curiosidade para conhecer cidades excitantes

Capítulo 27

Dez Viagens Sensuais

Bangkok, Tailândia

A Tailândia é conhecida pela sua arquitetura de cores vivas e pelas suas massagens. Pessoas no mundo inteiro fantasiam com a famosa massagem tailandesa, mas poucas realmente sabem do que se trata. Na verdade, é uma técnica que alivia a tensão dos músculos com a pressão das mãos.

As comidas lá são apimentadas e afrodisíacas. Junte isso às praias e ilhas maravilhosas, com águas transparentes e calmas e uma explosão de sensualidade se dará no seu corpo!

Amsterdã, Holanda

A capital da Holanda tem muitas atrações para quem quer sensualizar! Uma das cidades mais libertárias do mundo, o sexo por lá é visto sem muitos tabus ou preconceitos.

A noite de lá ferve e tem diversão para todo o tipo de gosto! Lá fica o famoso "Red Light" (Luz Vermelha), lugar onde a prostituição é regulamentada e as pessoas podem contratar garotas de programa livremente.

Rio de Janeiro, Brasil

Pessoas do mundo inteiro visitam o Rio de Janeiro por causa do seu povo bonito e suas praias estonteantes.

Durante o dia, as areias de Copacabana podem ser um ótimo lugar para paquerar e na noite, os bares e sambas da Lapa recebem milhares de pessoas que estão querendo se divertir.

Fernando de Noronha, Brasil

Esta famosa ilha brasileira inspira sensualidade! De uma beleza natural espetacular, sua areia branquinha é fonte de muita energia sexual.

Aproveite os banhos em águas mornas e o calor para deixar que sua sensualidade corra solta.

Paris, França

É considerada uma das cidades mais românticas do mundo. Para os casais, passeios como um piquenique na Torre Eiffel são deliciosos. Para os solteiros, há muitas casas noturnas e shows disponíveis.

Seus vinhos e a gastronomia sofisticada dão um charme a mais.

Alto Paraíso, Brasil

Localizada no interior de Goiás, essa pequena cidade possui um charme rústico e atrai especialmente pessoas que gostam de trilhas e cachoeiras.

Seu magnetismo é incrível! Aproveite o cerrado brasileiro e se banhe em águas limpas e transparentes. Os mais ousados podem aproveitar para tomar banhos sem roupas.

Veneza, Itália

Essa cidade ao norte da Itália é separada por canais e ligada por pontes. Famosa por sua arquitetura e obras de arte, é uma referência mundial quando se fala em romantismo.

Seus famosos passeios de gôndolas já foram registrados em diversos filmes.

Nova York, Estados Unidos

Conhecida como a cidade que nunca dorme, lá existem diversas atrações para quem quer sensualizar.

Bares, boates, e até mesmo uma boa caminhada no Central Park farão um bom trabalho para inspirar sua sensualidade.

Havana, Cuba

Suas noites regadas a salsa deixarão a viagem bastante quente. Muitas praias, muito sol e tudo isso regado a Mojitos.

Pura sedução!

Sevilha, Espanha

É uma cidade quente por natureza. A noite é dominada pelo flamenco, e transforma a cidade em um lugar divertido, charmoso e sensual.

Muito calor e muito charme.

NESTE CAPÍTULO

Saiba como ter um pensamento verdadeiramente sensual

Obtenha motivação para a sensualidade

Capítulo 28
Dez Regras da Sensualidade

Tenha uma Atitude Positiva Perante a Vida

A sensualidade é expressa pelo olhar. Antes de mais nada, ser uma pessoa que enxerga a vida de forma positiva é fundamental para exercer o seu "eu" sensual.

As dificuldades sempre aparecem e são muitas durante toda a vida. Nem sempre estamos no emprego que desejamos, ou moramos onde sonhávamos quando criança, nossa aparência por algumas vezes pode nos incomodar etc. Contudo, ter uma atitude de positividade perante a vida se reflete em uma sensualidade única.

Se algo te aborrece, não demore para resolver. Quanto mais demoramos, mais os problemas aumentam. "Empurrar com a barriga", além de não resolver a situação, reflete na sua pele, no seu olhar, no seu sorriso.

Para que você seja uma pessoa verdadeiramente sexy, ver a vida de uma forma otimista é fundamental.

DICA

Sempre que você estiver se sentindo para baixo em relação à sua sensualidade, lembre-se de uma situação em que se sentiu forte e confiante e que conseguiu conquistar aquilo que estava buscando.

Trate do que Você Não Gosta na Sua Aparência

Existem coisas que não têm jeito, a gente simplesmente olha no espelho e não gosta. Por mais que tente ignorar, aceitar ou "ver numa boa", não gosta e pronto.

Seja um dente proeminente ou um formato de seio que não é aquele que você deseja. Hoje em dia, existem milhares de tratamentos estéticos, dos mais variados tipos e preços que poderão, se não resolver, pelo menos, amenizar aquilo que te aflige na sua imagem.

É extremamente importante que você se sinta bem. Para que o mundo te enxergue como uma pessoa sexy, faz-se necessário que você seja a primeira pessoa a se enxergar assim.

DICA

A aceitação da sua imagem é o primeiro degrau, mas achar-se sensacional é chegar no topo da escada.

Esteja Sempre com um Cheiro Bom

Cuidar da higiene pessoal é o básico. Nem a Gisele Bündchen será sensual se estiver com mau hálito ou desodorante vencido.

Coisas como perfume, pasta de dente e lenços umedecidos devem ser itens constantes na bolsa ou na mochila.

É extremamente desagradável beijar e abraçar uma pessoa com cheiro ruim. Procure essências que lhe agradam e esteja sempre com um aroma gostoso.

Infelizmente, tem gente que esquece dos cuidados básicos de higiene. Nesse caso, pode colocar a roupa mais linda do mundo e emanar toda a energia de positividade do planeta, mas quando uma pessoa se aproximar e sentir um péssimo odor, com certeza a associação feita será de desleixo e descuido, e não de sensualidade.

Cuide da Sua Saúde

Não deixe de realizar *check-ups* periódicos. A grande maioria das doenças, quando detectadas no começo, apresentam maiores índices de cura.

Esteja atento à sua alimentação. Você é aquilo que come. Uma dieta equilibrada e nutritiva se refletirá em uma pele com viço e cabelos e unhas fortes.

Pratique sempre atividades físicas. A endorfina que produzimos quando estamos nos exercitando certamente nos deixa felizes e confiantes.

Pequenas atitudes em favor da sua saúde a deixarão incrivelmente sexy.

LEMBRE-SE

Quem se ama, se cuida.

Dê Adeus ao Estresse

FIGURA 26-1: Estresse excessivo desequilibra seu organismo, podendo levar à falta de libido.

Pessoas estressadas são chatas e rabugentas. Costumam reclamar de tudo e possuem uma constante ruga no meio das sobrancelhas. Certamente essa não é a figura de uma pessoa sensual.

O estresse do dia a dia não só pode como deve ser combatido. Buscar mecanismos que te ajudem a aguentar a pressão, farão de você alguém melhor.

Aprenda técnicas de respiração ou meditação que você possa praticar nos momentos em que a correria e as perturbações tomam lugar na sua mente.

Nos dias de hoje, muitas vezes um rolo compressor de problemas tenta passar pelas nossas cabeças, com contas a pagar, prazos a cumprir, metas a bater. A única pessoa que tem a capacidade de controlar esse trator é você.

Uma pessoa sensual tem que saber lidar com seus problemas antes de mais nada!

NA PRÁTICA

Tenha um hobby que te faça relaxar e ficar mais feliz. Procure uma atividade prazerosa, que você possa praticar pelo menos uma vez na semana. Assim fica mais fácil manter o estresse distante.

Esteja ao Lado de Pessoas que lhe Acrescentam Felicidade

Algumas vezes, o medo de ficarmos sozinhos faz com que permaneçamos em relações que nos trazem infelicidade. Ou ainda, o comodismo, o medo de sair da zona de conforto nos empurra a ficar em uma parceria desgastada e infeliz.

É muito importante se cercar de pessoas que lhe colocam para cima, incentivam a ir sempre para frente, e nos enchem o coração de alegria.

Evite gente negativa e amarga, que está sempre vendo o lado negativo das coisas e fazendo tudo com má vontade e de forma rabugenta, pois esses sentimentos ruins podem acabar te contagiando.

Mantenha-se Informado

Procure se manter informado do que acontece no mundo. Assista jornais, entre em sites de notícias, leia livros.

Uma pessoa sensual sabe conversar e se portar em qualquer lugar.

Quem não se informa pode passar vergonha em uma roda de conversa com amigos ou em uma reunião de trabalho.

LEMBRE-SE

A sensualidade tem muito mais relação com o seu estado de espírito e seu amor-próprio do que com sua forma física ou seu peso. Esteja sempre por dentro de assuntos que lhe sejam agradáveis e seja sempre uma pessoa interessante para você mesma. Assim, despertará o interesse de outras pessoas.

Ousadia e Discrição Têm Hora Certa

Uma pessoa sexy não deve ser vulgar, assim como não deve ser apagada.

Saber dosar os momentos de ousadia e os momentos de discrição é o que definirá uma pessoa realmente sensual, e com o poder de exercer a sua sexualidade em toda plenitude.

Comparecer a uma reunião de trabalho com um vestido curto e colado não é uma boa forma de vender a sua imagem. Um *tailleur* mostrando uma parte das suas pernas atrairá bastante a atenção dos seus pares, de forma elegante e discreta.

Em contrapartida, ir para uma festa com roupas muito sóbrias afastará possíveis paqueras, pois transmitirá a mensagem de que você é uma pessoa que não está em um momento propício para se envolver amorosamente com alguém.

Gestos e Olhares

Exercite o seu poder de sedução por meio dos seus gestos e olhares e observe a reação das pessoas. Deixe que o seu corpo fale por si, pela forma como gesticula ou caminha.

Por exemplo, quando uma mulher mexe no cabelo despretensiosamente ela é muito mais sensual do que quando ela força o movimento e se torna artificial. Alguns sinais que você emite são muito mais importantes do que qualquer palavra. Compreenda que para se chamar atenção e despertar o interesse de outros, a maneira como você se porta e se move é o que deixará sua atitude sexy.

Um olhar forte e penetrante fala muito sobre você. Não tenha medo de exercer sua sensualidade através dos olhos.

Aja de forma naturalmente sensual.

"Quem tentar possuir uma flor, verá sua beleza murchando. Mas quem apenas olhar uma flor num campo, permanecerá para sempre com ela. Você nunca será minha e por isso terei você para sempre."

— *PAULO COELHO*

Seja Apaixonado por Você

Saiba que as lições deste livro não serão colocadas em prática todas de uma só vez. Você precisa de tempo para se adaptar a novas realidades. Para tudo na vida é necessário um período de amadurecimento e absorção.

Procure sempre se colocar em primeiro lugar, pense várias vezes antes de tomar uma decisão e assuma o comando da sua vida.

Parabéns por ter decidido se tornar alguém sensual!

LEMBRE-SE

Tenha sempre em mente que você não deve aceitar menos do que aquilo que realmente merece. Ou seja, o melhor!

NESTE CAPÍTULO

A repercussão de dez famosos escândalos sexuais

O Príncipe, o Presidente, a modelo e as travestis

Capítulo 29
Dez Escândalos Envolvendo Sexo

Bill Clinton e Monica Lewinsky

Em 1995 a jovem estagiária da Casa Branca acabou se deixando seduzir pelo charme no então presidente norte-americano. A relação durou 18 meses, envolvendo alto teor sexual, telefonemas eróticos que foram registrados e uma mancha de sêmen no vestido da moça que acabou se tornando prova judicial.

Príncipe Charles e Camila Parker

Em 1989 o Príncipe ainda era casado com a Princesa Diana e sem que soubesse teve um telefonema grampeado, onde teve uma conversa altamente erótica e um tanto escatológica com Camila Parker Bowles, que hoje é sua esposa. Um dos trechos mais polêmicos o príncipe disse que seu sonho era ser o absorvente interno de Camila. Na época ela também era casada e a conversa escandalizou não apenas a nobreza contemporânea como todo o mundo.

O Presidente e a Namorada

No carnaval de 1994, o então presidente do Brasil foi convidado para assistir o desfile das escolas de samba na área VIP, com uma visão privilegiada. Acontece que sua namorada à época, foi fotografada ao seu lado, sem usar roupas íntimas. A imprensa registrou de todos os ângulos e a foto foi capa de todos os jornais do país.

Michael Douglas e Catherine Zeta-Jones

O ator Michael Douglas é assumidamente viciado em sexo, e já chegou a se internar voluntariamente em uma clínica para conseguir controlar os seus impulsos. Tudo isso antes de se casar com a atriz Catherine Zeta-Jones.

Isso porque antes de subirem ao altar os dois assinaram um contrato pré-nupcial que garante à noiva receber US$ 2,8 milhões por cada ano em que ficou casada com Douglas, desde que ele opte pelo fim da união. Caso seja traída, Catherine receberá US$ 5 milhões.

Hugh Grant e Divine Brown

Em 1995, o jovem e promissor ator Hugh Grant foi preso nas ruas de Los Angeles por atentado violento ao pudor. Isso porque após rodar de carro por vinte minutos com a prostituta Divine Brown ele estacionou em local público e recebeu uma sessão de sexo oral.

Os dois acabaram algemados e fotografados na delegacia. A foto do ator com a identificação da cadeia rodou o mundo, especialmente porque na época ele era namorado da musa Liz Hurley.

Divine Brown tornou-se milionária após o episódio, pois aproveitou a exposição para dar entrevistas, produzir filmes e vender sua imagem. Já o ator não perdeu a namorada na época (o relacionamento dos dois acabou cinco anos depois) mas além de ir preso ainda foi multado e teve que trabalhar em um programa de prevenção a AIDS.

A Modelo e o Empresário

Uma famosa modelo estava em uma praia espanhola em 2005, com o seu namorado à época, um bem sucedido empresário paulista. Os dois se animaram e fizeram sexo em local público. O que eles não sabiam é que estavam sendo filmados.

O vídeo rapidamente se espalhou pela internet e os dois moveram uma batalha judicial contra o paparazzo que registrou a cena.

Em 2007 ela conseguiu judicialmente que o vídeo fosse bloqueado.

Bill Cosby

Foi um escândalo mundial. O comediante, estrela do "The Cosby Show" reconheceu que usava sedativos para ter relações sexuais com as mulheres que ele deseja. Em 2005 ele foi acusado de molestar 18 mulheres, além de acusações de estupro.

Após as acusações seu show foi cancelado.

Kristen Stewart e Rupert Sanders

A atriz era a queridinha de Holywood e namorava com o galã do filme Crepúsculo, Robert Pattinson. O casal tinha fãs espalhados por todo mundo e levavam para a vida real as cenas apaixonadas que viviam nas telas do cinema.

Porém, a atriz foi flagrada aos beijos com o cineasta Rupert Sanders e a imprensa não pensou duas vezes em divulgar as fotos da cena. Kristen pediu desculpas publicamente pela traição. "Eu sinto muito pela dor e constrangimento que causei àqueles que estão próximos a mim e a todos que foram afetados com isso. Esta indiscrição momentânea comprometeu a coisa mais importante na minha vida, a pessoa que mais amo e respeito, Rob. Eu o amo, eu o amo e sinto muito".

À época Robert Pattinson perdoou, mas algum tempo depois o relacionamento teve fim.

O Desabafo da Apresentadora

Em 2012, uma famosa apresentadora, que sempre foi conhecida como a Rainha dos Baixinhos e com uma carreira consolidada para o público infantil, surpreendeu a todos ao declarar no programa Fantástico que foi abusada sexualmente até os 13 anos.

Ela disse que seus abusadores foram o seu padrinho, um professor de sua escola e um outro homem que se relacionava com a avó da apresentadora.

Ex-jogador

Em 2008, o ex-jogador de futebol apareceu em todos os holofotes do mundo por ter sido pego em uma noitada com travestis. A festa foi descoberta pois as acompanhantes do atleta o acusaram de não pagar pelo programa, como havia sido combinado, e chamaram a imprensa e a polícia para cuidarem do caso.

Ele negou que tenha tido relações sexuais com elas pois não sabia que se tratavam de travestis, e ao perceber desistiu da relação.

NESTE CAPÍTULO

Conheças as famosas séries com contexto sexual

Dicas de seriados para assistir a dois

Capítulo 30
Dez Seriados que Tratam de Sexo e Sexualidade

As séries e os seriados estão na moda. Com a explosão de canais por assinatura e formas de se assitir online, é cada vez mais comum que as pessoas acompanhem histórias divertidas, em capítulos e que prendem o espectador.

Em muitos desses seriados o sexo é abordado, se não como o ponto principal, como algo de muita referência no enredo.

Game of Thrones

A série foi baseada na série de livros "As crônicas de gelo e fogo" , de George R. R. Martin e a estreia aconteceu no dia 17 de abril de 2011. A crítica especializada falou muito bem da produção, que já venceu grandes prêmios da televisão norte-americana, como o Emmy e o Globo de Ouro.

A história se passa nos Sete Reinos de Westeros, "onde verões duram décadas e os invernos uma vida inteira". Cenas de lutas dinásticas entre nobres são frequentes, com o objetivo de alcançar o controle do Trono de Ferro de Westeros.

As cenas de sexo são intensas, mesmo que não sejam a parte mais importante do enredo. Alguns sites chegam a compilar todas os trechos com nudez, sexo e qualquer outra conotação sexual, de tão intensas que elas chegam a ser.

Friends

De forma muito bem comportada, a série retrata a realidade de seis amigos que vivem em Nova York. A sitcom foi exibida de 22 de setembro de 1994 a 6 de maio de 2004, totalizando 10 anos e 236 episódios. Foi ganhador do Emmy, do Globo de Ouro e de outros 56 prêmios. O elenco principal contava com Jennifer Aniston (Rachel Green); Courteney Cox (Monica Geller); Lisa Kudrow (Phoebe Buffay); Matt LeBlanc (Joey Tribbiani); Matthew Perry (Chandler Bing); e David Schwimmer (Ross Geller).

A série trata de sexo, relacionamentos e amor de uma forma cheia de humor e que convida a reflexões. Retratou uma geração e é referência até hoje para os estudiosos de televisão.

Sex and The City

Outro grupo é retratado na cidade de Nova York, mas de uma forma completamente diferente. Quatro amigas expõem as suas vidas amorosas e sexuais. Baseado no livro homônimo da Candace Bushnell, Scott B. Smith e Michael Crichton. Foi transmitida de 6 de junho 1998 a 22 de fevereiro de 2004.

O grande foco eram as relações de quatro mulheres na faixa dos trinta anos. O conteúdo sexual é forte e o papel da mulher na sociedade é colocado em questão constantemente. A repercussão foi tão intensa, que além do seriado, ainda foram produzidos dois filmes, o "Sex and the City – O Filme", e o "Sex and the City 2".

A personagem principal é a escritora Carrie Bradshaw, interpretada por Sarah Jessica Parker. Ela é colunista de um jornal onde relata relacionamentos amorosos. As outras personagens importantes da trama são suas melhores amigas, Samantha Jones (Kim Cattrall), Charlotte York (Kristin Davis) e Miranda Hobbes (Cynthia Nixon).

How I Met Your Mother

O foco do seriado é a vida amorosa de Ted Mosby, um arquiteto que sonha em encontrar o grande amor da sua vida para que ele possa casar e ter filhos. O interessante é que a narração acontece 25 anos após os fatos, o Ted contando para seus filhos adolescentes como conheceu a mãe deles.

Josh Radnor, no papel do arquiteto, traz as angústias de um homem solteiro e o que deve fazer para paquerar, conquistar amores e ter relações sexuais. Os outros personagens principais são Marshall Eriksen (Jason Segel), Robin Scherbatsky (Cobie Smulders), Lily Aldrin (Alyson Hannigan) e Barney Stinson (Neil Patrick Harris).

Em 2014 a série chegou ao fim, na 9ª temporada e com 208 episódios.

Orange is the new black

O tema principal da série é a história de Piper Chapman (Taylor Schilling), moradora de Nova York que foi condenada a 15 meses em uma prisão federal por participar do transporte de dinheiro oriundo do tráfico de drogas. Mesmo o delito tendo ocorrido dez anos antes da série, ela é obrigada a cumprir a pena.

No presídio, as relações interpessoais são muito intensas e o sexo, mesmo sendo proibido, acontece intensamente. Além disso, muitas outras cenas de extrema sensualidade são exibidas em momentos que a personagem lembra do seu passado.

O elenco conta com Taylor Schilling, Laura Prepon, Yael Stone, Dascha Polanco, Danielle Brooks, Samira Wiley, Taryn Manning, Natasha Lyonne e Kate Mulgrew nos papéis principais.

The Client List

Vivida por Jennifer Love Hewitt, a personagem Samantha Horton é uma singela dona de casa que se vê abandonada pelo marido, cheia de dívidas para pagar e tendo que criar três filhos. Ela precisa desesperadamente encontrar um emprego e uma amiga sua lhe indica uma vaga em um SPA, onde ela possa retomar a sua carreira de massagista.

O que ela nem desconfiava é que na verdade o local é uma casa de fachada para prostituição de luxo. Como está precisando muito de dinheiro, acaba aceitando a oferta e sua vida então se transforma.

Californication

Um seriado que fez muito sucesso com o público e com a crítica, traz a história de um escritor de Nova York chamado Hank Moody (David Duchovny). Ele é muito bem sucedido em sua carreira, mas ao ter que reconquistar o amor da sua vida, a personagem Karen, vivida por Natascha McElhone, ele acaba vivendo uma crise criativa, onde a inspiração lhe foge.

CURIOSIDADE

A banda Red Hot Chilli Peppers processou os produtores da série em novembro de 2007 pois eles possuem um álbum e um show com o mesmo título, sob a alegação de que "constitui uma falsa denominação de origem, e tem causado e continua a causar um risco de confusão, engano, e quanto à origem, patrocínio, associação e/ou de conexão nas mentes do público".

Presença de Anita

A produção brasileira, escrita por Manoel Carlos, e exibida na Rede Globo em 2001, foi baseada no livro homônimo de Mário Donato. O elenco principal contava com Mel Lisboa, José Mayer, Helena Ranaldi, Vera Holtz, Carolina Kasting, Júlia Almeida e Leonardo Miggiorin.

Anita é uma garota sexy e sonhadora, que deseja viver o seu próprio destino. E ela acaba encontrando com Nando, um rapaz que sonha em escrever um livro e enxerga na sensual Anita a inspiração que ele buscava.

A minissérie Presença de Anita foi vendida para: Bolívia; Equador; Honduras; Nicarágua; Peru; Portugal; Uruguai; Rússia.

CURIOSIDADE

A funkeira "Anitta" se chama, na realidade, Larissa de Macedo Machado. Ela adotou o nome artístico por se considerar parecida com a personagem da minissérie.

Hung

Criada por Dmitry Lipkin e Colette Burson, Hung é um seriado estadunidense que mescla drama e um forte humor negro. Com um elenco formado por Stephen Amell, Thomas Jane, Jane Adams, Anne Heche, Eddie Jemison, Alanna Ubach, Loren Lester, Rebecca Creskoff, Natalie Zea e Joshua Leonard, o enredo traz a vida de um professor e treinador de basquete, pertencente à classe média americana, que vê a sua vida se desmoronar.

O que acaba restando a Ray Drecker, personagem principal, é seu pênis avantajado e por isso resolve pagar suas dívidas, se tornando um gigolô, com a ajuda de uma poetisa fracassada, que se torna sua cafetina.

The Tudors

Recriando os primeiros anos do reinado de Henrique VIII na Inglaterra, o seriado televisivo consegue mostrar o quão tumultuado era viver naquela época. O drama traz Henrique VIII como um jovem cheio de sensualidade e poder, e paixões e ambições são o ponto alto da trama.

A série foi filmadada na Irlanda e mostra os dez primeiros anos do reinado de Henrique VIII, que teve início em 1509, quando o jovem monarca tinha apenas 19 anos. Suas companhias femininas, Catarina de Aragão e Ana Bolena, são mostradas na história, assim como as alianças políticas que o Rei teve que fazer.

Apêndice

Prevenção de Doenças Sexualmente Transmissíveis

Sexo é uma coisa maravilhosa e deve ser praticado de forma livre e consciente. O que não podemos deixar nunca de lado é a segurança. Infelizmente existem várias doenças que podem ser transmitidas nas relações sexuais e algumas ainda são incuráveis. O lado bom é que existem formas de se fazer sexo seguro, sem o risco de se contaminar.

O Que é uma DST?

DST (doença sexualmente transmissível) ou uma IST (infecção sexualmente transmissível) é uma doença passada de uma pessoa para a outra no momento da relação sexual.

Milhões de pessoas no mundo inteiro foram afetadas por DST's e IST's, não existindo grupo imune e nem grupo de risco. Qualquer pessoa, de qualquer sexo, etnia ou idade pode contrair esse tipo de doença. A seguir, algumas doenças que você deve tomar muito cuidado:

- Clamídia
- Sífilis
- Gonorreia
- HIV / AIDS
- Herpes genital

- Verrugas genitais
- HPV
- Tricomonose
- Hepatite B
- Chatos

A famosa camisinha

A camisinha deve ser sempre utilizada em relações sexuais! Não importa se o parceiro é fixo ou não. O número de pessoas casadas que contraem o vírus HIV dos seus cônjuges vem aumentando assustadoramente.

Usado corretamente, o preservativo diminui drasticamente as chances de contaminação. Além de prevenir uma gravidez indesejada. No mercado existem vários tipos, podendo ser escolhido pelo tamanho, textura e até mesmo sabor. A maior parte dos preservativos já vem com lubrificante, mas caso necessite aplicar mais, utilize os que são à base d'água para que não rompam o látex, material utilizado na fabricação das camisinhas.

O preservativo deve ser usado também no sexo oral. Inclusive existe no mercado um especial para a língua que deve ser utilizado quando se for praticar sexo oral em mulheres.

DICA

O Sistema Único de Saúde (SUS) distribui gratuitamente preservativos. Caso não saiba onde retirar, ligue para o Disque Saúde (136). Também é possível pegar camisinha em algumas escolas parceiras do projeto Saúde e Prevenção nas Escolas.

CURIOSIDADE

Os preservativos começaram a ser distribuídos gratuitamente pelo Ministério da Saúde em 1994.

Como usar a camisinha feminina

- ela deve ser armazenada em lugar fresco, longe do calor;
- não deve ser utilizada junto com o preservativo masculino;
- ao contrário do preservativo masculino, o preservativo feminino pode ser colocado até oito horas antes da relação sexual;
- ele deve ser retirado com tranquilidade, preferencialmente antes da mulher se levantar para evitar que o espermatozoide escorra do interior do preservativo;

- eles já vêm com lubrificante, mas caso seja necessário aplicar mais, deve-se usar lubrificante de base oleosa na parte interna;
- o anel móvel deve ser apertado e introduzido na vagina. Com o dedo indicador ele deve ser empurrado o mais profundamente possível para alcançar o colo do útero; a argola fixa (externa) deve ficar aproximadamente 3 cm para fora da vagina; durante a penetração o pênis deve ser guiado para o centro do anel externo.

A ajuda das vacinas

Algumas doenças como HPV e Hepatite B possuem vacinas. Não deixe de tomá-las. Mesmo usando o preservativo sempre, esse tipo de vacina lhe deixará mais protegido.

CUIDADO

Brinquedos sexuais não devem ser compartilhados. E devem ser limpos logo após o uso.

Índice

T

U-V-W

ROTAPLAN
GRÁFICA E EDITORA LTDA
Rua Álvaro Seixas, 165
Engenho Novo - Rio de Janeiro
Tels.: (21) 2201-2089 / 8898
E-mail: rotaplanrio@gmail.com